浙江师范大学非洲研究院主办

AFRICAN STUDIES

非洲研究

2011年第1卷（总第2卷）

中国社会科学出版社

图书在版编目（CIP）数据

非洲研究（2011年第1卷）/浙江师范大学非洲研究院主办 .
—北京：中国社会科学出版社，2012.2
ISBN 978-7-5161-0503-0

I.①非… Ⅱ.①浙… Ⅲ.①非洲—研究 Ⅳ.①K94 – 55

中国版本图书馆 CIP 数据核字（2012）第 012371 号

责任编辑　金　泓
责任校对　单远举
封面设计　李　宁
技术编辑　戴　宽

出版发行　中国社会科学出版社　　出版人　赵剑英
社　　址　北京鼓楼西大街甲 158 号　邮　编　100720
电　　话　010 – 84039570（编辑）　64058741（宣传）　64070619（网站）
　　　　　010 – 64030272（批发）　64046282（团购）　84029450（零售）
网　　址　http：//www.csspw.cn（中文域名：中国社科网）
经　　销　新华书店
印　　刷　北京君升印刷有限公司　　装　订　廊坊市广阳区广增装订厂
版　　次　2012 年 2 月第 1 版　　印　次　2012 年 2 月第 1 次印刷
开　　本　710 × 1000　1/16
印　　张　24.25
字　　数　396 千字
定　　价　60.00 元

目　录

经济与发展研究

中非关系研究

非洲田野调查

书评

学术会议综述

大使访谈回忆录

资料库

Contents

Research on the Theory of African Studies

Research on Politics and International Relations

Reasearch on Soceity and Culture

Reasearch on Economy and Development

Reasearch on Sino-Africa Relations

Field Reasearch

Book Review

Confernce Summaries

Memoirs of Ambassadors

Database

Summary

International Ideological Exchange and Construction of " Chinese School" -Rethinking the Implications and Goals of Constructing African Studies in China

Liu Hongwu, Professor, General Director of Institute of African Studies, Zhejiang Normal University

Abstract: During the last half century of efforts-taking exploration, the vast developing countries have made impressive advances in economic revitalization and reached a new crossroad in history. In the new phase, the development of ideological independence and knowledge innovation bears particular importance. As one of the largest developing countries in the world, there is not only the need for China to value and secure the e-conomic development right of development countries, but also the right of ideological development and power of discourse. It has been a time-honored principle that China upholds that different ideologies and cultures of the mankind are compatible and equal in nature and believes that developing countries hold the creativity and entitlement of developing their own ideo-logical system. Nowadays, more extensive exchanges are ought to be carried out between academia from China and that from Africa in an effort to develop a brand-new discipline of African studies featured a core notion of development through joint academic research. This new discipline will have a holistic and strategic focus on the topics of common concerns to Africa as well as some fundamental questions. It is expected that ideological and knowledge innovation in Africa will be given impetus and the development of the Continent will be backboned by its own knowledge and ideology. In the process African studies in China will gain its own characters and formulate its own theoretical system and knowledge platform and an unique "Chinese School" in the field of African studies will be incubated against a global background.

Key words：Academic Ideology International Competition Sino-African Cooperation African Studies

Youth and African development：
Lessons from People's Revolution inNorth Africa

Zhou Yuyuan，Doctor，Institute of African Studies，Zhejiang Normal University

Abstract：Africa's Population Bonus has been playing a big role in the development of Africa，but meanwhile，it also poses great challenges. The confrontation of the Youth in North Africa against politics of despair has reflected that African is experiencing severe problems in the path of development，which also demonstrates the generational gap between the Youth and old political decision-makers or old order is growing bigger. There are several factors which can explain why Sub-Saharan Africa is not probable to happen with the political changes like Tunisia and Egypt，Such as the Characteristics of the Youth in Sub-Saharan Africa，internal environment，and also the interaction between Youth and internal environment. However，it can be predicted that the political，economic and social order will be confronted with more severe challenges.

Key Words：Youth；Africa；North Africa；Politics

The Development-Security Nexus inEast Africa's Regional Integration

Zhang Chun，Doctor，Shanghai Institute of African Regional Studies

Abstract：What's the reason behind the recent rapid development of East Africa's regional integration in the first decade of 21st century that it has experienced failure in the first decade after the de-colonialism and stagnation from 1970s to 1990s? The author argues that the reason lies in how East African countries understand and balance the development-security nexus. The early integration efforts in 1960s and early 1970s over-emphasized the development dimension of this nexus even the security challenges were very big, which caused its failure. After re-established in 1999, the East Africa Community now attaches more importance to security regime and capability building that creates benevolent environment for economic integration. However, the driving force of this movement, to a great extent, is exogenous, which creates a risk of securitization of development policy and engenders the sustainable development of regional integration.

Key Words: East Africa; Regional Integration; Development-Security Nexus; Balance and Risk

Succession and Supersession of Contemporary Sudanese Regimes: Process, Characteristics and Trends

Jiang Hengkun, Doctor, Institute of African Studies, Zhejiang Normal University

Abstract: Although Southern Sudan issue and the Darfur crisis have attracted worldwide attention, yet as both an important root and a direct consequence of the two problems, the succession and supersession of contemporary Sudanese regimes command less attention of the world. After its independence, Sudan continued to carry out the parliamentary democracy adopted by British colonial rule in Sudan, but the system left by British colonist did not develop healthily in this new country due to its lack of the environment for Western-style democracy. Over half a century since its independence, although Sudan's overall political direction has not deviated from the path of democracy, its political process has been plunged into the queer alternations between civil governments and military regimes, and demonstrates a distinct characteristic that the ruling ability of the military regimes are significantly stronger than that of the elected governments. After three rounds of alternation between elected governments and military regimes, Sudan now hobbles into a new period of parliamentary democracy. Although it was not sure if the current government can successfully solve the problems of power distribution and complete the democratic transition, yet the Bashir Administration, faced with the inside and outside pressures such as the separation of the South, Darfur conflict and ICC arrest warrants, is bound to be an ill-fated government.

Key words: Sudan; Elected government; Military regime; Regime change; Political trend

The Provisions of Ethiopia's Constitution
under Federal System on the Ethnical Separation Right

Zhang Xiangdong, Doctor, School of International Studies, Fudan University

Abstract: For Ethiopia, the national separation is not easy to achieve, but the posture to ensure national self-determination in Ethiopia is serious. The "transitional charter" in July 1991 from National Assembly confirmed the peoples to self-determination. Constitution adopted in 1994, explicitly enshrined the separation right and the right to self-determination in the Constitution (Article 39), this is a big initiative in the political history of Africa. Although the separatist always treat national self-determination as "magic weapon", insist that every nation has the right to establish their independent state, but the Ethiopian federal system is not set up to encourage ethnic separation. But for now, the public recognition of separation in the Ethiopian Constitution has played a positive role in promoting the development of this country.

Key Words: Ethiopia; Federal system; Constitution; The right of national separation

The Formation and Collapse of Alliances in Africa States: 1946-1990

Wang Shishan, Post-graduate, Department of Research and World Economics and Politics, CPC Jiangsu Provincial Committee Party School

Wang Ying, Professor, Department of Research and World Economics and Politics, CPC Jiangsu Provincial Committee Party School

Abstract: The analysis on 82 alliances in Africa from 1946 to 1990 shows that the characters of international politics in Africa, namely the universal existence of weak states and powers, the vulnerable interdependence among neighboring countries, are the critical factors which lead to the differences between alliance politics in Africa and the expectations of mainstream alliance theory (i. e. , Realism) . These differences include the main reasons for the formation of alliances in Africa are not the balancing to the given security dilemma within the area, but the prevention to the security competition and domestic security threats; the main reasons for the collapse of alliances in Africa are not the disappears of external threats or the restorations of balance of power, but the instability of allies' domestic politics, territorial disputes among partners and the temptation of a few allies to dominate other partners.

Keywords: Africa; Formation of alliance; Collapse of alliance; 1946-1990

Russian Back to Africa: Reason and Demand

Vladimir Shubin, Professor, Institute of Contemporary Asia and Africa, Russian State Humanities University

Abstract: As recent Presidential visits demonstrate, Russia is placing increasing priority on relations with African countries. However, this should not be viewed as a new phenomenon, positive relations between Moscow and many African countries date back several decades. An important challenge for these relationships is to improve economic trade links to match the recent increase in political interaction. Several common economic interests exist between Russia and certain African countries, and thus the development of these should be a priority for Russia's foreign policy, in order to consolidate these relationships.

Key words: Russia; African countries; Re-entry; Cooperation

The Role and Challenges of Christianity in Contemporary Africa

Ma Enyu, Doctor, Institute of African Studies, Zhejiang Normal University

Abstract: Since the second half of the 20st century, Christianity has widely spread and developed in Africa, growing faster than on other continents. African Christianity occupies a strategic position in the global Christianity system. However, while rapidly developed in contemporary Africa, Christianity has encountered great challenges. In the context of globalization, it faces not only challenges from global conflicts between religions and culture, but dilemmas such as theology building, sense of identity and social interaction. Indigenization and evolution of Christianity is also an important aspect of local culture construction, state and national consciousness for emerging independent countries of Africa. It is worthy to analyse whether Christianity can shoulder a mission of building Africa's civilization and shaping its endogenous culture.

Key words: Africa Christianity; Indigenization; Clash of Civilization; Independent Church

Oral Literature Tradition and African Tribal Culture' Research

Xia Yan, Doctor, African Studies Center, Institute of International Relations, Yunnan University

Abstract: For those with a rich and colorful oral language of African ancient tribal speaking, in a long time, oral literature left their distant footprints and precious echo. The tribe's history, tradition, society, customs etc mainly in Africa oral literature got records and lineages. Those tribes legend, historical stories and proverb maxim was once the primitive African tribal initiation teacher, until today still give African nation provides advice about life and spirit of nutrition. Inspects African literature must recognize the characteristics of oral literary tradition, it is the foundation of knowledge and African national carrier, is Africa groups of history and memory, including atavism legend life wisdom and cultural implication.

Key words: Oral Literature; African Nation; Tribal Culture; Atavism Legend

The Growing New Female of Africa

—On Chinua Achebe of Anthills of the Savannah

Li Li, Post-graduate, Zhejiang Forestry College

Abstract: Chinua Achebe built an image of women (Beatrice) successfully in the book of Anthills of the Savannah and responded to those critics who commented him to ignore or misread the women in Africa. In this paper, the author analyzed the image of Beatrice by feminist theory and proposed that Beatrice's suffering during her growth was relative to her experience as a child. She was watchful and resentful to all kinds of male chauvinism in the indigenous cultures. Moreover, the book also revealed that the women in Africa faced to a lot of entices and traps of discourse after colony and offered a hope that Beatrice could breakthrough from the complicated surroundings.

Key words: Female; Africa; Male chauvinism

Compare with the Style and Aesthetic of Sino-African's Rock Art

Zhong Chaofang, Associate Professor, Zhejiang Normal University

Abstract: Prehistoric rock paintings are the spiritual heritage left by ancestors of mankind. Both China and Africa have a rich rock art heritage, and each has its own characteristics and manifestations. This paper want to use expressionism and naturalism to make a comparative analysis of African rock art to explore the realm of African rock art and aesthetic values. Chinese rock has obvious characteristics of expressionism, and rock art in Africa is a prominent feature of naturalism.

Key Words: African Rock Art; Expressionism; Naturalism Artistic style; Compare

The Critical Thinking on the Dominant Economic Development Strategies and Policies inAfrica in the Post-Structural Adjustment Era

Li Zhibiao, Researcher, CASS Institute of West Africa

Abstract: There are plenty of facts and evidence that the current economic development strategies and policies implemented by a majority of African countries have basically continued or duplicated the past economic structural adjustment programs, which were abandoned in the mid- and late—1990s because of the widespread controversies and resistance. Why could the deserted policy tools dominate the African economic development process again after they take on new packages like the HIPC or PRSP? The root cause of the problem lies in that many African countries have heavily depended upon the outside world for their development resources during the past decades and their space for the self-directed development i-deal have seriously diminished. The situation determines that African countries will have few free choice and decision for their economic develop-ment strategies and policies in the short run. For all that, the externally-dependent African countries must foster the awareness of self-reliance and independent development, and try their best to make external resources become favorable conditions for the endogenous development and shaking off the foreign assistance eventually.

Key words: Structural Adjustment; Poverty Reduction Strategy; Washington Consensus; Neo-liberalism; Self-directed Development

Participatory Assessment of Development Initiatives and of European Aid to African

Ton Dietz, Professor, Director of African Studies Center, Leiden U-niversity

Qiu Li, lecturer of School of Politics and Public Administration, Hunan University

Abstract: As one of the major European countries conducting "De-velopment Aid to Africa", the Netherlands has progressed while querying and withdrawing, with growing skepticism about the impact of all that aid. Based on the voices of local residents in Africa the authors attempt to make a participatory assessment on the long-term (30 years) effects of development programmes on the African population, using a bottom-up approach. Summarizing findings by nine workshops, the authors describe a participatory assessment method for long term effects (for the detailed operation manual, please click www. padev. nl), and further works out an assessment of the effects of all relevant initiatives on the way of life and production of Africans who were supposed to be recipients of aid in six fields. Comparing the effects in Northern Ghana and Southern Burkina Faso, with the significant changes of the whole Africa in the same period, the author concludes that the African Aid Programs from outside have played a positive role in local people's life and have supported Africa's capabilities .

Keywords: Developmental aid; Participatory Assessment; Development Study; Africa Change

A Study of South African Inbound Tourist Market Structure

Luo Gaoyuan, Professor, School of Tourism and Management, Zhejiang Normal University

Wang Lihua, Post-graduate, School of Tourism and Management, Zhejiang Normal University

Abstract: South Africa has the unique tourism resources. Since the 1990s, the transformation of Political System has provided a golden opportunity for the development of South African inbound tourism. Base on the data of South Africa inbound tourism, this paper analyses the tourists market spatial structure and the tourists' psychological behavior of South Africa inbound tourism by using quantitative approaches, such as geography concentrate index, tourism industry absolute centralism index, Seasonal intensity index and so on. During the analysis, the paper may provide the basis for optimizing the development of South African inbound tourism market in the future.

Key words: South African; Inbound tourism; Tourist market structure; Geography concentrate index; Absolute centralism index; Seasonal intensity index

China's Role in Process of Peace and Security in Africa:
Dynamics, Actions and Effects

Wang Xuejun, Doctor, Institute of African Studies, Zhejiang Normal University

Abstracts: Nowadays, China's Africa policy featured by emphasis on development cooperation and the separations of development cooperation and security cooperation can hardly fit into the reality of China-Africa relations. China's security cooperation with Africa has become integral and important part of China-Africa new strategy partnership, and its influence and value is becoming more and more obvious. However, there is little research on this topic. this article look at China-Africa relations in the perspective of security cooperation, summarize and explore the process, dynamics and effects of China's engagement with peace and security affairs in Africa.

Keywords: China-Africa relations; Security cooperation; International responsibility; Developmental interests

China-Africa Economic and Trade Cooperation Zone:
Features, Effects and Development Strategies

Feng Xingyan: Doctor, Lecturer of Department of International Economics, China Foreign Affairs University

Abstract: It is an important foothold for China's foreign policies to consolidate and develop the friendly and pragmatic cooperation with African countries under the new circumstances. China will give priority to the construction of Sino-Africa economic and trade cooperation zone to deepen practical cooperation. Based on the analysis of the features and effects of the existing cooperation zones, this paper mainly discusses the strategies for their sustainable development.

Key words: China-Africa Cooperation; Economic and Trade Cooperation Zone; Sustainable Development

Cultural Exchanges between China and Nigeria Since 1949

Li Haiwen, Assistant of Jinshan College, Fujian Agriculture and

Forestry University

Abstract: The cultural exchanges between countries can not only bring things that he doesn't have to each part, even the excellent achievements, but also can help remove the mistakes or misunderstanding to improve the trust and cooperation each other, which is considered as an important way for one country to develop the diplomatic friendship. China is thousands miles away from Nigeria in geography without any bad memory in history while there are cooperation willingness in practice, so how to improve the dual relationship to be more harmonious is one of important contemporary subjects. This thesis used documents research and field research methods to acquire related files and combined the theory and methods of such history, culture and communication subjects, which discussed the history and present status of Sino-Nigerian cultural exchanges, opened out its development features and reasons and provided the feasible answers to the problems and suggestions to the disadvantages. The conclusion is that the trend of Sino-Nigerian cultural exchanges has been from nothing to something, from little to much, from less mature to more mature. However, the development process is not smooth, with many problems and disadvantages. We have to move forward the cultural exchanges to facilitate multi-aspects and deep cooperation between China and Nigeria.

Key Words: Cultural exchanges; Civilian Diplomatism; China; Nigeria

The Study of China-African Relations in the West:

Background, Recent Development and Future Prospects

Daniel Large, Senior Lecturer of the School of Oriental and African Studies, University of London

Abstract: China-Africa relations are currently the subject of unprecedented attention. Although those relations are widely covered, however, they are also under-researched. This paper offers an introduction to the study of China-Africa relations in the West, covering background to the history and politics of Chinese involvement in the continent and identifying areas of further research. It concludes by calling for the study of China-Africa relations to develop a culture of serious research beyond current 'dragon in the bush' preoccupations and to properly engage a complex subject mainstreaming as an important and consequential issue in African politics.

Key Words: China model; Sino-African relations; African development

An Anthropological Investigation of Wayeyi People in Botswana and Some Thoughts about Nation Building: Take Sepopa Village for Example

Xu Wei, Doctor, Institute of African Studies, Zhejiang Normal University

Abstract: Although there is a multiculture in Botswana, it is developing towards to build a nation state, only one language, one nationality, one culture, but ignoring the other minority ethnic groups. The article is an anthropological investigation about the minority Wayeyi people in Botswana. Taking Sepopa village for example, the report discussed the Wayeyi's history, social structures, daily life and rituals systematically, and then analyzed and summarized the problems of Wayeyi.

Keywords: Botswana; Wayeyi; Fieldwork; Transition

Thinking of China's Aid and Investment in the Congo (DRC)

Zhang Xiaofeng, Associate Professor, Institute of African Studies, Zhejiang Normal University, Li Pengtao, Associate Professor, Institute of African Studies, Zhejiang Normal University

Abstract: The number and impact of China's economic aid, investment and cooperation projects in Africa are increasing and rising in recent years. To better understand the real situation, Zhejiang Normal University launched a series of research projects to grasp first-hand information and enhance the level of research. This paper is the results of the Joint Task Force surveying in Congo (DRC). The research team tried to study the projects of China's economic aid, investment and cooperation projects in Congo (DRC), and do some empirical research about the current Sino-African economic cooperation.

Key Words: Congo (DRC); Assistance; Investment; Research; Suggestion

Brief Introduction of the Nigerian News Media

Zhang Yueying, Master, Research Secretary of Institute of African Studies, Zhejiang Normal University

Abstract: Nigeria is an economic and populous country in sub-Saharan Africa, and it's also an important country in the field of culture and the news media. Nigerian news media have a significant development since independence. Nigeria already has a complete system of modern news media, and it's media size, working population, social influence at the forefront of African countries. The development of the contemporary news media in Nigeria has been facing various difficulties, because of the limited by the level of economic development, political instability and inter-ethnic conflict. The problems faced by news media in Nigeria are universal through the continent, but these problems also have some Specificities.

Key Words: Nigerian; News Media; Current Situation; Feature

理论思考与学科建构

非洲研究的中国学派:学科内涵与
精神气度^①

刘鸿武

【内容提要】学术乃人类探索未知世界之高深思想,体现着一个国家一个民族之精神品质与心灵境界。同时,学术又是治国之大器,经世之方略,于国家民族之兴衰成败影响甚大。当今之世界,多元文化碰撞激荡,各种思潮往来竞逐。中国历来秉持兼容并包、平等交往之原则弘扬人类思想文化,坚信以和平的方式实现国家民族之复兴大业,乃最符合国家利益之理性战略选择。但中国能否以和平之方式崛起,很大程度上取决于中国能否在国际思想与价值理念的高地上建构自己富于竞争力的话语平台,很大程度上取决于当代中国的发展道路与发展模式是否能得到国际社会的普遍认可与尊重。就此来说,中国非洲学的建构意义,自当置身于这样的时代背景下来理解把握,并寻求其开阔通达之"中国学派"形成的发展路径与气度。

【关键词】学术思想;国际竞争;非洲学;中国学派

【作者简介】刘鸿武,浙江省"钱江学者"省特聘教授、浙江师范大学非洲研究院院长、博士生导师;云南大学非洲研究中心主任;外交学院兼职教授。

---

① 本文是笔者作为首席专家主持的教育部哲学社会科学研究重大课题攻关项目"新时期中非合作关系研究"(09JZD0039)的阶段成果。

引　言

学术乃治国之大器，经世之方略。一国之学术与思想，能否开放包容而不依附跟随，自主创新而不故步自封，于国家民族之兴衰存亡干系甚大。在今日全球思想与价值观念高速流动而相互激荡的时代，一个国家，尤其一个幅员辽阔，人口众多的大国，其学者的学识与眼界，胸襟与抱负；其国民的观念意识与文化自觉；其传递和吸纳本国与他国思想文化的能力等统合在一起，会从根本上决定该国在全球思想平台上的位置。

今天，学术与思想日益成为国家间竞争与合作的中心舞台，而在国际学术与思想竞争的背后，更存在着巨大的国家发展与安全利益。在此背景下，国际思想文化的交流，既可能承载着和平友好的使命，也可能在某种条件下变为强者对弱者进行文化侵蚀和实施话语霸权的工具。就中国而言，以和平的方式实现国家与民族之复兴大业，乃最符合国家利益之理性战略选择。但中国能否以和平之方式崛起，很大程度上取决于中国能否在国际思想与价值理念的高地上建构起自己富于竞争力的话语平台，取决于当代中国的发展道路与发展模式是否能得到国际社会的普遍认可与尊重。也就是说，中国能否以和平的方式实现民族复兴，与中国在国际思想高地上具备怎样之创新能力和影响力，实有莫大之关联性。中国非洲学的建构意义与目标、宗旨，自当放置在这样的时代背景下来理解把握，来开拓探寻其开阔通达之发展路径与目标、宗旨。

问题一　非洲研究的"中国学派"：如何可能与可为

近年来，随着中非关系的快速发展，非洲研究日益受到政府和社会各界的广泛重视，学术发展的外部环境与支持条件获得了很大改善。[①] 在此背景下，影响中国的非洲研究事业进步的因素正日益明显地来自学科内

[①]　相关情况，参见中非合作论坛网站有关报道：http：//www.focac.org/chn/xsjl/zfl-hyjjljh/t852795.htm。

部，即学科本身的主体意识觉醒、发展路径选择、知识与思想的原创能力提升，及与之相关联的专门化知识体系建构与工具方法的进步问题。①

与此同时，随着中非关系快速发展及中国在非洲影响力的提升，中国的对非政策和中国在非洲的作用问题，也已经日益超出中非关系范畴而牵动着中国与西方关系的变化，成为"撬动中国与外部世界关系结构的一个关键支点"。在此背景下，非洲问题之研究，包括牵涉其中的有关非洲发展道路选择，非洲发展前景及中国对非政策之作用与角色问题的种种学术争议与思想解读，也已经日益成为一个中国与西方发生真正的思想交锋与观念对峙的领域。

上述客观情势的变化，推演出一系列重大的时代命题与思想挑战，要求中国的非洲研究作出认真的思考与回应。中国的非洲研究不可再零敲碎打，大玉碎敲，在低层次上做"只见树木，不见森林"的工作，并居于中国学术的边缘地带自说自话，而应置身于国家民族复兴大业、中非发展合作与亚非思想重建的时代大背景下来理解自身的目标与宗旨，建构起自己开放形态的主体理念与时代意识，并加入到当代中国思想创新与知识创造的主流大潮中去，为当代中国学术民族精神之重建作出自己的特殊努力。

就此来说，笔者认为，以中国的非洲研究事业之长远发展计，离不开对如下这样一些境界上依次推进的本体性命题的追问与思考。

第一，在当代中国学术体系中，所谓的"非洲学"是否可以成为一门

---

① 近些年，本着"但开风气不为先"的愿望，笔者在学界同人鼓励帮助下就中国非洲研究的理论形态与学科建设问题进行了初步思考，在此谨向梅新林教授、李慎明教授、秦亚青教授、王逸舟教授、杨洁勉教授、曲星教授、朱威烈教授、朱立群教授、杨光教授、李安山教授、张宏明教授、吴锋民教授，及刘贵今大使、张明大使、卢沙野大使、舒展大使、曹忠明大使特致谢忱。相关内容请参见刘鸿武下述著述：《初论建构有特色之"中国非洲学"》，载《西亚非洲》2010年第1期；《在国际学术平台与思想高地上建构国家话语权——再论建构有特色之"中国非洲学"的特殊时代意义》，载《西亚非洲》2010年第5期；《非洲研究与中国学术"新边疆"》，载《光明日报》2009年11月9日；《论中非关系三十年的经验累积与理论回应》，载《西亚非洲》2008年第11期；《中非发展合作与历史理论创新》，载《思想战线》2009年第5期；《中非发展合作与人类现代文明的再塑造》，载《国际问题研究》2010年第5期；《西方政治经济理论反思与"亚非知识"话语权重建》，载《西亚非洲》2011年第1期；《国际关系史学科的学术旨趣与思想维度》，载《世界经济与政治》2006年第7期；《推进有特色的中国非洲研究事业的发展——关于建构有特色的"中国非洲学"的若干思考》，载《非洲研究》第1卷，中国社会科学出版社2011年版，第3—40页；刘鸿武、罗建波：《中非发展合作：理论、战略与政策研究》，中国社会科学出版社2011年版。

相对独立的人文社会科学分支学科？如果可以，那如何理解它的学科内涵与体系结构？如何建构它的理论体系、知识工具及概念术语？其独特之研究对象、研究方法与观察手段又有何特点？形下之实证田野调查与形上之抽象理论创造二者如何互动支撑？

第二，作为一门具有跨学科与多学科综合研究性质的学科，支撑这一学科的基础学科与邻近学科有哪些？如何融会贯通地从中国传统国学、外来西学及当下中非关系实践等不同领域获取促进自身成长之思想智慧与知识养分，并在借鉴吸收的过程上形成自己的学科个性与学科品质？

第三，从学术研究与社会发展关联互动的角度看，中国非洲学当下关注的核心问题是什么？是否可以选定"当代非洲经济与社会发展问题"作为当下中国非洲学集中关注的重大学术问题进行跨学科、多学科的联合攻关研究，由此形成具有时代特征与民族个性的中国非洲学的核心竞争力与话语优势？

第四，在国家和社会对非洲研究期待日益提升的背景下，作为研究主体的中国非洲学人如何定位自己的角色及与政府和社会的关系？如何在保持学术独立与自尊、潜心追求学术自身价值与积极主动服务国家之间保持适度的平衡？非洲研究如何执"经世之学"与"真理之学"两用而并行不悖？官、学、企之多方关系又如何张弛有度？

第五，如何从国际思想竞争与中国和平崛起的战略背景下来理解中国非洲学可能具有的思想创新的特殊潜力？如何从全球发展多元对比的框架下对中非发展合作进程及经验进行系统梳理和理论总结，以为新时期中国人文社会科学的发展提供新的经验与素材，进而推进中国视野下的"新发展经济学"、"新发展政治学"及"新国际援助与合作理论"诸学科的形成？

第六，如果说当代中非关系是中国当代对外关系中一个可以由中国主动予以把握的领域，其间充分彰显着中国外交的民族个性的话，那么作为对这一关系进行理论思考与知识提炼的中国非洲学，其发展进步是否会有助于推进当代中国学术全球襟怀的拓展和民族精神的成长？其对中国国际关系学、国际政治学、世界史学诸学科走出长期以来跟随依附西方话语之窘境而获得自主发展，是否可以产生某种特殊之增益作用？

第七，最后一个更为形而上也可能更为根本性的问题是，如果说学术乃国家民族精神之象征，那么一种呈现出中国气度、中国胸襟的非洲学，其治学境界与思想维度当如何塑造？一种呈现中国学术民族精神与气度之"道"的非洲学，其心灵关怀与精神追求又有何独特之处？

概而言之，在非洲研究这一最初由西方开创且今日西方的学术和话语仍在其中占据主导地位的国际学术思想领域，如何以中国的立场和方式展开思考，深化研究，突破事实上存在的西方知识与话语霸权的阻遏，坚实有力地建立起属于中国的"思想与学派"的知识体系与话语形态？此般诸多问题，并无固定之答案与简单之结论，但通过适当之慎思明辨而厘清困惑，树立一种举高慕远之志向，对中国非洲学之长远发展当有特殊之助益。

从总体上看，相对于发展中国家而言，在今日世界体系中，西方发达国家在精神产品生产与传播上仍拥有绝对优势。然而，在 21 世纪里，非西方世界的崛起已是不可阻挡的历史潮流。今天，历史的转折正展现出新的希望和前景，同时也激发着更复杂的反应与博弈。面对变动中的局势，近年来，西方国家已经明显地从战略上加强了对非西方国家的观念渗透和文化攻势。作为最大的发展中国家，中国在走向世界而与他者相遇的过程中，面对的不仅仅是各国各地区的本土思想与文化，更面对着在全球范围内拥有文化优势和话语霸权的西方思想与文化。中国的文化传统不支持对外扩张，秉持和平发展目标的中国也不会谋求话语霸权，因而中国不与他人搞文化与意识形态对抗，但是，崛起过程中的中国却不能不意识到国际思想文化竞争与交往的重要性，不能不对西方的强势和自身的差距，以及在和平发展道路上可能面临的思想与文化挑战有清醒的认识。

由此看来，包括中非合作在内的整个发展中国家今日在新的历史起点上的国际交往与发展合作，其意义除了加强发展中国家的集体的发展力量，促进发展中国家的发展与文明的复兴之外，还包含了格外的要求，格外的时代使命，那就是需以自身的当代发展与知识经验，从源头上参与对全球现代性思想话语的建构塑造，参与对人类文明核心理念之内涵及本质的重新理解与再度诠释，以此打破以西方为中心的现代性褊狭话语体系。在此基础上，通过全人类的共同努力，在现代政治制度、经济形态、思想文化、观念道德的标准与原则方面，在种种有关理性、民主、自由、人权等普世性的人类价值体系建构中，相应地加入亚非人民或非西方世界的传统的与当代的知识形态与实践智慧，从而拓展和扩大现代性的内涵与外延，丰富现代文明的结构与基础。这是一种全球知识与思想的重新建构进程，一种人类思想体系的全球再塑造过程。只有通过这样一种历史性的重建，拓展出人类思想与智慧的新的广阔空间，人类才能更好地应对现代性引起的种种问题与挑战，确保文明和全人类的健康发展。

从长远的战略高度上看，在当今的国际关系竞争领域，作为全球最大的发展中国家，中国需要特别重视和维护发展中国家的"经济发展权"，更需要重视和维护发展中国家的"思想发展权"、"话语发展权"。对此，中国应该有十分清晰的立场表达，立足于中国方位提供全球性的推进和维护发展中国家发展权益的思想框架、知识产品、话语体系。在这方面，当代中非发展合作丰富的实践经验和理论总结，则有希望成为一个特别的思想温床，一个可资依赖知识创新的活水源头，能够有力地支持 21 世纪亚非世界建立新的具有时代创新精神，同时又深刻包含自身古老传统的思想和知识创新。而这，正需要中非双方的学术界、思想界加强联合与合作，共同努力建构面向新世纪的具有亚非世界以及全球多边特性的知识生产与思想交流平台。可以期待的是，作为中国思想智慧与民族精神的当代表述，一种呈现出中国胸襟、中国气度的非洲学的创新性建构与传播，必将对中国学术现代品质之锻造——诸如主体意识之觉醒、全球视野之拓展、普世情怀之建构、中国学派之形成等等，产生特殊的增益作用。

问题二 国际思想交锋与中国的战略应对

我们说，在当今之世界多元文化相互碰撞激荡，各种思潮理念争奇斗艳的背景下，国际思想文化的交流，既承载着和平友好的使命，也可能在某种条件下变为强者对弱者进行文化侵蚀和实施话语霸权的工具。而对于思想文化的力量，西方国家似乎比我们理解得更深刻，投入的精力也更多。过去数十年，西方国家一直高度重视思想优势的保持与学术话语霸权的掌控。特别是冷战结束后的二十多年，在推进其全球战略的过程中，西方通过持续性地实施对发展中国家的所谓"民主援助"战略，将经济援助与意识形态输出挂钩，以援助为手段在发展中持续输出西方的价值理念和意识形态。在此过程中，西方用大量的经费资助扶持发展中国家各类学术机构、民间智库、出版网络、媒体机构，以此介入当地思想界、知识界、学术界和媒体界，影响其价值理念与思想倾向。观察近年来发展中国家此起彼伏的"颜色革命"、"茉莉花革命"之复杂表现,分析2010年年末以来北非与中东国家政局动荡之前因后果,可以看出经过二十多年推进,西方在发展中国家传播其价值理念和思想体系的"民主援助"战略已取得明显成效。

长期以来,发展中国家因经济落后,相关投入不足,其非政府组织、科研机构、民间智库、媒体网络因此常须接受西方经济援助,由此也与西方形成一种特殊的依存关系。西方投入大量的资金支持援助非洲国家的思想学术机构,自然有其长远的战略目标,有其巨大的国家利益的考虑。尽管不可一概而论,但作为一个整体,西方"思想文化援助"的真实目的,仍然是希望通过一种潜在而隐蔽的方式,通过传播其特殊的理念与价值观,来达到维护西方长期以来的霸权地位和特殊利益。特别是,西方在传播其特殊理念与价值观时,通常将其包装在一整套精心设计且极为复杂的话语体系中,且依照时势需要,转换成诸如"民主"、"自由"、"人权"等外表光鲜亮丽、具有不容置疑的道德正当性的概念,并将其广泛渗透于广大发展中国家的思想与意识形态各领域,以无形之方式,影响着发展中国家社会精英、知识阶层乃至普通民众的思想和意识。

特别值得注意的是,过去二十多年来,通过对发展中国家各种有目的的附加政治条件和意识形态内容的援助,西方强化了自己的思想体系与价值理念在发展中国家的影响力,推动了发展中国家学术机构和思想精英在思想观念上与西方的趋同化。西方也因此在意识形态的竞争中实现了某种"情势逆转",使自己重返了道德话语的高地。与20世纪五六十年代民族独立与解放运动时期,发展中国家高举反帝、反殖、反霸的话语旗帜因而占据道德高地和话语优势的情势不同,今天,面对西方以强大投入战略和偷天换柱之技法精心包装的"民主、自由、人权"的意识形态话语攻势,发展中国家往往因缺乏积极有效的回应手段而处于被动受损的弱势地位,许多时候陷于"集体失语"的沉寂状态,或是随波逐流,被动跟随依附于西方之强势主流话语。这种情形的出现,表现出发展中国家的国家话语体系、思想知识创新能力、学术研究能力在新的历史条件下跟不上自身发展要求,发展中国家的"思想发展权"受到限制,"话语发展权"受到侵蚀,相对于西方,形成了新的发展差距、思想洼地与知识鸿沟。

西方国家持续的意识形态新攻势,西方精心建构这一阻遏发展中国家复兴发展的思想高墙,正对全球战略格局之变动趋势产生复杂影响。在此过程中，始终坚持独立自主的发展道路，始终坚持探寻适合自己的发展模式并因此而获得成功的中国，在许多西方政客和心怀偏见的学者心中，自然就成了一种冲击、挑战西方思想不言而明的道德威望与全球影响力的威胁。近年来，凸显西方话语霸权的针对中国发展道路及国际合作模式的种种贬斥话语在西方媒体上频繁出现，四下流传，西方针对中非合作政策和中非合作关系的种种妖魔化攻击言论亦此起彼伏。尽管这些话语和言论的真实用意在公正者眼里并不难认别，但它们确实在某种程度上起到了离间、中伤中国与非洲国家合作事业，歪曲抹黑中国对非政策的作用。西方持续性的意识形态攻势在一段时期中已经造成一些发展中国家与中国在思想理念、价值观与意识形态方面差异扩大，疏离感、分歧感加深，对中国的发展与崛起的担忧、猜忌甚至排斥与日俱增。这一切在短期内已经对发展中国家的自主发展，对中非合作关系的发展造成了明显的损害。

　　然而，从长远来看，非西方世界在 21 世纪的发展是一个总体的趋势，而人类追求共同发展并促使国际政治经济秩序走向公平合理亦是历史进步不可逆转的必然。在日益凸显的历史事实面前，西方的文化帝国、话语霸权和意在阻止延缓非西方世界发展的话语高墙是必将被打破的。首先，随着时间的推移，西方国家带着明显实用主义和双重标准的"民主援助"，终将逐渐暴露出它们真实的用意和企图，其虚假的道德面具和单方面的话语"优势"也将随之而丧失。其次，随着发展中国家日益成为全球发展的主角，以客观事实和自己的切身利益和经验为基础，发展中国家终究会作出自己的理智判断与选择，外来的别有用心的离间与中伤终会归于徒劳。① 最后，更重要的是，从长远看，西方的话语霸权将提醒并推动非西方国家、人民及其知识精英日益重视国际思想竞争能力与本国本民族思想原创能力的提升，这将促使非西方国家逐渐进入现代人文科学和社会科学的前沿领域，进入人类发展与现代性思想理论的高端。通过这样一种思想领域的自觉自信及持久艰苦的努力，非西方世界一定能够建立起属于自己的、能反映人类历史发展普遍经验、能满足国家民族发展要求、能支持对外平等对话的现代知识体系与话语体系，从而在根本上结束思想和文化上

① See Deborah Brautigam *The Dragon's Gift*: *The Real Story of China in Africa* (Oxford: Oxford University Press, 2009). Ian Taylor, *China's New Role in Africa* (Boulder: Lynne Rienner, 2009).

依赖从属于西方的历史,在现代性的元话语体系中生成中国与亚非世界的知识体系。

近年来,中国的非洲研究在国家有关部门、大学和地方政府的支持和参与下发展迅速。短短几年间,在建立专业学术机构、填补研究空白、培养专门人才、出版学术成果、开展国际交流、参与国际合作研究、提升研究水平、发挥智库功能、服务政府、企业和公众等方面均取得了重要的甚至是突破性的进展。① 其所取得的成果和发挥的影响,已改变了过去非洲研究在中国的国际政治经济研究、世界历史研究、外交研究和国际关系研究中处于边缘的地位。非洲研究的基础性地位,不仅在其本身的成果中得到体现,也在与其他重点研究(如大国、周边、多边及全球性、现代性等研究)的交相互动中体现出来。随着多方资金注入和专业研究力量投入的增加,中国的非洲研究在物质条件改善、人力与学术资源加强、学科建设与研究的国际化水平提升、官学紧密互动各方面不断推进,学术旨趣的中国特色日益鲜明,知识的社会服务功能不断扩大。② 可以预言,今后很长一段时间内,非洲研究吸引的人力物力投入还会增加,其研究过程中的开放意识与自主意识、全球眼光与中国立场、非洲情怀与中国个性将在相互激荡中同步提升。③ 我们也期待,以 21 世纪中非之间直接、主动和日益增强的发展合作成为理论创新的基础与话语源头,面对非洲大陆追求现代发展的宏大时代命题进行中国思考,在不远的将来,中国的非洲研究力量和规模将逐渐赶上甚至在某些方面超过主要的西方发达国家。而这种发展,本质上是与非洲在全球发展中的重要性、中非合作的长远战略意义和中国为实现和平发展战略而进行思想、知识与文化的系统建设要求相符合的。

---

① 近年来,国内学术界已经加强了对中国的非洲研究的历史梳理与总结,相关重要文献见中国社会科学院西亚非洲研究所编《中国的中东非洲研究 1949—2010》,社会科学文献出版社 2011 年版;张宏明《中国的非洲研究发展述要》,载《西亚非洲》2011 年第 5 期;李安山《中非关系研究三十年概论》,载《西亚非洲》2009 年第 4 期;李安山《20 世纪中国的非洲研究》,载《国际政治研究》2006 年第 4 期。

② See http://www.focac.org/chn/xsjl/xzhd_1/t813131.htm.

③ 由中国主要非洲研究机构主办承办的"首届中非智库论坛"于 2011 年 10 月在浙江杭州举行,这是中非学术机构间一个常设性机构化的思想交流平台,表明中非学术交流与思想对话日益活跃。

问题三   中国胸襟之非洲学：关切视阈与追求境界

与国际国内形势的快速发展与现实要求相比，与西方发达国家百年积累的研究成果相比，与前面所提到的中非合作关系所受到的西方话语霸权的压力相比，目前中国的非洲研究在学术质量、学科建设、研究方法和社会服务功能等方面，还有大力加强、调整、改善的必要。在一些重大的核心理念与精神形态方面，还需要作出深入思考与精心安排。而如下几点是当下需要特别予以关注的。

第一，从总体上说，中国的非洲研究不能脱离中国和平发展和中非双方追求民族复兴的伟大目标的指引，也难置身于激烈的国际政治和思想文化竞争之外。在这一点上，毋庸讳言，非洲研究中的某些特定领域，是具有高度政治性、关切性的国际性学术研究。在此背景下，学术与政治、个人与国家、思想与现实之复杂关系如何，是一个特别需要明晰智慧与开阔心胸来把握的问题，简单地偏执一隅或排斥一方皆有损中国的非洲研究事业以及相应的民族精神文化的健康发展。对中国而言，在国际交往中奉行五项原则，不搞意识形态对抗，不对外输出意识形态，是中国和平独立外交政策的基石和原则。但是，从人类发展普遍追求和国际政治发展的现实出发，从非洲发展的要求和中国非洲政策的本意出发，中国可以也应当以合理善意的方式，努力发挥发展中大国的作用，去帮助非洲国家实现政治稳定，推进改革，促进开放，加快发展。这样做符合中国的国家利益和非洲发展的根本利益，符合中国既定的和平外交政策的精神和原则。对在此过程中遭到的来自西方话语霸权的恶意的评论和贬损，中国有必要在政治上加以澄清和批驳。

第二，中国的非洲研究不可零敲碎打，大玉碎敲，只见树木，不见森林，而应在国家民族复兴大业、中国双方战略合作与亚非思想智慧重建的时代背景下来理解自身的目标、宗旨，积极主动地为国家民族的复兴与中非发展、合作提供精神启示与战略性的思想支持。就此来说，今日中国的非洲研究，特别需要有一种主体性的思想建构，一种开阔通达的战略眼光，一种整体宏观的发展布局与清晰畅达的路径选择，并由此境界逐渐形成非洲研究的中国学派与中国气度。进而言之，中国的非洲研究，中国对非洲发展问题与中非关系的研究,既要有"形而下"的工具层面、器物层面、操作层面的个案微观研究,也要有"形而上"的价值层面、精神层面、战略层面的整体宏观研究,既要有田野村头的调研考察与微观实证研究,又要有宏观理念与精神境界方面的战略追求,所谓"执两而用中",努力把握好"道与器"、"体与用"、"虚与实"之平衡与协同。

第三,必须高度关注和准确把握非洲发展的大势,排除干扰,按照中非发展、合作的长远战略谋划学科发展规划,选择关乎中非双方发展核心利益的重大课题进行深入而严谨的国际合作研究。应该立足中非合作关系现实中的紧迫与重大问题,不受西方舆论及话语之左右,以我为主开展中长期的思想创新与知识积累。同时,需要大力加强与非洲学术界、智库、媒体界的交流合作,巩固和扩大中非共同利益与观念共识。这方面,需要对中国的对非援助作出适当的调整变革,增强对非洲国家学术机构与智库的能力建设合作。

近年来,一些非洲国家的思想界、学术界的民间智库组织,开始以自己的方式关注中国发展的经验与得失,寻求与中国学术思想界的交流合作,并在许多场合提出过合作倡议。对非洲国家社会思潮与舆情的变化,中国应该积极把握,顺势而为,通过检讨以往对非政策体制和理念中存在的不足,消除障碍,使援助非洲的事业和工作有新的突破和进展。当前特别需要注意的问题之一是,以往中国对非援助主要是中国政府与非洲国家之间的官方关系,非洲的各类民间组织与智库一般无正常渠道直接获得中国的援助。而西方的对非援助却往往直接面对非洲的各类非政府组织、学术机构与智库。

从中国对非援助的理念与原则上说,多年来中国一直恪守"不干涉原则"及不主动输出中国政治思想的原则,但这一原则并不意味着中国可以不参与国际的思想竞争与合作,因为国际思想高地是一个不同思想观念激烈竞争的领域。

近一二十年来,随着中非合作发展的快速发展与中国影响力在非洲的提升,来自中国的发展经验和理念促进了非洲社会发展思想和政治发展理念的积极变化,而非洲的稳定和发展与中国国家利益和安全之间的联系也日益紧密。在此背景下,如何更好地帮助非洲国家实现政治稳定,以积极主动的合作姿态和政策,推动非洲的改革,促进非洲的开放,加快非洲的发展,提升非洲的能力,越来越成为中国应予以关注的战略性课题。中国应该以积极而稳妥的方式，在相互尊重、平等对话的前提下，更多地关注非洲内部事务的发展，在把握双方共同的利益与合作空间的基础上，帮助非洲尽力消除那些出于各种原因，至今仍明显妨碍社会持续健康发展的深层障碍，支持非洲国家的改革进程。在这方面，中国需要更清楚地表达自己的国际政治立场，而不需要理会那些来自外部的莫须有的说三道四。

思想与行动其实是一枚硬币之两面。从全球比较与中国经历的多维视角上看，我们认为今日非洲发展的根本性障碍，集中在一些基本的制度性、观念性与结构性困境上。而帮助非洲国家逐渐消除这些发展的障碍，是中国可以有所作用的特殊领域。

非洲国家面临的第一个大的问题，是国家能力与政府执政功能的长期缺失，许多非洲国家日益处于"有社会而无国家"的国家体系消解与政府功能退化状态中。笔者始终认为，从政治发展的角度上看，独立后的非洲，面临的首要问题或最大任务，是如何实现国家统一建构、国家基础能力培植与政府推进经济发展的管理体系成长。[①] 我们知道，在今日世界，没有一个国家可以在无国家保护与缺失政府管理能力的情况下而得到发展。无论选择何种政体，奉行何种主义，是搞多党制还是一党制，都应该有助于非洲国家的稳定存在与政府能力的成长。事实上，为逐渐推进统一国家建构与民族融合，推进国家认同与爱国情感，独立后的非洲国家也经过了几代人的努力，付出了巨大的代价。但是，这一进程从一开始就受到内外因素的干扰而一波三折，进展缓慢。首先是西方主导的全球化进程，日益严重地从外部消解着非洲国家的主权，侵蚀着非洲国家的主权权威与行动能力。当代非洲国家是全球范围内最后跨进民族国家行列者，是世界上最后一批建构起来的现代国家。与当年西方现代国家建构时，全球范围而处于相对独立分隔的独立状态不同，非洲国家自建立之日起，就面临全球化进程和西方强势力量的外部主导与支配，国家主权与独立性始终面临根本性的外部侵蚀威协。其次是在国家一体化建构和认同远未完成的情况下，非洲国家在内外压力下不得不照搬西方竞争性选举政治，结果往往引发内部分裂，导致持续的族群冲突，这又从内部侵蚀着非洲国家统一主权与国家统一治理能力。此外，近二十年来急速涌现的大量非政府组织及其

---

① 参见刘鸿武等著《从部族社会到民族国家——当代尼日利亚国家发展史纲》，云南大学出版社 2000 年版，第 1—25 页。

广泛产生的不同族群间的对抗性政治诉求，都在不同程度上从内部消解了非洲国家的政府权威与行动能力。

在今日非洲许多国家和地区，政府能力严重缺失，基层政权形同虚设，看不到条块分明、上下联通的功能化的政权网络与管理系统，在有社会而无政府状态下，千千万万的百姓苍生在广阔无边的草原和沙漠中陷入一种无助的、自生自灭般的艰难处境。国家统一体制的消解和政府管理经济能力的丧失导致了巨大的灾难。虽然今日非洲国家拥有巨大的人力资本，有大量的年轻人口，却因缺乏国家与政权组织者和组织动员机制将他们组织成国家的建设大军，庞大的人口资源无法转化为服务国家建设的人力资源与生产要素。在今日许多非洲国家，那些蔓延四溢的巨大城市贫民窟，那些因国家瓦解而形成的庞大的难民营，动辄就有数万甚至数十万人口，因为没有基本的社会组织结构功能，人们在其中只能无所事事，如尘沙般游荡生存。国家制度的建设与行政能力的建设，绝不是通过一场选举就能解决的。而西方开具的药方，提出的条件，却除了选举还是选举，这让一些非洲国家的政治和民生在散乱无序的境地中一天天坠落深谷。

非洲国家面临的第二个大的问题，是许多国家在过去数十年中始终没能将国家工作重心转移到经济建设上来，长期忽略经济发展这一根本目标而深陷无谓的空头政治纷争之中。多年来，西方在非洲推进的政治变革政策，归纳起来就是过度迷信选举政治和投票功能，以为只要有了选举，有了多党制，一切问题就会获得解决。但劣质选举政治与无序政党竞争使国家的任何长期规划与发展都无从落实，政治许诺盛行，短期行为泛滥。多年来，非洲大陆空头政治充斥，政治挂帅盛行，选举迷信左右一切。然而事实上，对于今日的非洲国家来说，社会发展才是最大的政治，经济建设才是最大的政治。贫困与落后是一切动荡、冲突甚至恐怖主义的源头。不集中精力发展经济，不努力改善民生，不保持一个稳定有效的国家体制，一切都无从谈起，政府也迟早要垮台。过去几十年，无论是威权主义的强势政府还是议会政体的民主政府，许多非洲国家的执政者都没有将经济发展、民生改善放置在工作的首要位置上，缺乏推进经济增长的意愿与能力，在内外因素作用下一直陷于无休止的政治纷争之中。如何走出政治迷信的误区，不再执迷于选举崇拜，不再就政治谈政治，而是一心一意谋经济发展，一心一意求国家稳定，实在是非洲国家必须认真面对的核心问题。非洲国家需要进行政治改革，但政治改革的出发点和归属点都应该是如何促进非洲的经济发展与民生改进，而不是如何将自己的政治变得与西方一样。

就此来说，今日的非洲国家，在某种意义上需要一场拨乱反正的新的思想解放运动，需要结合非洲的实际认真思考非洲的发展道路，探寻非洲问题的非洲化解决。非洲必须形成自主思想与独立精神，提升本土知识分子独立观察与思考自己国家发展道路的意愿与能力，振兴本国本民族的思想文化，形成独立自主的知识精英阶层。在这方面，中国可以以自己的方式与非洲国家开展交流，以实质性的举措来支持和帮助非洲国家思想智库的自主发展与能力建设。具体来说，中国不需要跟随西方搞意识形态对抗，也不需要对外输出意识形态，但中国可以用自己追求国家民族复兴进程的经历及所累积的经验教训来观照对比非洲的发展困境与发展难题，可以与非洲国家开展更广泛的治国理政经验的交流，探究非洲国家解决其发展难题所需要的思想智慧与政策方案。通过与非洲思想界学术界的密切合作，共同来探讨非洲如何获得经济发展、推进改革开放、保持国家稳定、增强能力建设。

为此，中国需要对传统的对外援助方式作出某种程度上的战略性调整，规划一个具有长远性、战略性的"当代中国国家思想与学术走出去战略"，推动中国思想界、学术界、教育界走向非洲，走向发展中国家，逐渐扩大"中国知识"、"中国思想"、"中国智慧"、"中国经验"在发展中国家和全球的影响力。在保持以往且行之有效的对非洲国家的经济发展援助的同时，重视有助于非洲国家思想创造能力与学术研究能力提升的"软援助"。

从长远的战略高度上看，在当今的国际关系竞争领域，中国不仅需要重视和维护发展中国家的"经济发展权"，更需要重视和维护发展中国家的"思想发展权"、"话语发展权"。在这方面，中国应该有十分清晰的立场表达，立足于中国方位提供全球性的推进和维护发展中国家、非西方世界权益的思想框架与知识产品。国际化与全球化应该成为未来一个时期包括非洲研究在内的中国人文社会科学发展的一个基本战略取向。中国需要积极支持发展中国家的学术机构、非政府组织、民间智库走进中国，积极支持中国的学术思想机构走进非洲，让中非双方的学者能在国际学术与思想高地上建构各自的国家话语平台。具体而言，一方面，积极推动中非双方建立研究对方的各类研究机构，如在中国高校中建立更多的不同学科支撑的非洲研究中心，在一些有条件的大学建立非洲翻译馆以开展中非文献互译工作；另一方面，也要支持和推动非洲国家的大学、政府机构、NGO 建立各种类型的中国研究中心，推进孔子学院的本土化进程，将汉语教学纳入所在国家的国民教育体制中，同时在非洲建立联合报社与合作出版机构。通过这样一个日见开阔的平等对话与交流平台，通过中国国内发展经验的国际化进程，来汇通整合 21 世纪发展中国家的新的发展理念和发展经验，并逐渐将中国知识与中国智慧转换成一种可被外部世界理解与感受的话语形态，让非洲国家的人民有更畅达有效的途径来接触了解中国。这一切，对于中国的和平崛起战略目标的实施，对于中非的发展合作战略的可持续推进，都有持久而重大的意义。

问题四　中国气度之非洲学:整体关怀与全局统揽

非西方世界的知识创新与思想提升过程不会一帆风顺。总体上看，整个现代人文社会科学的知识形态与理论体系，都是在过去两三百年西方率先兴起的过程中由西方世界建构起来的。这一西方主导的知识与思想体系，虽然在解释非西方世界事象方面局限性日益明显，但它迄今依然占据国际思想与学术界的中心位置。如何打破西方思想与话语垄断，确立中国的非洲研究的思想自觉与话语自主权，还需要做大量的工作。总体上看，一来应该是既不迷信西方，但又对其所代表的当今国际流行话语与知识传统有充分的了解，在消化吸收其合理内容的过程中超越其局限，二来必须从亚非自身的历史与现实经验的系统总结中重新建构新的知识体系与价值理念。在这个过程中，历来注重整体把握世界、重视对历史大势作宏观把握的中国学术传统，是可以深度挖掘利用的思想宝库与工具来源。①

从表象上看，非洲研究涉及非洲政治、经济、社会、文化之方方面面，其研究者和对象分散在众多学科领域，具有明显的学科分散性、交叉性。以一门"非洲学"，将这些分散而交叉的不同学科统摄在一起，表面上看似乎不太可能。然而，如果进行一些深入的思考，从非洲大陆的历史

---

①　刘鸿武:《中国式价值在非洲》，载《社会观察》2011 年第 7 期。另见观察者网：http://www.guancha.cc/2047/59321/59314.shtml。

与社会现状，以及当代非洲经济社会发展这一复杂问题的分析中，仍然可以找到各种各样的"非洲研究"（诸如非洲政治研究、非洲经济研究、非洲文化研究、非洲教育研究、非洲国别研究、非洲区域研究、非洲专题研究等等）的内在的关联性，从而以一种整体和联系之眼光，从中发现那些将各种各样之"非洲研究"统摄起来，将"非洲学"作为一个具有跨学科、交叉学科性质的"统一学科"来建设并赋予其鲜明的中国风格与气度的理由。

具体言之，第一，虽然从古代迄今，非洲大陆内部各地区之间、国家之间、民族之间存在许多差异，而与外部世界又有着复杂多样的联系与交往，东西南北之间与外部世界的亲疏状态各有不同，这是我们必须高度重视非洲研究的国别、个案、微观研究的原因。但另一方面，非洲大陆作为一个相对统一的自然地理单位，其历史文化形态与政治经济特征，还是具有某种内在的联系性、整体性与一致性，一些明显有别于外部世界其他文明与文化的共同特征，一些有别于欧美、中东、南亚与东亚文明的属性。这些内在的联系性与整体性，提供了建构一门具有统摄性的"非洲学"的可能性与现实基础，使我们可以也有必要将非洲大陆作为世界文明体系中的一个相对统一的整体来进行把握，来探寻研究非洲大陆共同面临的发展问题。因此，当代中国的非洲研究在注重学习借鉴西方非洲研究重视微观、个案与田野调查的基础上，应该充分发挥中国学术重视追寻"大道"、探究"天人之际"、"古今之变"的思想传统，透过非洲大陆纷乱复杂的当下迷局，看清这块大陆面临的根本性问题是什么，把握到这块大陆的根本出路在哪里，举其纲要，观其大势，从而对非洲大陆之现状与未来作出更具历史眼光的战略把握。①

第二，与欧洲、亚洲、美洲、大洋洲都具有南北关系不同，非洲大陆是一块几乎全部是南方国家、发展中国家的大陆。作为世界上发展中国家最集中的大陆，整个非洲大陆的 54 个国家全部属于第三世界国家或发展中国家，发展问题是这块大陆所有问题的纽结、焦点与源头，整个大陆

---

① 宋代学者苏轼曾说，"天下之事，散在经、子、史中，不可徒得。必有一物以摄之，然后为己用。所谓一物者，'意'是也。"（见葛立方《韵语阳秋》）这"意"，大致应该就是散布于各知识领域背后的统一灵魂与核心精神，统摄各种专门知识与研究活动的相互联系与整体结构。参见刘鸿武著《故乡回归之路：大学人文科学教程》，清华大学出版社 2004 年版，第 79 页。

54 个国家都面临着谋求政治经济发展与社会进步的共同发展任务。今日
之非洲大陆,看似纷乱不定,动荡不居,但万变不离其宗,贫穷落后,经
济衰退,民生艰辛,实是百恶之首、万乱之源。发展才是硬道理,无论何
种理论,何种妙方,其合理性只能从是否适应增进非洲发展这一根本要求
来判定。为此,必须形成一门以发展为核心理念、以发展为核心宗旨的相
对统一的学科,来对非洲这块大陆的共同问题、基本问题进行具有战略眼
光的整体把握,来开展知识积累、思想创新与工具创造,形成可以解释、
促进并适合于非洲大陆现实需要的知识与思想体系。中国的非洲研究学者
可以围绕着非洲发展问题和中非发展合作来建构有中国气度、中国胸襟的
非洲研究,来统摄整合中国非洲研究的各种资源与力量,追求共同的目标
宗旨与内在灵魂。通过这种努力,中国的非洲研究学术理念与知识体系将
会获得一种内在的"形上之道"与"精神境界",将有可能形成自己的学
理体系与知识平台,从而在全球的非洲研究领域形成独特的"中国学
派"。①

　　第三,事实上,对中国来说,由于自身正在经历着相同或相似的发展
变革,并且今日在总体上依然属于发展中国家,这样共同的国家身份与地
位,使得中国可以将心比心、感同身受地体会理解非洲国家面临的种种问
题,可以动用自身在过去数十年经历和积累起来的种种有关发展的正反经
验与教训,来理智观察、综合思考与内外比较非洲的发展及与发展相关的
种种问题,从非洲的实际需要来探寻非洲问题之解决方案。中国问题的解
决要从中国的实际出发,非洲问题的解决也一样只能从非洲的实际出发。
学术研究的最高智慧,来自心灵的感悟,来自研究者主体的切身追求。中
国人因自己的历史传统与文化个性,长期以来一直与那块遥远的非洲大陆
有一种情感上的相互尊重,中国也一直对非洲大陆的现实与未来,持一种
历史主义的期待与信心,因而不自居思想与道德高地对非洲国家发号施
令,而是主张平等对话,相互学习,交流互鉴。这是中国的对非政策不同
于西方对非政策的地方,也应该是中国的非洲研究与西方的非洲研究之所
以不同的地方,是中国学术界研究非洲问题之优势所在,同时更是中国的
非洲研究实现学术创新,摆脱长期以来对西方思想与知识的跟随依附状态

---

　　①　关于国际关系理论领域中中国学派创立问题,可参见秦亚青教授《国际关系理论中国学
派生成的可能与必然》,载《世界经济与政治》2006 年第 3 期。

的机会所在。

第四，长期以来，非洲大陆一直在努力寻求自己的共同属性并为实现非洲大陆的统一而奋斗，以非洲统一联盟和非洲各次地区性组织为基础的非洲统一运动与一体化也在不断推进。正因为如此，长期以来，虽然非洲大陆内部也有许多地区差异、国别差异、民族差异，但非洲国家和国际社会在许多时候往往还是将非洲大陆作为一个相对统一的整体、一个相对统一的国际关系行为体来认知、交往与对待。比如中非合作论坛，就是中国将非洲大陆作为一个整体而建立起来的中国与非洲大陆 54 个国家的一种特殊的"国家—地区"关系。

总之，非洲大陆的这种相对统一的整体性质，使得我们在研究非洲大陆时，确实必须也有可能建立一门专门以研究非洲大陆整体性问题、一般性问题为基本研究对象的学科，培养专门从事非洲事务和中非关系的高级专门人才。正如我们说"世界历史"并不是国别历史的简单相加一样，这样的非洲学学问与知识体系，不是任何一个其他单一的一级学科或二级学科如"政治学"、"经济学"、"历史学"等所能涵盖和支撑的，必须通过跨学科、多学科的创新性综合，将"区域研究"与"领域研究"相结合，形成一门新兴的"非洲学"交叉学科，其在学识视野与思想平台上才能胜任对非洲问题研究与人才培养的综合需要。

问题五　中国视野之非洲学:概念推演与思想维度

作为一门反映中非发展进程、包容整合各类非洲研究学术、体现中国的非洲研究思想内涵与学术个性的特殊语境的专门学科，非洲学在一般概念与定义上可做如此初步的考虑。

第一，就学科定义与内涵而言，我们认为"非洲学"可以这样来表述：它是一门专门以非洲大陆的人文与自然事象为研究对象、探究非洲文明历史进程及其当代政治经济与社会发展问题的综合性交叉学科。对此定义，还可以作广义与狭义两种理解。广义的"非洲学"，包括一切以非洲为研究对象的知识与思想领域，包括人文科学、社会科学、自然科学、工程技术各领域所涉及的非洲问题研究。而狭义的"非洲学"，则主要是指以非洲大陆之文明进程及当代政治经济发展问题为核心内容的学科，类似于"非洲文明研究"或"非洲发展研究"。

　　第二,作为一门综合交叉性学科,今天的"非洲学",需要以综合的方式,运用人文科学、社会科学、自然科学、技术科学、管理科学的诸多知识工具与理论形态,诸如政治学、经济学、历史学、社会学、民族学、教育学、人类学、艺术学、语言学、地理学等,对非洲大陆文明与文化的各个领域进行综合性与整体性研究。而在当代,随着对当代非洲经济与社会发展问题研究的日见深入与拓展,诸如发展理论、现代化理论、国家建构理论、国家治理理论、人口控制与环境发展理论、科技运用与技术开发理论、国际援助与国际合作理论等新兴学科与边缘学科,也将涉足且包含在内,形成"非洲学"广泛综合的知识和理论背景。

　　第三,关于"非洲学"与"非洲研究"两个概念之异同及取舍择用问题。"非洲学"或也可称之为"非洲研究",在许多时候这两个概念是可以互换的。应该说,使用"非洲研究"这一概念也有其优长之处,因为这一概念表述的内涵十分清楚,无须特别解释和说明,但凡与非洲有关之学术研究,皆可统称"非洲研究"。但另一方面,如使用"非洲学"这一概念,则更有另一番深意与追求。首先,"非洲学"突出了它作为一门学科的学理系统性、理论性、学科性,而"非洲研究"却是一个相对中性的概念,主要表述了研究的对象,陈述着一种研究的过程,并无明显的追求自身之学科体系、理论形态、学术境界的主体建构含义。及次,由于这两个概念传递或表达出的学术蕴涵与思想品质可能是有所不同的,因而如果长期使用"非洲研究"而避用"非洲学"则可能不利于这一学科的自身理论追求与学科主体意识的自觉,结果可能导致这门学科始终只是一些与非洲有关的具体的研究课题、研究领域、研究内容的聚集。因此,通过"非洲学"概念的更广泛而准确地使用,有助于促使学术界更多关注非洲研究的理论旨趣与学术境界之追求,更多关注非洲研究的学科发展路径与体系建构过程,如此,则非洲研究更有可能上升为一门日见成熟且相对独立的知识学科。

　　作为有中国特色的非洲学,一门交叉性的新兴学科,其在学术旨趣与思想维度方面,应该表现出如下几个明显的特点:

　　第一,通过对非洲文明及其相关成长背景作出整体上的研究与综合性的把握,努力揭示出非洲文明的总体轮廓与基本结构,努力把握非洲文明发生、发展的基本历史进程与现实走向。同时,该学科还旨在从世界文明体系的开阔视野上，以比较和联系的眼光，深入探究和揭示非洲文明的个性精神与世界意义，它在世界文明体系中所处的位置，它与世界其他文明之相异与相同，以及这些异同之缘由，从而更好地揭示古老而又现代的非洲文明之有别于世界其他文明的个性形态、发展品格与演进特征。由于"非洲学"在研究对象与学术旨趣方面的上述特点，决定了该学科所需要运用的理论形态、知识体系与研究工具必须具有开阔的背景、跨学科的视野、交叉性的特征。

第二，中国特色的非洲学，应该特别关注进入近代特别是当代以后，在整个世界历史宏观环境和非洲大陆历史命运发生重大变迁的时代条件下，非洲文明经历的广泛而深刻的变迁转型过程，这些变迁转型的复杂而矛盾的特点和性质，以及它与当代非洲大陆现实政治经济格局的复杂关系，努力从传统文明特性与民族精神的角度，来理解和把握当代非洲国家复杂的现代政治经济发展问题。通过对非洲文明的深入把握来更好地理解当代非洲大陆的政治经济与社会发展问题，从文明变迁的角度来思考分析当代非洲追求经济增长与现代化发展的新路径。作为当代中国人文社会科学领域的新兴学科与交叉性学科，该学科应该特别追求建构有中国特色的"非洲学"理论体系与知识工具，及学科发展的现实运用价值，特别重视结合当代中非合作关系之实践，关注当代中国与非洲大陆在追求现代复兴与发展进程中所开展的发展合作与文明交流，探讨和比较中非双方当代各自的经济社会发展和文明复兴方面彼此相关的一些共同命题。

第三，"非洲情怀、中国特色、全球视野"之三个层面的有机结合与互为补充，"秉承中国学术传统、借鉴国外研究成果、总结中非关系实践"三个维度的综合融通与推陈出新，或许可以作为未来时代中国之非洲学建构过程中努力追求与开拓的某种学术境界与思想维度，某种努力塑造的治学理念与学术品质。所谓"非洲情怀"，是想表述这样一种理念，即但凡我们研究非洲文明，认知非洲文化，理解非洲意义，先得要在心中去除对非洲之偏见与轻视，懂得这块大陆之人民，数千百年来必有不凡之创造，特殊之贡献，必有值得他人尊重之处。我们应该对非洲人民、对非洲的历史文化，怀有一份"敬意"与"温情"，一份"赏爱之情"与"关爱之意"。或许，有了此般非洲情怀，有了此般非洲情结，方能在非洲研究这一相对冷寂艰苦的领域有所坚持、有所深入，才愿意一次次地前往非洲，深入非洲大陆，做长期而艰苦的田野调查、实地研究，以自己的切身经历和观察去研究非洲，感悟非洲文明的个性与魅力。由于非洲大陆内部存在巨大的地区间、国家间、民族间差异，因而研究非洲大陆的问题时，不仅要有大陆的宏观眼光，更需要有大陆内部的区域、国别、民族甚至村社的微观眼光，既需要从整体上把握非洲大陆的基本属性，更需要对非洲文明的地区结构、国别结构、民族结构进行微观个案的研究，深入非洲大陆做长期的实地调研、田野考察，特别注重研究者本人对非洲大陆历史文化与社会环境的个人心灵体验和感受。所谓的"中国特色"，在于表明，今日中国对非洲之认知，自当站在中华文明的深厚土壤上，站在当代中非合作关系丰富实践的基础上，秉持中华文明开放、包容、持中之学术传统，以中国独特之视角、立场与眼光，来重新理解、认知非洲文明及当代中非关系。这种立场，一方面需要了解和借鉴外部世界对非洲的相互认知与感受，尊重、借鉴、汲取西方学者过去百年创造的学术成果，但同时并非简单地跟在西方的后面，如鹦鹉学说他人言语。毕竟，作为中国学人，若要真正深入懂得非洲文明，前提之一，也须对中国文明个性、对中国学术传统有一份足够的理解与掌握，如此方能知彼知己，并有所比较，方能真正看出中国文明与非洲文明之相同与相异，共性与个性。最后，所谓"全球视野"，是说在今日之全球化时代，在今日之世界相互牵连、多边互动之格局下，我们无论是认知非洲文明，还是认知中华文明，自然都不可只限于一隅之所、一孔之见，既不只是西方的视角，也不局限于中国的眼光，而是应有更开阔之全人类之视野，有更多元开放的眼界，在多维互动、多边对话的过程中，理解中非合作关系之适位、可为与当为，并进而寻求人类之共同理想与普遍情感。并且着眼于 21 世纪人类发展前景，努力从一个更为广阔的世界文明史大视野上，对东方社会、亚非社会的传统文明遗产的现代重建、对当代人类文明的多样性及不同文明之平等对话与交流等这样一些更为一般性的理论与现实问题，作出本学科的特殊探索与思考。

今天，不论是从非洲国家在世界经济中的地位和在国际事务中的作用上升来看，还是从中国与非洲日益密切的合作关系来看，抑或是从中国与欧美国家及新兴国家在非洲的博弈需要来看，加强我们对非洲研究与学习都是当务之急；同时，由于非洲在国际事务中的作用日益上升，国内学术界在进行欧美问题、亚洲问题的研究时，越来越多地牵涉到非洲方面的问题，非洲学成为整个国际问题研究中不可回避的话题，非洲学的深入研究与高级人才培养会成为推动国内整个国际问题研究的重要动力。

近年来，国内高校的各类学生对非洲知识的渴望和对非洲研究的兴趣都在不断增加，许多高校为本科生开设的有关非洲方面的课程都受到了普遍的欢迎。

中国的非洲学要获得健康稳定发展，除上述问题需要得到关注外，还需要在这样一些基础性条件方面作出努力。第一，需要在国内各大学建立起一批实体性的、能长期稳定存在并有相应资金支持与政策保障的非洲研究专门机构，并集人才培养、学术研究、政策咨询、国际交流功能为一体。第二，需要拥有一批专门化的、热爱非洲研究事业、长期致力于非洲研究事业的科研与教学队伍，这些人需要来自政治学、历史学、教育学、社会学、人类学、经济学、管理科学甚至自然科学与技术工程等不同的学科背景，具有赴非洲国家访问、考察、调研的经历，具备跨学科协同展开学术研究与人才培养的能力。第三，形成培养高水平非洲学研究生的专业条件与硬件环境，包括非洲专业图书资料中心、非洲博物馆、非洲图像影视中心、非洲网络数据库的系统化建设。涉及非洲研究领域的各专业研究生能有多种途径赴非洲国家实习考察，或与非洲大学联合培养，在当地学习本土语言，感受当地社会与文化，以为将来进行更具学术深度和个人风格的专门研究建立基础。

结　语

经过半个多世纪的艰难探索与努力，发展中国家的现代复兴已经有了重大进展，并走到了一个新的历史十字路口。在此阶段上，发展中国家的思想自立与知识创新显得尤为重要。过去，西方世界总体上是不认为发展中国家会有自己思想形态的，也不承认发展中国家有自己的思想权利。也许，这是一个南北力量真正交锋、碰撞与对峙的领域，但也可能是一个东西方思想话语优势发生主客场转换的关键领域。就如中国需要发展自己的经济学一样，中国也需要发展自己的非洲学。路遥知马力，日久见人心。21世纪，中国将持续追求在和平发展中重新崛起并为世界进步作出新的贡献。对此，世界在观察中，有期待、有疑惑、有防范，无论如何，目标与诺言的实现最终取决于"中国自己的选择与国内的发展状态"。①

中国是一个历史悠久的大国,一个奉行和平道路的文明古国。远在古代,在自身文明的视阈以内,中国人就建立了古人称之为"天下"的世界情怀,建立起了具有普世色彩的"大同"理想,其中的宽广与远大,在根本上支持着中华民族的生存与发展。在相当长的历史时期中,中国在思想领域一直走在世界的前列,今日与未来,中国的和平发展也取决于中国在思想创造与知识产生方面在国际上的位置。可以说,作为当代中国学术的"新边疆",中国的非洲研究学者依然任重而道远,学者们尚需放开眼界,敞开胸襟,以一种举高慕远、通而观之的历史大视野来认知研究非洲及非洲与外部世界的关系,为有中国胸襟的"非洲学"学科的建构,作出当代学人的思考与探索。

---

① 王逸舟:《国际关系的中长期发展趋势与中国的应对》(二),载《当代世界》2011 年第2 期。

政治与国际关系研究

青年与非洲发展:北非变局的启示①

周玉渊

【内容摘要】作为世界上人口结构最为年轻的大陆,非洲国家的青年发展问题及其政治化趋向是一个值得关注的现象。一方面,持续数十年的人口高速增长积累的人口红利有可能成为非洲发展的一个积极因素,但另一方面,在政治体制僵化、老人政治弊端难破、青年日益边缘化的情况下,青年也可能日益成为社会反叛与极端政治滋生的温床。此次北非发生的以青年为主体的社会反抗,是这些国家长期积累的青年问题的一次集中爆发,反映出非洲国家面临严峻的青年问题。如何克服老人政治积弊,改进社会政策,重视青年权益与发展,已摆在大多数非洲国家面前。

【关键词】非洲政治;青年权益;社会政策;公平发展

【作者简介】周玉渊,男,浙江师范大学非洲研究院非洲政治与国际关系研究所助理研究员,博士。

如何维护青年权益,发挥青年作用,是当代世界各国实现政治稳定与经济发展必须着力解决的普遍性问题。在不同的政治与社会环境条件下,青年问题的表现形态也十分不一样。青年既可能是促进国家发展进步的积极力量与生力军,也可能是冲击社会稳定、滋生反叛暴乱的温床。一方面,青年本身具有的创新意识与变革意识,使得青年往往是国家发展的希

---

① 本文是笔者主持的教育部哲学社会科学重大课题攻关项目"新时期中非合作关系研究"子课题的阶段性成果。

望，是社会变革的动力。另一方面，在国家政治积弊沉重、经济持续衰败
的情况下，青年因往往最先承受社会的苦难和边缘化而走上反叛道路，成
为挑战国家权威和发动暴力革命的主力。

今天，在广大的发展中国家，特别是在非洲国家，由于人口急速增
长，已经形成了庞大的青年人口群体，他们的生存状况、政治倾向与参与
意识，对国家的发展稳定有着越来越直接的影响。非洲是目前世界上青年
人口增长最快的地区，"青年潮"（youth bulge）是当前非洲人口发展的
一个突出特征。在非洲人口结构日益青年化的情况下，老人政治及其僵化
体制与政策日益成为严重的结构性社会矛盾。老人政治因墨守成规、维护
传统权威和既得利益，同时普遍忽视青年权益及其发展需求，日益引发青
年群体的反抗。2010年年末以来在北非和中东爆发的政治动荡及战乱，
很大程度上是这些国家长期积累的青年问题集中爆发所致。尽管撒哈拉以
南非洲国家的情况与北非中东国家有所不同，但事实上，青年问题今日在
整个非洲大陆都非常严峻。[①] 总体上可以说，如何在促进经济发展、解决
民生问题的过程中克服老人政治弊端，重视广大青年的权益，通过改进社
会政策让青年成为建设国家积极力量而不是成为滋生暴力、反叛和革命的
温床，已经日益紧迫地摆在绝大多数非洲国家的面前。

一　非洲人口红利与青年问题

从20世纪90年代开始，非洲经历了青年人口的快速增长期，青年人
口已经成为许多非洲国家的最大群体，给非洲国家经济增长带来了潜在的
人口红利优势。然而，在许多国家，日益扩大的青年人口并没有随之获得
相应的政治地位与话语权，相反却处于越来越被边缘化的境地。而全球化
的冲击，经济危机引发的失业与贫困，越来越普遍的青年犯罪与艾滋病流
行，都加剧了非洲青年的绝望。一些青年被恐怖组织招募或被政治势力利
用，青年不满与反叛问题日益对国家发展和社会稳定构成巨大挑战。

---

①   N. Argenti, "Youth in Africa: a Major Resources for Change", in A. de Wall & M. L.
Aguilar, eds., *Young Africa: Realizing the Rights of Children and Youth*, Trenton, NJ/As-
mara: Africa World Press, 2002, pp. 123－34.

1. 非洲人口红利

非洲青年人口增长非常迅速，这加速了非洲国家人口结构的变化，青年人口占总人口的比重越来越大。2010 年，24 岁以下人口占非洲人口的比重为 60.4％，15—24 岁的青年人口比例达到 20.2％。[①]据美国人口局2010 年的数据，在世界上最年轻的 10 个国家中，非洲国家就占了 9 个。[②]根据肯尼亚青年事务部的统计，肯尼亚 1—30 岁的人口比例高达 75％，其中 15—30 岁的青年占 32％。[③] 青年人口的增加使非洲国家形成了稳固的金字塔式人口结构，在人口学研究看来，非洲青年人口的增加为国家发展提供了更多的劳动力，加上抚养儿童和赡养老人成本的降低，这是一个国家健康发展的前提，或者称之为人口红利。人口红利在 20 世纪的东亚经济快速崛起过程中发挥着重要的作用，一些研究者认为其在经济增长中的作用可以占到 1/4 到 2/5。[④]然而，非洲却正在失去人口红利所带来的机遇，青年不但没有成为国家发展的推动力，反而在很大程度上被视为一种负担。在一些研究看来，非洲未来的经济增长最终取决于两个因素：一是就业人口的比重，二是国家制度建设水平。[⑤]而青年的就业和生存问题正是这次北非变局的一个重要原因，在埃及、约旦、突尼斯等大部分中东北非国家，青年的就业率只有 30％左右（见表 1、表 2）。而且即使在这些就业人群中，相当比重的就业者只是在非正式的私有企业中从事低薪酬、临时性的、没有社会保障的工作。在撒哈拉以南非洲，按平均计算，72％的青年人口生活在每天 2 美元的贫困线以下。[⑥]

---

① World Population Prospects：the 2008 revision。

② 这 10 个国家依次是尼日尔、乌干达、布基纳法索、民主刚果、赞比亚、马拉维、阿富汗、乍得、索马里、坦桑尼亚。参见 PRB，*2010 World Population Data Sheet*，p. 2。

③ Ministry of State for Youth Affairs，2007. p. 1.

④ David E. Bloom，David Canning and Jaypee Sevilla，*The Demographic Dividend：a New Perspective on the Economic Consequences of Population Change*，Santa Monica，CA：Rand Corporation，2002.

⑤ David Bloom，*Realising the Demographic Dividend：Is Africa Any Different*? Boston：Harvard University，Program on the Global Demography of Aging，2007.

⑥ The World Bank，*African Development Indicators* 2008/2009：*Youth and Employment in Africa*，2009.

表1   非洲青年就业与失业比例1998年，2008年，2009年

比例 年份 地区	青年占总就业人口的 比重（%）			青年占总失业人口 比重（%）			失业青年占青年人口 比重（%）		
	1998	2008	2009	1998	2008	2009	1998	2008	2009
世界	25.7	24.4	24.4	41.0	40.2	39.0	6.8	6.1	6.6
北非	33.3	30.6	29.9	54.0	51.3	51.2	10.4	8.6	9.0
黑非洲	35.7	35.5	35.4	45.3	43.6	43.3	7.8	6.8	6.9

资料来源：ILO，*Global employment trends for youth*，Geneva，2010.

表2   部分国家青年失业率1990—2004年   单位：%

年份	2001	2004	2000	1997	2004	2001	2003	1997	1990	1999	2004	2002	2003
国家	博茨瓦纳	埃塞	加纳	莱索托	毛里求斯	纳米比亚	南非	斯威士兰	赞比亚	津巴布韦	阿尔及利亚	埃及	摩洛哥
比例	39.7	35.0	15.9	47.4	24.9	44.8	60.1	55.2	20.9	14.0	43.4	27.1	17.0

资料来源：ILO，*Global employment trends for youth*，Geneva，2006.

2. 被边缘化：弱势的大部分

青年是非洲国家一个特殊的群体，国家和社会提供给青年的空间非常
有限，青年总被贴上各种标签。"非洲的青年普遍被视为骨子里就是麻烦
制造者，社会学家、政策制定者、非政府组织、政府和国际组织都强调非
洲青年总是制造麻烦，而且偏爱暴力冲突。"[1]这种社会认知影响着青年发
展政策、群体间关系和青年的自我认知。在政策制定领域，后殖民时代非
洲政治的一个明显特征是精英对权力的垄断，而且为了维护政权不惜采用
血腥手段。"在东非和南非，掌权的一代总是试图阻止年轻一代参与政治
和政府机构。""独立40年后，青年人获取政权和权力依然非常困难，总
体上，青年人的生活并没有实质性的提高"[2]。当政者把更多的精力放在维
护国家政权上，而不是真正促进青年发展成才，甚至为了防止年轻一代对
政权的威胁，他们还通过培养官方青年势力来对抗可能威胁其政权的青年

---

① Jon Abbink，"Being Young in Africa：The Politics of Despair and Renewal"，in Jon Ab-
bink and Ineke van Kessel，eds.，*Vanguard or Vandals*：*Youth*，*Politics and Conflict in Afri-
ca*，Brill Academic Publishers，2005，pp. 2—3.

② Ibid.，pp. 7—13.

势力。在非洲国家,有很多亲政府的青年势力,例如喀麦隆曾经建立的
PRESBY 组织就是用来对抗民主和基层的抗议,[①] 而当前利比亚亲政府与
反政府民众间的对抗也可窥见一斑。在经济领域,非洲很多当政者缺乏发
展经济的经验,甚至缺乏政治意愿,他们垄断着石油、原材料、资源等能
够带来外汇的行业,但是在发展其他产业,尤其是鼓励私有企业的发展上
缺乏有效的政策。这导致国内就业市场萎缩,大量青年失业或者根本就找
不到工作,加上贪污腐败和不公平的分配体系,青年的生存现状日益恶化。
从社会秩序的角度理解,失业而待在家中的青年被视为家庭的负担,被家庭
所轻视,从而导致这些无所事事的青年走上街头,成为社会不稳定和国家动
荡的重要因素。缺乏政治参与、经济话语和社会认知的青年又加剧了社会对
其不利的认知,形成了恶性循环,从而导致青年处于越来越被边缘化的境地。

二　绝望的政治:当代非洲的政治场景

自独立以来,非洲国家尤其是撒哈拉以南非洲国家经历剧烈的动荡、
战乱、冲突、经济衰退。从 21 世纪初开始,非洲经济开始企稳恢复,并
维持了较高的增长率 (见表 3),同时,非洲国家在国家建设和民主化道
路上取得了不同程度的进步,主要表现在选举和权力轮替上 (见表 4)。
这在一定程度上维系了非洲国家政权的合法性。

表 3　　　　　　　　　　非洲 GDP 增长率 (%)

年份 地区	2005	2006	2007	2008	2009	2010	2011
世界	4.6	5.2	5.3	2.8	−0.6	4.8	4.2
中东	5.4	5.6	6.1	4.8	1.3	3.6	5.1
北非	5.0	6.1	5.8	5.3	3.5	5.1	5.1
黑非洲	6.3	6.4	6.9	5.5	2.6	5.0	5.5

资料来源:ILO, *Global Employment Trends 2011*, Geneva.

---

① Piet Konings, "Anglophone university students and Anglophone nationalist struggles in Cameroon", in Jon Abbink and Ineke van Kessel, eds., *Vanguard or Vandals*: *Youth*, *Politics and Conflict in Africa*, Brill Academic Publishers, 2005, pp. 163−190.

　　然而，金融危机对非洲国家造成了巨大的冲击，使得 2009 年非洲的 GDP 增长率比前一年下降了 1/2 强，同时加速了非洲国家国内经济的恶化，一系列社会问题开始凸显，北非变局更证明了非洲国家政权的脆弱性。"在 21 世纪初，政治依旧优先于经济发展，尽管大部分国家出现了很多富人，然而他们的影响非常有限，尤其是在推进国内法制建设，以及自由市场的建设上。"[①]尽管表面上看，非洲很多国家已经具备了民主制度的形式，但是执政集团尤其是政治强人通过各种手段打压反对派，以及可能的政权挑战者。实际上，从 21 世纪开始，这些以老人政治为代表的非洲国家政权面临着更大的挑战，一是来自内部，主要表现在不断壮大的反对派夺取政权的诉求，民主化推动的民主诉求，贫富差距拉大带来的民生诉求。二是来自外部，严重依赖国外援助的非洲国家政权不得不面临着民主、人权和良治的政治条件，然而，国外援助并没有推进政治制度的改善，相反，又加剧了政权的腐败，甚至在某种程度上延续了这些政权。非洲很多国家仍然把精力放在维护自身政权上，而在推进国家经济发展尤其私有企业的发展壮大上投入很少甚至忽视，"非洲官僚资本主义的奇特本质以及失败的原因在于其是建立在'权力寻租'而不是生产性投资基础之上"。[②]

表 4　　　　非洲国家领导人失去权力原因的统计 1960—2003 年　　单位：人

原因	1960—1969	1970—1979	1980—1989	1990—1999	2000—2003	总计
政变、战争、入侵	27	30	22	22	6	107
天灾或偶发事件	2	3	4	3	0	12
暗杀（非政变）	1	1	1	1	0	4
自愿退位	1	2	5	9	2	19
失去选举	0	0	1	12	6	19
过渡或看守政府	6	8	4	14	1	33

　　资料来源：转引自 Goran Hyden, *African Politics in Comparative Perspective*, New York: Cambridge University Press, 2006, p. 19。

---

　　① Goran Hyden, *African Politics in Comparative Perspective*, New York: Cambridge University Press, 2006, p. 46.

　　② Jon Abbink, "Being Young in Africa: The Politics of Despair and Renewal", in Jon Abbink and Ineke van Kessel, eds., *Vanguard or Vandals: Youth, Politics and Conflict in Africa*, Brill Academic Publishers, 2005, p. 7.

表 5　　　　　　　　非洲国家长期执政的领导人（年）

国家	领导人	时间	国家	领导人	时间
利比亚	卡扎菲	41	喀麦隆	比亚	28
赤道几内亚	姆巴索戈	32	乌干达	穆塞韦尼	25
安哥拉	桑托斯	32	斯威士兰	姆斯瓦蒂三世	25
津巴布韦	穆加贝	31	布基纳法索	孔波雷	23
埃及	穆巴拉克（前）	29	刚果	恩格索	22

在这种国家发展与稳定的结构性困境中，边缘化的青年成为了最受伤害的群体，"从肯尼亚到喀麦隆，通过招募青年人来加深部族间的分裂、打击持异见者、对外宣示对权力的控制，是政治精英维护政权的有效途径，这也是非洲政治一个普遍的特征。在一些国家，组建效忠于领导人的青年军是主要途径，在其他国家，为了防止青年夺取政权，领导人并不与青年建立正式的关系。"①这种结构性困境在很大程度上影响着青年的发展，甚至最终将成为青年谋求改变的动力。实际上，一切的民主和政治诉求最终可归因于自身的民生诉求。尽管青年是目前非洲国家的主要群体，但是他们被有意识或无意识地排斥在国家政治决策之外，不公正的分配体系使他们很难分享到由少数人和利益集团控制的经济利益和成果，最致命的是这种结构困境最终限制了青年通过自身努力实现经济自立、政治参与和社会责任的目标。②青年问题已经成为非洲国家普遍面临的挑战，最近一份关于肯尼亚青年的研究很有代表性。目前肯尼亚青年存在着许多严峻的问题：一是持续增长的中学和大学学生退学率，导致这一问题的最重要原因是教育投入的极低回报率。二是失业以及缺乏技术、资金以及可以自我创业的渠道。三是在已经饱和的就业市场里，好不容易获取一份工作的青年人成为了被剥削、性侵犯的对象，童工现象也比较严重。四是因为贫困和受虐待，青年的健康问题更加恶化，如疟疾、艾滋病、性传播疾病

① Michelle Gavin, "Africa's Restless Youth", *Current History*, May 2007, p. 223.

② C. Mwongeli Mutuku, "Youth Perspective on Their Empowerment in Sub-Saharan Africa: the Case of Kenya", Paper presented at the annual meeting of the Midwest Political Science Association 67th Annual National Conference, The Palmer House Hilton, Chicago, IL, April 02, 2009, p. 1.

等；五是体育和公共设施的缺乏。以上五点最终导致了第六个问题：青年的无业（idleness）和挫折感。①七是有限的参与和缺乏机会，由于社会对青年的认知、社会文化、经济障碍以及缺乏合适的青年组织，青年在政治和经济事务中的话语权太弱。八是环境问题，以及信息和网络科技的不发达，②不过这也从一个侧面反映了此次北非变局中网络新媒体的重要作用。③

　　被边缘化促使非洲青年开始通过合法和不合法政治运动的形式，包括抗议、暴力活动甚至政变，获取更大的权力。实际上，青年与执政集团之间的紧张关系在非洲有较长的历史，在 20 世纪 40 年代，肯尼亚就发生过由失业青年和无事可做的青年士兵支持和参与的罢工抗议，随后青年政治开始向暴力冲突和军事对抗转变，如今，青年和老人政治之间的代际冲突已经成为肯尼亚国内政治的一个重要特征。"尽管青年从来没有形成一个有效的整体，然而，在代际冲突中，他们却能够形成统一的立场。"④1999年，科特迪瓦发生军事政变，总统亨利·科南·贝迪埃（Heri konan Bedie）以及他的科特迪瓦民主党（PDCI）被推翻，在很多观察家看来，"这表明青年逐渐成为新的政治力量"。⑤2002 年的兵变再次将青年人推到了前沿，由 90 年代的 FESCI 学生联盟分离出来的两个组织开始对立斗争，青年爱国者（Young Patriots）声称保卫国家和巴博总统，反叛组织新力量（New Forces）则要求罢免巴博，同时进行政府机构和宪政改革。而通过这些斗争，青年在科特迪瓦国内的地位再次得到了提高。⑥同

---

①　这在一定程度上解释了为什么外界认为非洲人比较"懒"。事实上，非洲人认为主要的原因在于无业可就。

②　C. Mwongeli Mutuku, "Youth Perspective on Their Empowerment in Sub-Saharan Africa: the Case of Kenya", Paper presented at the annual meeting of the Midwest Political Science Association 67th Annual National Conference, The Palmer House Hilton, Chicago, IL, April 02, 2009, pp. 2－3.

③　参见此论文集赵俊《北非变局中的网络因素》。

④　Peter Mwangi Kagwanja, "Clash of Generations? Youth Identity, Violence and the Politics of Transition in Kenya, 1997－2002", in Jon Abbink and Ineke van Kessel, eds., *Vanguard or Vandals: Youth, Politics and Conflict in Africa*, Brill Academic Publishers, 2005, p. 90.

⑤　转引自 Karel Arnaut, "Regenerating the nation: Youth, Revolution and the Politics of History in Cote d'ivoire", in Jon Abbink and Ineke van Kessel, eds., *Vanguard or Vandals: Youth, Politics and Conflict in Africa*, Brill Academic Publishers, 2005, p. 113。

⑥　Ibid., p. 114.

样，在喀麦隆、厄尔特里亚等国，青年与国家政权之间也存在着不同的问题。

青年与现有政权之间的关系将在很大程度上影响着非洲国家的政治前景和经济发展。这将取决于：其一，青年自身的民生和政治诉求能否得到改善，青年能否在实践中不断提高自身的群体意识和组织建设。其二，非洲当政者能否充分重视青年问题的重要性，制订更好的青年发展政策，赋予青年更多的权力并为其提供更大的参与政治经济事务和社会的空间。一个可以基本判定的事实是，非洲国家青年的民主意识和政治诉求越来越强烈，青年正在成为未来非洲国家变革的重要力量。此次北非变局中青年所发挥的先锋和主力军作用已经很好地证明了这一点。①

三　北非变局：个例还是开端？

此次北非变局②反映了北非国家严重的国内矛盾和社会问题，这些问题都不同程度地存在于撒哈拉以南非洲国家。同时，突尼斯和埃及的革命对其他非洲国家也产生巨大的冲击。一方面，革命的成功在其他国家产生了重要的示范效应，喀麦隆、莫桑比克、安哥拉等国都开始出现类似的抗议倡议和活动。另一方面，其他国家的当政者也开始严肃考虑自身的政权稳定问题，例如，利比亚在2月份马上推出改善青年生活状况的一系列计划，包括由国家石油公司向毕业生提供1000个就业岗位，向青年人分发15000台电脑，另外承诺改善住房条件。③ 但是，并没有阻止国内的示威抗议浪潮，并最终演变成目前的内战。那么，撒哈拉以南非洲国家会不会重蹈北非国家的覆辙？北非变局是就此终结，还是仅仅是一个开端？本文选取安哥拉和津巴布韦两国为案例来进行分析。

---

① Ibrahim Al-Marashi, "the Youth Revolution in the Middle East", *International Relations Blog*, http://ir.blogs.ie.edu/2011/02/17/the-youth-revolution-in-the-middle-east/ , February 17, 2011.

② Ibid.

③ "North Africa's Revolution: Libya Moves to Provide employment, Housing for Youths", *Afrique en Ligne*, http://www.afriquejet.com/news/africa-news/ , February 13, 2011.

1. 津巴布韦

津巴布韦与变局前的突尼斯和埃及有很多相似之处，领导人长期执政，国内失业率居高不下，在最近一次的选举中，三国领导人都声称获得80％—90％的选票。因此在突尼斯和埃及发生革命之后，很快就有媒体提出津巴布韦会不会成为下一个。①确实，津巴布韦可能存在着比突尼斯和埃及更加严峻的国内问题，最近几年津巴布韦经济恶化，通货膨胀严重，失业率非常高，有估计津巴布韦的失业率高达70％，2008年GDP增长率为－14.4％。②同时，已经执政31年的穆加贝所采取的铁腕和粗暴手段也更容易引起国内的不满。然而，至少到目前，津巴布韦并没有出现类似北非国家的民众抗议，甚至很多媒体也一边倒，基本认为此次浪潮不会对穆加贝政府产生很大的影响。③原因有多个层面：第一，穆加贝通过铁腕对国家拥有绝对的控制权，穆加贝的安全部队在管控国家上发挥着至关重要的作用。而穆加贝通过招募青年组建青年军进而打击其他试图对抗的青年和势力，津巴布韦的青年一方面成为了独裁政权的受害者，同时又扮演着施害者的角色，这在一定程度上抵消了青年可能带来的挑战。实际上，在北非变局后，穆加贝政府高度警惕，其安全部队严密控制并取缔一切可能会影响其政权的群体行为。④第二，长期高压下的恐惧使人们不敢走上街头。这又可归因于民族宗教方面的原因，津巴布韦的民族和宗教信仰比北非国家复杂，相对于阿拉伯青年的圣战和牺牲精神，恐惧下的沉默和不对抗姿态似乎已经成为津巴布韦人的一种习惯。第三，津巴布韦的农业在安排就业和解决生存问题上发挥着重要的作用。北非国家缺乏耕地，国民的生存更依赖于国家的"福利"，而津巴布韦的农田则能有效地缓和失业带来的冲击。第四，受国内政治经济条件的影响，越来越多的津巴布韦青年

---

① "Is Zimbabwe Next? Following the Path of Political Revolution"，http：//www. brookings. edu/opinions/2011/0224 _ zimbabwe _ taiwo _ asmah. aspx.

② Ibid.

③ "Letter from Zimbabwe：A failed revolution"，African files，http：//www. africafiles. org；Brian Ngwenya，"Zimbabwe：Egypt-Style Revolution Improbable in the Country"，*Zimbabwe Independent*，February 18，2011.

④ 2008年2月23日，穆加贝政府拘留了参加"埃及和突尼斯革命：对津巴布韦和非洲的启示"会议的46名参会人员。这也可能是目前规模最大的一次集会活动。"Zimbabwe holds 46 for attending lecture on Egypt unrest"，http：//www. bbc. co. uk/news/world-africa－12558073。

移民或非法移民到国外，其中很多是政治避难。^①津巴布韦青年要么选择
离开，要么选择沉默。同时，海外移民的外汇在一定程度上有助于改善国
内亲属的生存状况。第五，通信和网络科技的不发达可能也是一个原因。
第六，可能也是最重要的，近几年来，津巴布韦经济开始企稳，正逐渐改
变高通胀、高失业的局面，因此，可能更多的人不愿意再接受国家动荡的
局面。总体而言，津巴布韦在国内经济政治形势最恶化的时期就没有出现
能够威胁穆加贝政权的民众抗议，因此很难认为此次北非变局会对其统治
地位产生重大影响。

2. 安哥拉

2010 年 1 月，安哥拉颁布了新的宪法，一个重要的内容是赋予总统
更大的权力。根据新宪法，总统将不采取直接选举的方式，而是由在议会
选举中获胜的政党选举产生。如果一切顺利的话，桑托斯将连任至 2022
年，从而超过已故加蓬总统邦戈成为非洲历史上任期最长的国家元首（42
年）。安哥拉会不会发生青年人推翻老人政治的抗议？的确，最近一段时
间，受突尼斯和埃及人民革命的鼓舞，安哥拉国内也出现了一些小规模的
抗议活动，然而，这些抗议活动很快就被政府摆平。^②虽然安哥拉也存在
着类似北非国家的社会矛盾和问题，包括贪污腐败、不公正的分配体系，
青年人的高失业率，但是，一系列原因决定了安哥拉近期不会发生类似北
非国家的变革，同时，这些原因在很多非洲国家可能都比较适用。第一，
安哥拉正处于国家重建的初期，人民珍惜来之不易的和平与安定。2002
年，安哥拉终于结束长达 27 年的内战，国家重建与和解成为安哥拉的首
要任务，大部分民众，包括反对派都不愿意中断这一进程。对于最近的一
次抗议活动，反对派并不支持，甚至指责这是政府设计的圈套。第二，内
战结束以来，安哥拉经济获得了巨大的发展，其 2005 年 GDP 增长率达到
20.6%，这在很大程度上增强民众对政府的信心（见表 6）。"尽管安哥拉
的经济仍然主要依赖石油出口，但是非石油行业也获得了较快的增长，

---

①　Rev Jacob Maforo，"Zimbabwe Youth Living a life of Hiding on Foreign Soils"，*Africa YMCA*，http：//www.africaymca.org/，February 25，2010.

②　2011 年 3 月 7 日，罗安达警方在独立广场逮捕了 17 名疑似示威者，其中包括 7 名记者。

2010 年，非石油行业的增长率连续 3 年超过石油行业。"①第三，长期的内战，各派别之间对青年的战争和政治动员造成了青年不同的政治从属感，青年很难形成统一的有影响的政治力量。自上而下而非自下而上的军事和政治活动是独立后安哥拉的一个重要特征，其可归因于尊重老人的传统，"儿子不能批评老子"，"誓死捍卫'父亲'的权力和地位"，② 或者简言之，长期的战争造就了青年人的顺从和从属感。③第四，目前，青年是安哥拉国家发展的"资产"，而非问题。2006 年的一份研究报告称，安哥拉青年能够在极其恶劣的环境下获得生存的手段，而且在青年的就业和生存问题上也存在着一些客观的条件，比如农业的发展和创新，职业培训从而让更多的青年人能够适应市场的需要。④然而，最近几年安哥拉青年的就业和职业培训等并没有得到实质性的提高，这也注定会成为未来国家发展与稳定的隐患。

表 6　　　　　　　　　　安哥拉年人均收入（美元）

地区 \ 年份	2002	2003	2004	2005	2006	2007	2008	2009	2010
安哥拉	2833.3	2897.8	3206.3	3611.5	4299.4	5178.3	5830.9	5430.9	5679.1
南非	3197	3335.6	3562.1	3827.9	4121	4444	4642.5	4490.8	4489.1
非洲	1936.6	2036.4	2172.4	2293.2	2450.4	2617.7	2730.1	2818.1	2917.3

资料来源：Africa Economic Outlook，2011.

3. 两个非洲的不同阶段

中东北非的人民革命在世界范围内得到了回应，不仅在非洲，而且在亚洲、拉美甚至欧洲，不仅在专制国家，而且在一些民主国家，都能感受到这次革命的影响。基于民生诉求之上的政治对抗和对话可能是不同国家

---

① African Economic Outlook，2011.

② 在安哥拉和其他国家的军事革命中，领导人总是将自己视为"父亲"，通过灌输思想和其他途径来培养青年的忠诚。

③ Imogen Parsons，"Youth, Conflict and Identity: Political Mobilisation and Subjection in Angola"，in Angela McIntyre，ed.，*Invisible Stakeholders: The Impact of Children on War*，Pretoria：Institute for Security Studies，2004，p. 47.

④ Clare Ignatowski，Cristian Rodrigues，Ramon Balestion，*Youth Assessment in Angola*，USAID，March 31，2006.

民众可以形成的共识,然而,这次革命最终还是深深烙上了阿拉伯世界青年政治的印记。中东北非,而不是整个非洲,再次证明了南北非洲在政治、经济、文化、民族和宗教上的差异性。从青年的角度或许可以这样理解,北非青年的价值观、政治意识和主张已经与老一辈政治决策者出现了明显的分歧,在国内经济形势恶化,青年民生得不到保障、老人政治不能给青年带来希望的情况下,这种分歧将最终演变成直接的对抗。相比之下,撒哈拉以南非洲国家的青年因部族、宗教、文化、教育、思想和政治控制等因素的影响而处于隔离、沉默、恐惧甚至相互对抗的状态,这在很大程度上归因于非洲国家艰难的国家建设和现代化进程,很多人怀疑甚至不相信政权的改变会对其生活带来大的改变,因为,国家政权只是少数人实现个人利益的一种工具。因此,从这个意义上讲,南部非洲青年目前的现状及国内环境决定了在现阶段他们不可能形成大规模乃至能导致政权更迭的人民革命。

非洲政治领导人对国家的管控能力、非洲青年自身的群体意识和独立政治意识、非洲国家国内问题的差异性以及国家建设的程度共同决定着青年在非洲政治发展中的地位和作用。青年的快速增长以及自身受教育水平和求变意识的增强构成了非洲国家变革的前提条件,2001 年美国 CIA 的一份报告就指出,非洲国家如果不能正确处理青年发展问题,将导致出现政治不稳定、部族战争、革命、反政府活动等严重的恶性循环。"青年人口的增加将加速诸如贸易、恐怖主义、反政府、战争、犯罪,这将导致在解决这些问题上的难度加大。"[1]然而,非洲国家内部的差异性以及政府管控能力在很大程度上改变了青年影响国家政治的轨迹,不同于北非国家青年的群体意识和行为,南部非洲国家的青年面临的可能是日益分散化和碎片化的趋势。这在很大程度上降低了青年整体政治实力和地位提升的可能性,但是却加剧了国内政治和社会问题的严峻性。"青年更多地是被视为导致不安定的威胁,而不是潜在的导致国家政治和社会转型的代言人。"[2]这一现实也反映了当前非洲青年政治意识和政治力量的有限性。

---

① 转引自 Michelle Gavin, "Africa's Restless Youth", *Current History*, May 2007, p. 222。

② Michelle Gavin, "Africa's Restless Youth", *Current History*, May 2007, p. 222.

结　语

北非青年的人民革命或街头政治证明了北非青年在国家政治中影响力的提高，也证明了人口结构变化是影响国家发展与稳定的重要前提。但这无法证明青年政治将成为国家政治进步的主导力量，或许在集体宣泄之后，埃及和突尼斯仍将在传统势力的博弈下恢复旧的秩序，或者只是某种程度的改良。青年自身的阶段性特征和操控政治的局限性决定了其可以冲锋在前，却无法深谙幕后的操作。但是，至少这次人民革命的胜利将增强青年参与和影响自身和国家政治命运的信心，或许这次革命最重要的进步正在于街头政治将成为未来北非国家政治和社会生活的常态。

撒哈拉以南非洲的青年呈现出与北非青年不同的特征，主要表现在独立政治意识和行为、面对挫折和绝望的反应，这最终取决于青年与国内环境（政治、经济、文化、部族、宗教和社会等）之间的互动关系。在既有的客观条件之外，被操控、被分裂、被排斥、被忽视的局面在很大程度上决定了青年不可能发展成为影响国家政治变革的人民力量，而更有可能加剧彼此的矛盾和冲突。一个基本的思路是，青年不可能作为一只独立的政治力量，而只是不同势力的参与者或被招募者。从这个角度理解，当前撒哈拉以南非洲受北非变局影响而发生类似变局的可能性非常小，撒哈拉以南非洲的政治格局在相当长时期内仍将是由传统政治间的博弈来推动。值得一提的是，今年有近 20 个非洲国家将举行国家选举，是名副其实的大选年，其中包括喀麦隆、津巴布韦等领导人长期执政的国家，这将是对这些领导人掌控力和统治地位的一种检验。

青年最终是国家的破坏者还是建设者取决于诸多因素，其中最重要的应该是：政治精英操控青年的本质、青年的政治参与空间、国家建设和管理的水平、私有部门在实现青年发展上的作用。如何正确有效地制订青年政策，将青年发展成为国家发展的动力，而不是朝着相反的方向发展，应该是任何一个国家和政权都必须严肃考虑的问题。

（责任编辑：赵俊）

东非地区一体化中的"发展—安全"关联性问题

张　春

【内容摘要】东非地区一体化在经历长期的停顿后，近年来有了成效显著的发展。个中原因很大程度上在于东非各国对于一体化进程中的"发展—安全"关系问题的正确认识及其平衡政策。而在此之前，参与东非一体化进程的东非各国多忽视地区安全建设而片面强调地区经济一体化，结果因地区安全局势恶化、冲突不断最终导致地区一体化瓦解。近年来，东非各国汲取历史教训，高度重视地区安全机制和能力的培养，努力营造地区一体化的安全环境。不过，目前东非各国对安全机制和能力的重视主要来自外部力量的推进，发展政策也因此呈现出过度安全化的倾向，这可能有损地区一体化的可持续发展。

【关键词】东非；地区一体化；发展—安全关联；平衡与风险

【作者简介】张春，博士，上海国际问题研究院西亚非洲中心副主任，副研究员。

进入 21 世纪，特别是 2010 年 7 月东非地区共同货币计划开始实施以来，东非地区一体化进展迅速。而在此前的几十年中，东非地区一体化进程进展缓慢，甚至一度死亡。是什么原因导致东非地区一体化在近阶段快速发展？这一快速发展的前景和可持续性如何？本文认为，东非地区一体化近期的快速发展，在于东非各国注重并较好地处理了发展与安全两者之间的平衡关系。在今日发展中国家，特别是非洲国家，追求经济发展与实现政治安全两者之间有着复杂的关联性，它们大体上形成了一种互为动因、互为条件的"发展—安全关联"（Development-security nexus）关系。① 协调好两者的关系，使其形成良性互动的平衡关系有着特殊的意义。在早期的东非地区一体化进程中，东非各国专注于经济发展，对安全治理关注不够，结果因安全问题恶化导致地区一体化进程无法推进。近年来，东非各国高度重视安全问题，改进发展与安全失衡状态，重点推进一体化进程中的安全合作，从而为经济发展和一体化进程创造了有利条件。自 2008 年以来，东非各国再次将目光转到这一关联的经济方面，在安全环境许可的情况下加大了对经济发展方面的强调，从而促进了东非地区一体化的快速发展。不过，应当看到的是，目前东非地区一体化进程存在较大的发展政策安全化风险，这又可能为其未来发展造成不利影响。

一　早期努力的失败及其根源

在非殖民化成功后整个非洲都快速转入追求经济独立的大背景下，东非各国迅速启动了地区一体化进程。1967 年，肯尼亚、坦桑尼亚和乌干达决定，以殖民时期的合作为基础成立东非共同体（East Africa Community），以经济为中心开展各方面的合作。尽管也取得了一定成果，但这一倡议仅持续了 10 年时间便宣布解散，而下一波次区域一体化进程的启动则要等到 20 年之后。回顾而言，直到 20 世纪 90 年代末前东非地区一体化进程的失败，很大一部分原因在于东非各国忽视了"发展—安全"关联中的安全方面，1967 年的《东非共同体条约》甚至没有涉及与地区安全或国家防务相关的问题。②

如果回顾整个非洲在非殖民化成功后的发展历程，可以发现，尽管在

---

① 有关"发展—安全关联"的讨论，参见张春《"发展—安全关联"：中美欧对非政策》，载《欧洲研究》2009 年第 3 期。

② East African Cooperation Secretariat, "The Treat for East African Cooperation," in Donald Rothchild ed., *Politics of Integration: An East African Documentary*, Nairobi, Kenya: East African Publishing House, 1968, p. 303.

刚获得独立之初曾有过不错的经济表现，但非洲的发展很快就陷入了困境，一直持续到21世纪初。东非地区也不例外。其原因很大程度上在于，新独立的非洲各国尚未建立起完整的现代国家制度，其内部不安全因素仍相当多。但革命成功的热情导致非洲各国普遍忽视了这一问题，迅速投身于经济发展中。随着时间的推移，国内和地区不安全要素的积累，终于导致了发展—安全关联的全面失衡，进而导致安全压力的全面爆发。就东部非洲而言，地区经济一体化的努力严重忽视了国家和地区层面的安全问题。尽管面对严重的边境冲突，可能和极可能产生溢出效应的国内权力斗争的挑战，但东非各国并未就此展开全面合作，最终导致地区一体化努力的失败，且在之后的20年时间里难以恢复。

东非各国地区合作中面临的第一个重要安全问题是，肯尼亚与乌干达、肯尼亚与坦桑尼亚边境地区的游牧部落冲突问题。这种冲突主要是围绕游牧文化的核心即牛的拥有展开的。东部非洲游牧部落的几乎全部生活都是围绕着牛展开的：牛是游牧部落的一种社会纽带，无论是友谊、婚姻抑或是政治关系往往都是通过牛的赠送得以体现；同时，抢牛也被认为是一种区分游牧部落的"自我与他者"关系的可接受规范。[①] 尽管殖民统治引入了货币和现代经济体系，但对远离都市生活的游牧部落来说，牛仍具有重要的社会和政治功能；拥有牛已经成为东非地区游牧部落的一种价值观，而非一种经济手段。正是在这种情况下，肯尼亚分别与乌干达和坦桑尼亚的边境地区的抢牛或偷牛行为，成为三国边境冲突的主要形式，严重阻碍了地区经济合作的发展。

在肯尼亚与乌干达边境，这种冲突体现为肯尼亚的图尔卡纳族（Turkana）抢夺乌干达的卡拉莫琼族（Karamonjong）的牛和后者的反抗。其原因不仅在于游牧部落的牛文化，还在于肯尼亚经济发展对于牛肉的需求快速增长。到20世纪70年代中期，图尔卡纳族从索马里匪盗（Shifta）手中获得了枪支，使得卡拉莫琼人处于一种完全无法抵抗的地位。这很快导致卡拉莫琼人设法从本国政府军中获得枪支予以对抗，进而使得两个部落的抢牛斗争逐渐上升为武装斗争。到80年代，肯、乌边境的抢牛事件已经变得相当复杂，不仅两个部落广泛参与，甚至当地的执法

---

① See Michael Fleisher, *Kuria Cattle Raiders: Violence and Vigilantism on the Tanzania/Kenya Frontier* (Ann Arbor, MI: the University of Michigan Press, 2000), pp. 1—3.

官员和反政府武装也介入其中。①

　　相对于肯、乌边境，肯、坦边境的情况明显不同。由于两国都投入大量资源用于边境地区发展农业或者旅游业，且两国的游牧人群属同一部落，即玛赛族（Maasai），这一地区的游牧部落本身并不抢牛。但由于肯尼亚生活水平更高，对牛肉的需求更大，肯、坦两国的牛肉价格差距很大，为偷牛带来了很高的经济收益。而充分利用这一机会发财的是库里亚人（Kuria）。这在1978年乌干达与坦桑尼亚战争后变得更为猖獗，主要原因在于战争中坦桑尼亚军队中有50％的战士来自库里亚族，他们一方面在战后无计为生，另一方面私下保留了不少枪支。这两方面的因素相结合，导致肯、坦边境的偷牛活动在80年代变得更为严重。②

　　导致早期东非地区一体化进程难以实现的第二个安全问题，在于地区各国国内政治动荡的溢出效应，主要来自于肯、坦、乌三国的邻国。总体而言，无论是卢旺达的图西族、布隆迪的胡图族和刚果民主共和国的图西族（又称班亚穆楞吉人，Banyamulenge），还是苏丹南部的基督教徒和拜物教徒，都为了争取更大的国内政治权力，而与本国政府产生激烈对抗和冲突，进而导致严重的冲突外溢效应。这种溢出效应可分为三类，首先是示范效应，主要发生在卢旺达与布隆迪——现在都已成为东非共同体的成员国——之间，有时也会波及刚果民主共和国。卢旺达与布隆迪都由三个民族组成，且民族结构近乎一致：卢旺达则是84％的人口为胡图族，15％的人口为图西族和1％的人口为塔瓦族；布隆迪有85％的人口是胡图族，14％的人口为图西族和1％的人口为塔瓦族。尽管种族构成相似、社会经济的分层也相似，但两国的政治轨迹完全不同：直到20世纪90年代，胡图族主导着卢旺达的政治，而图西族则主导着布隆迪的政治。"布隆迪的种族关系更具流动性，不易归纳为简单的胡图—图西族分裂。……因为布隆迪与卢旺达的种族关系的差异，这两个国家的政治轨迹完全不同。"③由于地理上的接近和种族结构的相似，种族团体间不同的权力关系就非常

①　Frank Muhereza, "Violence and the State in Karamoja: Causes of Conflict, Initiative for Peace," *Cultural Survival Quarterly*, Vol. 22, No. 4 (1998), pp. 43—46.

②　Michael Fleisher, *Kuria Cattle Raiders: Violence and Vigilantism on the Tanzania/Kenya Frontier*, Ann Arbor, MI: the University of Michigan Press, 2000, pp. 82—90.

③　René Lemarchand, "Burundi: Genocide Forgotten Invented and Anticipated," *Occasional Paper*, Centre of African Studies, University of Copenhagen, 1996, p. 1.

容易导致相互间的反复冲突。其结果是卢旺达国内胡图族对图西族的压迫，和布隆迪国内图西族对胡图族的压迫二者之间的恶性循环。

由这一示范效应导致的第二种效应，或者说后果，是波及整个地区的难民问题。因种族或部落冲突产生的严重国内和跨国冲突，导致大量无辜平民背井离乡。无论是卢旺达、布隆迪还是刚果民主共和国的难民，都纷纷到肯、坦、乌三国寻求庇护。当然，这里还有来自苏丹冲突的难民，他们也对乌干达和肯尼亚两国产生了很大的社会经济影响。正如一位著名的非洲问题专家所言，每次产生难民的暴力冲突，都会导致伴随暴力的难民潮。在部落或种族界线被错误划分的国家间，冲突极可能从一国溢出到另一国，使得有着亲属关系的部落成为跨国暴力中的强有力组成要素。[①] 因此，非洲大陆的任何地方都不如东非，国内问题与外交问题联系得那么密切。对东非国家而言，国内安全与否，取决于其抵抗来自于邻国动荡溢出的威胁的能力大小。[②]

而由国内政治动荡的溢出效应产生的第三类影响是宗教矛盾，这主要来自苏丹的长期内战。尽管有诸多原因，但北方的穆斯林与南方的基督教徒和泛神论徒之间的宗教矛盾仍是不可忽视的。这一内战对肯、乌两国的冲击更多体现在难民流动上，但对坦桑尼亚而言就更多是宗教意义上的。由于并不与苏丹接壤，因此坦桑尼亚对苏丹内部冲突不如肯、乌两国热心，但正如一份研究报告所说，不只是苏丹的接壤邻国担心喀土穆的不可抵抗的伊斯兰冲动，就连遥远的坦桑尼亚都害怕苏丹的影响。[③]

在上述两大主要安全问题之外，东非地区一体化的早期努力的失败还与当时的冷战格局，区域内经济发展极不平衡，东非各国民族整合不够等内外部因素有关。所有这些因素，都更多是发展—安全关联中的安全方面，而这也为1999年重新成立的东非共同体重点关注安全治理机制的建

---

① René Lemarchand, "Exclusion, Marginalization and Political Mobilization: The Road to Hell in the Great Lakes," *Occasional Paper*, Centre of African Studies, University of Copenhagen, 2000, pp. 15—16.

② René Lemarchand, "The Democratic Republic of Congo: From Collapse to Potential Reconstruction," *Occasional Paper*, Centre of African Studies, University of Copenhagen, 2001, pp. 13—14.

③ *Africa Research Bulletin: Political, Social, and Cultural Series*, Vol. 32, 1995, p. 117.

设提供了合理基础。

二　重建后的安全机制建设

在解散了 22 年之后，东非共同体于 1999 年再度成立。实际上，肯、坦、乌三国于 1993 年 11 月就开始恢复合作，并于 1996 年 3 月成立了东非合作体秘书处。与旧的东非共同体相比，复活的共同体在使命和优先次序上有所变化，特别是在对待安全问题的态度上。如果说 1967 年的共同体条约完全忽视了安全问题，那么 1999 年共同体条约的 6 条共同体根本原则中，至少有 3 条是关于安全，包括"相互信任、政治意愿与主权平等"、"和平共处与好邻居"和"和平解决争端"。而涉及经济的根本原则只有 2 条，即"平等分配获益"和"为共同利益合作"。① 可以认为，这很大程度上出于对早期努力失败的反思，复活的东非共同体将重心放在了发展—安全关联的安全一端，尽管其终极目标仍是促进经济发展和地区一体化。

应当承认的是，东非共同体的这一转型，很大程度上与非洲大陆的总体趋势是一致的。事实上，和平与安全的地区化正日益被认为是非洲的发展方式。非洲各国认识到非洲冲突的本质是一种国内而非国家间冲突，呼吁合作方法或集体安全，导致了与安全问题相关联的地区化。② 自建立以来，非洲联盟更多将重点放在了建立非洲和平与安全架构（African Peace and Security Architecture，APSA）上；它是非洲大陆最终迈向共同的非洲安全与防务政策（Common African Security and Defence Policy，CAS-DP）的和平与安全倡议体系，其核心是非盟的和平与安全理事会（Peace and Security Council，PSC）。③

---

① *Treaty for the Establishment of the East African Community*，As amended on 14th December, 2006 and 20th August，2007，Article 6，p. 13.

② Ademola Abass，*Regional Organization s and the Development of Collective Security：Beyond Chapter Ⅷ of the UN Charter*，Oxford：Hart Publishing，2004；Kennedy Graham and Tânia Felício，*Regional Security and Global Governance：A Study of Interaction s Between Regional Agencies and the UN Security Council With a Proposal For A Regional-Global Security Mechanism*，Brussels：VU B：Brussels University Press，2006，pp. 149－150.

③ Sam Makinda and Wafula Okumu，*The African Union：Challenges of Globalisation，Security and Governance*，London，Taylor Francis，2008，p. 87.

　　作为对非洲和平与安全的综合性方法，非盟本身并不具备提供集中指导的权威，而是将这一方法建立在与地区经济共同体合作的基础上。因此，非盟必须将其决策权分散一部分到地区组织身上，更多与地区现实相结合，并使其有能力执行政策。① 以此为基础，东非共同体开始建设自身的和平与安全架构，即东非和平与安全架构（Eastern African Peace and Security Architecture，EAPSA）。在东非共同体各成员国看来，和平与安全已被承认为创造全方位的地区一体化所需环境的关键。随着东非共同体共同市场的发展，与控制跨国犯罪、确保人员和商品在地区内的安全相关的战略也应不断得到发展。②

　　这样，东非共同体复活后，发展最快的并非东非地区的一体化，而是地区和平与安全架构。还在共同体正式重建前一年的 1998 年，肯、坦、乌三国便签署了《防务合作理解备忘录》（Memorandum of Understanding on Co-operation in Defence）；该备忘录于 2001 年得到修订完善。东非共同体成立了防务合作部门委员会（Sectoral Committee on Co-operation in Defence）和国家间安全委员会（Inter-State Security Committee），主要负责轻小武器扩散（Small Arms and Light Weapons，SALW）、维和、反恐和救灾等事务，其活动限制于联合演习和成员国协作，无权调动各国军队。③

　　为了实现其和平与安全使命，东非共同体于 2007 年建立了一个和平训练与研究中心，即尼雷尔和平研究中心（Nyerere Centre for Peace Research）。该中心是东非共同体和平与安全架构的一部分，以发展成为全球知名的和平与冲突研究中心为目标，其使命是通过培训和研究提升冲突预防、缓解和解决的能力，并为共同体提供非正式的政策建议。尼雷尔中心将促进和平与安全当做推进东非地区一体化和发展的主要渠道。它还试图与地区内和跨大陆的其他维持行动训练中心协调，如位于肯尼亚的国际

---

① Benedikt Franke, "In Defence of Regional Peace Operations in Africa," *Journal of Humanitarian Assistance*, Issue 185, 2006; Funmi Olonisakin, *African Peacekeeping at the Crossroads: An Assessment of the Continent's Evolving Peace and Security Architecture*, New York: UNDPKO, 2004.

② 参见东非共同体网站和平与安全部分，http://www.eac.int/security/。

③ 参见东非共同体网站对自身的相关介绍，http://www.africa-union.org/root/AU/recs/eac.htm。

和平支持训练中心（International Peace Support Training Centre，IP-
STC）和加纳的科菲·安南国际和平训练中心（Kofi Annan International
Peace Training Centre，KAIPTC）。[①]

　　东非和平与安全架构的另一个重要组成要素是东部非洲常备旅，这是
根据非盟的非洲常备军（African Standby Force）倡议所成立的。非洲常
备军是由非盟所实施一项充满野心的计划，旨在将所有非洲国家都置于非
洲维持和平的前线。[②] 一方面，冷战后的维持和平行动经验使非洲国家认
识到，依赖于西方能力不再可信；这一认识迫使他们努力创建"泛非"的
非洲问题解决方案。另一方面，西方国家政府也非常支持这一计划，将其
当做更为切合实际的非洲冲突解决方法，特别是，当他们认为西方政府不
再有道德或财政义务介入非洲冲突后。这样，为了实现非洲和平与安全架
构的设想，非盟积极发展其冲突预防、早期预警、快速反应、冲突解决和
冲突后重建的能力，要求5个非洲地区经济共同体都发展或强化早期预警
系统，并强化或新建一支非洲常备军，最终组建全非洲的常备军。[③] 这支
常备军包括覆盖各地区的5个地区旅：西非常备旅，东非常备旅，南部非
洲常备旅，北非常备旅，以及中非常备旅。各地区常备旅都将以多国混合
快速反应部队的形式出现，有着严明的指导纪律。作为一支快速反应部
队，非洲常备军并不具备和平缔造或冲突后重建的能力。即使是在执行任
务过程中，它也并非最终决定力量，而只是过渡力量。具体的维持和平行
动使命最终必须交由联合国或非盟、或单个国家、或者参与到前两者之
中，从而得以实施。因此，非洲常备军并非解决非洲冲突的最终力量，但
如果它成为一支可靠的作战部队，它将为改善非洲的维持和平行动作出重
大贡献。

　　东非常备旅是东部非洲的非洲常备军，由东非、非洲之角和一些印度
洋岛国派出的军队组成，成员国主要包括东非地区的肯尼亚、乌干达、卢

　　① Nyerere Centre for Peace Research, East African Community, http：//www. eac. int/se-
curity/index. php? option＝com ＿ content＆view＝article＆id＝63＆Itemid＝109.

　　② Vanessa Kent and Mark Malan, "The African Standby Force, Progress and Prospects,"
African Security Review, Vol. 12, No. 3, 2003, pp. 71—81.

　　③ AU, *Policy Framework for Establishment of the African Standby-Force and the Mili-
tary Staff Committee*, http：//www. africa-union. org/root/AU/AUC/departments/PSC/Asf/
Documents. htm, 2003.

旺达和布隆迪，大非洲之角的苏丹、埃塞俄比亚、厄立特里亚、吉布提和索马里，以及印度洋岛国中的马达加斯加、科摩罗和塞舌尔等。东非常备旅本身又包括好几部分。常备旅的司令部和后勤基地在埃塞俄比亚首都亚的斯亚贝巴，而参谋部（Planning Element，PLANELM）和东非常备旅协调机制（Co-ordinating Mechanism，EASBR ICOM）则在肯尼亚内罗毕。协调机制是东非常备旅的政治和外交手段，目的是将非盟的战略政策转化为东非常备旅的可操作决策。将混合旅和各国机动部队或快速部署部队相结合，而得到同步发展。如同更宏大的非洲常备军计划，东非常备旅计划于 2010 年拥有在非盟界定的第 1—3 种场合下干涉的初步作战能力（Initial Operating Capacity，IOC），到 2015 年拥有可在 4—6 种场合下干涉的全面作战能力（Full Operating Capacity）（见表 1）。

表 1 非洲常备军使用的情况

使用场合	描述	部署要求（根据强制解决方法）
1	非盟/地区对政治使命的军事建议	30 天
2	与联合国使命共同部署的非盟/地区观察团	30 天
3	独立的非盟/地区观察团	30 天
4	根据第六章和预防性部署及和平缔造而部署的非盟/地区维和	30 天
5	为复杂的多元维和行动，包括涉及低烈度阻挠行动的非盟维和	90 天，军队在 20 天内部署
6	非盟干涉，如国际社会无法快速行动的种族清洗	14 天，强大的军事力量

资料来源：African Union，*The ASF Peace Support Operation's Doctrine*（Addis Ababa：Peace Support Operations Division，Peace and Security Directorate，March 2006）。

在上述建设东非和平与安全架构的努力之外，东非各国也展开了许多具体行动，以缓解前述的各种边境冲突，如肯、乌边界的抢牛和肯、坦边界的偷牛事件，围绕维多利亚湖的渔权斗争等。正是由于安全环境的改善，东非共同体得以在 21 世纪头十年即将结束之际，再次将重心转移到发展—安全关联的发展一端，致力于促进地区一体化和经济发展。

三　东非地区一体化展望

　　随着地区安全环境的逐渐改善和东非和平与安全架构的逐步成型，东非各国再次将注意力转回到地区共同体的核心目标，即促进地区一体化和经济发展上。随着东非共同体于 2001 年被加以改造，新一轮的地区合作与一体化进程得以开始。2007 年卢旺达和布隆迪加入东非共同体，以及东非五国关于政治联盟的提议，都使得东非地区再次一体化有了更好的前景。尽管如此，东非地区一体化并非没有挑战，特别是在发展—安全关联的平衡问题上，目前仍存在着不小的发展政策安全化压力。

　　2004 年 11 月，东共体召开第六届首脑会议，坦、肯、乌三国总统签署了《加快东共体一体化进程时间表》，提出 2010 年 1 月前成立"东非联邦"。2006 年 4 月，东共体召开第七届首脑会议，决定 2010 年 1 月建立东非共同市场；审议了《东非联邦快车道计划》执行情况报告；讨论了布隆迪、卢旺达两国申请加入东共体的问题；制定了《东非共同体第三个发展战略（2006—2010）》。2007 年 6 月，东共体召开了第五届特别首脑会议，峰会正式吸纳卢旺达、布隆迪为东共体成员；并计划于 2009 年就建立"东非联邦"举行全民公决；2010 年成立东非共同市场。2009 年 4 月 29 日，东共体在阿鲁沙召开第十届首脑会议，坦、肯、乌、卢、布五国元首发表联合声明，表示将于 2009 年 11 月签署建立共同市场的条约，争取在 2010 年年初正式启动共同市场。2009 年 11 月 20 日，东共体在阿鲁沙召开第十一届首脑会议，5 国首脑共同签署了《东非共同体共同市场议定书》，议定书经成员国批准后将于 2010 年 7 月生效。随着共同市场准时生效，东非地区一体化的建设终于在时隔 40 余年、历经一次解散之后看到了曙光。

　　但东非地区一体化仍面临着严峻的挑战，其中最为重要的仍是对于发展—安全关联的有效和合理平衡的问题。如前所述，在过去 40 余年里，前 30 年由于过度忽视这一关联中的安全一端，导致诸多发展努力的失败。而近 10 年对安全一端的重视，为近期东非地区一体化的发展作出了重要的贡献。尽管东非共同体已经将重心调整为地区一体化和经济发展，但出于政治惯性和外部环境的影响，东非地区一体化进程仍面临着过度重视安全的风险，进而导致发展安全化的危险。

　　首先，当前的国际发展话语存在着一种发展安全化的总体趋势。冷战结束后，国际社会对于发展与安全关系的认识发生了深刻的变化，出现两个相逆的趋势，即发展政策的安全化和安全政策的发展化。但由于冷战后大量不确定风险的涌现，特别是 2001 年"9·11"事件后，对国家安全的威胁来源的认识发生了很大变化，这直接导致"发展政策的安全化"明显占据上风。一方面，随着全球化的发展，安全议程得到了有效拓展，不仅包括国家安全，而且还包括人类安全，进而导致国家主权的特权大幅削减。另一方面，威胁的替代性来源已经出现，使得来自于他国力量的经典威胁防务范式，现在转向了他者的脆弱，最突出的表现便是失败国家。[①]由于这两个方面的原因，导致对国家安全的威胁来源的判断日益困难。在这一过程中，对威胁的认知也随着安全概念的拓展而拓展，使得国家安全的实现必须与比威胁更大的危险相联系，即风险。风险是未认知的威胁，也指向更低级和更不重要的现实。风险内在于行动：每件事情都有可能失败。因此，人和国家所面临的风险总量不可能降至零。一个充满威胁的世界可能暗示没有威胁，但一个充满风险的世界却是以一种风险来平衡另一种风险，并用对抗战略产生的风险来抵消一开始的风险。这样，当代的国家安全观念首先是其聚集点的转变，即从威胁（的消除）转向风险（管理或减少）；其次是重心从纯粹的安全提供者的军事组织，转向综合性的跨部门方法，包括侦探和行动。从威胁到风险的转变和从防务到安全的转变，都是为了应对未来的风险。正是由于安全聚焦从威胁转变为风险，使得国家安全决策必须系统性地、前瞻性地思考未来的风险，不仅要采取跨部门的综合性方法，而且还要在发展政策中嵌入诸多安全方法，提前预防发展中的安全风险。尽管发展领域的专家和决策者也注意到这一趋势，但他们显然无法及时发展出新的手段来应对这些风险。这样，发展政策的安全化便不可避免。

　　其次，对非洲地区一体化发展影响最大的外部行为体——为欧盟和美国，总体上都对非洲发展采取一种更具安全化的政策立场。就美国而言，

---

　　① Max Singer and Aaron Wildawsky, *The Real World Order：Zones of Peace，Zones of Turmoil*，Chatham，N. J.：Chatham House Publishers，1993；Thomas P. M. Barnett, *The Pentagon's New Map*，New York：Putnam and Sons，2004.

自"9·11"事件以来，非洲便成为美国全球反恐战争的第二战场，因此其对非安全政策更多以其自身的全球反恐战略为依据制定。其结果是，美国的对非洲政策将发展政策纳入安全政策框架，从属于安全政策。这可以从美国对非发展援助和对非军事援助的对应关系中看出。尽管"9·11"事件后美国对非发展援助增加不大，但支持美国全球反恐战争或在其中有着重要地位的国家所得到的援助都有增长，如苏丹、埃塞俄比亚、肯尼亚、卢旺达、坦桑尼亚和安哥拉等。与此相应的是，那些已经成为反恐战争核心的非洲国家得到了大量国际军事教育与培训项目（IMET）资助。最大的获得者是安哥拉、埃塞俄比亚、卢旺达、厄立特里亚、吉布提和肯尼亚，仅有少数例外。这充分说明，美国对非洲的发展政策与非洲的发展需要并无非常直接的联系，更多与美国的全球反恐战争相联系，或者说是被安全化了。

而就欧盟而言，发展政策和安全政策原本都是其对外政策的3大支柱之一。但如果考察欧盟对非发展政策与安全政策间关系的演变，会发现欧盟对非政策中的发展政策事实上正朝向从属于安全政策的方向发展。这一趋势具体体现在以下三个方面。首先，几乎所有欧盟对非政策的重要文件都强调，和平与安全是非洲发展的前提，而非相反。其次，与冷战结束前相比，欧盟对非洲国家的援助结构发生了明显变化，援助重点流向一些存在危机的国家，特别是苏丹、刚果民主共和国和索马里。最后，欧盟事实上将非洲当做其成为重要国际行为体的试金石，尤其是通过非洲以发展其共同外交和安全政策。这非常明显地体现在其对非洲的危机管理行动中。

最后，非洲自身的发展政策也出现了安全化趋势。尽管面临着相当严峻的发展挑战，但非洲以促进经济一体化为目标的发展议程很大程度上被安全化了。[①] 这主要体现在两个方面。一方面，在非盟着重强调安全政策并推出次地区组织劳动分工的背景下，安全政策成为各次地区组织的关注重点。如前所述，非洲联盟成立后，迅速启动了非洲和平与安全架构的建设，还启动了非洲常备军的建设计划等。另一方面，非洲最重要的发展议程，非洲发展新伙伴计划本身也体现了发展政策的安全化趋势。尽管非洲

---

①   有关安全化的内涵及发展政策的安全化，参见潘亚玲《安全化、国际合作与国际规范的动态发展》，载《外交评论》2008 年第 3 期；张春《"发展—安全关联"：中美欧对非政策》，载《欧洲研究》2009 年第 3 期。

发展新伙伴计划既展示了"使非洲大陆远离过去 40 年中复兴的危机"的野心勃勃的框架，也是"非洲扭转其滑向边缘化的趋势的最后希望"，[①]但整个计划却更多强调安全。"非洲领导人从其亲身经历中了解到，和平、安全、民主、良治、人权与合理的经济管理是可持续发展的条件"。[②] 非洲发展新伙伴计划事实上承认，和平、安全与民主是经济发展包括吸引外资的重要前提。[③]

结　语

　　东非地区一体化的发展历史体现了东非各国对于发展与安全关联性认知的变化。目前，东非各国虽然强调经济发展的重要性，但由于过于强调地区安全而存在将发展政策作过度安全化理解的问题。如何平衡好经济发展与地区安全的关系，使两者良性互动，是东非地区一体化进程未来的关键。与东非地区对这一关联的认知已达到相当深刻程度相对比，非洲仍有不少的地区合作和一体化进程并未认识到这一关联的重要性，仍在追随西方的发展政策安全化动向。当然，面对这一强势的国际性趋势，非洲自身仍是脆弱的，即使对此有更深刻认识的东非各国，也存在难以抵挡这一趋势的可能。因此，强调和平与发展同为当今时代潮流的中国，或许可通过与非洲的互动，推动包括非洲在内的国际社会在促进非洲一体化实践中调整发展—安全关联的安全导向。或许，这正是发展中非关系的国际贡献之一。

（责任编辑：王学军）

---

　　① Kempe Ronald Hope, Sr., "From Crisis to Renewal: Towards a Successful Implementation of the New Partnership for Africa's Development," *African Affairs*, Vol. 101, 2002, pp. 387－389, 402.

　　② *New Partnership Africa's Development*, Abujia, Nigeria, October 2001, p. 16.

　　③ Kempe Ronald Hope, Sr., "From Crisis to Renewal: Towards a Successful Implementation of the New Partnership for Africa's Development," *African Affairs*, Vol. 101, 2002, p. 392.

当代苏丹的政治继承与换代：
进程、特点及走向①

姜恒昆

【内容摘要】非洲大陆如何形成适合本土需要且能促进国家发展的政治体制，是一个巨大的时代难题。苏丹建国50多年来，国家政权体制经历了复杂的更替。独立之初承袭的西式议会政体因缺乏必要的本土条件支撑并未促成新生的国家一体化建构与经济社会的健康发展。过去数十年苏丹在大体保留形式上的议会政党制情况下，深陷军政权与文官政府非正常更替的困境中。巴希尔政权自1989年执政迄今已经20余年，尽管政绩不斐，却始终没能破解达尔富尔冲突与南方分裂的危局，2010年虽然赢得大选继续执政，却不得不于次年吞下南方公投苦果，国家由此一分为二。当代苏丹的政治进程反映了非洲大陆政治发展的普遍困境。目前巴希尔政府承受着南方独立后果、达尔富尔冲突和国际刑事法院逮捕令等内外压力，其执政前景面临诸多挑战与不确定性。

【关键词】苏丹；民主政治；军人政权；交替执政；政治走向

【作者简介】姜恒昆，浙江师范大学非洲研究院副研究员，博士，上海师范大学在站博士后。

---

① 本研究得到教育部人文社会科学研究项目基金及国家社科基金项目资助。

苏丹共和国（简称苏丹）位于非洲大陆东北部，面积为 250 多万平方公里，是非洲国土面积最大的国家。苏丹现有人口 3900 多万（2008 年第五次人口普查结果），分属 19 个种族或种族集团，597 个民族（或部族）。苏丹是一个历史悠久、文化独特的国家，其北部的努比亚地区被史学家称为非洲大陆诸文明与中东及地中海古代多元文明交汇往来的"努比亚走廊"。早在四五千年以前，苏丹境内的尼罗河流域一带已有黑人原始部落居住，并建立了原始的政治组织与部落联盟。两千多年前，这里出现了相对成熟的"努比亚文明"。公元五六世纪前后，基督教文明逐渐传入了苏丹。随后便在这一地区出现了繁荣近千年的"基督教努比亚文明"。公元九十世纪后，苏丹北部地区再次出现文明与历史的重大转型，即"努比亚文明的阿拉伯－伊斯兰化"，这一持续上千年的文明交汇过程，逐渐将苏丹北部和中部的居民转变成了阿拉伯人。随后，这一进程在土耳其—埃及统治期间（1820—1885 年）得到了重大推进，并最终将苏丹北部变成了阿拉伯世界的一部分，而苏丹南部则仍然处于比较原始的部落割据状态。19 世纪中期欧洲人的到来及末期英国殖民统治的建立，不仅使苏丹北方和南方有了政治与管理上的紧密联系，而且使苏丹的社会与政治进程与外部世界联系在了一起。

作为一个现代国家，苏丹的政治版图是在 1898—1956 年的英国—埃及共同统治时期才最终形成的。作为英国殖民统治的结果，差异巨大的北部苏丹与南部苏丹被组合到同一块殖民地内，奠定了现代苏丹的政治版图，但英国长期执行的限制南北往来、对南北分而治之的殖民政策，又给这个未来的国家埋下冲突的祸根。1956 年在英国殖民地范围上建成的幅员广阔的苏丹新兴国家，从一开始就面临着严峻的如何维护国家统一、促进民族融合、推进经济发展及改善民众生活的种种时代任务。要推进这些复杂的时代任务，必须要有适合自身实际的国家政权体制并执行强有力的内外政策。但是，受历史因素制约与外部持续干涉的影响，这一进程充满艰辛，一波三折，国家能力建设与发展意识培养长期严重不足。在历经数十年政治动荡与冲突内战后，苏丹终于无力维系国家南北统一而分裂为二。然而，分裂后的北南双方政权，同样面临巨大生存挑战。毕竟公投和选票或许可以决定国家是分裂还是统一，但并不意味着带来国家发展问题尤其是经济发展与民生改善问题的自然解决。如何维护国家统一与推进经济发展，如何获得执政能力与治国智慧，如何推进新国家内部的民族融合与国家一体化，这些根本性的命题，依然考验着分裂后的巴希尔和基尔的北南新政权。

一　殖民遗产:当代苏丹民主政治的缘起

在英国殖民者到来之前，苏丹已经历了土耳其—埃及殖民者 60 多年的专制统治和马赫迪神权国家十多年的集权统治，但其传统的部族政治与部族酋长制并未被有效改变，南方和达尔富尔地区尤为如此。英—埃共管时期，英国人在推行名为"本土管理"的间接统治制度的同时，迫于日益壮大的苏丹民族主义的压力而将议会民主制度应用到对苏丹的管理之中，这不仅为新生的苏丹政党争取民族独立提供了合法斗争手段，而且为新生的苏丹国家提供了政治制度的基本框架。

"再征服"苏丹后，英国和埃及通过"共管协议"共享了对苏丹的"联合主权"，并为苏丹创造了一个新颖而独特的"混合治理方式"：苏丹由英国政府提名并经埃及赫迪夫任命的总督治理，其中央政府由英国总督控制，而行政机构中的高级官员（英国人）也由总督直接遴选和任命。由于苏丹在理论上是一个"主权国家"，苏丹总督名义上要对英埃两国政府负责，实际上他只通过开罗的英国总领事向英国外交部（而非殖民事务部）报告。[①]

对苏丹全境的有效占领远非摧毁马赫迪国家那样迅速而直接。[②] 平定反抗及合并领土过程中的巨大人力物力投入，直接催生了英国在苏丹的低

---

① 英国人是以"再征服"为幌子摧毁苏丹马赫迪国家的，因此无法简单地将苏丹作为殖民地直接兼并。为了既"尊重"埃及对苏丹的主权要求又确保自己的利益，英国和埃及于 1899 年签署了共享苏丹统治主权的"共管协议"。See P. M. Holt and M. W. Daly, *A History of the Sudan：From the Coming of Islam to the Present*, 5th Edition, Longman：Person Education Limited, 2000, pp. 101－102, 104－106.

② 在共管的头几年，马赫迪国家的残余军队和苏丹边缘地区此起彼伏的马赫迪主义起义给英埃殖民者制造了不少麻烦。而对西部和南方的占领更是耗时耗力，直到 1916 年殖民者才征服再度复兴的富尔王国并将达尔富尔地区全盘并入苏丹，而始于 1904 年的对南方的征服则是持续了近 30 年。详见李安山《非洲民族主义研究》，中国国际广播出版社 2004 年版，第 122—124 页；See P. M. Holt and M. W. Daly, op. cit. , p. 103, 110；See Robert O. Collins, *A History of Modern Sudan*, Cambridge University Press, 2008, pp. 34－35。

成本地方管理方式——"本土管理制"。① "本土管理制"对苏丹政治产生
了深刻影响，并且这些影响至今仍然存在。"本土管理制"的直接目的之
一是限制受过西方教育的本地精英在苏丹政治权力中的合法性，以此遏制
苏丹民族主义的兴起。第一次世界大战后，以苏丹工会联盟（League of
Sudan Union）和白旗同盟（White Flag League）为代表的苏丹民族主义
运动逐渐掀起高潮，他们坚决反对英国的间接统治，并先后提出了苏丹民
族自决和"尼罗河流域统一"的政治主张。然而，由于缺乏群众基础，这
些早期的苏丹民族主义运动未能给英国的殖民统治构成严重威胁。相反，
英国人通过颁布强化传统部落首领管理权的法令的方式，特别是通过在
1924 年危机中彰显的强硬态度与手段，使苏丹民族主义进入了长达 10 年
的低迷期。与此同时，埃及人也被迫撤出苏丹，埃及只保留了名义上的共
管权，直到英埃两国签订 1936 年协议。②

　　1938 年毕业生大会（Graduates' Congress）的成立既是苏丹民族主
义运动的转折点，也是当代苏丹多党政治的起点。毕业生大会从一开始就
存在着"两个赛义德"或被英国人戏称为"萨尔"和"萨姆"的宗派主义
斗争。③ 以伊斯梅尔·阿扎里为首的亲埃激进派"兄弟会"（Ashigga，阿
语意为"亲兄弟"）得到了哈特米亚教派领袖赛义德·阿里·米尔加尼的
支持，而亲英温和派则得到了马赫迪的遗腹子安萨教教长赛义德·阿布
德·拉赫曼的支持。围绕着这一分歧，苏丹的民族主义正式成为两个对立
的运动，并进而成为长期影响且至今仍然影响苏丹政治进程的两大政党：
"兄弟会"于 1943 年正式成为苏丹的第一个政党"兄弟党"（1952 年改名

　　① "本土管理制"（Native Administration System）是米尔纳勋爵以英国在尼日利亚的统治
经验为基础，结合苏丹的本土情况而于 1919 年推出的一种间接统治制度，其核心内容是将苏丹
的地方行政管理职能交与苏丹的传统部落首领，而英国的地区事务专员只充当顾问的角色。
P. M. Holt and M. W. Daly, op. cit. , pp. 117－119.

　　② 1924 年苏丹发生了一系列针对英国殖民统治的示威游行、叛乱及埃及驻军起义，特别是
因苏丹总督李·斯达克在开罗被暗杀而导致的埃及军队被迫撤离和苏丹军队起义，这些事件被统
称为"1924 年危机"。See P. M. Holt and M. W. Daly, op. cit. , pp. 115－116；Robert O. Collins,
op. cit. , pp. 39－41；Riang Yer Zuor, *Modern Sudan: Its History and the Denesis of the Cur-
rent Crises*, Baltimore: Publish America, 2005, pp. 92－93.

　　③ "两个赛义德"是指安萨教派领袖赛义德·阿卜杜拉·拉赫曼（Sayyid Abd al-Rahman）
和哈特米亚教派领袖赛义德·阿里·米尔加尼（Sayyid Ali al-Mirghani），而这两位传统对手的姓
名的首字母组合分别为"萨尔"（SAR）和"萨姆"（SAM）。

为民族联合党，National Unionist Party），其政治纲领是与埃及联合即"尼罗河流域统一"；温和派则于 1945 年创建了乌玛党（Umma Party），将苏丹的完全独立即"苏丹人的苏丹"作为其政治纲领。[①]

　　尽管声称其活动范围将局限于慈善事业、社会事务及涉及政府的公共利益，但身为民族主义组织的毕业生大会很快就触及了政治问题。1942 年 4 月毕业生大会执委会向共管政府发出了一份颇具挑衅性的备忘录，提出了让共管政府承诺战后给予苏丹自决权，增加殖民政府中的苏丹人文职官员等 12 项要求。[②] 为了转移人们对毕业生大会的注意，并安抚苏丹市民，其对政府管理中的代表性的日渐关切，共管当局于 1943 年组建了一个基础广泛的议会——咨询理事会。虽然象征意义远甚于代表性——排除了南方人和大多数政治上觉醒的北方人，但咨询理事会是第一个（部分成员）经选举产生的苏丹人的议会。[③]

　　第二次世界大战结束后，苏丹问题（即苏丹的未来地位问题）再次成了英、埃两国争论不休的难题。为了在苏丹建立一个反对埃及的堡垒，1946 年 4 月殖民政府宣布成立一个行政会议，就"使苏丹人与国家管理更加紧密结合的下一步举措"提出建议。一年后行政会议发布了其首份报告，要求设立代表全苏丹的立法议会以取代咨询理事会，并成立至少半数成员为苏丹人的执行委员会以取代总督政务会。1948 年 3 月咨询理事会批准了《执行委员会与立法议会条例》，并于同年 11 月 15 日举行了议会选举。由于民族联合党的抵制，乌玛党赢得了压倒性多数席位。一个月后，苏丹第一届立法议会正式开幕。[④]

　　在埃及废除 1899 年和 1936 年的英埃协议，并单方面宣布了一部规定埃及和苏丹统一于埃及国王之下的苏丹宪法后，苏丹立法议会针锋相对地于 1952 年 4 月颁布《自治法》，规定新的苏丹政府将由部长委员会组成，

　　① See P. M. Holt and M. W. Daly, op. cit., pp. 113-115, 124-127; Robert O. Collins, op. cit., pp. 49-53. 另见刘鸿武、姜恒昆编著《苏丹》，社会科学文献出版社 2008 年版，第 120—121 页。

　　② M. W. Daly, *Imperial Sudan: The Anglo-Egyptian Condominium, 1934-1956*, Cambridge: Cambridge University Press, pp. 157-158.

　　③ Robert O. Collins, op. cit., pp. 51-52.

　　④ 立法议会由 75 名议员组成，其中 10 名由总督任命，13 名专门留给南方人，其余 52 人中的 10 人由直接选举产生，其余 42 人经各省选举团间接选出，而乌玛党赢得了其中的 26 个席位。See Robert O. Collins, op. cit., p. 58; P. M. Holt and M. W. Daly, op. cit., pp. 129, 132.

部长委员会向两院制议会负责。数月后，埃及王朝被埃及军官组成的革命指挥委员会推翻。随后，埃及迅速放弃"尼罗河流域统一"的主张，并在1953年2月与英国签署了同意予以苏丹在3年内自决并实现苏丹化的新协议。① 1953年11月，苏丹举行了首次全国多党议会选举，民族联合党取得了压倒性的胜利。1954年1月，苏丹自治政府成立，民族联合党领袖伊斯梅尔·阿扎里出任自治政府总理。

　　简言之，半个多世纪的英埃共管既是苏丹争取民族解放的斗争过程，也是苏丹政治制度的逐步成型时期。苏丹之所以走上议会制多党民主道路，与英国对苏丹的殖民统治及苏丹的宗教文化有着直接关系。英国的间接统治及"分而治之"策略导致了苏丹传统部落管理者与受过西方教育的知识精英即民族主义者的分化，随后又为了应对后者参与国家管理的要求而将代议制引入了苏丹。随着知识阶层主导的民族独立运动的胜利，苏丹"顺理成章"地接受了西式议会民主制度。与此同时，基于不同教派的苏丹民族主义者因无法弥合其内在分歧而裂变为政治主张迥异的政党，这不仅给苏丹的独立进程带来了较大的负面影响，而且使独立后苏丹的政治发展充满了曲折。

二　民选政府和军政府交替执政

　　与以宗教为指导思想的马赫迪国家不同，缔造共和国的苏丹民族主义者则深受西方的文化与政治理念的影响。他们以不同程度的真诚和理解表示出对议会民主的迷恋。因此，苏丹共和国本质上不是共管政府的取代者而是其继承者。② 不过，英国人留下的议会民主制度却未能在这个年轻的非洲国家开花结果；相反，在独立以来的半个多世纪里，苏丹一直徘徊于民主与专政之间，陷于民选政府与军人政权交替执政的"怪圈"而难以自拔。纵观其当代政治进程，苏丹至少经历了三轮民选政府与军人政府的交替执政：第一轮是1956年1月开始的三届文官政府及1958年11月政变上台的阿布德军政权；第二轮是1964年10月开始的六届文官政府及

---

① See Robert O. Collins, op. cit., p. 59, 62.

② P. M. Holt and M. W. Daly, op. cit., p. 145.

1969 年 5 月政变上台的尼迈里军政府；第三轮为 1985 年 4 月开始的四届文官政府及 1989 年 6 月政变上台的巴希尔军政权（详见下表）。虽然 2010 年 4 月的全国大选使苏丹再次走上了所谓"民主政治"的道路，但目前尚难预料苏丹能否就此摆脱文官政府与军政权交替执政的轮回。

独立以来苏丹民选政府与军政权交替执政情况

轮次	政权性质及权力获取方式	执政时间	政府中的主导力量	领导人
第一轮	过渡政府（独立前民选自治政府的延续）	1956.1—7	民族联合党＋乌玛党	阿扎里
		1956.7—1958.2	乌玛党＋人民民主党	哈利勒
	议会制多党联合政府（民选）	1958.2—11	乌玛党＋人民民主党	哈利勒
	军人政权（政变）	1958.11—1964.10	军队	阿布德
第二轮	过渡政府（人民起义）	1964.10—1965.2	职业阵线＋其他政党	哈利法
		1965.2—6	乌玛党＋民族联合党	哈利法
	议会制多党联合政府（民选）	1965.6—1966.7	乌玛党＋民族联合党	马哈古卜
		1966.7—1967.5	乌玛党＋民族联合党	萨迪克
		1967.5—1968.4	乌玛党＋民族联合党	马哈古卜
		1968.4—1969.5	民主联合党＋乌玛党	马哈古卜
	军人政权（政变）	1969.5—1985.4	军队、苏丹社会主义联盟	尼迈里
第三轮	过渡政府（人民起义）	1985.4—1986.4	过渡军事委员会	达哈卜
	议会制多党联合政府（民选）	1986.4—1989.6	乌玛党＋民主联合党/全国伊斯兰阵线	萨迪克
	军人政权（政变）	1989.6—2005.9	军队、全国大会党	巴希尔
第四轮	过渡政府（根据《全面和平协定》成立的民族团结政府）	2005.9—2010.6	全国大会党＋苏丹人民解放运动	巴希尔
	议会制多党联合政府（民选）	2010.6—	全国大会党＋苏丹人民解放运动	巴希尔
	军人政权？			

由此可见，尽管苏丹继承了议会民主的制度框架，但并不具备实行议

会民主的稳定而强大的政治力量基础。从 1958 年到 1989 年，苏丹各届民选政府均因无任何政党能在选举中赢得绝对优势而被迫组成多党联合政府，① 可作为执政伙伴的主要政治力量——乌玛党、民主联合党②、伊斯兰主义、共产主义及南方党派——却从未彼此信任过，这是造成多党联合政府短命且无所作为的主要原因。首先，由于苏丹南北方的长期失和、军政府的党禁政策及各党内部的派别争斗等原因，苏丹迄今未形成任何真正的全国性大党。作为苏丹北方民族主义（当时南方并未形成完整而明确的民族主义）产物的乌玛党和民主联合党从一开始就没有得到南方的响应和支持，而曾经左右苏丹政局的伊斯兰主义运动和苏丹共产党也只是在北方具有影响力的政治力量。在受到三届军政府长达三十多年的党禁或一党制的重创之余，苏丹的几乎所有主要政党都曾受到内部分裂的严重困扰。③

其次，苏丹的各主要政党因政治基础或目标的显著差异而缺乏合作基础。且不说崇尚神权政治的右翼伊斯兰主义运动和"无神论"的左翼共产主义政党原本就水火不容，就连乌玛党和民主联盟党也是传统政治对手。乌玛党受马赫迪家族领导，其基础是安萨教派，其主要支持者是苏丹中西部即达尔富尔和科尔多凡地区的安萨教徒；民主联合党受米尔加尼家族领导，其基础是哈特米亚教派，主要支持者分布在苏丹的北部和东部，并在

---

① 在最近的 2010 年 4 月大选之前，苏丹曾先后举行过四次多党选举。1958 年苏丹举行独立后的第一次选举，乌玛党获得 63 个席位，民族联合党获得 44 个席位，人民民主党获得 26 个席位。由于未能获得半数以上席位，乌玛党与人民民主党组成联合政府。同样的情况发生在第二、第三届民选政府：在 1965 年大选中，由于人民民主党抵制选举，乌玛党获得了总共 158 个席位中的 76 个，民族联合党获得了 54 个，剩下的被其他团体获得；1968 年苏丹政府进行了第二次选举，民主联合党赢得了国会 218 个席位中的 101 个，乌玛党的两个派别即传统派和萨迪克派分别获得了 30 个和 36 个席位，南方的两个政党获得了 25 个席位，共产党获得了 1 个席位，但是没有一个政党赢得议会多数席位。1986 年 4 月的选举同样没有产生绝对的赢家，乌玛党以 38.2%的选票获得 99 个席位，民主联合党以 29.5%的选票赢得 64 个席位，全国伊斯兰阵线以 18.5%的选票赢得 51 个席位。萨迪克领导的乌玛党只好先后选择与民主联合党和全国伊斯兰阵线组成了联合政府。See Robert O. Collins, op. cit. , p. 70, 85, 89, 162.

② 民主联合党（Democratic Unionist Party, DUP）于 1967 年由人民民主党（People's Democratic Party, PDP）和民族联合党（National Unionist Party, DUP）合并而成。

③ 例如，民族联合党于 1956 年分裂为人民民主党和民族联合党；乌玛党在 1968 年分裂为萨迪克·马赫迪领导的多数派和伊玛目·哈迪领导的传统派两大阵营，后来又在 1998 年分裂为萨迪克领导的乌玛党和哈迪·马赫迪革新—乌玛党；伊斯兰主义运动即全国伊斯兰阵线在世纪之交分裂为巴希尔领导的全国大会党和图拉比领导的人民大会党。

市民和知识分子中有较大影响。早在争取国家独立之时，乌玛党和民族联盟党就针锋相对，提出过完全不同的独立目标；独立后，为了垄断国家权力，这两个以教派为基础的政党又限定其领导阶层只能来自各自的宗教派别，宗教领导就是党的领导。①

导致多党联合政府在短期内垮台的直接原因是，这些政党是出于各自的利益而临时联合，他们之间有着很多分歧，而且都企图在政府中加强和突出自己的地位。② 在组成联合政府后，他们往往陷于权力斗争。更为糟糕的是，党派内部的竞争也极为平常。③ 以第二届民选政府为例，该届政府以频繁组阁和更换总理而著称。1965 年 3 月乌玛党和民族联合党结成执政联盟，紧接着在 10 月，联盟因内阁总理马哈古卜和最高委员会主席阿扎里的对立、两党的分歧及乌玛党的内部斗争而崩溃。在安萨教多数派和民族联合党的支持下，萨迪克于 1966 年 7 月成为联合政府的新总理。然而在短短 10 个月后的 1967 年 5 月，萨迪克便因民族联合党退出联合政府而将总理职位归还给了马哈古卜。1968 年初，乌玛党内不断扩大的分裂开始威胁到马哈古卜政府的生存。由于担心占议会多数席位的萨迪克派会做出任何阻挠政府的行为，马哈古卜宣布解散议会。但是，萨迪克却拒绝承认这一行为的合法性，结果是，喀土穆出现了令人啼笑皆非的政治乱象——两个制宪国民代表大会并存：一个在国会大楼内集会，另一个在国会大楼的草坪上集会。④

毋庸置疑，军事政变及随后的军人专政是屡屡打断苏丹民主政治进程的显而易见的原因。但是，导致"军人干政"的根本原因却正是民选政府内无休止的党派利益之争及在国家遭遇经济困难或面临重大政治问题时的软弱无能。第一届民选政府即哈利勒领导乌玛党和人民民主党联合政府一直斤斤计较于两党领袖的个人地位和教派利益，并在处理同埃及因尼罗河

① "The Black Book: Imbalance of Power and Wealth in Sudan", http://www. sudan-jem. com/2004/sudan-alt/english/books/blackbook _ part1/20040422 _ bbone. htm （2010/10/8）.

② 彭树智：《阿拉伯国家史》，高等教育出版社 2002 年版，第 294 页；John Obert Voll, *Sudan: State and Society in Crisis*, Bloomington and Indianapolis: Indiana University Press, 1991, p. 8.

③ Riang Yer Zuor, *Modern Sudan*, Publish America Baltimore, 2005, p. 105.

④ See P. M. Holt and M. W. Daly, op. cit., pp. 158－162；刘鸿武、姜恒昆著：《苏丹》，中国社会科学出版社 2008 年版，第 131 页。

水问题而恶化的双边关系和是否接受美国的财政援助等重大问题时勾心斗角，相互拆台。在这种政治混乱的前提下，陆军司令易卜拉欣·阿布德少将发动政变并接管了政权，而苏丹人也欣然接受了这一不流血的军事政变。[①] 同样，第二次议会民主时期联合政府领导人之间的个人对抗与频繁倒阁给尼迈里上校发动军事政变并和平接管苏丹政府提供了机会，而在短短三年内历经 6 次组阁却仍未解决"伊斯兰法"适用问题的萨迪克政府（1986—1989 年），不仅激怒了"伊斯兰原教旨主义者"，疏远了世俗主义者，丧失了南方人的信任，而且也使军人失去了耐心——巴希尔率领一批中层军官发动了苏丹的第三次成功的不流血军事政变。

　　虽然因民选政府的软弱无能而发动政变上台，但是军政权同样难以长期维持统治地位。首先是军政权为稳定局势而禁止政党活动的专制做法招致了苏丹民众特别是传统政治力量的不满与反抗。尼迈里统治时期，反对尼迈里的力量在 1974 年结成包括乌玛党萨迪克派、民族联合党、伊斯兰宪章阵线在内的"民族阵线"，并于 1976 年 7 月发动一场未遂政变。巴希尔统治时期，南北方的众多反对派又组成"全国民主联盟"，共同反对巴希尔政府。此外，依靠政变上台的军政府的执政合法性也备受质疑。为了维持其统治地位，军政府大都在执政后期通过选举回归民主的趋势。但是，军政府为获得执政合法化性而举行的这些选举的效果往往会适得其反。在 1978 年 2 月的人民议会选举中，尼迈里同意流亡归来的乌玛党、民主联合党及穆斯林兄弟会成员作为独立候选人参加选举，这些独立候选人赢得了 304 个席位中的 60 席，另外 60 席被无党派人士获得，从而使尼迈里领导的苏丹社会主义联盟失去了对议会的绝对控制。[②]

　　不过，导致阿布德政府和尼迈里政府下台的最终原因却是二者在南方推行的阿拉伯化和伊斯兰化政策。阿布德统治时期，苏丹政府大力推进南方社会的阿拉伯化，希望以此实现伊斯兰教下的民族融合。政府在南苏丹开办伊斯兰学校，建造清真寺。与此同时，政府压制南方的基督教势力，1962 年通过了《传教士社团法令》，1964 年 2 月，阿布德下令驱逐南方的外国传教士，随后又关闭议会。军政府的做法引起南方的强烈不满，南方

　　①　Robert O. Collins, op. cit. , pp. 69—73.

　　②　See Holt, P. M. and Daly, M. W. , op. cit. , p. 174.

开始出现反政府武装。不久，阿布德军政府被"全国职业者阵线"（National Front for Professionals）领导的"十月革命"推翻。虽然南北苏丹在尼迈里统治时期实现了和解，但不幸的是尼迈里在执政后期改变了其南方政策。1983 年 6 月和 9 月尼迈里先后发布"六·五总统令"和"九月法令"，取消南方自治地位，并在全国强制实施伊斯兰法，即沙里亚法（sharia）。此举引起南方人的极大愤慨，南方叛乱再起，并形成了如今南方最大的政治力量苏丹人民解放运动。尼迈里的南方政策引发了第二次内战，也直接导致其军政权的垮台。

三　军政府的执政能力强于民选政府

当代苏丹政治进程中的一个显著的现象是，议会民主政府的执政时间远远短于军政权的执政时间。在独立至今的 55 年里，议会民主政府仅执政 11 年，且执政时间最长的一届也只持续了 3 年（1986 年 5 月至 1989 年 6 月的萨迪克·马赫迪政府）。相比之下，阿布德执政了 6 年，尼迈里执政了 16 年，而巴希尔将军则自 1989 年政变上台后一直执政至今。无论是在执政时间的长短上，还是在发展经济和解决重大政治问题方面，军政府都表现出比民选政府更强的执政能力。

在发展经济方面，在苏丹经济陷于困境时政变上台的各届军政府均有所建树，而苏丹几乎所有经济发展规划和大型工程都是在军政府时期完成的。阿布德政府上台不久，就改善了同埃及的关系，并达成了《1959 年尼罗河水协议》，使苏丹多分得了 145 亿立方米的尼罗河水。[①] 此外，阿布德政权积极发展对外关系，为发展国家经济获得了大量外国援助，是苏丹进入了独立以后的第一个繁荣时期。尼迈里时期开始实施规模庞大的琼莱运河计划，琼莱运河的长度相当于苏伊士运河两倍，运河的建成不仅可以使白尼罗河绕过苏德沼泽，有助于减少尼罗河水的蒸发损失，而且可以为大量耕地提供灌溉。如果不是因为尼迈里的其他政策导致内战再起，琼莱运河的挖掘早已完成。

巴希尔政府在近年取得的成就表明，只要有一个和平的环境，有一个

---

① See Robert O. Collins, op. cit., pp. 74—75.

正确的经济政策,苏丹就能发展。以石油开发为例,虽然苏丹早已发现石油,但直到巴希尔执政时期才真正将石油开发出来。近年来,在石油经济的带动下,苏丹实现了经济的重大发展。苏丹北方和南方都享受着经济发展带来的好处。苏丹的 GDP 在 2006 年和 2007 年分别达到 11.3% 和10.2%,受金融危机的影响,2008 年为 6.8%,2009 年为 4.5%,2010年预计达到 5.5%,2011 年预计达到 6.0%。消费指数也在下降,2008 年为 14.3%,2009 年为 11.3%,2010 年预计为 10.0%,2011 年预计为9.0%。① 2009 年人均 GDP 达到了 2300 美元。可以看出,苏丹的经济正在蓬勃发展。② 此外,巴希尔政府还十分重视改善基础设施,并致力于发展农业、水电、交通、电信等民生工程。

在政治方面,且不论到底哪一种政体更为适合于苏丹,但明显的现象是没有哪一届民选政府能在解决影响苏丹政治进程的重大问题,特别是南方问题上有所建树。相反,尼迈里和巴希尔两届军人政权却在南方问题上取得过重大突破:前者结束了第一次内战,后者结束了第二次内战。南方问题是独立后苏丹各届政府均无法回避的重大问题。阿布德因南方问题下台后,民选政府一直忙于内斗,1965 年的喀土穆圆桌会议也未能提出任何政治解决方案。尼迈里上台后立即着手解决南方问题,致力于通过给南部自治地位和发展南方经济来结束南方战争。1971 年 10 月,尼迈里政府与南苏丹解放运动建立了联系。在多次磋商后,两方的代表团于 1972 年2 月在埃塞俄比亚首都亚的斯亚贝巴举行会谈,并最终达成了《亚的斯亚贝巴协定》。《亚的斯亚贝巴协定》给南方以自治地位,结束了长达 17 年的第一次内战,使苏丹有了 11 年的相对和平时期。巴希尔政府从 1993 年开始参与由尼日利亚、"伊加特"、联合国等国家和国际组织先后倡导的南北和平进程,经过十多年时断时续的艰苦谈判,双方最终在 2005 年达成《全面和平协定》,结束了长达 23 年的南北内战,为苏丹社会、经济的快速发展赢得了和平环境。

---

① See International Monetary Fund, "WORLD ECONOMIC OUTLOOK April 2010", p. 65, http://www.imf.org/external/pubs/ft/weo/2010/01/index.htm, October 10, 2010.

② 驻苏丹经商参处:"苏丹南方政府披露 2009 年石油产量及近年石油分配情况",http://sd.mofcom.gov.cn/aarticle/jmxw/201003/20100306806449.html, October 10, 2010.

四　苏丹与南苏丹的政治走势

虽然苏丹的政治精英阶层是一个严重分裂和极端机会主义的阶层，加之军人频频干政和南方问题迟迟得不到解决，使苏丹的民主政治道路充满了曲折，但总体而言，苏丹是当代非洲一直保留议会民主体制和选举制度的国家。研究苏丹政治制度的学者也认为，就政治文化而言，苏丹属于阿拉伯世界和非洲最民主的国家。[①] 与大多数中东和北非国家不同，苏丹在事实上一直尝试以世俗的宪法为基础实现其政治制度的民主化，而 2010 年举行的全国大选和 2011 年 1 月举行的南方公投也将进一步加快苏丹的民主化进程。

2010 年 4 月举行的全国大选，是巴希尔执政以来进行的第一次民主选举。本次大选基本上是民主的，也得到了国际社会的承认。结果巴希尔获得 68.2% 的选票，是选民对巴希尔执政业绩的肯定。这是苏丹历史上进行的民主选举中，获选政党首次以绝对优势胜出。[②] 巴希尔以高票当选，全国大会党和苏丹人民解放运动又分别赢得了全部 25 州中的 14 州和 11 州的地区选举，这说明苏丹的政治力量对比已经发生了重大变化。以往选举无任何政党能绝对胜出的局面被打破了，这至少从表面上证明苏丹的选举政治正朝着有利于政治稳定的方向发展。

对北方的政治前景而言，南方问题的消失是一把双刃剑。一方面，南方的分离将有助于北方政局的稳定，至少南方问题不再是引起苏丹政治动荡的重要因素。对绝大多数北方人而言，届时的苏丹是一个真正的伊斯兰国家，伊斯兰教在国家政治生活中的作用将会进一步加强，而类似达尔富尔冲突问题只是穆斯林弟兄的"内部"问题。另一方面，南方的独立并不意味着北方内部矛盾和冲突的减少；相反，北方的民族、教派、党派及地区发展不平衡等问题将会因南方问题的解决而进一步凸显。

---

① John O. Volled, *Sudan: State and Society in Crisis*, Indiana University Press, 1991, p. 6.

② See Sudantribune, "Bashir, Kiir officially win Sudan's presidential elections", http://www.sudantribune.com/spip.php? article34888（2010/10/10），April 26, 2010.

　　巴希尔政府的未来命运关乎苏丹(北方)的政治走向。就近期而言,南方独立后巴希尔政府的合法性就会面临挑战。首先,南方的独立意味着苏丹人民解放运动要退出现政府,而抵制或质疑2010年大选的北方反对派必然要求重新选举。如果巴希尔政府因无法控制局面或迫于各方压力而允许重新选举,则失去南方"支持"的巴希尔总统连任的可能性将大打折扣,甚至全国大会党能否再次获胜也未可知,毕竟北方还有乌玛党、民主联合党、人民大会党等很有影响力的政党。对在发展国家经济和解决南方问题上颇有建树,但又身负国际刑事法院逮捕令的巴希尔总统而言,军队的支持及达尔富尔问题的进展至关重要。前者是其在关键时刻控制局面的有效保障,后者则是其赢得民众的支持并缓解国际压力的前提。巴希尔政府的未来取决于民众的拥护和军队的支持,而这直接决定苏丹(北方)的政治前景——走向民主,抑或再次陷入民选政府与军政权交替执政的轮回。

　　对南方而言,独立后在这片土地上将出现世界上最年轻的国家。在为自由、平等和民主斗争几十年后,世俗和民主道路是南方的当然选择。不过,短期内南苏丹政局很可能比北方更为动荡。南方的内部差异远大于北方,种族、部落之间长期存在尖锐矛盾,占优势地位的丁卡人和其他半都市化的赤道人之间经常发生部族冲突。政治上,由于苏丹政府的长期边缘化与压制,南方的行政体系极不完善。南方几乎没有成形的政党政治,目前围绕在苏丹人民解放运动周围的政治力量是一个松散的联盟,而苏丹人民解放运动总体上仍是一个军事组织,不断分裂且尚未完成政党转型。经济上,南方的基础设施极为落后,甚至没有一条像样的公路。除了石油收益分成外,其财政支出只能依靠国际援助。此外,南方的认同是在与北方对抗的基础上形成的,虽然一定程度上有助于南方人的团结,但这种认同的基础本身就很脆弱。在失去北方这个共同敌人且尚未形成新的国家认同的情况下,南苏丹原有的各种矛盾必然会再次浮出水面。

　　同苏丹政局不稳的原因一样,权力分配问题最有可能影响南苏丹的政治稳定。目前苏丹人民解放运动的主体是丁卡人,而人数众多的努尔人及其他种族则处于相对或绝对弱势地位。如果南方独立,丁卡等强势民族将继续保持甚至扩大现有优势,南苏丹很可能出现与北方类似的由少数强势民族联合执政的局面,而权力分配问题同样可能成为南苏丹内部动荡的导火线。在 20 世纪 90 年代，因丁卡、努尔和希鲁克领导人之间的权力斗争而发生的严重分裂与暴力冲突就是先例。

结语：十字路口的苏丹

　　尽管种种因素导致了苏丹持续的政治动荡，但权力和财富分配不均是其动荡的根本原因。迄今为止，苏丹的国家权力一直被认为握在少数人手中。2000 年达尔富尔好战分子在喀土穆秘密发行并被广为流传的《黑皮书》认为，苏丹北部的栋古拉人、沙亚吉亚人和贾阿林人占据了中央政府超过 50％的代表席位，有时甚至高达 70％。从独立到现在，几乎没有哪个总理或总统不是来自北部地区，军政府时期也不例外。[①] 苏丹的未来取决于现政府及未来的北、南政府能否公平合理地分配权力和财富。如果达尔富尔等喀土穆以外地区不再继续被边缘化，如果南方能真正实现自治或独立并设法阻止其内部冲突，不管是一个统一的苏丹还是两个独立的国家都会迎来期盼已久的稳定与繁荣。反之，苏丹很可能重蹈动荡与民选政府和军政权交替执政的覆辙。

（责任编辑：赵俊）

---

① Seekers of Truth and Justice，*The Black Book*：*Imbalance of Power and Wealth in Sudan*，http：//www. sudanjem. com/2004/sudan－alt/english/books/blackbook＿part1/20040422＿bbone. htm，October 8，2010.

浅析埃塞俄比亚联邦制宪法对
民族分离权的规定

张湘东

【内容摘要】埃塞俄比亚自独立以来，曾发生过多次严重的国内民族间与地区间冲突，如何既维护联邦统一又赋予各民族基本权益这一问题时时挑战着治国者的政治智慧。1991 年 7 月全国大会通过的《过渡宪章》确认了各民族拥有自决权。1994 年通过的宪法明确将包括分离权在内的自决权写进了宪法（第 39 条），这在非洲政治史上堪称一大创举。虽然民族分离主义者始终将民族自决权当成"法宝"，坚持每个民族都有建立自己独立国家的权利，但是埃塞俄比亚联邦制并非为鼓励民族分离而设置。不过从目前来看，埃塞俄比亚宪法对民族分离权的公开承认，对埃塞的发展起到的是正向促进作用。

【关键词】埃塞；联邦制；宪法；民族分离权

【作者简介】张湘东，男，博士，复旦大学国际关系公共事务学院讲师。

非洲绝大多数国家都是多民族多种族的国家。如何既保持国家统一推进国族融合，又维护好国内各民族的权益从而增进国家认同，一直是各国面临的巨大挑战。这方面，东非大国埃塞俄比亚的情况有其特殊可关注之处。

一　埃塞俄比亚联邦体制的建立与新宪法的制订

1991 年 5 月，门格斯图逃到津巴布韦，近 20 年的军事专政就此结束。1991 年 6 月 6 日埃革阵[①]领导人梅莱斯组建了临时政府和由 87 人组成的人民代表制宪会议（Legislative Council of Representatives）。梅莱斯非常重视各民族在国家机构中的代表比例均衡，例如国家的三巨头来自不同民族：总统和制宪会议主席梅莱斯为提格雷族，副总统费卡都（Fekadu Gedamu）是古拉吉人，制宪会议秘书特斯法耶（Tesfaye Habisso）是坎巴塔（Kambatta）人。7 月 29 日任命的总理塔姆拉特（Tamrat Layne）是阿姆哈拉人。8 月 11 日由塔姆拉特组成的临时政府一共有 17 位部长，充分照顾到了民族、宗教和政治集团的平衡。[②]

由于埃革阵强大的军事实力、有效的组织和领导力，因而在起草宪法，安排行政区划和一系列选举的过程中，一直起着主导作用。1994 年宪法确定了国家结构形式为联邦制。埃革阵政权希望将联邦制当作应对各种难题的解决之道。

联邦制与民族分离权不一定共生。在塞拉西时代有过 10 年的联邦制；1995 年 8 月 21 日埃塞俄比亚联邦民主共和国政府成立，标志着新联邦制正式进入运行阶段。这两次联邦制的重大区别之一体现在有无民族分离权。塞拉西皇帝认为要维护国家统一，坚决不能实行民族自决，乃至最后

---

① 埃革阵是"埃塞俄比亚人民革命民主阵线"的简称。埃革阵是由提格雷人民解放阵线（简称"提人阵"）、阿姆哈拉民族民主运动（原为"埃塞俄比亚人民民主运动"）、奥罗莫人民民主组织、南埃塞俄比亚人民民主阵线共同参加、代表全国 24 个民族的统一阵线，现为全国第一大政党。埃革阵的核心是提人阵。梅莱斯是提人阵主席，同时也是埃革阵主席。埃革阵正式成立于 1989 年 1 月，由提人阵和埃塞俄比亚人民民主运动组成。1991 年 1 月，埃革阵第一次全国代表大会时，奥罗莫人民民主组织等加入。埃革阵将自身定位为"以农村为基础的"、"进步政党"，主张联邦制、自由市场经济和多党民主等。2001 年，埃革阵发生分裂，9 月，埃革阵召开"四大"，通过了梅莱斯的报告，同时将原国家总统、提格雷州州长、奥罗莫州州长、南方州州长等领导人清除出党。2002 年 9 月，埃革阵召开第五次全国代表大会，选举梅莱斯为主席，阿迪苏（阿民运主席）为副主席。参见钟伟云编著《埃塞俄比亚／厄立特里亚》，社会科学文献出版社 2006 年版，第 119—121 页。

② Paul P. Henze, *Ethiopia-the Fall of the Derg and the Beginning of Recovery under the EPRDF*：*March 1990 — March 1992*，Santa Monica，Calif.：Rand，1995，p. 56.

取消了联邦制。而埃塞新联邦制除了具有一般意义上的联邦制特征外，[①]最重要的规定就是明确了民族分离权。1991 年 7 月全国大会通过的《过渡宪章》确认了各民族拥有自决权。1994 年通过的宪法明确将包括分离权在内的自决权写进了宪法（第 39 条）。这在非洲政治史上堪称一大创举。

　　埃塞宪法民族自决原则的确立主要归功于埃革阵的执政理念。埃革阵的理念是：对其他长期受压迫的民族而言，联邦制和民族分离权会起到缓和民族矛盾而非激化民族矛盾的作用。埃革阵认为，埃塞封建统治和门格斯图军事统治时期，埃塞的主要矛盾是民族矛盾而非阶级矛盾。民族矛盾是旧政权长期执行民族压迫政策造成的，是导致各民族武装反抗中央政权的根源。要彻底解决埃塞的民族问题，使埃塞境内各民族和睦相处，就要赋予各民族全面的自决权，包括在其权利得不到保障的情况下从埃塞联邦分离出去的权利。[②]

　　在具体细则上，埃塞宪法规定从联邦分离的要求必须得到该民族及其立法机构 2/3 多数的同意；联邦政府应在三年内为要求分离的民族安排一次公民表决；在公民表决中，分离要求必须得到该地区居民超过半数的支持方能获得联邦认可（第 39 条）。宪法解释权在联邦院，而联邦院是由各民族按人口比例组成的，因此不会轻易支持某一民族的修宪申请。况且在联邦院决定之前，有关宪法的事项由宪法法院审议（第 83 条）。宪法法院的组成有利于执政党。根据宪法，宪法法院由 11 人组成，包括最高法院院长和副院长，这两人都是总理提名的；6 名成员由人民代表院推荐，而埃革阵是人民代表院的多数党。由此可以看出，宪法法院不会作出违背埃革阵意志的决定。宪法还规定，州立最高法院就联邦事务的判决发生争议时，交由联邦最高法院审议（第 80 条第 6 款）。也就是说，如果某州已经决定脱离联邦，并且该州的最高法院也已批准，那么联邦最高法院仍然可

---

　　① 例如：有统治同样土地和人民的两级政府；每级政府至少有一个自主行为的领域；存在对每级政府在其领域内自主行为的保障；埃塞联邦政府掌握着外交、国防等重大事务的最终控制权；联邦政府与国家成员单位的政府（即埃塞各州政府）形成合作与协调关系；联邦成员的权力和中央政府的权力在宪法中有明确划分；实行两院议会制；拥有联邦制的司法体制，即联邦法院、地方法院和最高法院。See William H. Riker, *Federalism: Origin, Operation, Significance* (Boston: Little Brown, 1964), pp. 12－15.

　　② 钟伟云编著：《埃塞俄比亚/厄立特里亚》，社会科学文献出版社 2006 年版，第 97 页。

以依据宪法进行干预，甚至推翻该州最高法院的裁决。为了从法律源头保证法院不受地方民族分离主义者的控制，宪法规定州议会在任命州立最高法院和高级法院法官时，州司法管理委员会应提前将候选人名单提交联邦司法管理委员会备案，如果三个月内联邦司法管理委员会没有异议，州议会才可以批准任命（第 81 条第 4 款）。尽管有苛刻的规定，埃塞宪法仍然是非洲乃至全世界罕见的明文规定民族可以从国家分离的宪法。

二　民族分离权与厄立特里亚的独立

埃塞宪法规定民族分离权，那么联邦制的设立是否出于厄立特里亚的执意分离而采取的无奈之举呢？笔者认为不是，因为在 1993 年厄立特里亚就独立事宜举行全民公投之前，埃塞临时政府（TGE）就已经将联邦制定为国策，并公开承认各民族的自由分离权。[①] 厄立特里亚建国之后，民族自决已成为现实，[②] 埃革阵也没有因为担心其他民族效仿厄立特里亚而取消依照民族自决原则建立新国家的计划。

厄立特里亚的分离在非洲政治史上是一件大事。非洲国家独立 50 多年来，厄立特里亚是第一个通过民族分离手段建立的国家。非统起初不赞同厄立特里亚与埃塞分离。按照 1964 年非统会议的决议，非洲国家殖民地时期确立的边界不可更改。人们担心厄立特里亚如果分离，会导致多米诺骨牌效应，影响非洲稳定。

然而，厄立特里亚的问题不仅是一个宪法地位的问题，也是解决殖民遗留的问题。

首先，厄立特里亚的分离是不可避免的。这是由厄立特里亚独特的历史原因造成的。厄立特里亚的主体民族是提格雷尼亚族，和埃塞的提格雷

[①]　Kidane Mengisteab, "Ethiopia: State Building or Imperial Revival," in Abdi Ismail Samatar and Ahmed I Samatar ed., *The African State: Reconsiderations* (Portsmouth, NH: Heinemann, 2002), p. 183.

[②]　1993 年 4 月 23—25 日，厄立特里亚举行公投，有投票权的公民为 100 万，其中 98.5% 的人参加了投票，结果是 99.8% 的投票者支持独立。4 月 27 日厄立特里亚正式独立。埃塞过渡政府迅速予以承认。

族在历史上本是同一民族。只是由于殖民者的蓄意分裂，提格雷人被分割在埃塞俄比亚和厄立特里亚，双方的经济交流和文化联系被人为制造了很多障碍。①

早在 19 世纪帝国主义列强争夺非洲时，加入三国同盟的意大利自恃有德、奥盟国作后盾，制订了一个野心勃勃的殖民扩张计划，第一个目标是建立"红海帝国"（Impero del Mare Rosso），将侵略矛头指向东非和北非。1885 年 2 月 5 日，意大利派军队占领马萨瓦。在随后的三个月里，它占领了阿萨布和马萨瓦之间的红海沿岸地区。1887 年发动第一次侵略埃塞的战争，以失败告终。1890 年 2 月将其所占领的红海沿岸的一些地方合并为一个殖民地——厄立特里亚，同时单方面宣布埃塞俄比亚是其保护国。

为了以厄立特里亚为基地再次发动对埃塞俄比亚的战争，意大利在1934 年派了 10 万工人到厄立特里亚修建马萨瓦港和配套的公路、桥梁以及其他战略设施。意大利在厄立特里亚进行大规模建设，虽然主要是为了殖民需要，但是对厄立特里亚的经济发展客观上起到了推动作用。意大利刻意维护厄立特里亚的独立地位，甚至在发动了对埃塞俄比亚的侵略后，还以此为条件进行谈判。②

殖民主义者的行径客观上加强了厄立特里亚的独立意识。1962 年塞拉西皇帝违反联合国大会决议，结束与厄立特里亚的联邦关系，使厄立特里亚独立斗争进入大规模武装反抗时期。

1974 年埃塞俄比亚革命爆发，推翻了塞拉西皇帝的统治。上台的委员会（DERG）的一些成员曾期待厄立特里亚的反叛者能够放下武器，因为反叛者所敌对的旧政权已经不存在了。委员会第一任主席安多姆（Aman Andom）中将（厄立特里亚人）将政治解决厄立特里亚问题当作首要任务，在 1974 年 8 月和 9 月专程视察了厄立特里亚。他用在塞拉西

---

① Medhane Tadesse，*The Eritrean-Ethiopian War*：*Retrospect and Prospects* ，Addis A-baba：Mega Printing Enterprise，1999，p. 58.

② 墨索里尼 1935 年 10 月底向英、法政府表示，意大利可以停止战争，条件是：埃塞俄比亚将意军占领的提格雷地区的领土割让给意大利；修改丹卡利亚地区的厄立特里亚边界；将埃塞俄比亚非阿姆哈拉语地区交由意大利托管，以便使厄立特里亚和索马里的领土连接起来。参见焦尔焦·坎代洛罗《现代意大利史——法西斯主义及其战争》，第 390 页，转引自陈祥超《墨索里尼与意大利法西斯》，中国华侨出版社 2004 年版，第 245 页。

时代严禁使用的提格雷尼亚语和阿拉伯语发表公开演讲，并任命厄立特里亚当地人为总督。他回到首都后提出了一揽子在厄立特里亚进行政治改革、经济发展以及民族缓和的措施，包括恢复联邦制。但是他的和平方案随着他在 1974 年 11 月的一个晚上遇害而终结。①

委员会的大多数军官们虽然推翻了塞拉西，但是在保卫国家领土完整方面和塞拉西一样坚定。安多姆将军恢复联邦制的建议被军官们推翻，他的继任者本蒂将军坚持让厄立特里亚继续成为埃塞第 14 个省。他将厄立特里亚民族主义者称为"外国人的工具"。门格斯图少校则在群众集会上说，"如果外国势力支持的厄立特里亚分离分子胆敢将厄立特里亚从埃塞分离出去，立刻就会有六百万志愿军将其阴谋粉碎。"②

厄立特里亚各阵线对妥协也不感兴趣。看到军政府的强硬表态后，他们以厄立特里亚首都阿斯马拉为主要目标展开了对政府军的进攻。1975 年 1 月，军政府在阿斯马拉展开了清除阵线渗透者的运动，这导致了包括政府官员在内的大批阿斯马拉居民离开这个城市，其中很多人都投奔了厄立特里亚人民解放阵线（简称"厄人阵"），这极大地增强了厄人阵的实力，人员因此扩大了 10 倍。尽管如此，和平谈判大门还没有关死，军政权外事委员会主席西塞（Sisay Habet）少校一直在领导此事，区域自治框架是主要谈判内容。但此时，区域自治已经不能吸引解放阵线了，虽然他们 1962 年造反时曾希望实行自治，加之埃塞俄比亚政府军对他们的不断打击已经迫使其将独立当作唯一目标了。当西塞 1976 年 7 月在内斗中被处死后，与厄立特里亚民族武装的谈判完全终止。

为了配合独立的需要，厄立特里亚民族主义者不断强调厄立特里亚"新"的历史。厄立特里亚被写成诞生在 19 世纪瓜分非洲的狂潮中。世界也逐渐接受了这个说法，相信厄立特里亚一直在被埃塞俄比亚欺凌。厄立特里亚独立运动在一开始就得到了阿拉伯国家的支持。沙特阿拉伯国王费

---

① Bahru Zewde, *A History of Modern Ethiopia*, 1855 — 1991, Oxford [England]: James Curry; Athens: Ohio University Press; Addis Ababa: Addis Ababa University Press, 2001, p. 257.

② CoLin Legum, *Ethiopia: the Fall of Haile Selassie's Empire*, New York: African Publishing Company, 1975, p. 61.

萨尔（King Faisel）指示沙特政府要支持建立一个伊斯兰的厄立特里亚。① 1973 年在利比亚前首都班加西（1951—1972 年）召开的伊斯兰外长会议不仅支持厄立特里亚人民的"合法斗争"，还要求非统进行干涉。非洲一些伊斯兰国家，如塞内加尔和几内亚也支持厄立特里亚独立运动。② 1975 年埃塞俄比亚政府军在打击厄立特里亚游击队的行动中造成大量平民伤亡，科威特政府立即发表声明，对"一个阿拉伯国家遭受的流血和灾难表示遗憾"。③

　　第二，埃革阵的核心——提人阵在同门格斯图政权斗争时期就与厄人阵有协定，即要在胜利后允许厄立特里亚独立。提人阵成立于塞拉西倒台之后，曾得到厄人阵的支持。作为交换条件，厄人阵要求提人阵承认厄立特里亚是埃塞的殖民地，将来必须独立。后来双方关系一度紧张，因为厄人阵要求的厄立特里亚范围比当年意大利要求的还大，包含埃塞提格雷地区的东北部，但出于同门格斯图斗争的需要，提人阵的领导人表示愿意同厄人阵和解，因为他们知道自己的成功需要依靠厄立特里亚人的帮助。推翻军政府后，与其并肩战斗的厄人阵独自控制了厄立特里亚，并再次提出厄立特里亚必须独立。提人阵领袖梅莱斯在进入亚的斯亚贝巴之前就答应了。1991 年 7 月 4 日，提人阵组织埃塞俄比亚各政党召开会议，确定了联邦制国家的规划，厄立特里亚的分离权再次得到确认。厄人阵同时宣布不参加埃塞俄比亚临时政府，开始建立边界检查站，并驱逐非厄立特里亚人。④

　　第三，厄立特里亚的分离避免了国家陷入可能的战争。如果强行反对厄立特里亚独立，厄人阵坚决不会答应，很可能像奥解阵那样，在胜利后

---

　　① Andargachew Tiruneh, *The Ethiopian Revolution：1974 — 1987：a Transformation from an Aristocratic to a Totalitarian Autocracy*, Cambridge University Press, 1993, p. 27.

　　② CoLin Legum, *Ethiopia：the Fall of Haile Selassie's Empire*, New York：African Publishing Company, 1975, p. 16.

　　③ Andargachew Tiruneh, *The Ethiopian Revolution：1974 — 1987：a Transformation from an Aristocratic to a Totalitarian Autocracy*, Cambridge University Press, 1993, p. 27.

　　④ See John Young, "The Tigray and Eritrean Peoples Liberation Fronts：a History of Tension and Pragmatism," *The Journal of Modern African Studies*, Vol. 34, No. 1, 1996, pp. 112－120；Evelyn Farkas, Fractured States and U. S. Foreign Policy：Iraq, *Ethiopia, and Bosnia in the 1990s*, New York：Palgrave Macmillan, 2003, pp. 51－52.

与埃革阵反目成仇。① 由于厄人阵兵力强大，战事一起，埃塞势必陷入混乱，甚至直接危及梅莱斯的统治。

第四，厄立特里亚的分离成为一个先例，使其他民族看到宪法中民族自决的规定不是空头支票，加强了宪法的可信度，客观上有利于国家的稳定。

三 对埃塞确立民族分离权的评价

从塞拉西皇帝的埃塞"联邦"到门格斯图的"人民"民主共和国再到今天的"联邦"民主共和国，埃塞重建联邦制绝非随意为之。联邦制为民族分离的实现提供了可能。

传统的联邦制有很多基本特征，其中非常重要的一条是联邦国家内各成员单位的联邦关系一旦形成就不允许自由退出。苏联宪法规定加盟共和国有退盟权，南斯拉夫 1946 年宪法认可退出联邦的权力，这些在很多联邦制研究的学者看来，都是例外。② 而埃塞俄比亚宪法规定了各民族有自由退出联邦的权利，原因是多方面的，主要有两点：

第一，埃塞自古以来就难以治理，不仅对外来殖民者如此，对阿克苏姆以来的各王朝也是如此。除了民族矛盾外，其境内多山的地形和交通设施的落后也影响政令的通畅。埃塞俄比亚帝国的统一，不是靠公路、行政和全国范围的

---

① 在 1991 年末和 1992 年初，提人阵和奥解阵的分歧发展到军事冲突。双方冲突的主要原因是奥解阵不满自己在军队中所占的份额，奥解阵还认定提人阵要独占对奥罗莫地区的领导权。奥解阵指责提人阵军队侵扰并恐吓奥解阵人民，因而断绝与提人阵的同盟关系。1992 年 6 月，在大选前夕，奥解阵宣布抵制大选，其部队离开驻扎地。提人阵立刻以奥解阵要危害国家安全为由，集中优势兵力攻击奥解阵的部队。双方冲突持续时间不长，到1992 年夏末，提人阵便击溃了奥解阵武装，俘虏了 18000 名奥解阵武装人员，继而奥解阵被宣布为非法组织。"奥解阵事件"详见 P. Gilkes, *Ethnic and Political Movements in Ethiopia and Somalia*, London: Save the Children Fund, 1995; and Ottaway, "The Ethiopian Transition: Democratization or New Authoritarianism?" *Northeast African Studies*, Vol. 2, No. 3, 1995, pp. 67－84。

② Carl J. Friedrich, *Trends of Federalism in Theory and Practice*, New York: Praeger, 1968, p. 163。

政府机构，而是靠军队征伐、土地分封、[①] 王室与各地贵族的通婚来维系的。[②]

土地分割以及各立为王的传统，使得埃塞俄比亚虽然长期是统一的国家，但是并没有形成对中央政府绝对忠诚的文化。近代以来，埃塞俄比亚政权的更替都是通过政变和武力威慑（包括意大利这样的外族入侵）进行的，人民对政府的认同弱于对民族和血缘的认同。

第二，这是一次大胆的尝试。非洲国家罕有从本质上解决民族权力要求的尝试，例如用联邦制这样的国家结构形式进行民族权力再分配。[③] 许多非洲国家为了保持国家的统一和完整，一直实行威权政治下的单一制。有些国家为保证政治上统一而忽视民族多样性，因而民族问题没有得到真正解决，民族矛盾发展成为民族冲突甚至演变为大规模民族仇杀。而民族问题在埃塞俄比亚一直是矛盾和冲突的核心问题。

埃革阵政权的领导人梅莱斯是提格雷人，事实上，政府中众多重要职位都由提格雷人占据。这是因为当年进入首都推翻门格斯图政权的主力是埃革阵的部队，其主体是主要由提格雷人组成的提人阵。在搭建以民族为基础的联邦架构的进程中，提人阵获得了奥罗莫人的支持，当时还有一些埃塞南方的民族组织，如锡达马人的组织等也支持提人阵。奥罗莫、锡达马等民族长期受到以中部阿姆哈拉人为主的统治集团的压迫，希望分权以弱化中央集权，并且要求民族自决的权利。

从1991年至今，反对派一直指责提格雷人作为少数民族已经控制了政府，还有人指责提人阵对家乡倾力支持，甚至不惜调用中央资源。[④] 奥解

---

① 埃塞的土地制度千百年来一直是分封制。每次帝国征伐之后，皇帝都会将征服的土地分给酋长、贵族、军事将领、教会等。将土地分给东正教会是为了换得宗教领袖的忠诚，在塞拉西时代，归教会所有的土地占全国优良耕地的20％。到门格斯图时期，政府虽然号称全部土地国有化，实际上才拥有46％的土地，另有约1000万公顷的可耕地掌握在被分封者及其后代的手中。参见［南非］A. P. J 范伦斯伯格《非洲当代领袖》，秦晓鹰、殷罡译，重庆出版社1985年版，第99页。

② 同上书，第96页。

③ Lidija R. Basta & Jibrin Ibrahim, *Federalism and Decentralization in Africa: the Multi-cultural Challenge*, Fribourg, Switzerland: Institute of Federalism, 1999, p. 67.

④ Leenco Lata, *The Ethiopian State at the Crossroads: Decolonization and Democratization or Disintegration?* (Asmara: the red Sea Press, Inc, 1999), p. 136. 提人阵其实在1991年前就控制了整个提格雷地区，但是直到1991年，以提人阵为核心的埃革阵攻占了亚的斯亚贝巴后，这个贫穷地区的经济才开始在和平的环境下得到恢复。1991年以来，埃革阵政府在加强提格雷地区的基础设施建设、给私人投资创造机会等方面，力度要偏大一些。1991—2000年期间，全国近一半的投资投在了该地区。发展改变了提格雷的面貌，尤其是其首府默克莱（Mekelle）。参见 John Young, "The Tigray and Eritrean Peoples Liberation Fronts: a History of Tension and Pragmatism," *The Journal of Modern African Studies*, Vol. 34, No. 1, 1996, p. 115.

阵甚至与提人阵爆发大规模武装冲突。埃革阵虽然成功地消灭了威胁，同时也削弱了政权的政治基础。埃革阵政府开始严格控制政党活动并开始监禁政治异见者，例如全阿姆哈拉组织（All-Amhara People's Organiza-tion）的领导人阿斯拉特（Asrat Woldeyes）就遭到逮捕。[①] 因而有人认为以各州自治为基础的联邦制前景堪忧。[②] 即便如此，埃革阵也没有放弃民族自决原则的确立。

民族自决作为一项国际政治原则，是 20 世纪才开始的现象。民族自决从理论到实践，是一个历史的发展过程。西方学界普遍尊威尔逊为"现代自决原则之父"。[③] 事实上，列宁的民族自决权理论要早于威尔逊。[④]

埃塞俄比亚宪法的独特之处在于它既承认民族自决，也同意民族分离。[⑤] 但无论自决权是否应该包括分离的权利，我们都要看到，实践民族自决还有其他多种形式，包括文化权利、[⑥] 社会经济和行政事务方面实行自我管理的权利等。要实现民族的自由，就必须遵循民族生存发展的客观规律。什么是民族生存发展的客观规律？有以下三点值得注意。[⑦]

首先是关于"一个民族一个国家"原则。历史已经证明：一族一国不是人类群体存在的主要形式。世界的主要模式一直是多族群的国家。阿克顿勋爵认为，多民族国家是一种比单一民族国家更加高级的形态。"多民族在一个国家内部的共存，正可以看做这个国家自由程度的一个标尺，也

---

① Sandra Fullerton Joireman, "Opposition Politics and Ethnicity in Ethiopia: We Will All Go Down Together," *The Journal of Modern African Studies*, Vol. 35, No. 3, Sep 1997, pp. 387-407.

② Siegfried Pausewang, Kjetil Tronvoll and Lovise Aalen ed., *Ethiopia since the DERG: a Decade of Democratic Pretension and Performance*, London; New York: Zed Books, distributed exclusively in the United States by Palgrave, 2003, p. 183.

③ J. Castellino, *International Law and Self-Determination*, Boston: Martinus Nijhoff Publishers, 2000, p. 13.

④ 威尔逊 1918 年 1 月 8 日提出十四点计划，列宁在 1914 年就论述过民族自决权。详见《论民族自决权》，载《列宁全集》第 2 卷，人民出版社 1988 年版，第 223—285 页。

⑤ 埃塞宪法第 39 条第 1 款英语原文为："Every nation, nationality or people in Ethiopia shall have the unrestricted right to self determination up to secession."

⑥ 如允许民族成员穿着他们的民族服饰、践行他们的文化习俗、保留民族的名称和民族语言的权利等。

⑦ 关于该规律，钱雪梅有精彩论述，笔者即借鉴了她的理论。参见钱雪梅《民族自决原则的国际政治限制及其含义》，载《民族研究》2005 年第 6 期；钱雪梅《文化民族主义的理论基础》，载《世界民族》2001 年第 2 期。

是它的最好保障。""如果政治和民族的边界完全重叠，社会便会停滞，民族会倒退，其情形一如一个人拒绝与同伴交流时会发生的那样。"① 霍布斯鲍姆在反思民族自决实践的历史后，深刻地指出："根据逻辑推演，如果想要创造一个国界与民族的语言疆界完全契合的国家，似乎就必须将境内的少数民族加以驱逐或根绝。"②

其次，国家（state）与民族（nation）不同。民族的延续在相当大程度上取决于群体内部的自我认同和界定，而国家要立足于世界，则必须得到外部的承认。在现代国际政治体系中，一个国家（尤其是新诞生的国家）的合法性虽然不再依据"门槛原则"，但却离不开国际社会的承认。对于民族—国家的概念，博曼（Bruce Berman）认为：

我们知道"民族—国家"（nation-state）的原意是一个民族一个国家。但是我们很快就会发现这个概念更多意义上是口号和幻想。在今天的世界有 190 多个国家，而民族多达 8000 个。简单的数学计算就可以告诉我们大多数国家都是多民族的。然而从另一个角度来看，民族—国家的概念又是成立的。因为几乎所有的国家都在进行民族建设，努力获得更大的民族团结。因此，国家应该被称为民族一体化国家（nation-building state）可能更准确。③

再次，如前所述，建立独立的国家并不是实现民族自决的唯一形式，也不一定是民族自决的最终目的。华勒斯坦认为，"从一开始就很清楚，所有要求自决的人主要是想求得繁荣昌盛，只是由于各种原因，他们采用了寻求国家发展这一形式。"④ 也就是说，建立独立的民族国家也绝不是民族自决的最终完成，自由的实现是一个历史过程。⑤

通过以上分析，我们可以看出，埃塞俄比亚宪法规定民族分离权的前提是认识到"一个民族一个国家的原则"并不符合人类社会的普遍规律，

---

① ［英］阿克顿：《自由的历史》，王天成等译，贵州人民出版社 2001 年版，第 250 页。
② ［英］埃里克·霍布斯鲍姆：《民族与民族主义》，李金梅译，上海人民出版社 2000 年版，第 160—161 页。
③ Bruce Berman, Dickson Eyoh & Will Kymlicka ed. , *Ethnicity & Democracy in Africa*, Oxford: James Currey; Athens: Ohio University Press, 2004, p. 5.
④ ［美］伊曼努尔·华勒斯坦：《自由主义的终结》，郝名玮、张凡译，社会科学文献出版社 2002 年版，第 56—63 页。
⑤ 钱雪梅：《民族自决原则的国际政治限制及其含义》，载《民族研究》2005 年第 6 期。

国际社会亦不鼓励独立建国。对于长期处于民族问题困扰之下的埃塞俄比亚来说，重要的是保证埃塞的每个民族在多民族国家体制内享有平等的政治经济文化权益，同时保持其个性和发展。如若让地方民族认识到在联邦制框架下比寻求分离更有利于民族的繁荣昌盛，则更能确保实现民族自决。

有人认为以民族因素为基本出发点的宪法条文会激化民族矛盾，导致民族冲突。[①] 埃塞俄比亚政府在承认民族自决权利的同时，在具体措施上对民族自决也进行了实际限制，以防民族自决权成为分离主义者滥用的工具。例如，脱离联邦就是改变宪法，因为宪法规定了联邦国家的组成（第47条），为此需要修宪或进行宪法解释。宪法规定，对于有民族分离条款的第三章的修改，必须得到人民代表院 2/3 多数的选票支持，或者联邦院 2/3 的选票支持，或者所有的州议会半数以上选票支持，修宪的程序才可启动（第105条）。根据第105条，宪法第三章以外条款的修改程序也很烦琐，即需要联邦院和人民代表院联席会议以 2/3 的多数通过，或者 2/3 的州议会（即6州）通过，才可以进行修正。

虽然民族分离权不易实现，但是埃塞俄比亚在确保民族自决权方面是认真的。为了防止联邦政府滥用紧急状态权力而擅自取消民族分离权，宪法第93条第4款专门规定在紧急状态时，各民族依然享有民族自决权，包括分离的权利。

埃革阵政权在政权未稳，又面临民族分离的压力之下建立联邦制的大胆决策使埃塞俄比亚避免了进一步的民族分裂和内乱。虽然民族分离主义者始终将民族自决权当成"法宝"，坚持每个民族都有建立自己的独立国家的权利，但是联邦制并非为鼓励民族分离而设置。如果民族分离主义者的意愿都得以实现，今天俄罗斯的车臣人，格鲁吉亚的阿布哈兹人和南奥塞梯人，[②] 纳卡自治州的亚美尼亚人，分布在伊拉克、土耳其和叙利亚等地的库尔德人，英国的北爱尔兰人，加拿大的魁北克人，西班牙的巴斯克人以及世界其他地区要求独立的民族，都可以依据民族自决权原则建立自己的独立国家。如果"一个民族一个国家"的理论真要实现的话，那么世

① Assefa Fiseha, "Theory versus Practice in the Implementation of Ethiopia's Ethnic Federalism," in David Turton ed., *Ethnic Federalism: the Ethiopian Experience in Comparative Perspective* (Oxford: James Curry, 2006), p. 131.

② 目前仅俄罗斯承认其独立。

界上各种族、民族和国家之间将发生空前规模的混战，将严重损害人类发展。历史业已表明，"一个民族一个国家"是不可能实现的神话。在多民族国家内部，民族团结至关重要，各民族共同发展方能令国家强大。目前看来，埃塞俄比亚宪法对民族分离权的公开承认，对埃塞俄比亚的发展起到的是正向促进作用。

（责任编辑：赵俊）

1946—1990 年间非洲各类国家联盟的形成与破裂

王石山　王　英

【内容摘要】对 1946—1990 年 82 个非洲国家的联盟的分析表明，非洲国际政治的特殊性，即小国和弱势国家的普遍存在、国家之间的脆弱性相互依赖，是非洲国家的联盟政治区别于主流联盟理论预期的关键。这些区别包括，非洲国家的联盟形成的主要原因不是对地区内安全竞争的制衡，而是对地区内安全竞争的预防和对国内威胁的反应；非洲国家联盟破裂，也主要不是因为外在威胁的消失或权力均衡的恢复，而主要是因为国内政治的不稳定、领土争端和少数盟国谋求联盟控制的企图。

【关键词】非洲；联盟形成；联盟破裂

【作者简介】王石山，硕士研究生，中共江苏省委党校世界经济与政治教研部；王英，教授，中共江苏省委党校世界经济与政治教研部。

主流的（即现实主义）联盟理论包括权力均衡论和威胁均衡论。权力均衡论认为，联盟是国家用于制衡失衡的权力、维持均势的一种手段；由于联盟常常要以牺牲国家的自主性为代价，因此，联盟只是自身实力不足时的不得已选择。一俟权力分配恢复均衡，联盟就会解体。① 威胁均衡论认为，国家联盟制衡的是外部威胁，而不仅仅是失衡的权力。共同威胁是联盟形成的基础。一旦共同威胁消失，联盟就会解体。② 这两种理论都将联盟视为国家对体系压力（权力分配或外在威胁）的反应，从而忽视了修正主义国家对体系机会的把握，正如兰德尔·施韦勒（Randall L. Schweller）批评的，它们都有一种“现状偏见”。③ 更重要的是，这两种理论都假设，联盟建立的前提是国家面临激烈的安全竞争，并且实践往往聚焦于大国联盟，而忽视了安全竞争并不激烈的地区，如忽视非洲的联盟实践，以至于著名学者如巴里·布赞（Barry Buzan）者也不忘断言，“（非洲）国家之间的结盟几乎是不存在的”。④

　　但是，本文对 1946—1990 年非洲国家联盟政治的研究表明，非洲国家的联盟实践不仅很活跃，而且也与主流的联盟理论的预期有很大不同，即非洲国家的联盟政治主要不是对激烈的安全竞争的反应。实际上，由于激烈的安全竞争在多数非洲国家间缺失，非洲国家的联盟实践主要是对国家间安全竞争的预防和对国内安全威胁的反应，因此，本文第一部分首先回顾了 1946—1990 年非洲国家的联盟实践；第二部分论述了导致非洲与其他地区的联盟政治相区别的三个非洲特性，即小国、弱势国家和脆弱性相互依赖；第三部分和第四部分，分别在非洲国际政治特殊性的基础上分析了非洲国家联盟形成的原因和非洲国家联盟破裂的原因；第五部分是结论。

---

　　① ［美］汉斯·摩根索：《国家间政治——寻求权力与和平的斗争》，徐昕等译，中国人民公安大学出版社 1990 年版，第 235—250 页；［美］肯尼斯·华尔兹：《国际政治理论》，信强译，上海人民出版社 2008 年版，第 125 页。

　　② ［美］斯蒂芬·沃尔特：《联盟的起源》，周丕启译，北京大学出版社 2007 年版，第 17—31 页。

　　③ Randall Schweller, "Neorealism's Status Quo Bias: What Security Dilemma?" *Security Studies* Vol. 5, No. 3（Spring 1996）, pp. 90 – 121. "Bandwagoning for Profit: Bringing the Revisionist State Back In," *International Security*, Vol. 19, No. 1（Summer 1994）, pp. 72 – 107.

　　④ ［英］巴里·布赞、［丹］奥利·维夫：《地区安全复合体与国际安全结构》，潘忠岐等译，上海人民出版社 2010 年版，第 235 页。

一　1946—1990 年非洲国家的联盟情况

联盟是"国家之间达成的正式的军事合作协议"。[①] 这一定义包括三层含义，首先，联盟的主体是国际体系中的主权国家。其次，联盟是国家间以签订协议的方式进行的正式合作，是具有法律效力的书面协议。最后，联盟涉及军事合作的承诺，包括在未来军事冲突中为盟国提供直接援助、保持善意中立或在面临威胁时保持协商合作。按照联盟的性质，可以将联盟分为五类，即进攻性联盟、防御性联盟、协商联盟、中立联盟和互不侵犯联盟。[②]

从 1946 年到 1990 年，非洲 51 个国家，每个国家都至少参与了一个联盟，共计 82 个联盟。[③] 从非洲国家间联盟形成的趋势来看，非洲国家的联盟形成有两个高峰，即 1956—1960 年和 1976—1980 年，分别达到 12 次和 22 次。在 1956 年之前，非洲国家总的联盟增长曲线与区外国家联盟的增长曲线几乎重合（见图 1）。这主要是因为，多数非洲国家仍未取得民族独立，而已获得民族独立的国家，如埃及，由于地缘政治的原因主要是与非洲地区外的中东国家联盟。1956—1960 年，非洲的联盟形成达到第一个高峰。这主要是因为利比亚、马达加斯加、马里等国与中东国家或前殖民大国（法国）结盟，区内国家的联盟仍然很少，这说明非洲一开始就倾向于与区外大国联盟，以获取援助。1960—1975 年，非洲区内国家的联盟一直在稳步增加，区内国家的互动程度增强。1976—1980 年，非洲的联盟政治达到第二个高峰。其主要原因是在 20 世纪 70 年代，一方面，非洲区内国家的联盟继续增加；另一方面，以苏联为首的华约集团广泛地渗入非洲地区，尤其是在非洲之角和南部非洲。如埃塞俄比亚、莫桑比克都分别与苏联、民主德国、保加利亚和匈牙利联盟；安哥拉与匈牙

[①]　联盟包括正式联盟和非正式联盟，本文的研究对象仅限于正式联盟。Brett Ashley Leeds, Jeffrey M. Ritter, Sara McLaughlin Mitchell, and Andrew G. Long, "Alliance Treaty Obligations and Provisions, 1815—1944," *International Interactions*, Vol. 28, No. 3, 2002, p. 238.

[②]　Brett Ashley Leeds, "Alliance Treaty Obligations and Provisions（ATOP）Codebook", Jul., 2005, http://atop.rice.edu/, March 26, 2011.

[③]　至 2010 年非洲已经有 53 个国家，在 1990 年后独立的国家有纳米比亚和厄里特尼亚。

利、民主德国、匈牙利都签有联盟条约。80 年代后，非洲国家的联盟形
成一直呈下降趋势。

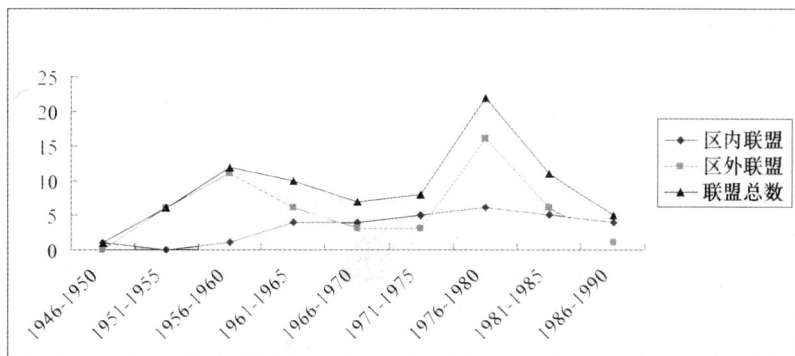

图 1　非洲国家的联盟形成趋势（1946—1990 年）

资料来源：根据 ATOP data set（version 3. 0）整理。

Brett Ashley Leeds, Jeffrey M. Ritter, Sara McLaughlin Mitchell, and Andrew G. Long,
"Alliance Treaty Obligations and Provisions, 1815 – 1944," *International Interactions*, Vol. 28,
No. 3, Jan., 2002, pp. 237 – 260. 详见：http://atop. rice. edu/search。

　　从非洲国家联盟的区域分布看，非洲国家的区外联盟明显多于区内联
盟。1946—1990 年，非洲 82 个联盟中，非洲区内国家之间的联盟有 31
个，非洲国家与区外国家之间的联盟有 51 个。这反映了区外国家对非洲
安全局势具有重大影响。其原因是：首先，在非洲国家获得民族解放之
后，西方殖民势力不愿退出非洲大陆，通过与独立后的非洲国家建立联盟
继续保持在非洲的影响。这典型地体现在法国与法语区非洲的关系上。
1946—1990 年，法国与 12 个非洲国家建立了联盟，占非洲国家与区外国
家联盟总数的 24%。其次是冷战时期，东西方集团在非洲（尤其是非洲
之角和南部非洲）的竞争性结盟。冷战时期，东方集团（包括华约成员、
中国和古巴）与 10 个非洲国家（埃及、索马里、埃塞俄比亚、刚果、安哥
拉、莫桑比克、利比亚、马里、加纳、几内亚）建立过 20 个联盟；而西方
集团（法国、英国、美国）与 18 个非洲国家（埃塞俄比亚、埃及、加蓬、
吉布提、科摩罗、利比亚、摩洛哥、利比里亚、马里、马达加斯加、尼日
尔、毛里求斯、毛里塔尼亚、塞内加尔、中非、乍得、刚果、南非）建立
过 18 个联盟。尽管东方集团的联盟个数多于西方集团，但是西方集团在

非洲的联盟对象明显多于东方集团。最后，由于民族独立后的非洲国家大多是弱国、穷国，不能有效地应对各种安全威胁，如领土边界冲突、国内反政府武装，因此，需要借助外界力量来维护安全。比如很多前法属殖民地国家通过向法国提供军事基地，来换取法国的军事援助。

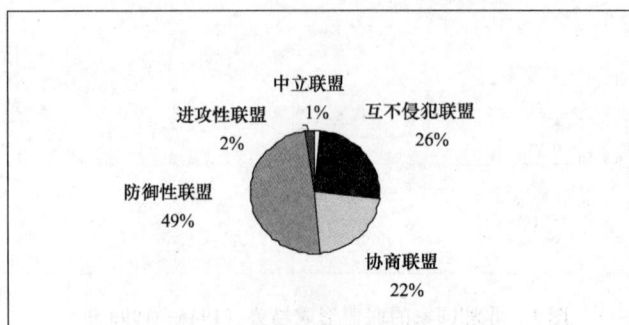

图 2　非洲不同性质联盟的分布

资料来源：根据 ATOP data set（version 3.0）整理。

Brett Ashley Leeds, Jeffrey M. Ritter, Sara McLaughlin Mitchell, and Andrew G. Long, "Alliance Treaty Obligations and Provisions, 1815－1944," *International Interactions*, Vol. 28, No. 3, Jan., 2002, pp. 237－260. 详见：http://atop.rice.edu/search。

　　从非洲国家联盟的性质看，1946—1990 年，非洲 82 个联盟中各类联盟的分布如下：防御性联盟有 40 个，占总数的 49％；互不侵犯联盟有 21 个，占 26％；协商性联盟 18 个，占 22％；进攻性联盟 2 个①，约占 2％；中立联盟 1 个，占 1％。进攻性联盟偏少这一事实说明，非洲没有极端的安全局势，即没有以消灭敌国为目标的安全竞争。防御性联盟和互不侵犯联盟占据各类联盟的 81％，说明多数国家选择了现状政策，并将联盟作为维护国家安全的重要手段。为了从联盟政治的角度分析非洲的安全竞争情况，我们可以将非洲的联盟分成两类，制衡性联盟和非制衡性联盟。制衡性联盟是应对既有威胁的反应，主要包括部分防御性联盟和协商联盟，如 1963 年应对索马里的领土收复主义威胁的肯尼亚和埃塞俄比亚联盟、

---

　　①　分别是 1958 年阿拉伯联合共和国（埃及）与北也门、1981 年塞内加尔与冈比亚。实际上这两个联盟之所以包含进攻性联盟义务，是因为它们建立了联邦，因此，严格地讲，它们不是联盟。

1974 年反对南非的种族隔离制度非洲前线国家联盟以及美国和苏联先后在非洲之角的竞争性联盟，总计约 10 个。非制衡性联盟是在没有明显威胁的情况下建立的联盟，包括多数防御性联盟和协商联盟，它们类似于集体安全，如 1960 年的布拉柴维尔集团、1989 年马格里布联盟；以及全部互不侵犯联盟和中立联盟。非制衡性联盟占据了非洲国家联盟的绝大多数，总计约 69 个。尽管制衡性联盟的存在反映了非洲局部地区存在较激烈的安全竞争，但是，由于制衡性联盟的总数并不多，而非制衡性联盟占绝大多数，因此，从联盟政治的角度来说，多数非洲国家的安全竞争并不激烈。

二　非洲国际政治的特殊性

非洲国际政治的特殊性在于小国、弱势国家的普遍存在和非洲国家间的脆弱性相互依赖。这三个特殊性决定了非洲的联盟政治与主流联盟理论预期的不同。

非洲国际政治的第一个特殊性是，非洲国家大多是弱权（Weak powers）[①]，即实力弱小的小国。小国意味着多数非洲国家可以利用的本国资源有限，这从根本上限制了非洲国家推进强有力外交政策或修正主义政策的可能性；同时，也意味着多数非洲国家在各种安全威胁面前极易暴露脆弱性。此外，由于非洲由小国构成，地区内没有体系大国，周边地区也没有体系大国，因此，区外大国对非洲的干预相对容易，往往只需要投入少量资源就可以改变非洲国家间的实力分配，产生与其投入不成比例的重大影响。小投入，大产出，这是非洲国际政治与其他地区的国际政治的一个关键性区别。

当然，实力永远是一个相对的概念。[②] 非洲国家之间的实力分配并不是均衡的，仍然有大国（就地区层次而言）与小国之分。地区大国如南

---

① ［英］巴里·布赞：《人，国家，恐惧——后冷战时代的国际安全研究议程》，闫键等译，中央编译出版社 2009 年版，第 103 页。

② ［美］罗伯特·吉尔平：《世界政治中战争与变革》，宋新宁等译，上海人民出版社 2007 年版，第 37 页。

非、尼日利亚和埃及①；小国如莱索托、马拉维、佛得角等等。这里暗示，如果非洲国际体系能够作为一个独立的国际体系存在的话，那么非洲很有可能重新演绎威斯特伐利亚体系中欧洲经典的国际政治，如无政府状态、权力竞争、安全困境、均势、国家间战争等。但是非洲国家共享的第二个属性，即弱势国家的普遍存在削弱了实力分配不均衡带来的不稳定性，并阻止了非洲演绎欧洲历史的可能。

弱势国家（Weak states），指政治与社会的凝聚力低的国家。② 政治与社会凝聚力低既决定了多数非洲国家面临的安全威胁主要来自国内而非国外，也限制了地区大国的权力野心。非洲国家独立后，普遍面临民族—国家建设的任务。这一任务至少包括国家观念、国家制度和国家的物质基础（包括领土和人口）的建设。③ 国家观念可以由民族观念和支撑性意识形态构成。但是，非洲国家的政治边界很少是与民族边界重合的，很多非洲国家由多个民族构成，并面临分离主义的威胁，如尼日利亚、埃塞俄比亚、尼日尔等国，从而导致国家的物质基础的不稳定。一些非洲国家求助于支撑性的意识形态来构建国家观念，如莫桑比克、埃塞俄比亚、安哥拉试图凭借社会主义意识形态来整合国家与社会。但是，由于非洲国家普遍没有建立有效的国家制度，不能和平地进行权力交接，导致政变频繁。据不完全统计，自非洲国家独立至 20 世纪 90 年代，非洲共发生了约 80 次因军事政变而导致的政权更迭。④ 随着新的统治者上台，国家观念也开始变化，而有效的国家制度却没有建立起来，从而愈加使国家地方化和碎片化。其结果是非洲国家面对着日益严重的国内威胁，包括军事政变、分离主义势力、政治派别之间的权力斗争、对现存政治制度的挑战和种族暴力等。

不仅如此，由于非洲国家的政府普遍面临统治合法性问题，国内暴力流行，导致国家的经济发展落后，从而在根本上限制了国家从社会汲取资源的能力。而对少数具有资源禀赋优势的非洲大国而言，如南非、尼日利亚，由于面临严重的内部安全威胁，不得不将主要精力用于国内，而非推

---

① 本文的研究对象主要是非洲国家的联盟，鉴于埃及的中东属性远超非洲属性，其联盟对象也主要集中在中东地区，因此，笔者决定不对埃及的联盟作重点分析。

② ［英］巴里·布赞：《人，国家，恐惧》，第 116 页。

③ 同上，第 68 页。

④ 任卫东：《非洲的形势与战略地位》，载《现代国际关系》1998 年第 8 期。

行具有雄心的外交政策。在 1993 年种族隔离制度废除之前，南非是一个
分裂的国家，白人政府不得不将国家的主要资源用于维护非人道的白人特
权，从而无暇在非洲大陆发挥其实力所允许的应有作用。而尼日利亚作为
非洲最大的石油生产国，一直面临着国内分离主义的威胁。小国和弱势国
家的大量存在界定了非洲国家面临的安全威胁的性质主要是国内的，而非
国外的。这典型地体现在非洲地区国家间暴力次数远低于国内暴力，以至
于斯蒂文·戴维（Steven R. David）叹道：非洲等第三世界国家的国内政
治更像是无政府的国际政治。[①]

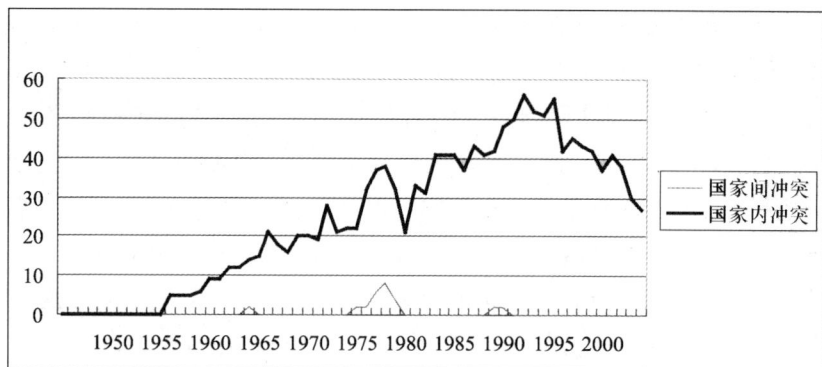

图 3　非洲地区武装冲突的趋势（1946—2004 年）

资料来源：Monty G. Marshall, "Conflict Trends in Africa, 1946—2004: A Macro-comparative perspective," (October, 2005.) p. 2. http://www.systemicpeace.org/africa/ACPPConflictTrendsinAfricaMGMtext.pdf, September 26, 2010。

　　小国与弱势国家的普遍存在，导致非洲国家关系的另一个特点，即脆
弱性相互依赖。[②] 由于西方的殖民大国对非洲边界的不合理划分，几乎每
个非洲国家都面临边界安全问题。正如布特罗斯·加利（Boutros Ghali）
指出的："非洲从没有过严格的边界概念，非洲未曾参与自己疆界的划分，

---

　　① Steven R. David, "Explaining Third World Alignment," *World Politics*, Vol. 43, No. 2, Jan., 1991, p. 243.

　　② "脆弱性相互依赖"显然受益于罗伯特·基欧汉和约瑟夫·奈的启发。参见罗伯特·基
欧汉、约瑟夫·奈《权力与相互依赖》（第 3 版），门洪华译，北京大学出版社 2002 年版。

非洲的边界是人为造成的,是殖民主义列强强加于它的。"① 因此,独立后的每一个非洲国家都有可能对邻国提出领土要求,各国都有陷入无止境的领土争端的危险。但是,由于几乎每一个非洲国家都面临国内安全问题,从而无法避免在向邻国提出领土要求的同时不暴露自身内在的脆弱性;同时,本国有限的实力也可能无法确保实现本国的领土要求,并且本国的领土野心还可能招致其他邻国也提出领土要求,从而在使国家不得不面临国内威胁的同时,又面临国外威胁。这正是 1963 年非洲统一组织提出非洲国家边界不可变动原则的关键性背景——脆弱性相互依赖。所以,当像索马里、摩洛哥这类领土收复主义国家向邻国提出领土要求时,很快就在非洲陷入了孤立。非洲国家脆弱性相互依赖的一个重要结果是,多数国家的偏好是保持现状。其结果就是——正如布赞和奥利·维夫(Ole Waver)观察到的,非洲去殖民化的进程并没有立即产生地区冲突形态。②

当然,国际政治中的"国内危机转移理论"很可能向这个观点提出挑战。这种理论认为,国内不稳定与国际不稳定是高度相关的。国内不稳定会导致领导人执行更具侵略性的外交政策,以转移国内压力,维持自己的统治。但是罗伯特·马修斯(Robert O. Matthews)的研究表明,这一理论在非洲的适用性是有限的。马修斯认为,这一理论包含的两个含蓄假定——寻找替罪羊机制有赖于一种统一的意识形态,在现代通常是民族主义;政府领导人可以动员足够的资源执行这一政策——在非洲的多数国家并不存在。③ 事实上,领导权威受到国内挑战的领导人无法将国内各派势力集中在一个统一的意识形态上,再加上自身实力的有限,使得其如果在面对国内威胁的同时,还在国外再树新敌,无异于自取灭亡。因此,领导权威脆弱的国家常常选择较温和的外交政策,并乐于与其他国家联盟,以全力应对国内威胁,从而使非洲国家间关系总的来说并没有成为激烈的安全竞争。因此,与罗伯特·杰克逊(Robert Jackson)的观点——非洲的

---

① [埃及] 布特罗斯·加利:《非洲边界争端》,仓友衡译,商务印书馆 1979 年版,第 3 页。

② [英] 巴里·布赞、[丹] 奥利·维夫:《地区安全复合体与国际安全结构》,第 209 页。

③ 也许由单一的索马里人构成的索马里是一个例外。Robert O. Matthews, "Domestic and Inter-State Conflict in Africa," *International Journal*, Vol. 25, No. 3, 1970, pp. 459—485.

国际政治已经逃离了安全困境[①]——不同；我们认为，与其说非洲逃离了安全困境，不如说非洲国家无力建构安全困境。

非洲国际政治特殊性是非洲国家联盟形成与破裂的关键性背景，从而导致非洲的联盟模式与主流联盟理论预期的联盟模式具有明显区别：第一，小国在非洲国家的普遍存在，使得联盟比实力建设作为维护国家安全的手段在多数非洲国家具有比较优势。因此，可以预期新近独立的非洲国家有强劲的动力与他国（尤其是区外大国）结盟。而现实主义联盟理论认为，国家会为了保持独立自主尽量少地联盟。[②] 第二，弱势国家在非洲的普遍存在，意味着非洲国家的安全关注主要是内向型的，因此，非洲国家参与联盟政治的一个主要动机是维护国内安全，即制衡国内威胁。[③] 因此，与主流联盟理论将联盟视为国家对体系压力的反应不同，我们认为，非洲国家联盟形成的主要原因是对地区内安全竞争的预防和对国家内部压力的反应。同时，弱势国家的普遍存在也可能导致非洲国家的联盟更加容易破裂。第三，非洲国家间的脆弱性相互依赖，可以预期非洲的联盟将以非制衡性的联盟类型为主，如互不侵犯联盟和防御性联盟。

三　非洲国家的联盟形成

非洲国家取得民族独立之后，面临的首要问题，就是确保国家的生存和安全。在国际无政府状态中，一国保障自身安全的方式有两种：自助，增强自身的军事实力；或者联盟，依靠盟国的实力。由于实力建设需要一个很长的周期，加上非洲国家大多是实力弱小的小国，要想在短期内增强实力，既不现实也不可能。而由于联盟可以在很短的时间内，聚合盟国实力，进而能更有效地应对非洲国家急切的安全关注。因此，在非殖民化后的非洲，联盟一开始就在时间和效率上取得了相对于自助即军备建设的比较优势。对非洲联盟形成趋势的分析表明（见图 1），在 1960 年前后，非

①　Robert H. Jackson，"The Security Dilemma in Africa"，in Brian L. Job，ed.，*The（In）security Dilemma*，Boulder，CO：Lynne Rienner，1992，pp.81—94.

②　［美］肯尼恩·华尔兹：《国际政治理论》，第 125 页。

③　David，"Explaining Third World Alignment," pp.233—256.

洲出现了第一个联盟高潮，而这一时间点恰好是非洲国家独立的高潮。进一步的研究表明，在非洲独立后的几年时间，由于受制于有限的经济条件，非洲国家的军费开支相对于世界的平均水平一直很低。例如，20世纪60年代初，非洲国家的武器进口只占发展中国家总量的7％，而如果除去埃及（其安全关注主要在中东），则这个数字大约只是3％—5％。[①]因此，刚独立后的非洲国家大多积极地选择了联盟作为维护安全的手段。

由于非洲国际政治的特殊性（小国、弱势国家、脆弱性相互依赖），非洲国家的联盟动机主要集中在以下几点：制衡国内威胁；与区外大国进行自主—安全交易；预防邻国之间的安全竞争；共同威胁促使非洲区内国家联盟。这与主流的联盟理论的预期有很大不同。主流的联盟形成理论将联盟作为一种体系运行的机制：联盟是对体系压力的反应。

首先，制衡国内威胁是非洲国家联盟的主要原因。正如上文所述，小国这一特质意味着非洲国家总的资源存量是有限的；弱势国家这一特质界定了非洲国家的安全威胁主要来自国内而非国外，同时又限制了政府领导人从社会汲取资源的能力。由于政治—社会凝聚力低，多数非洲国家的政府都面临合法性难题，政府领导人权威受到各种威胁的挑战，如政敌、地方分离主义和民族极端主义等。实力有限，而威胁重重。因此，为制衡国内威胁，非洲国家就需要一方面与区内国家联盟，降低地区的安全困境，以便集中精力应对国内威胁；另一方面与区外大国联盟，获取援助。

其次，预防邻国之间的安全竞争促使非洲国家之间相互联盟。联盟的实质是国家之间的安全合作。非洲国家独立后，相互之间签订了大量的互不侵犯条约，约定放弃使用武力或武力威胁解决彼此的争端。非洲国家独立后面临的一个重要问题，就是领土边界问题。受制于国家实力，多数非洲国家在边界问题上是高度脆弱性的；并且由于非洲国家边界问题错综复杂，这种脆弱性又是高度相连的。基于边界问题的敏感性，如果非洲国家摒弃领土边界的现状原则，那无异于打开了非洲无止境冲突的潘多拉之盒。因此，通过承诺放弃使用武力和遵守领土现状原则，非洲国家都表达

---

① World military expenditures and arms transfers, 1963—1973, Washington：Arms Control and Disarmament Agency, 1975, table 4. 罗伯特·卢尼的研究表明，在1989年之前，由于经济实力有限，非洲国家的军费开支占国民生产总值的比例比其他地区低。Robert E. Looney, "Internal and External Factors in Effecting Third World Military Expenditures," *Journal of Peace Research*, Vol. 26, No. 1, Feb., 1989, pp. 33—46.

了缓和关系、降低安全竞争的愿望。

最次，非洲国家与区外大国联盟进行自主—安全交易。非洲国家的领导人为了制衡国内的威胁，往往乐于与区外大国联盟。一方面，区外大国可以提供区内小国不能提供的军事援助；另一方面，冷战时期，东西方集团在非洲的争夺，为非洲国家与区外大国的讨价还价提供了杠杆。而一些非洲国家重要的地缘政治地位，如埃塞俄比亚、埃及、刚果和安哥拉，又是东西方大国争夺的目标。为了争夺非洲和换取这些非洲国家的支持，区外大国也乐于与其联盟。在非洲国家与区外大国结成的非对称性联盟中，小国和大国通过联盟进行自主—安全交易，各取所需：非洲小国牺牲一定的自主性（如政策灵活性、提供军事基地）来换取大国的安全保障或援助；大国为小国提安全保障或援助来扩大行动的能力和范围。① 多数与区外大国结盟非洲国家，获得了盟国的军事援助，增强了政府的应对国内威胁的能力。如原法属殖民地国家大多与法国联盟，其主要目的就是借助法国力量应对国内威胁；埃塞俄比亚则先后与美国、苏联联盟，一度有效地制衡了厄里特尼亚的分离主义威胁；安哥拉与苏东集团的联盟，制衡"争取安哥拉彻底独立全国联盟"。

最后，共同威胁促使国家联盟。② 修正主义国家和地区主导权的觊觎国往往成为非洲国家的共同威胁。如 1963 年肯尼亚和埃塞俄比亚制衡索马里的联盟。在非殖民化之后，索马里一直想建立一个包括所有索马里人的大索马里国，因此，索马里对肯尼亚和埃塞俄比亚提出领土要求。于是，埃、肯两国为了应对索马里的领土收复主义野心，结成了反对索马里的制衡联盟。类似的还有 1976 年，苏丹为了抵制埃塞俄比亚在非洲之角的主导优势，而与埃及联盟；卡扎菲的利比亚谋求地区主导权的野心导致阿尔及利亚和摩洛哥的联盟制衡。在这个意义上，"联盟是并且仅仅是为了反对某人或某事"。③ 这与威胁均衡论的预期相似。但是，由共同威胁促成的非洲国家的联盟只有 10 个左右，并不是非洲国家联盟形成的主要

---

① James D. Morrow, "Alliances and Asymmetry: An Alternative to the Capability Aggregation Model of Alliances," *American Journal of Political Science*, Vol. 35, No. 4, Nov., 1991, pp. 904—933.

② ［美］斯蒂芬·沃尔特：《联盟的起源》，第 21—25 页。

③ George Liska, *Nations in Alliance: The Limits of Interdependence*, Baltimore: The Johns Hopkins Press, 1962., p. 12.

形式。

四　非洲国家的联盟破裂

利用联盟维护国家安全是非洲国家与他国结盟的原因，但是，这并不意味着非洲国家一定能够享有由联盟带来的收益。原因是联盟可能会破裂。联盟破裂是指在联盟盟约有效期内，联盟内部发生以下任何一种情况：（1）联盟成员宣布废止盟约；（2）联盟成员违反盟约的主要条款；（3）联盟成员之间断交；（4）联盟成员之间发生武装冲突或战争。① 在1946—1990年非洲82个联盟中，有30个联盟发生了破裂，联盟破裂率达到36%，显著高于1815—1945年世界联盟破裂率的平均水平24.5%。② 导致非洲联盟高破裂率的原因主要有：盟国国内政治的不稳定、领土争端、少数非洲国家的联盟破裂率异常高。

首先，国内政治的不稳定影响非洲国家的联盟的持续性。非洲共享的弱势国家这一特性既是非洲国家相互建立联盟的重要原因，又是非洲国家联盟破裂的重要原因。非洲国家的政变往往导致联盟的破裂。如1970年卡扎菲在利比亚发动政变，导致与英国联盟破裂；1971年阿明在乌干达发动政变，导致乌干达与苏丹联盟破裂；1975年门格斯图在埃塞俄比亚发动政变，导致埃塞俄比亚与美国联盟破裂；1982年乍得推翻了亲利比亚的领导人，导致乍得与利比亚联盟破裂。之所以如此，是因为联盟是国家追求国家利益的工具，但是，国家利益并不是纯粹客观的，国家内部的不同集团往往对国家利益有不同界定。因此，当一国的不同统治者上台执政时，他们可能会重新界定国家利益，以及作为追求国家利益工具的联盟的价值。这种情况常见于先前国家参与的联盟仅仅是为了维护某个或某几

① 关于联盟破裂的不同分类参见：J. David Singer and Melvin Small，"Formal Alliances，1816—1939；A Quantitative Description"，*Journal of Peace Research*，Vol. 6，No. 3，1969，pp. 257—282；Brett Ashley Leeds and Burcu Savun，"Terminating Alliances：Why do States Abrogate Agreements?"，*Journal of Politics*，Vol. 69 Issue. 4，2007，pp. 1118—1132。

② Brett Ashley Leeds，Andrew G. Long，and McLaughlin Mitchell，"Reevaluating Alliance Reliability：Specific Threats，Specific Promises，"*Journal of Conflict Resolution*，Vol. 44，No. 5，October，2000，pp. 686—699。

个集团的利益，而这些利益恰恰意味着对国内其他利益集团的打压。非洲作为弱势国家的主要聚居地，一些非洲国家政府正是常常借助外界势力来维持统治。戴维的研究表明：非洲等第三世界国家参与的联盟大多不是为了对付外部威胁，而是为了对付内部威胁，维护自身的政权安全。① 因此，一旦原来的统治者被推翻，作为原来统治者统治工具的联盟就有可能被新的统治者废除。

其次，领土争端是非洲国家联盟破裂的重要原因。联盟并没有完全防止非洲国家因领土争端而爆发的武装冲突。笔者利用系统和平中心（The Center for Systemic Peace）的数据对非洲地区盟国之间爆发的武装冲突的次数进行了统计，发现在 1946—1990 年非洲地区内共发生 2 次国家间战争，9 次规模以上的国际武装冲突，其中 4 次国际武装冲突发生在盟国之间。② 即 1957 年毛里塔尼亚与摩洛哥边境冲突、1963 年摩洛哥与阿尔及利亚边境冲突、1976 年摩洛哥与阿尔及利亚两国围绕西撒哈拉的领土问题的冲突、1989 年毛里塔尼亚与塞内加尔相互暴力驱赶边民以及利比亚与乍得在奥祖地区的领土纠纷。可见，尽管建立了联盟并且盟国相互保证放弃了使用武力解决领土争端，但这并不能自动保证盟国之间的和平。

最后，少数非洲国家的联盟破坏率异常高，是导致非洲国家的联盟破坏率显著高于世界平均水平的重要原因。非洲国家的联盟破裂率的分布是不均衡的，其中有些国家参与的联盟相对稳定，而有些国家参与的联盟则极度不稳定。例如，利比亚和埃及，它们既是非洲结盟次数最多的国家（分别达到 16 次和 13 次），同时也是联盟破裂最多的国家（分别达到 11 次和 10 次，总共占到非洲联盟破裂总数的 70%）。因此，如果剔除埃、利两国，其他非洲国家的联盟是比较稳定的。利比亚和埃及具有很多相似之处：两国都是地区强国、反对以色列（1976 年之前的埃及）、意图建立一个大阿拉伯国家（纳赛尔时期的埃及和卡扎菲时期的利比亚）。因此，两国与其他小国联盟的一个重要目的，就是将联盟作为控制盟国和追求地区领导权的工具，而这正是两国联盟容易破裂的重要原因。

埃及主要与中东国家联盟，因此它的联盟破裂也主要集中在中东地

① David，"Explaining Third World Alignment," pp. 233—256.

② 不包括埃及参加的 4 次中东战争，http://www.systemicpeace.org/warlist.htm，2011 年 3 月 26 日。系统和平中心数据的一个缺憾是没有包含 1977 年的欧加登战争。

区。埃及联盟破裂率高的原因在于，一方面纳赛尔时期的埃及试图建立由其领导的统一的阿拉伯国家，但是，正如斯蒂芬·沃尔特（Stephen M. Walt）的分析表明，正是这一企图威胁到了其他阿拉伯国家的主权，使埃及成为其他阿拉伯国家制衡的威胁，从而导致埃及联盟的破裂，如埃及与沙特、叙利亚、也门的联盟破裂。① 另一方面，1977 年萨达特领导的埃及由于单方面与以色列和解，从而被其他阿拉伯国家盟国视为"叛徒"，导致其余阿拉伯国家的联盟全线破裂。1969 年 9 月政变后，利比亚领导人卡扎菲一直想建立一个大阿拉伯国家。因此，卡扎菲利用利比亚的实力来广泛笼络周边的小国，实施金元外交，如给乌干达、尼日尔、马里赠款；同时积极干涉盟国的内政，如先后试图颠覆阿尔及利亚政府和突尼斯政府；甚至试图兼并盟国乍得和突尼斯，以至于使利比亚成为北非国家的共同威胁，进而导致大批盟国废除了与利比亚的联盟。1974 年利比亚试图兼并突尼斯失败；1981 年卡扎菲进攻乍得，导致与乍得、尼日尔联盟破裂；1986 年利比亚与摩洛哥联盟，又因两国对以色列政策的分歧，导致两国联盟破裂。因此，联盟内的霸权主义是非洲国家联盟破裂的一个重要原因。

结　论

对 1946—1990 年非洲国家的联盟研究表明，由于非洲国际政治的特殊性，即小国、弱势国家和脆弱性相互依赖，非洲国家的联盟实践与基于安全困境和大国联盟实践的联盟理论的预期有较大的区别，即非洲国家的联盟形成大多不是对体系压力的反应，而主要是对国内安全威胁和相对温和的地区环境的反应。因此，非洲国家的联盟大多是保持现状的非制衡性联盟，很少呈现出以联盟竞争为表现形式的安全困境。非洲国家的联盟破裂率明显高于历史的平均水平，这一方面说明不稳定的国内政治因素、领土争端和霸权主义是影响非洲的联盟持续的重要因素；另一方面，非洲的联盟高破裂率似乎也暗示，正是由于相对温和的安全形势使非洲国家可以承担得起由联盟破裂带来的风险。

_____

①　［美］斯蒂芬·沃尔特：《联盟的起源》，第三、四章，第 96—159 页。

　　这里的启示是：国际关系理论不能忽视非洲国际关系的实践及其对国际关系理论的挑战。实际上，理论家很少将非洲国家视为国际关系的玩家，顶多将其作为筹码，而在冷战结束之后，非洲国家的筹码价值也一度打了折扣，从而一度成为"被遗忘的大陆"。[①] 非洲只有在"第三世界"或"边缘地区"这一总括性的概念中，才能在理论中含蓄地获得一席之地。而即便如此，非洲仍只是作为一个有待解决的麻烦，而非问题出现在理论家的著述中。其结果是，正如科文·邓恩（Kevin C. Dunn）观察到的："当（西方）国际关系理论中的一些核心概念——如无政府状态、主权、国家、市场、国际与国内的两分法——运用到非洲时，不仅是成问题的，而且是可疑的。但是，（西方）学者的回应通常不是去用非洲的经验去修正理论，而是继续忽视非洲。"[②]

（责任编辑：周玉渊）

　　[①]　王莺莺：《论当前非洲形势及其国际地位》，载《国际问题研究》2000 年第 5 期。

　　[②]　Kevin C. Dunn，"Introduction：Africa and International Relations Theory," in Kevin C. Dunn and Timothy M. Shaw，eds.，*Africa's Challenge to International Relations Theory*，New York：Palgrave Publishers Ltd，2001，p. 4.

俄罗斯与非洲的关系:回顾、分析与展望

[俄] 弗拉基米尔·舒宾

【内容摘要】最近的高层访问显示,俄罗斯有意发展与非洲国家的关系。但不能把它看做是一种新现象,因为莫斯科与非洲的友好关系可以追溯到几十年之前。俄罗斯面临的挑战就是加快与非洲国家经济往来的步伐,与政治往来携同并进。俄罗斯与许多非洲国家都有着共同的经济利益,俄罗斯的外交重点应转向挖掘这些共同利益上,进一步促进双边关系的发展。

【关键词】俄罗斯;非洲;重返;合作

【作者简介】弗拉基米尔·舒宾 (Vladimir Shubin),俄罗斯国立人文大学当代亚洲与非洲研究院教授,俄罗斯社会科学院非洲研究所副所长。

南非总统祖玛最近对莫斯科的访问被外界看成是"俄罗斯重返非洲"的最新例证。祖玛总统在讲话中将俄罗斯比作"南非人民的老朋友",在回忆到俄罗斯以往对非洲的帮助时,南非总统指出,"当南非和非洲被压迫民族的朋友很少的时候,我们(南非)就与贵国有着团结、友谊的美好记忆。这正是我们发展更为紧密的政治、经济与社会往来的基础"。其他非洲国家对俄罗斯的看法也是如此。不仅是因为俄罗斯从来没有在非洲搞过殖民化,而且在反殖民化过程中发挥了重要作用,如俄罗斯发起保障殖民地国家和人民独立的宣言(该宣言 1960 年被联合国大会采用),对非洲民族解放运动(主要是南非)进行各种各样的援助,包括军事援助等。

自 2009 年俄罗斯总统梅德韦杰夫出访埃及、尼日利亚、纳米比亚和

安哥拉之后，媒体就开始渲染俄罗斯"重返"非洲。的确，这次访问是历史少有的，因为以往俄罗斯领导人从来没有访问过热带非洲，虽然 2006年普京总统曾穿越赤道，访问过好望角。梅德韦杰夫的出访充分证明，俄罗斯领导层开始将注意力转向非洲。梅德韦杰夫指出，"在上个世纪 90 年代，我们对遥远的大陆，比如非洲和南美，没有表现出足够的兴趣，但现在我们不得不做点什么了"。此外，他在回答记者提问时说，"坦诚讲，我们来的太晚了。我们本应该更早地与非洲伙伴一起合作，因为我们与他们的联系并没有中断过，这种联系是建立在多年来的友好关系上的"。

　　梅德韦杰夫说俄、非之间的联系并没有中断过，这句话是对的。事实上，许多学者和记者关于俄罗斯"重返"非洲的提法倒不是很准确，因为俄罗斯从来没有离开过非洲，即使是在 20 世纪 90 年代，当俄罗斯的注意力不在欧洲时，俄罗斯仍与非洲四十多个国家保持着大使级外交关系，而且有数千名非洲留学生在俄罗斯的大学里读书。

一　叶利钦时代对非洲的忽略

　　20 世纪 90 年代初期，俄罗斯由叶利钦主政，当时的外交部长就是臭名昭著的安德烈·科济列夫，他把非洲作为俄罗斯外交政策的筹码，试图牺牲非洲人民的利益来讨好西方，从而换取西方的技术，结果以失败告终。他在职期间，俄罗斯在非洲的许多大使馆和领事馆被关闭。此外，苏联时期开始的大多数经济项目也被迫中止。

　　这种政策主要有以下两个原因。当时，国际货币基金组织提供的（或者叫"强加的"）"改革方案"给俄罗斯经济造成了严重损失，以至于米歇尔·科斯斯多夫斯基将其称为俄罗斯的"第三次世界化"。但是，90 年代初俄罗斯的经济崩溃无法解释俄罗斯缺乏对非洲的兴趣的原因。此外，还有一个心理因素在发挥着重要作用。俄罗斯国内右翼媒体和政治家把非洲作为国家经济衰退的"替罪羊"，声称非洲恶化了国家的经济状况。然而，事实上，苏联与非洲国家的经济合作，很大程度上是相互受益的。而不管怎样，这些谬论是极具危害性的，因为它助长了俄罗斯的排外情绪与种族主义。

二 重返非洲——优先考虑

在当代俄罗斯，"叶利钦时代"的外交政策被认为是迷失的十年，俄罗斯开始实施一种新的外交政策。通常认为，俄罗斯外交政策的转变是从普京总统上台开始的，而事实上，外交政策的真正转变开始于叶夫根尼·马克西莫维奇·普里马科夫的上任，他是第三世界问题专家，到1996年1月在外交部长的任上。到了1996年，俄罗斯发现单方面依赖于西方的外交政策效果不佳，而且随着21世纪初国内形势的好转，俄罗斯已有能力偿还大部分国债，并积累了大量资金储备，从而增加了它的信心，开始实行更加独立的外交政策。

之后俄罗斯加入八国峰会集团，标志着进入了"特权集团"的行列，这无疑又提升了自信。不过，现在看俄罗斯发展与非洲国家的关系时必须认识到这一点，即虽然加入八国集团使俄罗斯的国际地位得到极大提升，但也要防止因加入到殖民和剥削非洲国家的"俱乐部"而损害了与非洲国家的传统友好关系。

然而不幸的是，即使俄罗斯经济得以恢复，但在八国集团中，相对于其他成员国，俄罗斯在向非洲提供援助方面仍没有平等的地位。虽然俄罗斯在缓解非洲国家债务（约200亿美元）、向非洲出口国提供优惠关税政策方面作出了巨大贡献，但尚未制订一个发展援助规划，或建立一个提供援助的政府实体。目前的情况是，俄罗斯的大部分援助项目都是通过国际组织与基金会进行的，比如全球抗艾滋病基金会、全球抗肺结核基金会、全球抗疟疾基金会等，而且在此过程中，经费不断流失。俄罗斯对外宣布的目标是通过双边和多边，提供稳定的援助模式，达到国内生产总值的0.7％，这是联合国要求的数字。然而，俄罗斯想要兑现这一承诺，还任重而道远。

三 俄罗斯在非洲的利益

俄罗斯在非洲有着广泛的利益，因此力图发展与非洲国家的友好关系,并同非洲的国际和地区性组织保持密切合作。

政治领域,俄罗斯与许多非洲国家在关注国际体制方面有着共同的利益。事实上,俄非关系也的确在反对单个国家或少数国家将自己的意志强加给其他国家的做法方面发挥了重要的作用,而且从俄罗斯的角度来看,这也有助于俄罗斯免遭其他国家的孤立。俄罗斯与大多数非洲国家都主张建立多极化世界,认为联合国应当在多极化世界格局中发挥核心作用。非洲国家占据联合国席位的 1/4,而俄罗斯又是联合国安理会常任理事国之一,因此,联合国将是俄罗斯与非洲通力合作的舞台。

世界和平与安全方面,俄罗斯与非洲国家和非盟积极合作。俄罗斯积极参与联合国在非洲的所有维和任务,并且每年为非洲训练 400 名维和军人。

考虑到俄罗斯目前在非洲的利益以及双方已有的合作,很难理解莫斯科为什么到目前为止还没有组织一个像样的高水平的俄非论坛(与此不同的是,越来越多的国家,包括土耳其与越南都组织了此类论坛)。正如 2010 年 6 月 "俄罗斯—非洲" 国际议会会议的成功举办一样,此类论坛将受到非洲国家的热烈欢迎。

在梅德韦杰夫总统访问非洲期间以及其他双边经济交流中,我们看到,双方的经济关系远落后于政治关系的发展。尽管如此,双边经贸关系也取得一定的发展。虽然由于世界经济危机的爆发,2009 年双方的贸易额有所下降,但 2008 年双边贸易额不断增长,达到历史最高水平的 82 亿美元(尽管其中一半是与埃及的经济贸易)。而这种贸易水平尚没有发挥出双方经济合作的潜力。

许多分析家认为,莫斯科在非洲实行的更为积极的政策,是与中国 "竞争" 各自在本地区的影响力。然而,俄、中两国在与非洲的关系中各有自己的合作领域。比如,俄罗斯在出口廉价服装和鞋子方面是无法与中国等其他国家竞争的,但在出售高科技方面却占据很大优势。苏制或俄制机械及科技在国际上一直就享有盛誉,俄罗斯将继续在这些领域保持优势,会在非洲找到销售市场。例如,在梅德韦杰夫访问期间,俄罗斯就与安哥拉达成协议,其中俄将提供资金与技术,帮助安哥拉政府建立国家卫星通信与广播系统。

此外,俄罗斯在非洲还有许多投资机会。目前来看,俄罗斯公司对非直接投资超过 40 亿美元,约占俄罗斯对外直接投资总额的 4%,而俄罗斯对非直接投资总额也已超过 100 亿美元。在经济危机爆发之前，17 家俄罗斯大公司在非洲 13 个国家里表现活跃，在建或即将建设的项目达到 44 个。其中最为活跃的公司有俄罗斯天然气工业股份公司（8 个项目）、俄罗斯卢克公司（Lukoil）（6 个项目）以及俄罗斯埃罗莎（Alrosa）公司、俄罗斯铝业公司、俄罗斯国家核电公司、俄罗斯最大金属生产商诺里尔斯克镍公司、俄罗斯森特兹（Sintez）集团（各 3 个项目）。在所属国家中，南非有 10 个，利比亚 7 个，安哥拉 5 个，阿尔及利亚、民主刚果和纳米比亚各 4 个，尼日利亚 3 个，埃及、博茨瓦纳、科特迪瓦、加纳和多哥各 1 个。

另外，俄罗斯对非洲的自然资源开发也很感兴趣。虽然与中国和印度不同，进口自然资源对他们来说是"生死攸关的大事"，但俄罗斯经济需要进口资源作为一种权宜之计。虽然俄罗斯矿藏丰富，然而开发和利用这些资源的条件变得越来越恶劣，因为大多数资源都是埋在遥远、寒冷的西部利亚及远东地区。结果造成俄罗斯 35% 的矿物质资源，包括锰、铬、铝土、锌、锡等，正逐渐失去其开发利润。

由于世界生物资源、水资源和矿物质资源 60% 储藏在俄罗斯或非洲，合作将给双方带来巨大的利益。因此，双方的合作将有利于维护对这些资源的主权，反对某些国家以"重建正义"为幌子宣称这些资源是"跨国资产"的图谋。能够实现互赢的合作领域包括采取共同应对跨国公司的策略，携手应对国际市场矿物质价格波动等。

俄罗斯与非洲经济关系中一个特殊的领域就是军火贸易。苏联给许多非洲国家提供武器，这已为世人所熟知。然而，随着 20 世纪 90 年代初俄罗斯经济的衰退，情况发生了很大的变化，俄罗斯的军火出口也从赊欠变为现金支付。与此同时，俄罗斯国内所谓的"民主"媒体则反对军火贸易，称其为不人道的行为。这导致俄罗斯许多传统出口市场纷纷转向西方尤其是美英的军火出口商。然而，近些年来，情况又发生了扭转，但俄罗斯必须严格控制军火贸易，并遵守联合国的所有批准和限制。

最后，双方在教育领域也有着良好的合作机会。曾有 5 万多非洲学生在苏联完成了学业，而当前约有 4500 名非洲学生正在俄罗斯留学。

四　国家主导型合作模式

考虑发展俄罗斯与非洲的关系，必须考虑国家在增进关系中的作用。目前俄罗斯形成的共识是，即使实行自由的市场经济体制，与非洲的关系的迅速与可持续发展也有赖于国家的强力支持。到目前为止，只有较大的俄罗斯公司能在非洲站稳脚跟，因此中小企业需要得到国家的支持。此外，单个公司的行为，即使是非常成功的公司，也不会对俄非经济关系的改进作出实质性的促进。因此，就需要俄罗斯作为一个国家主体，与许多非洲国家建立起一整套政府间的合作协议，这是发展俄非关系中极为迫切的问题，虽然此前双方制定的一些协议并没有得到很好落实。

同时，最近的一个趋势是俄罗斯商人对非洲逐步走向自我组织的做法比较感兴趣。其中一个最为活跃和有效的组织，至少有俄罗斯方面参与的，就是俄罗斯—南非商业委员会（Russian-South African Business Council），它形成于普京总统 2006 年访问好望角之后，致力于促进环境友好型技术的研发和自然资源的合理利用。另外一个例子是 2009 年形成的一个新的组织主体，它是由俄罗斯贸易与产业商会主办、撒哈拉以南非洲经济合作委员会协办，由俄罗斯对外贸易银行（Vnesheconom bank）行长弗拉基米尔·德米特里耶夫担任该组织主席。

结　语

俄罗斯离不开非洲，非洲也离不开俄罗斯。俄罗斯不仅是非洲矿物质资源，而且也是其他产品的广阔市场。与此同时，俄罗斯最近对非洲表现出浓厚的兴趣，这提升了非洲在俄罗斯视野中的地位。俄非合作势头良好，双方发表了共同声明，签署了一系列具有重要意义的双边协议，现在需要做的就是如何将这些声明与协议落到实处。

［曲阜师范大学政治与公共管理学院禚明亮、郑曙村、赵金山译］

（责任编辑：周海金）

社会与文化研究

基督宗教在当代非洲的发展及社会角色[①]

马恩瑜

【内容摘要】自 20 世纪下半期以来，基督宗教在非洲获得广泛传播与发展的同时，其本土化趋势愈益加强。由于基督徒在非洲的增长速度快于世界其他地区，目前在基督宗教的全球体系中，非洲教会正占据突出位置，在非洲各国和地区事务中的角色和影响日益彰显。尽管如此，非洲基督宗教也面临着来自全球宗教和文化冲突的挑战，及自身神学建构、身份认同及社会互动方面的困境。总体上看，非洲基督宗教的本土化过程本身对独立以来非洲新兴国家本土文化和国家民族意识的成长有复杂的影响。因不同因素的制约，本土化的基督教对非洲各国现代文明建构和内源型文化的塑造能否发挥积极作用，尚有待具体深入的分析研究。

【关键词】非洲；基督宗教；本土化；文明冲突；独立教会

【作者简介】马恩瑜，社会学博士，浙江师范大学非洲研究院非洲历史文化研究所副所长、助理研究员。

---

① 本文为笔者主持的教育部哲学社会科学研究重大课题攻关项目"新时期中非合作关系研究"的子课题"中非文化交流与合作"成果之一。

一　下一个基督王国：南方国家？

基督宗教长期以来被公认为是西方文明的核心。[①] 毋庸置疑，尽管基督宗教并非起源于西方，但过往漫长的历史上，它在构建西方历史、精神世界、价值体系乃至政治思想和艺术生活等方面，都发挥过基石的作用。这一起源于中东巴勒斯坦、肇兴于罗马帝国、发扬于西欧和北美的西方文明精髓，自世界历史进入近代以来，就开始了与人类其他文明形态的接触和交流、碰撞和冲突、共生与融合。在当今全球化程度日益加速的背景下，基督宗教在全球的辐射与影响也在扩散增强，在广泛传播于非西方世界并扎根当地社会的同时，继续演绎着与当地文化融合和本土化的经历。

值得关注的一个现象是，过去百年基督宗教在非洲和其他南方国家有了快速传播，但在西方发达国家却在经历某种形态的所谓"去基督教化"或"自由化基督教"后现代变革过程。随着基督宗教在当代西方国家的影响相对下降及在广大发展中国家力量的增强，这一曾被视为西方宗教的文化形态，越来越明显地呈现出某种程度的南重北轻的"南北角色转换"的变化。基督教似乎正越来越成为一种南方国家、发展中国家的本土宗教，以至于有人认为，那种认为基督教还以西方为大本营的观念已经过时。

多家权威机构统计资料显示，在西方世界尤其是欧洲国家，人们对基督宗教的虔诚信仰程度在大幅下滑。到 20 世纪末，世界南半球信奉基督教的人数开始超过北半球的基督徒人数。由于西方主流教会中信教人数在实际减少，并且持其他信仰的移民大量涌入，使基督宗教在欧美尤其是西欧各国社会中的传统作用与功能锐减，对于这种状况，不少学者甚至断言

---

① 世界第一大宗教基督教包括天主教（Catholic Church）、新教（Protestant Church）和东正教（Orthodox Church）。在我国学术界把"基督宗教"作为对这三个教派的统称，本文按此名称进行叙述。

西方已经进入"非基督宗教"的时代。①

　　这种断言自然言过其实，然而不容否认的是，自 20 世纪中期以来，与北方国家基督宗教日趋式微或"消解"形成鲜明对比的是，南方或者说发展中国家，基督宗教获得了广泛的发展，而非洲大陆是基督徒增长最快的地区之一。非洲基督徒人数于 1960 年超过该地区的穆斯林人数，目前已达非洲总人口的 47％，新入教受洗者每年平均达 150 万人。《大不列颠百科全书》（*Encyclopedia Britannica 2003 Book of the Year*）（2003）的数字显示，截至 2002 年中期，非洲的基督徒数字已超过 3 亿 7600 万人，并且这一数字还在迅速增长。② 美国宾州大学教授菲利浦·金肯斯（Philip Jenkins）于 2002 年出版的《下一个基督王国：基督宗教全球化的来临》中依据 2001 年《世界基督宗教百科全书》所提供的数据资料进行分析，认为到 2050 年全球基督徒总数超过 1 亿的 6 个国家中将会有 2 个非洲国家。③ 由此可见，非洲在基督宗教南移、南半球基督徒人数迅速增长上发挥着关键作用，非洲基督教会已经成为影响和塑造当代世界基督宗教的一支重要力量。不过，在迅速发展的背后，非洲基督教会也面临着全球宗教和文化冲突所带来的挑战，以及自身神学建构、身份认同与社会互动等方面的困境，包括如何处理与传统民族文化的关系、如何培养非洲本土意识并如何扮演推动非洲和平、安全与发展的角色。

---

　　① 当代西方学术界和教会对西方社会本身这种"非基督教化"的趋势非常敏感，发起了种种的反应与抵制。美国政治学大师塞缪尔·亨廷顿引发广泛争论和探讨的著作《The Clash of Civilizations?》（*Foreign Affairs*，Summer 1993，pp. 22—49.）其实就是针对美国当时社会现实的深深的忧虑，在此忧虑上，他又把这种现实推而广之到全球范围。卓新平教授在其《当代基督宗教教会发展》（上海三联书店 2007 年版，第 94—98 页）中对基督宗教这一发展趋势作了深入的分析，卓新平引用多位西方学者著作中所提观点，如 Callum G. Brown，*The Death of Christian Britain*，*Understanding Secularization 1800 − 2000*，Routledge，London and New York，2001. Hugh Mcleod and Werner Ustorf，*The Decline of Christendom in Western Europe*，1750 − 2000，Cambridge University Press，Canbridge，2003. 和 Yuan Daniel，Henri Godin，La France，Pays de Mission? Les Editions de L'Abeille，Lyon，1943；美国宾州大学教授 Philip Jenkins 认为到 2050 年全球基督徒总数将增至 30 亿，而拉美和非洲的基督徒会增至 15 亿，为全球基督徒总人数的一半，到时每 5 个基督徒中将仅有一个是非拉美裔的白人。

　　② *Encyclopedia Britannica 2003 Book of the Year*，2003. Chicago：Encyclopedia Britannica，Inc. p. 306.

　　③ 卓新平：《当代基督宗教教会发展》，上海三联书店 2007 年版，第 98 页。

二　当代西方"去基督教化"与非洲的"基督王国"

2001 年发生的"9·11"事件被认为是伊斯兰教与西方文明之间所爆发的战争，二者的敌对情绪和自此以来的战争冲突不断，成为当前国际社会上最严重的不安定因素。由于基督宗教一直是塑造西方文明的核心力量，所以很容易使人把这场战争联想为以基督宗教为代表的西方文明与伊斯兰文明之间的战争，但是实质上这个结论非常盲目和武断，这只是用来掩盖西方世界扩张全球霸权、维护对非西方世界的政治军事与经济支配地位的一种说辞而已。

基督宗教传统孕育了西方现代文明，但是后者自文艺复兴以来已经开始了对基督信仰的挑战。欧洲在 14—16 世纪发生的文艺复兴与宗教改革是两条截然相反的道路。① 自文艺复兴以来，西方世界已经开始了与基督信仰的战争（同时也是与伊斯兰教信仰的战争）。西方运用了其文明内的三种强势因素作为有力的武器。第一，现代哲学，表现为世俗主义、多元主义、相对主义与现代主义；第二，全球文化压力，表现为民主、先进科技和资本主义；第三，无神论的复兴。这些由西方产生的文明压力正在通过全球化对包括基督宗教在内的世界几大宗教形成冲击。②

现代西方哲学与无神论的复兴（当代西方文明的重要力量）并不针对西方以外的文化，而是直接针对西方的传统文化和基督宗教。在一些西方人的圈子内，有一种很强烈的改写《圣经》的愿望，他们热衷于改写耶稣基督的历史、信徒的历史和教会的历史。Dan Brawm 的《达·芬奇密码》在西方的热销和追捧，在一定程度上反映了西方社会对基督宗教——这一曾塑造其文化的精神核心的抵触和蔑视。在当代西方尤其是欧洲等国家，基督教会的参与人数与影响都在显著降低，代之以其他宗教和无神论的兴起。这种蔓延在西方世界的去基督教化趋势，导致了西方国家面向非洲等

---

① ［美］弗兰西斯·薛华（Francis Schaeffer）：《前车可鉴：西方思想文化的兴衰》，梁祖永等译，华夏出版社 2008 年版，第 28—98 页。

② Yusufu Turaki, "African Christianity in Global Religious and Culture Conflict", *Evangelical Review of Theology*，Apr 2007，Vol. 31，Issue 2，pp. 127—139.

地的宣教机构萎缩和调整，由过去的向外宣教转入培养针对自己社会的神学教师。

　　由于受西方现代文明影响，西方基督教会内出现了自由主义神学、世俗神学等神学思想，这引发西方与非洲基督教会在神学取向上的分歧和冲突。在解释和运用《圣经》上，西方很多教会采取了较为多元和自由主义神学的释经法。相比之下，很多非洲教会被贴上保守、传统和基要主义的标志。受现代西方哲学影响，很多西方教会已经开始接受同性恋的行为，甚至 2003 年美国新罕布什尔州的圣公会①的祝圣，以一位公开的同性恋者为主教。这让在全球拥有 7500 万教众的圣公会内部掀起轩然大波。加拿大等一些西方国家教会表示理解和认同，而占世界圣公会教众 60％的非洲教会，其领袖强烈抗议这一祝圣，并且为此威胁退出圣公会联盟。2009 年美国圣公会 76 届全国大会投票通过了允许同性恋者担任主教等神职的决议，并投票准许教会为今后可能主持同性婚礼而作准备。② 这一决议又招致了非洲教会领袖的抗议。

　　西方与非洲在神学观念上的冲突越来越多，并且越来越深刻地在二者教会之间产生裂痕。非洲教会在很多方面表现出了与西方自由主义神学相对抗的较恪守《圣经》与注重灵性复兴的神学取向。如在很多非洲教会有着较为严格的行为规定，如不抽烟、不喝酒、不吃猪肉和爬行动物，不在教堂内涂口红等等，而这些规定在很多西方教会内不会被提及了。这些非洲教会想让信徒从行为规则里体会成为基督徒带来的身份标志，使他们通过行为规范来强化自己基督徒的身份认同。

　　很多在美国的非洲移民开始成为"转向西方的传教士"。《纽约时报》2004 年一篇报道指出，每周日，在纽约地区的 100 间左右的教会里，牧师用伊博语（尼日利亚一些地区的语言）、契维语（加纳一些地区语言）等非洲语言宣教。③ 一位宗教社会学家指出，非洲的基督徒移民在美国的影响已经超出了他们自己的非洲教会，他们不仅给非裔美国人，而且给其

---

　　①　基督新教的一派，又称安立甘宗（Anglican Church），为 16 世纪英国宗教改革的产物，即英国国教教会。在礼仪与教义上与天主教传统较为接近，以英国坎特伯雷大主教为其首脑，在全球范围内建立了圣公会联盟，支持普世教会运动，反对种族主义和军备竞赛。

　　②　http：//bf0371.com/html/n_20097177151716.html

　　③　Daniel Wakin, "In New York, Gospel Resounds in African Tongues," *New York Times*, April 18, 2004. p. A1.

他教会带来了新的活力和新的做事方法。人们能在他们的教会中感受到友谊、热情，而且更重要的是对灵性复兴的强调。①

三　基督宗教与伊斯兰教在非洲的竞争

基督宗教在公元 100 年左右就来到了北非，而且四五世纪时北非曾出现过奥古斯丁、德尔图良、西普里安等著名神学家，对后世影响深远。但是随着 7 世纪伊斯兰教传入北非，基督教会在非洲的发展被中断。到 16 世纪，苏丹的努比亚基督教会被伊斯兰教完全消灭，标志着后者已经完全确立了在北非的统治地位。现在北非基本上都是伊斯兰国家，甚至撒哈拉以南非洲国家也受伊斯兰教的影响。尽管如此，埃及和埃塞俄比亚还是保留了古老的科普特教会传统。进入近代以来，西方传教士把宣教旗帜重新插到非洲，与伊斯兰教形成了竞争的态势，并且延续至今。就 2003 年的大不列颠百科全书的数据，非洲穆斯林信徒将近 3 亿 3000 万人，与基督宗教一样也获得了很大的发展。② 均起源于中东的这两大世界性宗教现在都在非洲产生了巨大的影响，带来了非洲文化、社会、经济等各方面的深刻改变。他们给非洲带来正面变革的同时，也由于竞争带来了负面的影响。比如二者的冲突对非洲政局、社会发展和人民生活带来了灾难。有时候非洲由于资源、土地、种族等多种复杂因素相纠葛而起的冲突被披上宗教的外衣，更加深了双方的误解和敌意。

宗教间存在竞争是客观和必然的，然而很多人把这二者的竞争理解为文明的冲突，并且上升至不可调和的状态。美国政治学大师塞缪尔·亨廷顿的《文明的冲突与世界秩序的重建》一经出版就在世界范围内掀起巨大反响。他列举了当今现存的七到八种文明，把宗教界定为文明的主要特

①　Amadu Jacky Kaba，"The spread of Christianity and Islam in Africa：A Survey and Analysis of the Numbers and Percentages of Christianity，Muslims and Those Who Practice Indigenous Religious"，*The Western Journal of Black studies*，Vol. 29，No. 2，2005. p. 553.

②　*Encyclopedia Britannica 2003 Book of the Year*．（2003）．Chicago：Encyclopedia Britannica，Inc. p. 306.

征，即文明的核心要素，① 然后他对"西方"加以注解，即"现在普遍用来指以前被成为西方基督教世界的那一部分。地理范围包括美国在内的欧洲和其他欧洲人居住的国家，如澳大利亚和新西兰"。② 由此他把基督宗教列为西方文明的核心，强调这种西方文明与其他文明的冲突。这种诠释使基督宗教与伊斯兰教之间的竞争被贴上永久性、顽固性的标签。这种认识上的偏执带来了影响广泛的以宗教差异指代文明冲突的倾向。

"事实上，从宗教这种被文明冲突论认为是文明的核心要素出发，在伊斯兰教与基督教乃至犹太教之间并没有根本的冲突。这三大宗教都是一神教，都认同共同的先知，以至于被称为亚伯拉罕的宗教。如果一定要说文明之间存在着冲突，也不会存在于伊斯兰教与基督教之间，而可能存在于一神教（monotheism）与多神教（polytheism）之间。"③ 由于美国国内对民族、宗教、种族等字眼极度敏感，这种政治现实导致了亨廷顿讨论的这一语言禁区，即在宗教、种族和民族之间是有矛盾的，并且有国际和国内的根源。其实他是在概括人类冲突中的大部分形态，但是宗教能否成为文明的核心和基督宗教能否成为西方文明的核心是存在疑问的。正如前文所述，当代西方文明已经背离了基督宗教的教义，发展出了反基督宗教的思维方式，其现代哲学的滥觞和无神论的复苏所带来的诸如关于"自由"的信条和表述、关于完全的个人主义和把自治的人凌驾于上帝（其创造者）之上的文明表现形式和特色都使其正在展开与基督宗教，当然也包括伊斯兰教激烈的对抗。

在非洲，由于两大宗教的竞争并且受上述亨廷顿"文明冲突"的思维影响，伊斯兰教与基督宗教存在着误解与对立。穆斯林对基督宗教的敌视很大程度上认为基督宗教是代表西方世界的价值观。这种对立，带来了该地区的不稳定，使非洲一些国家受害。如"二战"以后，苏丹、尼日利亚、科特迪瓦、乌干达等国家发生了由多种因素，其中也包含宗教因素带来的冲突。

以尼日利亚为例，21世纪初，尼日利亚有50％的人口为穆斯林，约

① ［美］塞缪尔·亨廷顿：《文明的冲突与世界秩序的重建》，新华出版社2002年版，第32页。
② 同上书，第31页。
③ 张家栋：《文明冲突与恐怖主义：想象还是现实?》，载《社会科学》2009年第4期。

45％为基督徒。① 伊斯兰教在西非的历史可追溯至 11 世纪，15 世纪时尼日利亚建立了伊斯兰国家。基督宗教只是 19 世纪初才出现在尼国，从此，二者作为邻居、朋友和竞争对手的关系不时变化和调整。② 尼国独立之后，二者都想在国家事务上占据主导地位。基督徒要求政教分离，而穆斯林坚持伊斯兰教法要在国家内实行。在 20 世纪 80 年代，伊斯兰复兴运动出现，其结果引发了一些暴动和流血事件。1999 年北方的 12 个省把伊斯兰教法引入现行法律体系，导致了一系列冲突。2001 年 9 月的暴乱导致了 1000 人的伤亡，次年，耶卢瓦地区基督徒与穆斯林之间的通婚被禁止，市场也被分为穆斯林的和基督徒的。③ 尼日利亚的穆斯林强烈要求政府加入伊斯兰会议组织。一些有识之士已经发起了宗教间对话，总统也组成一个委员会来调解争端，目前这些对话已经取得一些成果，但是两个宗教间要做到和平共处还有一段路要走。

　　苏丹地跨北部非洲与南部非洲，种族与文化复杂。达尔富尔问题是一个由天灾引起的人祸。由于干旱与沙漠化、人口的持续增长、牧民与农民之间文化差异与土地矛盾、阿拉伯与非阿拉伯之间的矛盾等多种因素杂糅，使达尔富尔的地区冲突给当地带来了严重的人道主义灾难。在各种因素中，北方阿拉伯人对南部和西部的黑穆斯林和信奉基督的非洲人之间的敌意也是一个不可忽视的因素。

四　本土基督教会在非洲文化与社会变迁中的角色

　　基督宗教在当代世界的多元发展中，已经深入到多国包括非洲很多国家的社会生活中。20 世纪尤其是非洲国家纷纷独立以来，基督宗教在非洲已经呈现了本土化、地域化等多元发展之势。作为公民社会的一部分，

---

① Amadu Jacky Kaba, "The spread of Christianity and Islam in Africa: A Survey and Analysis of the Numbers and Percentages of Christianity, Muslims and Those Who Practice Indigenous Religious", *The Western Journal of Black Studies*, Vol. 29, No. 2, 2005. p. 562.

② Robert Louis Wilken, "Christianity Face to Face with Islam", *First Things: A Monthly Journal of Religion & Public Life*, Issue 189, Jan 2009. p. 24.

③ Yushau Sodiq, "Can Muslims and Christians Live Together Peacefully in Nigeria?" *The Muslim World*, Vol. 99, October 2009. p. 659.

非洲基督教会不能与这块大陆上的政治社会发展绝缘，在非洲国家社会转型、文化变迁和社会体系重建的过程中，非洲基督宗教也面临着参与其中、角色定位、完善自我并对所在国国民文化体系建构的任务挑战。

欧洲人与非洲的相遇历史使非洲作为一个整体，其经济和政治卷入了西方国家的势力范围。这一历史事实也深深地影响了非洲基督宗教的气质，导致它与西方存在着难以割舍的联系。如果不能形成非洲本土的神学，纯粹是西方基督宗教在非洲的"移植"，耶稣永远是白人。这一神学发展需要与基督教会在亚洲、拉丁美洲等地的发展需要相同，只是对非洲来说尤为迫切，因为非洲有着数百年的奴隶史和殖民历史。由于非洲在当代的发展与摆脱殖民统治、反对种族歧视和社会压迫相关联，所以非洲自20世纪以来涌现出一大批本土神学家，他们的神学理论以一种信仰思想形式反映出这种"非洲的觉醒"，突出了"黑人神学"、"解放神学"等具有非洲本土特色的神学思想。①

南非由于其社会矛盾和种族冲突的尖锐，其神学洞见以黑人解放神学和反对种族隔离斗争为特色，涌现了图图等一大批反对种族隔离的斗士。他们由于本国政治环境的影响而把政治神学推到了神学本土化的前沿。在喀麦隆，天主教神学家布拉加（F. Boulaga）认为非洲人对于基督宗教有一个认识和接受的过程，而西方传教士居高临下、咄咄逼人的传教方式破坏了非洲人对基督宗教的印象。对这些传教士来说，非洲是块荒蛮、无知和异教之地，崇拜偶像、拒斥上帝。这种对非洲传统社会及其文化妖魔化的潜台词是非洲人若要皈依基督信仰，必须与其文化传统决裂，与祖先崇拜和偶像崇拜决裂，从而摆脱异教的历史，直奔未来。显然这种霸道要求使意欲皈依基督信仰的非洲人在自我身份认同和文化信仰归属上陷入两难之间。

乌干达神学家姆比蒂（John Mbiti）认为"非洲神学"不能被人为"移植"或"创造"，而是随着非洲教会在其文化土壤中发展、演变并对非洲极其复杂情形的回应而自然形成。因此，非洲神学应该植根于非洲的社会文化之中，不能作"外来物"的"本地化"。他对西方神学的包办和移植持反对态度，坚持以各种非洲文化背景来重新解释基督信仰的立场。肯

---

①　本文论述的相关神学家思想参考卓新平《当代亚非拉美神学》，上海三联书店 2007 年版，第 434—492 页。

尼亚的神学家尼亚米蒂（Charles Nyamiti）强调必须在保持对教会教导的忠诚与使教会能够植根于非洲信仰习俗的基础之间达到一种合理的平衡。非洲基督宗教不仅要积极结合非洲文化所涵盖的主题及其保存的价值，也必须面对一些"否定因素"，如巫术、一夫多妻、迷信等，在文化适应和教会生存的需要中作出必要的妥协和达到某种可能的和解。加纳的迪克森（Kwesi Dickson）认为，基督信仰不应该只是作为西方对非洲的输出品来展示，而应有非洲人的意识及非洲人的努力。非洲神学必须回应非洲人的生活状况，必须将基督宗教置于真正的非洲文化处境之中，只有基督在非洲处境中与人们相遇，在非洲语言中被人们所倾听，才能真正体现出其神学和信仰的意义。

基督宗教自 7 世纪以来在北非地区衰落之后，一直到 15 世纪重新来到非洲，西方传教士所建立的教会一直发展缓慢。但是自 20 世纪非洲独立运动以来，非洲独立教会发展势头强劲，而且与非洲传统文化相关联的五旬节教派①增长最快，据估计 2006 年非洲有 1.47 亿的五旬节教派基督徒，可以说基督宗教在非洲的增长归功于非洲本地的福音工作，而少有西方传教士的参与。如一位加纳神学家所说，基督教会似乎已经在非洲找到了永久的家，② 作为一个团体，非洲基督教会是非常活跃的，它提供了一种让成员彼此关怀和爱的功能作用，人们去教堂出于寻求各种需要，比如被关怀、被安慰。但是同时教会也存在无法及时应对快速增长的信徒与教化能力欠发达的危机。一方面，信徒高参与度，对唱圣歌、追求圣灵充满的经验等外在仪式的热情高于对基督教义的理解；另一方面，教会也成为不容忍多样性和持不同教义者的最坏例子。

一直以来，人们认为中世纪基督宗教是在欧洲占绝对统治地位的意识形态，但欧洲的基督教化其实是失败的。"在罗马得胜的那个基督宗教是在高度竞争环境中的一个群众性社会运动，而随后那个令欧洲大多数地方仅仅名义上皈信的基督宗教，最多不过是一个地位确定、享受津贴的国家

---

① Pentecostal movement 是 20 世纪初兴起的基督新教运动，具有神秘色彩和保守主义特性，其特点是突出圣灵降临给人以恩典的信仰意义，强调圣灵的工作如说方言、疾病得愈等。近年来在全球传播迅速尤其在非洲、亚洲、拉美为甚。

② Mercy Amba Oduyoye，"Church of the future, its mission and theology: A view from Africa", *Theology Today*, Jan 1996. p. 494.

教会，它寻求扩展自己的办法不是通过向人们宣教，而是通过给国王施
洗。"① 基督宗教在非洲也须面对这样的挑战，即这一宗教的勃兴和发展
是否仅仅停留在宣信的人数上，它能否以独特的精神和气质与非洲本土相
适应，在自己的发展和变革过程中带给这个苦难深重的大陆以希望的
曙光。

在乌干达、赞比亚、肯尼亚等国家，基督宗教为国内主导信仰，而且
国家领导人以公开或私下形式表达对基督信仰的支持。在这些国家里，基
督宗教作为一股强大的文化、社会甚至经济力量正在对本土社会产生强大
影响，在教育、医疗、妇女解放、社会发展等方面的贡献良多。但是它在
建构独立后新兴国家国民意识、本土文化上还需更加努力，如何更好地使
基督教会与本土社会相适应，并成为所在国现代化发展的内生动力之一，
这是当代非洲神学家面临和需要思考的问题。

结　论

当代非洲国家的发展道路异常艰难。现在人们已经普遍形成共识：非
洲要实现自身的发展，必须由其内部产生现代化的动力，即本土经济、社
会、文化力量的成长。这些力量应逐渐意识到自己在推动非洲发展中的角
色，并在应对外部挑战与发展过程中实现自身的变革和成长。

非洲的基督宗教已成为这块大陆上的一大文化和社会力量，虽然发展
的时间短，但它在逐渐成为非洲本土的文化因素，特别是独立以来，非洲
基督教会已经在追求本土化的过程中取得很大成就。但是在当今全球化时
代背景下，它也面临很多挑战，这些挑战不仅来自全球宗教和文化冲突的
挑战，也有自身神学构建、身份认同与社会互动等方面的困境。如何在处
理和化解这些挑战的同时，实现自身本土化的变革与发展，更好地与世俗
政权、非洲传统文化和伊斯兰教等势力共处和磨合，并在构建所在国家本
土文化和国家意识、民族意识等方面有所助益，是摆在当代非洲基督教会
面前的课题。

---

① ［美］罗德尼·斯达克、罗杰尔·芬克：《信仰的法则——解释宗教之人的方面》，杨凤
岗译，中国人民大学出版社 2004 年版，第 85 页。

目前我国在此领域的研究还相对薄弱，对基督宗教在当代非洲的社会功能、面临挑战和未来走向等问题还未展开深入探讨。中非关系在向前推进过程中，我们有必要对非洲文化的历史与现状加以更深认知，尤其对兼具文化载体与公民社会多重属性于一身的基督宗教开展研究，这不仅有助于我们更全面地了解非洲，并将进一步推动中非双方的文化互动与交流。

（责任编辑：周海金）

非洲口传文学与部族文化的延续

夏　艳

【内容摘要】在过去的漫长世纪，非洲大陆各族群创造和积累了丰富的口传形态的诗歌、故事、谚语、格言、神话和故事。这些口传文学曾经是非洲原始部落的精神家园与启蒙老师，是非洲大陆的精神史诗，也是非洲本土知识的基本载体和非洲各族群历史的集体记忆。理解非洲各部族的传统文化，把握非洲各族群的心灵结构，可以从倾听、理解这些古老的口传文学开始。

【关键词】口头文学；非洲民族；部族文化；隔代相传

【作者简介】夏艳，云南大学国际关系研究院非洲研究中心讲师、博士。

人类诞生之地的非洲大陆，因其有得天独厚之自然地理环境而形成了多彩多姿之文化风貌。中国古人云："无识之物，郁然有彩，有心之器，其无文欤。"① 在这块独特的大陆上，那些看似无意识的宇宙万物都充满了千姿百态的形态风采，那充满了心灵智慧的非洲各族人民，自然会拥有丰富的文学艺术。正所谓"心生而言立，言立而文明，自然之道也"②。有了精神生命的人类，必然会用语言去表达内心情感，用话语去传承文明成果。

文学语言始终是伴随着人类精神自觉和文明昌盛而发展的，在过去

---

① （梁）刘勰：《文心雕龙》，中州古籍出版社 2008 年版，第 28 页。
② 同上书，第 27 页。

漫长世纪，非洲大陆各族群创造和积累了丰富的口传下来的诗歌、故事、谚语、格言、神话和历史故事。这些口传文学曾经是非洲原始部落的精神家园与启蒙老师，直至今日依旧是给他们提供生活的忠告和精神的营养。

一 口头文学和"无国家的社会"

从世界文学史的角度上看，通过口头语言传承的口传文学要比文字写作的书面文学有着古老得多的历史。绝大多数民族都经历过漫长的口头文学发展阶段后，而后才进入文字文学的发展阶段。在撒哈拉以南非洲的大多数黑人族群社会中，由于书写文字出现得比较晚，书面文学一直到近代以后才出现，有的民族直到 20 世纪初以后才有正式的书面文学。

在非洲大陆，悠久的口头文学传统决定了口传文学与其社会、历史、政治始终有着一种特殊的互动关系。公元 1500 年前后，世界上并存着许多文明。撒哈拉以南非洲（黑非洲）因为与外界交往的不易，一直相对独立地创造和发展着自己的文明。历史上，非洲大部分地区受生产力低下、人口密度低和游牧部族流动性大等特点的影响，加上书面语言缺乏，语言隔膜和交通不便，建立大型国家体制和中央集权政府十分不易，因而传统非洲政治体制多表现为小型的部族王国或部落酋长国。[①] 在广大的内陆深处和雨林世界，许多非洲人族群组成了所谓"无国家的社会"或"前国家社会"。这种社会的突出特点是没有形成大一统的中央集权制的国家，没有职业化或专业化官僚集团。尼日利亚东南部的伊格博人有句格言"伊格博人无君主"，这个部族到 20 世纪初总体上仍维持着无国家的政治制度。[②] 而正是这样一种口传文化，赋予非洲大陆黑人各族群的部族文化一直保持着自己的传统与特色。

20 世纪初叶以前，撒哈拉以南非洲的文学形式主要是口耳相传的口头文学，如神话史诗、部落传说、家族历史、诗歌故事、谚语格言等等。

---

① 刘鸿武：《黑非洲文化研究》，华东师范大学出版社 1997 年版，第 83 页。

② 参见［美］埃里克·吉尔伯特、乔纳森·T. 雷诺兹《非洲史》，黄磷译，海南出版社、三环出版社 2007 年版，第 75 页。

这些千百年来众口相诵的口传文学质朴活泼，凝聚着非洲人民的精神财富，寄寓着丰富的人生哲理。非洲传统口头文学的内容主要是部落传说和家族历史。著名的黑非洲长篇英雄史诗《松迪亚塔——曼丁人的史诗》（Sundiata）由世袭的史官、民间艺人格里奥（Griot）[①] 等口耳相传至今，由几内亚文学家、历史学家用法文记录并整理成书于 1960 年出版。全诗18 章，歌颂了 13 世纪西非马里帝国的奠基人松迪亚塔创建国家的英雄业绩。传说松迪亚塔是古代曼丁国（今马里、几内亚一带）凯塔王朝继承人，国王去世前遵照先知预言立 7 岁还在地上爬的松迪亚塔为王，但王后莎苏玛违背国王遗愿立自己的儿子为王。松迪亚塔不堪忍受侮辱，逃往国外。成人后的松迪亚塔文武双全，在王后母子无力抵御外敌入侵的情况下，他联合十几个国家，起兵讨伐入侵之敌，最后创建了盛极一时的马里帝国。

口头文学是口头语言而非书面语言的文学，但是人类最古老的文学样式。从人类会说话的那天起，就有了口头文学的创作，就有了讲故事、听故事的活动。通俗易懂、无拘无束的口传文学是自然之音、率真之作，所谓"饥者歌其食，劳者歌其事"，人们"感于哀乐，缘事而发"。口头文学形态丰富，有反映远古时期人们对自然对自身认识的神话，饱含生活理想的幻想故事，还有鸿篇巨制的英雄史诗，短小精悍的谚语格言等等。在非洲，口头文学有悠久的历史，种类丰富，但凡谚语、格言、寓言、诗歌、神话及各种叙事故事，在非洲国家都有丰富的资源。当代非洲许多重要作家，如阿莫斯·图图奥拉、沃尔·索因卡等都不断从民间口头文学汲取灵感，增加非洲现代文学的蕴涵。在他们看来，"非洲几乎从有语言开始就有诗人、演说家和歌词作家"。[②] 历史悠久、内容丰富的口头文学为非洲现代书面文学提供了独特的想象空间与情感积淀，让当代非洲书面文学得以呈现出它不同于外部世界的奇幻色彩与地域精神，它所传承的非洲部族文化也构成了非洲当代人民的精神家园与心灵归属。

---

①　冈比亚土著语，指演唱部落史和家族史等的西非歌舞艺人。
②　［肯尼亚］马兹鲁伊主编：《非洲通史——第八卷：1935 年以后的非洲》，屠尔康等译，中国对外翻译出版公司 2003 年版，第 402 页。

二　部族语言与口头文学传统

　　非洲是一个语言种类繁多的大陆，总数在 800 种以上，占世界语言的 1/3 左右，非洲语言数量如此之多主要是因为非洲部族众多、交通不便。已知的非洲部族就有 700 多个，有些部族内部因交通不便等原因，同一部族内部也有着不同的语言。每种语言使用的人数相差很大，多则几千万人讲，少则几千人甚至几百人讲。非洲语言虽然历史悠久，语汇和表达方式丰富，但在语言理论方面大多比较落后，语言理论方面研究成果比较成熟的语言有阿拉伯语、斯瓦希里语、豪萨语、阿姆哈拉语和祖鲁语。直到近代早期，大多数非洲语言还没有文字，更没有出版物。在非洲语言的发展中，拉丁化是主要倾向。出于殖民统治的需要，欧洲殖民主义者从 19 世纪初就开始使一些非洲语言拉丁化。非洲最重要的民族语言东非的斯瓦希里语和西非的豪萨语原来都是用阿拉伯字母拼写的，在 19 世纪先后被拉丁化了。至今已经被拉丁化了的非洲语言不下数十种。

　　神话传说是非洲各族人民最初的口头文学，反映了非洲人民认识自然、探索自然的意识和能力，其主要内容是关于开天辟地、解释自然现象的神话和为本民族利益作出巨大贡献的英雄传说。口头文学讲述者是一群在当地德高望重并了解本地掌故传说的人，是当地历史记忆的代表和讲述者，通过自身对历史和传统的掌握来积极延续当地的口头传统。20 世纪初叶基督教会和非洲的知识分子开始对口头文学做过不少搜集整理工作，先后出版了一些神话传说故事集，如塞内加尔的《阿马杜—库姆巴的故事》、科特迪瓦的《非洲的传说》、喀麦隆的《在美丽的星空下》、乍得的《在乍得的星空下》、加蓬的《加蓬故事集》、尼日尔的《尼日尔的故事和传说》等。1960 年由几内亚历史学家、文学家吉布里尔·塔姆希尔·尼亚奈整理出版的《松迪亚塔》，无疑是黑非洲口头文学的优秀作品，具有较高的文献价值和文学价值。用铁努阿·阿契贝的话来说，"非洲人民并不是从欧洲人那里第一次听说有'文化'这种东西的，非洲的社会并不是没有思想的，它经常具有一种深奥的、价值丰富而又优美的哲学"①（《尼日利亚杂志》1964 年 6 月号）。在非洲，非洲本身的文化是与其殖民地经历相比具有更加强大的力量。② 因此，考察非洲文学必须认识到口头文学传统的特点。

通过口耳相传经过反复加工的民间创作，具有浓厚的生活气息和强烈的民族特色，体现了群众的智慧和艺术创造性。非洲口头文学是集体创作的经久不衰的结晶，为了方便流传，基本采用易记、上口的诗和韵文的形式，具有强烈的节奏感和感染力。东非海岸的斯瓦希里古典文学主要是诗歌体裁，它的古杂体诗通常都是长诗，四行为一节，与民间歌谣相同。产生于 19 世纪末期的佛得角克列奥尔语文学的第一代诗人，他们有一个共同的特点，即熟悉各种口头的民间创作形式，其中最流行的形式是"莫尔纳"，一种来自民间口头创作的诗歌样式，节奏很像华尔兹舞，格调忧郁。圣多美的民间口头创作的最普遍形式是"索科佩"，它和佛得角的莫尔纳一样，是一种歌舞结合的混合形式，不同的是它节奏较快，活泼轻松③……这一切，都形成了非洲口头文学的民族特色，直接影响着现代文学的形成和发展。

三　非洲群体的历史和记忆

早在历史上阿拉伯国家和西方国家入侵，并将书写符号带入非洲之前，非洲便有着世代相传的口头文学传统，它帮助非洲部族形成对世界的感知。其中著名的有北非埃及的拉神开天辟地的神话、世界文学史上最早最长的史诗《亡灵书》、约成于公元前 13 世纪的《尼罗河颂》、被认为是最早的传记文学埃及古王国时期的《梅腾传》等，此外《金字塔铭文》上还保存有埃及古王国米耶王朝（公元前 3200—前 2980 年）哀悼奥西里斯和欢呼其复活的宗教剧片段，可说是人类最早的戏剧，这些都是文字创立

---

① 转引自《成功的文学，有希望的文学——代译序》，载［美］伦纳德·S. 克莱因主编《20 世纪非洲文学》，李永彩译，北京语言出版社 1991 年版，第 5 页。

② ［肯尼亚］马兹鲁伊主编：《非洲通史——第八卷：1935 年以后的非洲》，屠尔康等译，中国对外翻译出版公司 2003 年版，第 463 页。

③ ［苏联］伊·德·尼基福罗娃等：《非洲现代文学（东非和南非）》，陈开种等译，外国文学出版社 1981 年版，第 379 页。

以后经过搜集、整理、记载下来的上古时期的口头文学。

战胜希特勒法西斯，是非洲文学发展中一个最显著的里程碑，这一胜利表明种族主义意识形态已经威信扫地。[①] 书面历史资料的缺乏、400 多年奴隶贸易的丑化、近百年殖民地历史的险恶用心，使遮蔽在非洲人身上的误读和污蔑厚重而荒诞。非洲曾经被认为是一块没有历史和文化的、黑暗的大陆，非洲部族是等待着白人来教化的野蛮人。随着第一、二次世界大战的爆发，随着一系列民族国家摆脱殖民后的独立，非洲民族获得了自信，人们开始平和客观地看待各种文明，此外考古上的新发现让非洲文化赢得了人们的尊重。因此，虽然非洲现代文学受到西方文学深切的影响，但口头文学是非洲文学的传统和基础，是非洲民族的历史和记忆。

非洲大多数民族由于没有创造自己的书面文字，长期以来依靠口头传说保留民族历史和传统。非洲口传文学是一种动态展演的文学样式，口头编创、口头传承，没有固定文本，始终处于变异之中，是千百年来非洲无数人智慧的结晶，是群体的历史记忆，是隔代相传的寓意，是智慧的矿藏。口传文学讲述者是一群了解本地掌故传说的人，在当地德高望重，是当地历史记忆的代表和讲述者。他们一般见多识广，比其他人有着更为深刻的社会阅历，通过自身对历史和传统的掌握来积极延续当地的口头传统。通过聆听故事，人们将过去与现在联系在一起，知道了现在的生活是对过去的延续，祖先的足迹依稀可辨，隔代的智慧不绝于耳，从而在传统的生活道路上不断行进并延续着传统。

在文字产生之前，历史主要是靠口头文学来记忆和记载的，口述历史尤其适合一向较少使用文字的非洲部族。在很多非洲民族地区，这些口头文学还没有用文字记录下来，当地的历史传统主要通过口述得以延续，口传文学是传授历史知识的唯一媒介。讲故事是人类生活中一项不可缺少的文化活动，讲述部落史和家族史的非洲艺人（如"格里奥"）往往成为当地德高望重的人。在没有文字但有着一种严密组织的社会里，民间艺人以及一些正式掌握家谱和传说的人就相当于古代的编年史家，于是史诗《松迪亚塔》成为当代史学家编写 13 世纪 20—30 年代马里帝国历史的主要依据，史学家经过筛选将该史诗的主要内容写入联合国教科文组织编写

---

① ［苏联］伊·德·尼基福罗娃等：《非洲现代文学（东非和南非）》，陈开种等译，外国文学出版社 1981 年版，第 2 页。

的《非洲通史》和英国著名学者编写的《剑桥非洲史》等权威性的历史著作中。口述史"眼睛向下"的学术取向以及平民化、大众化的基本特色通过多层次多渠道的在历史中保留了更多来自民间的多重声音，使历史变得更加丰满。以撒哈拉为界，撒哈拉以南的黑非洲是黑人为主的地理区域，也是非洲黑人传统文化的代表区域。黑非洲传统文学主要是口头文学，部落史和家族史往往是其主题，口传的历史故事通过世世代代口述历史学家的传承保留下来，后来才被记录和翻译出来供其他地方读者阅读。

四　隔代相传的智慧和寓意

非洲口传文学广泛地存在于社会生活之中，涉及民众生活的方方面面，不仅是一种文学，更是一种文化和生活。正如钟敬文所说"民间文学，在今天我们的眼里看来，不过是一种艺术作品。但是，在人类的初期或现在的野蛮人和文化国里的下层民众，它差不多是他们立身处世一切行为所取则的经典"。[①]口传文学表演主要集中在神庙、祭祀、竞技等公共场所，具有集体性和展示性。人们常常在这些公共场所表演、祭祀、聚集、歌舞、庆贺等等，举行场面宏大的公共仪式，这种高度的集体性使得口传文学的传统力量得到极大发挥，这种讲述活动具备的教化功能不仅是知识、道德及宗教信息的传输，而且让一个地方的文化传统在代际之间得到不断传承。正如伊格博格言，"如果演讲不用谚语就像是没有绳索却要爬上棕榈树"[②]；约鲁巴谚语，"智者用谚语解决问题"[③]。口头文学传统作为矿藏的价值由此展现，一句谚语、一个故事能够在时间长河里历经涤荡却依然传入我们耳中，足以证明它有着与那些湮灭在历史烟尘里的事物的不同之处。

进入 19 世纪之后，随着反抗殖民主义运动的开展，口头文学的思想

---

　　① 钟敬文：《钟敬文文集—民俗学卷》，安徽教育出版社 2002 年版，第 269 页。

　　② ［肯尼亚］马兹鲁伊主编：《非洲通史——第八卷：1935 年以后的非洲》，屠尔康等译，中国对外翻译出版公司 2003 年版，第 406 页。

　　③ 同上。

内容发生了重大变化：歌颂民族英雄、争取民族独立成为口头文学的一个主题，如几内亚流传的关于萨摩利·杜尔在 19 世纪末叶领导武装队伍同法国殖民主义者斗争的英勇故事和传奇人生的《坎比利史诗》，歌颂了行伍出身并笃信伊斯兰教的曼丁哥人萨摩利·杜尔，他不但在 19 世纪末建立西非最强大的国家乌阿苏鲁王国，而且在西非海岸的高山峡谷中和法国殖民远征军进行了持续十多年的长期抗战，最后被俘囚禁而死。其遗言"与其活着受辱，不如死了更好"至今为国人传诵，其刚毅勇敢、坚持独立的精神被他的曾外孙塞古·杜尔继承。

黑非洲的现代文学在反对西方殖民主义残酷统治的斗争中发展，19 世纪末基本上结束了口头文学阶段，经过 20 世纪上半期的觉醒探索过程，四五十年代获得较大发展。[①] 其中用民族语言创作的非洲文学作品不容低估：黑非洲最早的长篇小说是用聪加语写的《萨萨沃纳》，最早的史诗是用斯瓦希里语写的《德国人同海岸人民之间的战争》，最早的剧本是用马尔加什语写的《魔环》；乌干达诗人奥考特·普比泰克用罗语写的《拉维诺之歌》英文译本一问世，即轰动西方，用斯瓦希里语创作的坦桑尼亚作家夏巴尼·罗伯特被称为"东非的莎士比亚"。[②] 这些伟大的作品与作家，成为非洲大陆走向独立时期的精神号角，迄今为非洲人民所喜爱。

（责任编辑：赵俊）

---

① 孟昭毅、黎跃进编著：《简明东方文学史》，北京大学出版社 2005 年版，第 141 页。

② 参见《成功的文学，有希望的文学——代译序》，载［美］伦纳德·S. 克莱因主编《20 世纪非洲文学》，李永彩译，北京语言出版社 1991 年版，第 5 页。

成长中的非洲新女性

——阿契贝《荒原蚁丘》小说人物比阿特丽丝形象浅析

李　莉

【内容摘要】《荒原蚁丘》是当代尼日利亚著名作家阿契贝的一篇重要小说。作者在小说中对比阿特丽丝这一女性形象的成功塑造，让世人对当代非洲女性有了新的认识，也回应了评论家们对阿契贝小说创作忽略非洲女性的指责。本文运用女性主义理论对比阿特丽丝形象进行探讨，以她的童年经历作为切入点分析她成长背后的隐痛，展示她对本土文化中各种形式的男性中心主义的警惕与批判；同时揭示出非洲女性在后殖民时代所面临的种种话语诱惑与陷阱，并挖掘比阿特丽丝在复杂语境下突围的希望。

【关键词】女性；非洲女性；男性中心主义

【作者简介】李莉，女，世界文学与比较文学硕士，浙江农林职业技术学院讲师。

20世纪的非洲文学，具有特殊的时代成长背景与现代意义，并与非洲社会变迁的历史进程有着紧密的关联。其中，尼日利亚著名作家钦努阿·阿契贝创作于60年代的《尼日利亚四部曲》，通过非洲人物与景色的出色描写来反映非洲人为了土地、信仰、尊严而斗争的生命节奏，被誉为尼日利亚独立解放运动的宏伟史诗。然而这部作品也被一些批评家指责为忽视了非洲社会的妇女问题，甚至认为作品对后殖民时代女性的描写显示出较明显的男性中心主义倾向。① 有批评者认为,《尼日利亚四部曲》中虽涉及到大量女性,却都不是作品的主人公。她们要么是《瓦解》中逆来顺受的部落女性,要么像《人民公仆》中的南加太太和艾迪娜那样无奈地接受自己不公平的命运,成为男性政治斗争的工具与果实。也许是这些批评让阿契贝听到了另一种声音,因而对这一曾被自己忽略甚至误解的群体倾注了更多的关注。经过多年的沉寂,创作于 1987 年的小说《荒原蚁丘》在女性形象的塑造上有了很大突破。尤其是比阿特丽丝这一鲜明女性形象的塑造打破了其作品没有女性主人公的先例,为我们呈现出一个成熟、理性、独立而又充满矛盾的后殖民时代的非洲新女性。

一

《荒原蚁丘》描写的是克里斯、伊肯与比阿特丽丝三位既受过良好西方教育又热爱民族传统的知识分子,在一个叫"卡根"的虚拟独裁国家追求民族现代化道路上的失败与奋斗。作品中比阿特丽丝是贯穿作品始终的重要人物,与作品另外两个男主角克里斯和伊肯有同样重要的地位。由于故事的重点是三人从英国回到卡根几年后发生的事情,因此他们三人在英国期间的信息都是通过各自回忆得到的。比阿特丽丝曾在英国伦敦学院玛丽女王学院接受高等教育,主修英语荣获一级荣誉学位。至于西方现代教育对她的影响及在此期间她的心路历程作品没有透露更多信息。不过可以肯定的是,西方教育拓宽了她的眼界,让她能换一种眼光来看待童年的不幸,并尽可能从不幸中吸收能量。

因此,比阿特丽丝的女性主义启蒙要追溯到她的不幸童年。比阿特丽斯(昵称 BB)出生在一个典型的男性沙文主义家庭,在她的回忆里父亲是一个严肃、具有严重暴力倾向的牧师:"他和孩子以及我们可怜的母亲都很疏远","他的鞭子在整个教区都闻名遐迩"②。虽然当时的 BB 还是

---

① 罗豫:《阿契贝的尼日利亚思素》,http://jb.sznews.com/html/2008-11/29/content_434168.htm,2008 年 1 月 9 日。

② [尼日利亚] 钦努阿·阿契贝:《荒原蚁丘》,朱世达译,重庆出版集团 2009 年版,第 101 页(本文的引文皆出自此译本,以下不再加注)。

个小女孩，父亲的家庭暴力也比较隐蔽，她还是感觉得到父亲甚至用鞭子抽打她母亲，比阿特丽斯多次用"可怜"来形容她的母亲，她同情母亲，恨不得父亲突然去世以逃离他的暴力。有一次在母亲挨打后哭泣的时候试图抱住母亲的大腿安慰她，然而得到的不是拥抱而是*"用力的一推"*。事后她才明白母亲因为BB已是她的第五个女儿而满怀怨恨，因为她如此渴望为父亲生一个男孩。父母给她取了一个让她深感耻辱的名字"尼布伊布菲"，意思是"一个女人也是人"。成长于这种家庭的比阿特丽斯从小就体验了极端的孤独，她退缩回自己的世界里。虽然《尼日利亚四部曲》描写的家庭暴力比比皆是，在奥贡喀沃（《瓦解》）身上表现得更为残暴[1]，在艾迪娜父亲身上（《人民公仆》）表现得更加专横，但作者阿贝契在这些作品里并没有详细表现代表父权的男性暴力所造成的严重后果，更忽略了这些遭到暴力摧残的女孩们心中留下的烙印。[2] 而《荒原蚁丘》中却有大量BB关于痛苦童年经历的回忆。除了父亲的暴力，母亲与姐姐们对她的排斥也极大地加深了她的孤独，不管作者有意还是无意，读者从BB的童年体验可以得出这样的结论：在男性中心主义彻底内化的女性们的内心，受尽压迫的女性间没有同情和支持，只有相互间的排斥与孤立。笔者认为对于女性间关系的展示也是这篇小说极为深刻的部分。

极度不幸的童年体验一方面让BB对男性沙文主义极为谨慎，成为促成她坚强和独立性格的重要动因。另一方面还是以非常隐蔽的方式带给她伤害，BB回忆道："我一个人在我的世界中，我的孤独不再困扰我，从那以后没有再困扰过我"，然而有谁能完全忽略这种孤独带来的困扰？这是一种如此彻骨的孤独，她只能在内心把它们隐藏起来而已，在后来成长中，这种缺乏爱的感受在潜意识里造成她性格中的自卑、多疑以及对女性的不信任，让她忽略了女性之间的团结与互爱恰恰是抵御男性中心主义最温暖有力的屏障。

---

[1]　参见陶湘鹤《〈瓦解〉：一出英雄的悲歌——从女性主义角度解读奥康科》，载《安徽文学》2009年第12期。

[2]　孙翠萍：《〈人民公仆〉中的女性人物解读》，载《考试周刊》2009年第41期。

二

　　与作者早期作品中那些在两性关系中逆来顺受的女性相比，比阿特丽丝在与男性交往中显得相当独立。作为主人公之一的克里斯在政治上是温和的改良派，对女性也比较理解和尊重。当这位温文尔雅，善解人意的男性主动追求 BB 时，她既没有迫不及待地投入他的怀抱，也没有故作淑女状拒绝他，而是机智地通过各种旁敲侧击的手段去了解他，当确定了他是自己想要的男性时又能毫不犹豫地付出。就像克里斯说的那样"她有自己的风格，自己的节奏"。

　　当然，BB 的成熟更体现在她对男性中心主义的本土文化的警惕与批判上。男主角之一的伊肯在政治上是一个成熟的公共知识分子，他关于"新非洲主义"的许多论点极为精辟。但是在对待女性问题上却表现出十足的大男子主义。比如他在和自己认为喜欢的女孩上床后却不管多晚也要让她们回家，且认为这是为对方着想，"我一直觉得和别人睡觉是不明智的。一个男人应该在自己的床上醒来……一个女人也应当如此"。其实这位充满人道思想的政治家兼诗人最害怕的无非是与女性在一起生活会侵蚀他的自由，影响他的工作。他把自己的观点强加给别人，不愿意去深入了解女性的感情需求，BB 曾就这件事批评他"女人只作为他事业的抚慰者而存在"，只把她们当成疏解压力的工具，却反过来指责她们不够独立，并把原因归结于女性自身的弱点，"她们，那些女人们，是她们自己最糟糕的敌人"。即便是对于艾勒瓦——这个他自认为非常喜欢的女孩，他在意的无非是"她做爱的时候令人心驰神畅，没什么花招"，却不屑于去理解她的需求背后的不安与恐惧。

　　更重要的是比阿特丽丝指出了作品中伊肯的男性中心主义，认为他对女人的角色没有清晰的认知。伊肯在长篇小说和戏剧中把女性塑造为最高法庭和最后的救火员——当男人们的世界碎裂之际才下降打扫碎片。伊肯在 BB 洞见之下反思了自己的观念。将这种具有非洲文化传统的观点与西方将女性变成圣母的观点加以比较，并认可这是一种对女性压迫的新形式——"将待在脚底下的女人提拎起来，尊敬地放在一个舒适的位置上，在那儿，她的脚完全脱离了大地，她与治理世界的决策毫无关联，就像从前那些糟糕的日子一样"。

虽然在探索非洲国家如何走向民主的现代国家这样重大问题上,比阿特丽丝还没有形成清晰的思路,不像伊肯的理论既充满辩证精神又张扬了理想主义,也不像克里斯坚持温和的改良主义。但是,她觉察到了克里斯和伊肯这样的社会精英的致命弱点——各自为政,不知团结。她曾用一个比喻来讽刺他们的孤芳自赏与自命不凡:*他们三个人(克里斯、伊肯、萨姆)就像三个绿色瓶子。一个不小心摔了,一个在摇摇欲坠。摇啊摇,砰!然后,我们变成了"我",变成了高高在上的"朕"。*而克里斯到最后流亡时才明白 BB 一直在他和伊肯之间斡旋调解的意义,她希望他们放弃成见联合起来对待独裁者。

三

伊肯曾对 BB 说,是她的指责让他坐下来思考一下压迫的本质——*"压迫变得多么灵活,如果它想一次又一次地成功的话,就必须学会戴上各种各样的面具"。*尽管 BB 在与男性交往中对于变相的男性中心义非常谨慎。但身处后殖民时的她——一个曾经是英属殖民地国家的非洲黑人女子,性别压迫常常与民族或种族问题纠缠在一起,因此压迫的形式就显得更为复杂、更为隐蔽。作为一个探索民族自强之路的现代知识女性,BB 面临的不仅仅是本土的男性中心主义,更是后殖民时代各种话语的层层包围,这些话语常常会以民族与种族之名行性别压迫之实,当你自以为维护了正义,却恰恰掉进了另一个话语圈套。

作品中"苔丝德蒙娜事件"出现了两次。将其命名为"苔丝德蒙娜事件"是因为两次事件在 BB 看来都像莎士比亚名作《奥赛罗》的情节一样——黑人男子迷恋上(或可能迷恋)白人女性。第一件事发生在伦敦的岁末舞会上,BB 的男友盖伊结识了英国女孩便置她于不顾。事后英国女孩挑衅地对 BB 说*"你们黑小子都喜欢我们,这是一种苔丝德蒙娜情结……"*,英国女孩的话让 BB 深感耻辱,这与爱情无关。因此,几年后在卡根总统举办的宴会上,当 BB 再一次敏感地感觉到美国女孩挑衅的姿态时,便把自己比喻成以斯帖*"为了我长期遭受痛苦的人民"*奋不顾身去引诱独裁黑人总统,并且成功地撩拨起总统的欲望。

　　实际上，英国女孩关于"苔丝德蒙娜情结"的言论具有严重的种族主义倾向，她的话语不过是"白人优越论"的体现。而作品中的美国女孩也被描述成具有种族主义倾向，BB 对于美国女孩的挑衅所做反应却正好基于这样一种逻辑——如果一位男性黑人为追求一名白人女性，就意味着对黑人女性的轻视，同时也是对民族自尊心的伤害。因此，女性同胞有责任站出来维护民族尊严，哪怕以牺牲女性尊严为代价——把情感问题简化为种族问题正好是种族主义的逻辑。更严重的是把一位女性是否有能够吸引男性当成衡量女性魅力的标准则又掉进了男性中心主义的圈套。因此，"苔丝德蒙娜事件"既表现了 BB 作为非洲黑人的不自信，更暴露出作为女性的自卑感。所以事后比阿特丽斯泪流满面，似乎成功击败白人女性并未让她有胜利的喜悦，反而让她一直被悔恨和耻辱感所折磨。也许正因为BB 隐约感觉到了她行为背后隐藏的可怕的逻辑——正如伊肯分析的——压迫戴上了各种面具，也揭示了后殖民时代女性处境之险恶，稍有不慎便会陷入各种话语陷阱而不自知。

四

　　那么，后殖民时代的女性有没有突围的希望？比阿特丽斯的经历给读者带来了一丝曙光。

　　笔者在前文曾分析指出比阿特丽斯像部落先知一样预见到了伊肯、克里斯与萨姆三人组的崩溃，更一针见血地指出了他们作为精英知识分子各自为政的致命伤。然而此时的她却还没有意识到她对同性也缺乏宽容与同情。

　　作品除比阿特丽斯还塑造了另两位女性：一位是伊肯的女朋友艾勒瓦，一位是 BB 的女仆阿加莎。艾勒瓦是一位没有什么文化，但是很漂亮、充满温情与自尊的女孩。作品对这个人物的塑造似乎不太成功，没能给人留下深刻印象。比阿特丽斯开始与艾勒瓦之间没有较多接触，对她也没有正面评价，认为她没有什么头脑，配不上伊肯。当好朋友伊肯遇难后，BB 出于道义把怀有身孕的艾勒瓦接到家里照顾，与艾勒瓦住在一起时发现了这个女孩具有一种被她所忽略的自尊与自信的力量。但这件事无形中触怒了 BB 的女佣阿加莎。阿加莎这个人物很有意思，她每次看到

BB 留克里斯过夜就会表现出对女主人的轻视，对克里斯却没有不满。稍有不满就会哭上几个小时。在 BB 眼中，这个干巴巴的、一本正经的女孩表面上对宗教虔诚，*"在自己的身体里却没有一滴仁慈之血！"* 因此，比阿特丽丝对她除了厌恶外从来不曾表现过同情、怜悯，更不用说理解她、尊重她。在阿加莎哭泣的时候从来都是听之任之不加理会。为了维护艾勒瓦，甚至对她横加指责。然而对艾勒瓦的重新认识也促使 BB 开始去理解阿加莎。她认识到阿加莎也是不幸女人当中的一个。这种思考唤醒了 BB 自己童年时候被彻底孤立的体验，她感觉到阿加莎对自身的遗弃与命运的痛恨也是被孤立后的结果。只是换了一种更为自暴自弃的方式来报复人世的不公与冷漠。因此，当她意识到这一切时她满怀同情地对埋头哭泣的阿加莎说了一句：

"对不起，阿加莎。"

作者叙述了阿加莎的反应：*难以置信的表情先是变为惊愕，然后，透过眼泪的迷雾，一抹灿烂的笑容露出来了。*

得到尊重的阿加莎果然有了很大改变，变得开朗，懂得与别人交流。后来还代替女主人照顾艾勒瓦，在 BB 失去克里斯后给她安慰，成为 BB 有力的支持者。失去伊肯与克里斯之后的 BB 之所以能够走出沉痛哀伤的阴影，与女友们对她的启发与支持有重要的关系，她把有相同信念的人紧紧地团结起来去抵抗人生的苦难。

比阿特丽丝之所以能重新审视她对身边女性的态度得益于彼此的交流与沟通，沟通促进了相互的理解，这是女性团结的必由之路。团结使曾经被孤立的非洲女性走出孤独，获得强大的精神力量。谁又能说女性的自赎之路不是非洲的前进的道路？也许这正好是解决问题迭出的非洲的一把钥匙——只有通过交流与沟通让彼此走出历史的阴影，放弃部族间的歧视，联合起来才能走出独裁、分裂、贫穷的深渊。

阿契贝准确塑造出比阿特丽丝这一全新的非洲女性形象，她不是某种观念的图解，更不是一具男权话语描绘中的完美尸体。她的不完美、她的自相矛盾与她的勇气和独立结合起来使她成了一个有血有肉、活生生的人，一个没有完成但又不断成长中的新女性。

（责任编辑：周海金）

中非岩画艺术风格与审美情境比较

钟朝芳

【内容摘要】史前岩画是人类先民留下的文化遗产，是人类心灵成长与艺术生成的原初与本真形态。在遥远的过去，中非大地上的先民都有过形态丰富的岩画创作，其表现形式与精神追求，可谓同中有异，各呈奇境。本文以表现主义和自然主义之视角来观照中非岩画，探析其艺术情境与审美风格之差异。如果说中国岩画艺术是远古先民在天人之间建立起的一个精神阶梯和思想通道，是主观超越现实，心灵神游天地的表现主义创造，那么非洲岩画则是远古先民对这块大陆天地自然巨大力量的直接反映，是对动物精灵与人类生命活力的原始而直接的自然主义再现。

【关键词】中非岩画；表现主义；自然主义；艺术情境；比较

【作者简介】钟朝芳，浙江师范大学美术学院非洲艺术研究中心副教授，硕士，主要从事中非艺术与美术教育比较研究。

岩画是世界范围内的一种远古文化现象，是人类祖先刻绘在岩石上遗留下来的原初艺术品，也是文字发明之前人类精神活动与物质生产的本真写照。在世界版图上，中国和非洲大陆的岩画遗存都极为古老和丰富。在中国，早在秦汉时期，人们已开始关注这一古老的文化现象，除《史记》有零星记载外，《水经注》中的记载更多，也比较详尽。迄今在中国的21个省、166个市县都发现有岩画遗迹，大体可分为三大区域系统，一是西北系统，包括内蒙古、新疆、宁夏及其他北方地区，以表现狩猎时期的社会生活和动物形象为主；二是西南系统，包括广西、云南、四川、贵州等地区，以人物活动和宗教信仰为主；三是东南系统，包括江苏、安徽、福建、广东、港澳地区和台湾，以抽象性的符号形式为主。非洲至今已发现有20万个岩画遗址，比任何其他大洲都多。它们遍布于北非的撒哈拉、尼罗河流域、南部非洲和东部非洲广大地区。从已确定年代的岩画来看，撒哈拉地区最古老的作品有1.2万年以上，而南部非洲最古老的作品则有2.8万年。非洲还是世界上岩画延续时间最长的地区，有的岩画是在最近数百年间创作留下的。

　　中非岩画遗存浩繁，分布广泛且历史久远，不仅形成了区域性的多样化形态，也构成了演化中的多元性状态，其表现形态与演进过程的多样性、多元性和复杂性，很难用某种单一的概念或类型符号来概括。不过，岩画作为远古人类留存下来的一种具有共通性的文化语言，一种原初形态的史前艺术，它在许多方面又超越了区域和国家的界限而成为一种普遍的人类文化现象，有其本质上的共通性与可比较性。一方面，虽然中非岩画分布在相距遥远的两个大陆，双方的文明演进过程不同，种族形态也各有差异，但在岩画艺术上依然有许多共同特征，其形式语言、画面构成、形态刻画等都有许多相似性。人类史前岩画在演化过程中形成的这些品质和习惯，"其相似的艺术风格和题材内容，乃至大体相似的年代散布在各大陆"，[①] 说明人类文化有着本质上的共通性与一致性。另一方面，由于生成环境不同，随后的文明演化各异，中非岩画在发展过程中又形成不同的地域特征与种族个性。探析中非岩画艺术之异同及其缘由，有助于拓展我们对人类远古艺术特征的更全面理解，深化我们对人类文化统一性与差异性之复杂关系的认识。

一　对信仰的表现——中国岩画的精神性审美

　　中国岩画艺术的魅力，不仅在于它本身具有审美的品质，还在于其中蕴涵着中国先民萌动的某种温润中和的人文情怀和象征比拟的审美理念，

---

　　① 　陈兆复：《中国岩画发现史》，上海人民出版社1991年版，第20页。

它表明中国先民在其精神成长与艺术萌动的初始阶段，就开始呈现出某种对心灵结构与精神世界的执著追求与内在崇敬。总体上看，中华民族在其后来的精神世界建构过程中，走上了一条注重精神与情感塑造的道路，形成了一种更多的注重内心道德生活提升的文化模式，这与其在上古之时包括岩画创作在内的生活形态是有关联的。将中国岩画与世界其他区域的岩画作比较，我们可以这样说，中国岩画艺术是远古先民在天地自然与人类生存之间建立起来的一个精神阶梯和思想通道，是主观超越现实，心灵神游天地的艺术写照。

1. 精神超越现实

中国岩画的艺术精神及个性品质主要表现在两个方面：一是初现端倪的"天人合一"艺术境界，二是纵横不羁的精神想象力。首先，纵观中国岩画，可以发现侧重表现的多是作为天地自然界之精灵的人，而不是动物。在许多岩画作品中，人物形象多成为岩画表现的主体或焦点。中国先民在对自然万物的最初的朦胧认识过程上，已经开始探寻那具体物象之上的某种精神存在。他们通过对万物生命力量的观察，试图把握其自身生命与周围万物的关系，并且产生了自身生命高于自然万物的原始思想。透过中国岩画可以看出，中国先民对自然宇宙的感悟一开始就带有强烈的"人化"倾向，他们把自己的愿望和意志注入、渗透到自然对象中去，以期将外界自然和人自身的情感意志相融合。后世的中国绘画艺术体现了从人的角度去追求人与自然的和谐统一的"天人合一"的思想，而其最初的源头可以从中国岩画中看出一种萌动的个性端倪。其次，所谓纵横不羁的精神想象力，是说中国岩画反映出人类童年时代某种幼稚的想象和美好的愿望。原始人类在巫术与原始宗教的引导下，培育了自己任意想象和荒诞突愕的感觉，并在岩画艺术中呈现出这种独特的思维方式。

在中国岩画艺术中，所有图形的组合都十分随意和散漫，先人们摆脱了日常观念的束缚，驰骋自己的想象力，审美观念得到了最大的开放，也使原始岩画具有某种象征的意义。原始岩画的象征性、神秘性、抽象性的精神及理想追求，加上超越时空的自由联想，形成了单纯、粗犷、大气、抽象而带有野性的原始艺术魅力。发现于宁夏贺兰山贺兰口人面像岩刻就是一个最好的例证。人面像岩画是中国岩画艺术的代表作，人面像在全世界都有发现，但是中国的人面像岩画以其数量之丰富，风格之多样，在世界人面像岩画中占有突出的地位。"那些怪诞奇异的人面形象，反映了一个我们未知的精神世界。荒唐的想象、大胆的创造，既是神灵的形象化，也是先民们思想信仰的具体表现。画面所传达出来的欢乐和哀伤，往往把人们带到了对于那久已逝去的时代的冥想之中。"①

2. 表现多于再现

中国岩画注重对世界的主观感受与表现。要表现内部的精神实质，就要突破外在的物质表象，脱离自然主义的美学原则，创造出一种新的形式来表达内心的情感。中国岩画中，无数的动物形象，大多带有一种难以名状的神秘色彩，总感觉与真实的动物相比"似是而非"，形象大都被改造变形，有的部分被夸大，有的部分被缩小，有的部分被省略，有的部分又是"无中生有"。众多的神灵图像，奇形怪状，面目各异，似人非人，诡异莫测。这是原始人根据自己的审美理想，把在生产与生活中曾经见过的事物，抽取其中最灵异的部分，重新组合成某种形象，直观地反映出原始人类朴素的宗教信仰与精神追求。在中国岩画中，原始人对现实世界的感受具有较强的精神意念，所反映出来的形象不是再现性的模拟，而是表现性的抽象，是以更加直接的方式呈现精神意念上的象征意识。从这里看出，中国岩画艺术的精神性审美，在观念上与西方现代派艺术多有接近之处。这样的比较研究，可以让我们获得对岩画艺术和整个人类艺术史的重新认识与思考。当然，"原始艺术与现代艺术在观念上接近是出于不同原因的。在原始社会里，艺术与非艺术处于混沌状态，相应的意识和观念也都是混沌未分地融合在一起，那是由于当时还没形成明显的社会分工的缘故"。②

二　对自然美的追求——非洲岩画的世俗性审美

从总体上来看，非洲岩画尤其是早期作品具有明显的自然主义的特

---

① 陈兆复：《古代岩画》，文物出版社 2002 年版，第 191 页。
② 陈兆复：《中国岩画发现史》，上海人民出版社 1991 年版，第 429 页。

征，这纯粹是这块大陆伟大自然力量和万物狂欢的某种原始精神呈现。非洲岩画不同于中国岩画那般钟情于表现以人为中心的生命题材，而是更多地关注满足人的实际生存需要的动物世界，更多地呈现原始先民的狩猎、渔牧、战争等世俗生活，具有另一种世俗性的审美情趣与艺术魅力。这种对世俗生活的原始而直接的刻画，表达了非洲民族对自然美的原始追求，以及祈求生活幸福和族群兴旺的愿望。正因为非洲岩画具有这种真实与自然的艺术属性，因而较之其他地区得以更为长久的延续和流传。

1. 世俗高于宗教

一些岩画研究专家认为，"大多数岩画都可能具有宗教意义，只有少数被认为纯粹是世俗的。"① 非洲岩画与原始宗教信仰有着千丝万缕的联系，这是必然的，但非洲岩画表现出的突出的世俗性特征，正构成了非洲岩画的鲜明特色。非洲岩画的创作来源于多彩的现实生活，其作品自然、真实、生动，表现出较强的自然美感与生活魅力。非洲岩画的作品题材以大型的野生动物图像和人们狩猎活动、生产与生活场景为主。撒哈拉原始人的岩画，不仅真实地呈现了历史上独特的非洲自然环境，还向我们生动地再现了距今约 4000 年至 8000 年前非洲人的畜牧生活：在椭圆形的小屋前拴着一排小牛，牧民们赶着膘肥体壮的长角牛群，披着晚霞归来，妇女们跑出小屋迎接亲人，孩子们在牛群中嬉戏，整个画面洋溢着田园牧歌式的生活气氛。非洲岩画在取材上对非洲人家庭生活物品也富有浓郁的生活情趣。北非塞德堡岩画上有非洲人家庭生活的细节刻画，一些袋子和其他一些器具挂在一种小挂钩上，这是很真实的一个细节，考古学家曾经在山洞中发现过很多这样卡在石缝里的小木挂钩，证明这是用来悬挂物品的。非洲岩画中所涉及的自然状态感强烈的家庭生活现象，使其与中国岩画有着鲜明的对比，并形成较为独立的特征，尽管中国岩画也表现现实生活。在非洲岩画中，即使是一些跟巫术、宗教有关的岩画，也是以现实生活内容为载体，借用世俗生活的场景，直接或间接地反映世俗生活。非洲岩画的延续性非常强，从远古一直延续至今。布须曼人的子孙在 19 世纪遭到殖民者迫害以前，也从未停止过岩画的创作。随着畜牧业的发展，非洲岩

---

① 　陈兆复：《中国岩画发现史》，上海人民出版社 1991 年版，第 432 页。

画也越来越远离原始宗教，接近世俗生活，其世俗性的审美意识也越来越强烈。

2. 客观多于主观

大量的非洲岩画非常客观地描绘了原始部族的物质和精神生活场面，呈现了生动而真实的非洲远古文明。撒哈拉岩画从多角度描绘了古代先民的日常生活。岩画中的动物形象被表现得非常真实自然而客观，刻画的生动性与准确性令人赞叹不已。表现战争厮杀和欢庆舞蹈的场面中，人体刻画呈现了动态的精湛与技巧的精致。特别是那些步调从容、动作柔软的女舞者，以及那些跑着射箭的弩手，给人以自然美的享受。岩画中出现的缓慢游行的行列、带着孩子们玩耍的父母、在茅舍旁宁静休憩的男女、有着家务活动的家庭、收割田间作物的妇女、屠宰野兽的牧人等，无不来自现实生活的情境。布须曼人创作的岩画题材也是多方面的，从不同的情境展示了布须曼岩画对部族战争、狩猎生产、采集生活的客观性表现。岩画中有布须曼人勇敢抗击班图族侵略的战争场面，有族属之间相互争夺的械斗情节，有布须曼男人们集体狩猎的生产活动，有布须曼女人们结伙采集果实的生活情境，还有反映布须曼人宗教信仰和娱乐生活的现实细节。无论何种题材，在布须曼岩画上都被表现得极为真实，其创作意识具有很强的客观性。"非洲岩画的大量发现，可以断定非洲是世界文明发源地之一，岩画就是这种独立的非洲文化最强有力的证明。"[1] "事实上，在过去漫长岁月里，在非洲热带大陆独特的自然环境里，非洲黑人各民族以最为本真的心灵去看待生命、生活与自然，创造起了他们纯然本真的生活艺术。在这个纯真的生活艺术世界里，人们以自己的心灵去追思先祖、询问自然、祭祀神灵、感受生死、体验欢乐，其间的痴迷与执着，总让人为之动容、为之震撼。"[2] 非洲岩画这种客观性，无疑对研究世界原始文化有着重要意义，它使我们能以此了解和考察非洲原始部族的审美意识起源以及原始艺术的特征，更能从岩画中了解当时非洲原始部族的真实生活和社会形态。

---

[1]　陈兆复、邢琏：《外国岩画发现史》，上海人民出版社 1993 年版，第 224 页。
[2]　刘鸿武、李舒弟主编：《非洲艺术研究》，云南大学出版社 2010 年版，第 19 页。

三　中非岩画比较——表现主义与自然
主义不同取向的审美情境

　　人类发生伊始，中国和非洲大陆的原始人类就在各自的生产与生活中，逐渐地形成了对自然与社会、生产与生活、生命与存在的不同意识，并在原始岩画中以各自不同的艺术表现形式呈现出来。中非岩画艺术作为原始人类文化的载体，虽然具有一定的文化共通性，但由于不同地域的自然条件的变迁、生产方式的变革与生活习性的改变，也必然导致人们在岩画审美情境上的不同与艺术表现风格上的差异。

1. 抽象与写实之分野

　　精神性审美强调的是心灵世界，表现宗教精神及理念，讲求理性抽象，通常采用抽象性的语言及表现性的形式。而世俗性审美强调现实生活，讲求感性写实，描绘现实生活的世俗风情美，通常追求准确性，采用写实性的语言及再现性的形式。

　　从现存世界岩画来看，运用写实手法表现形象是岩画艺术的主要风格。但在中国岩画中，抽象性、意向性甚至符号性却具有一定的普遍性。有些地方的岩画十分抽象，主要由几何图形和简练的线条组成神秘的符号。这些符号隐喻着较为神秘和深刻的内涵，很难破解其中的意义。中国岩画即使表现具体的物象，手法也较为古拙与独特，人物形态大都不表现五官细节，只通过四肢的意向性表达来呈现人物的动作、体态和感情；动物形象也仅刻画出角、尾、耳等部位与特征，通过意象性的意会和感觉，即可辨认出是何种动物。艺术的抽象语言表现了人们对物象的一种直觉感受与生动领悟，取得了模仿性再现语言形式所难以企及的艺术效果，中国岩画很鲜明地突出了这种艺术效果。中国岩画以抽象的、意象的形式语言表现丰富而复杂的客观世界，其中蕴涵着种种神秘莫测的精神观念与理念象征。这是中国岩画以独特的形式语言诠释着先人们对自然、社会与生命的感知。高度概括、凝练的符号形式，是通过抽象的视觉语言和文化再现的形式，表现人的情感和精神，以及其中所蕴涵的社会文化及时代的精神。

　　与中国岩画不同，非洲岩画有着浓郁的黑人文化和非洲民族风格，有着写实与客观呈现的特点。流畅的线条、准确的动作、合规律的透视以及真实的细节刻画，具有写实造型艺术的技术水平。北部撒哈拉早期岩画绘制得美妙绝伦，真实生动，没有较为坚实的写实技术是达不到的。利比亚西南部的一幅岩画《牛》，形象的生动性与描绘的正确性，为原始岩画中所罕见。它描绘了两条正在休息中的野牛，姿态秀美而真实生动，一蹲一站，前后互叠，形象正确，神态毕现。如此生动的刻画与表现，没有对野牛形态的细致观察、精确的记忆和娴熟的技术，是达不到这种效果的。在塔基迪多马坦的石壁上有一幅 5500 年前的岩画，刻画的是牧人们忙碌的情景，一只水牛拴在小屋前，一只长角牛从牧地回来，画面生活感强，形象写实，细节真实。布须曼人的岩画，其描写的手法具有显著的现实风格，而且富有特征性的表现力。布须曼人臀部特别突出，岩画就非常真实地刻画了女人的臀部和大腿的体态特征，并且非常流行。

2. 单色与多色之差异

　　色彩也是岩画的主要表现手段，中非岩画在色彩上也有区别。中国岩画的用色，与非洲岩画显然不同。中国岩画是单色的，南方体系广西宁明花山岩画几乎都是用红颜色画成的，颜料中内含较多的铁质成分，据分析是以赤铁矿粉调和牛血构成的颜料。红色颜料材质耐久，形象醒目，具有精神震撼力和视觉冲击力，原始人很早就发现了红色所具有的独特美，并用于岩画创作。中国岩画一般都绘制在陡直的崖面、巨大的坡石或岩石的遮蔽处，使用单纯的颜色能更好地突出形象，特别是红色，在绿色自然背景中，很容易突出岩画的形象。复杂的颜色不仅不能突出形象，反而会模糊形象。中国岩画的这种色彩语言特征和表现形式，与大自然有机地融为一体，不需要如实地再现自然，而突出地表现自然，呈现人们内在的心灵与精神世界，故要求色彩单纯强烈。"原始民族喜爱红色，除了美学的观念外，大概还有宗教的观念存在，在他们看来，红色是呼唤生命的。"[①]原始人在他们频繁的狩猎和战争活动中，鲜血不断地刺激他们的视觉神经，导致红色在视觉中的稳定性。当红色置于某种祭祀仪式氛围中，红色和血色，使岩画产生强烈的刺激效果，从而具有了一定的恐怖和神秘色

---

　　① 　陈兆复：《中国岩画发现史》，上海人民出版社 1991 年版，第 400 页。

彩。红色那炽热的调子和生命之火相呼应，使岩画获得了无限的生命之感和永恒的艺术魅力。

非洲岩画有的是单色，但更多的是多种颜色的混合使用。多色岩画，大约始于公元前 2000 年代中期。这时期的岩画往往是风俗性的题材，狩猎、舞蹈、收割、休息等场面居多。非洲岩画是以再现为目的艺术，要求真实、客观，故色彩丰富。非洲岩画常用的颜色有红色、褐色、白色、玫瑰色、栗色、黑色和绿色等，有时，颜色的种类多达十来种。但在一个画面上只采用一种或两种颜色。它们分别取自不同的自然材料，历经几千年这些颜料在岩画上仍保持着新鲜感。其奥妙可能在于，涂绘前先把颜料同牛奶、油汁或蛋清、蜂蜜等黏性液体调和，甚至熬成骨胶状，制成一种原始的"蜡笔"，然后再涂绘到岩壁上，这样可以使岩画蜡封在隔绝空气的环境中，得以保持颜色的饱和度和鲜亮性。

远古岩画是民族的审美趣味养成的历史源头。红色成为中华民族审美的主色调，被广泛应用于精神意识与生活情趣的各个领域，并赋予它各种不同的审美意义。中国岩画在自然中追求单纯、对比与和谐的美，也汇入了中国传统绘画审美追求的精神世界。古人历来把"丹青"指代中国传统民族绘画艺术，"丹"与"青"是古代常用的两种颜色——红、青矿物质颜料。二者摆在一起对比强烈，格外醒目。非洲是个色彩斑斓的民族，阳光、日照、炎热、沙漠、海水、丛林等自然物象，使得非洲的艺术也变得多彩。非洲黑人的绘画——铜敲画、木雕挂画、沙画、龟壳画、蝴蝶画，基本上都是彩色的；非洲黑人的工艺品——黑木雕、灰木雕、象牙雕，也是彩色的；非洲黑人强悍、粗犷的音乐与舞蹈也是彩色的；熊熊燃烧的火焰旁身穿花衣裙欢跳的非洲黑人，也是彩色的。

3. 平面和立体之不同

中国岩画不管涂色还是凿刻，在物体造型上，都采取平面塑造的手法。在构图的空间关系上，则是采用平面布置的方法，没有近大远小的透视关系和空间深度。中国北方岩画，大都是刻制的，刻制又包括磨制、敲凿与线刻，形象平面而规整；南方岩画，则均用单色绘法，辅以简单的线条，形象呈剪影效果。中国岩画的图像虽然是平面的，但能抓住物象的基本形，并善于取舍和选择物象最具特征、最富表现力的角度来刻画，描绘出动物的奔跑、人马的骑射等生动的场面和场景，具有很强的形式感和装饰性。

非洲岩画除了平面造型外，更注意立体感和空间感的画面，尤其大小远近关系。在布须曼人的岩画上，我们可以发现，布须曼人学会了运用远小近大的方法来表现深度与空间透视，他们把小一些的人物画在大一点的人物上面，形成了由远及近的距离感。岩画的许多细节以颜色的深浅来加强形象的立体感，出现了渲染技法，这是非洲岩画技术趋向成熟的标志。在南非开普省境内发现的一幅岩画《围猎大象》，可以清楚地看到这种用色法。这些猎人的形象有的平涂，有的是在深色上再铺一层浅色，造成一种复合色。值得注意的是，大象的四条腿被以不同的浓淡涂色表示出动物腿的前后关系。

总之，中非岩画各成一统，各放异彩。中国岩画突出人类自身及人的精神情境，非洲岩画突出动物世界和人的世俗情境。中非岩画在各自的发展历程中呈现出不同的艺术追求和审美倾向，并对后世双方的艺术发展进程及艺术风格的形成产生了复杂的影响。研究和总结中非岩画艺术的精神内涵和形式语言，不仅可以让我们更好地追溯中非岩画艺术创作的本真形态及其后世变异，也可以让我们获得对中非文化发展的历史共通性和差异性有更直接和感性的认识。

经济与发展研究

对后结构调整时期非洲主流经济发展战略与政策的批判性思考[①]

李智彪

【内容摘要】多方面证据表明，非洲现行经济发展战略与政策基本上仍是过去经济结构调整计划的延续或翻版。经济结构调整计划曾因广受争议和反对而被弃之不用，但该计划的主导思想和主要政策框架在换上减债计划、减贫战略等新的外包装后继续掌控非洲经济发展进程，根源在于非洲国家长期以来在物质层面严重依赖外部世界，它们在精神层面所追求的独立自主理想缺少实现空间。短期内非洲国家真正自主选择和决定其经济发展战略与政策的空间还不是很大。但无论如何，非洲国家在依赖外部世界求发展的进程中必须树立自力更生、自主发展的观念，要力争使所获外援为内生发展创造条件、为摆脱外援创造条件。

【关键词】结构调整；减贫战略；华盛顿共识；新自由主义；自主发展

【作者简介】李智彪，男，中国社会科学院西亚非洲研究所研究员。

20 世纪 80—90 年代非洲国家普遍实施的经济结构调整计划由于引发

---

① 标题用"后结构调整时期"这一概念意在突出非洲国家现行经济发展战略与政策与以往实施的经济结构调整计划之间的某种关联性，具体时间跨度大体涵盖 1996 年国际货币基金组织和世界银行正式出台"重债穷国减债计划"至今的历史时期。

诸多经济社会问题并受到多方批评而在 90 年代中后期逐渐销声匿迹，取
而代之的是各种以减贫脱贫为名目的经济发展战略与政策，如非统制定的
《非洲发展新伙伴计划》以及众多非洲国家制定的各种版本的《减贫战略
文件》。① 这些新出台的经济发展战略与政策粗看起来似乎是非洲国家自
主决策、自我选择的全新发展战略与政策，但细加研究就会发现它们与原
先的经济结构调整计划无本质差异。换句话说，非洲国家近 10 多年来实
施的经济发展战略与政策基本上是经济结构调整计划的延续或翻版。对
此，国外也有学者提出类似观点，② 但却鲜有专文系统论述。本文拟分两
部分这对这一问题加以论证，并在论证的基础上对非洲未来经济发展战略
与政策的可选空间作初步分析。

一

　　之所以说非洲国家现行经济发展战略与政策基本上是经济结构调整计
划的延续或翻版，主要源于以下几方面的事实。
　　第一，各种减贫脱贫战略是大多数非洲国家正在实施的经济发展战略
与政策，这些战略与政策主要以国际货币基金组织和世界银行 20 世纪 90
年代中后期出台的"重债穷国减债计划"和"加强的重债穷国减债计划"
为政策选择框架。这意味着当年非洲经济结构调整计划的主要倡导者和推

---

　　① 据国际货币基金组织官方网站统计，从 2000 年 3 月至 2010 年 6 月，非洲共有 34 个国家
先后出台和实施各种《减贫战略文件》。34 国分别是：贝宁、布基纳法索、布隆迪、喀麦隆、佛
得角、中非共和国、乍得、刚果（金）、刚果（布）、科特迪瓦、吉布提、埃塞俄比亚、冈比亚、
加纳、几内亚、几内亚比绍、肯尼亚、莱索托、利比里亚、马达加斯加、马拉维、马里、毛里塔
尼亚、莫桑比克、尼日尔、尼日利亚、卢旺达、圣多美和普林西比、塞内加尔、塞拉利昂、坦桑
尼亚、多哥、乌干达、赞比亚。http://www.imf.org/external/np/prsp/prsp.asp，June 22,
2011.
　　② 例如，加拿大学者利德尔对塞拉利昂实施重债穷国减债计划进程进行研究后得出结论：
重债穷国减债计划实际上是结构调整计划的继续；瑞典学者赫尔梅利认为，《减贫战略文件》是
国际金融机构主观臆想的产物而未考虑不同国家的不同情况，文件所包含的政策实际上是过时的
结构调整政策的重现。See Barry Riddell，"Sierra Leone：Urban-Elite Bias，Atrocity & Debt"，
Review of African Political Economy，Volume 32，No. 103，March 2005，p. 124；Kenneth
Hermele，*The Poverty Reduction Strategies：A Survey of the Literature*，Stockholm：Forum
Syd，2005.

行者现在继续充当非洲经济决策的主力。虽然各种版本的减贫战略文件名义上是非洲国家自主制定的，但文件的起草通常是在外部发展伙伴参与下完成的，且文件有固定要求与格式，主要描述参与国为实现经济增长与减贫在未来 3—5 年将要采取的宏观经济、结构和社会政策与计划，以及执行这些政策与计划所需资金来源情况和对外部资金需求情况。可以说，所有的减贫战略文件基本上是标准化的，甚至文件的各级标题也基本相同或相似。[①]尤为关键的是，这些文件在付诸实施前要经过上述国际金融机构的审查与批准，国际金融机构一再强调的非洲国家自主权实际上仅仅体现在它们参与了文件的起草工作，并且这些文件最后是由非洲国家政府自己公布的。中国学者安春英的研究还显示，由于国际金融机构掌握和操纵着减贫战略文件的审批权，非洲国家减贫所需的优惠性贷款和债务减免可能被驳回或撤回，这就使得非洲国家在制定减贫战略文件时难以坦率和完全真实地阐明自己的意见。[②]此外，在每一个为期 3 年或 5 年的减贫战略计划实施过程中，相关国家每年均要向国际金融机构提交计划进展报告，以便国际金融机构进行检查与评估。对于大部分实施减贫战略计划的非洲国家来说，如何应对这种阶段性的检查与评估，如何妥善处理与外部发展伙伴的关系，常成为其经济乃至外交工作的重心。

　　第二，非洲国家积极参与国际金融机构倡导的减贫战略，主要是为了获得其债务减免和优惠贷款，也正是基于此，国际金融机构在推广减贫战略时得以附加一系列政治、经济条件。这种做法同当年它们在非洲推行结构调整计划的模式如出一辙。而且各种附加条件基本上大同小异，核心内容是执行该战略的国家必须保持宏观经济环境稳定，支持私营部门发展，致力于良治与法制，努力创造良好投资环境以吸引外资流入。例如，尼日利亚政府 2004 年出台的减贫战略文件——《满足每个人的需求：国家经济振兴与发展战略》就明确提出：对国家主要经济部门实行私有化、自由化或彻底解除管制；降低政府在经济特别是生产部门中的作用，增强其监

---

①　John F. E. Ohiorhenuan and Zoe Keeler, "International Political Economy and African Economic Development: A Survey of Issues and Research Agenda", *Journal of African Economies*, Volume 17, Supplement 1, 2008, p. 159; http://www.imf.org/external/np/prsp/prsp.asp, June 11, 2010.

②　安春英:《非洲脱贫战略的演进——减贫战略报告》，载《西亚非洲》2005 年第 1 期。

管职能；将要实施的所有减贫项目应有助于促进私营部门的增长与发展。①这些被写入各国《减贫战略文件》的附加条件很显然出自"华盛顿共识"，也就是当年指导非洲结构调整计划的理论体系与政策工具。②

第三，作为非洲整体发展战略的《非洲发展新伙伴计划》基本上是非洲人自己制订的，③且该计划特别强调非洲的自主性和领导权。然而，对这一计划稍加系统研究就可发现，它强调的自主性和领导权实际上只停留在字面上，如何与外部世界特别是发达国家建立伙伴关系，如何从外部获取发展资金才是计划的重中之重。计划的字里行间充满对外债减免、外部发展援助和外国直接投资的渴望，并明确表示对国际金融机构提出的重债穷国计划和减贫战略予以支持。非洲领导人推出这一计划的某些细节也很能说明问题。众所周知，该计划正式公布的时间是 2001 年 10 月，但它首次面世的时间是 2001 年 1 月，面世的场合是达沃斯世界经济论坛，而此时非洲领导人还未就计划的最终案文达成共识。④ 2002 年 6 月，八国集团会议在加拿大卡纳纳斯基斯举行，非洲领导人通过大力宣介、游说让八国集团接受了他们的计划，通过了所谓的《非洲行动计划》。这也许值得庆贺，但号称 50 多个国家自主制订的自我发展计划却要努力寻求外部世界的首肯，又显得可悲。也因此，各种批评《非洲发展新伙伴计划》的声音自其出台伊始就未曾间断。南非学者马修斯的观点颇具代表性：《非洲发

---

① Nigerian National Planning Commission，*Meeting Everyone's Needs：National Economic Empowerment and Development Strategy*，Abuja：Nigerian National Planning Commission，2004.

② "华盛顿共识"框架内的政策工具主要包括：加强财政纪律，压缩财政赤字，降低通货膨胀，稳定宏观经济环境；把政府开支的重点转向经济效益高的经济领域和有利于改善收入分配的领域；开展税制改革，降低边际税率，扩大税基；实施金融自由化改革；采取更具竞争力的汇率制度；实施贸易自由化；对外国直接投资实行开放政策；对国有企业实施私有化；放松政府管制；保护私人财产。See John Williamson，"The Washington Consensus as Policy Prescription for Development"，*Lecture to the World Bank*，Washington，DC：Peterson Institute for International Economics，2004.

③ 国外也有学者称，《非洲发展新伙伴计划》在制订过程中很可能有国际金融机构和八国集团的参与。See John Loxley，"Imperialism & Economic Reform in Africa：What's New about the New Partnership for Africa's Development（NEPAD）?" *Review of African Political Economy*，Volume 30，No. 95，March 2003，p. 122.

④ John F. E. Ohiorhenuan and Zoe Keeler，"International Political Economy and African Economic Development：A Survey of Issues and Research Agenda"，*Journal of African Economies*，Volume 17，Supplement 1，2008，p. i191.

展新伙伴计划》存在很多自相矛盾处，它一方面强调非洲的自主发展，另一方面又提出建立与发达国家的伙伴关系，希望通过这种伙伴关系来实现非洲的发展。这样自相矛盾的计划显然充满了缺陷，不可能对非洲人民产生多大鼓舞作用。这样的计划更像是说服西方捐助者增加其在非洲的投资，而不是激励非洲人民为了美好的明天而奋斗。①

　　第四，非洲也有一些国家未实施国际金融机构倡导的减贫战略，主要是北部非洲国家以及撒哈拉以南非洲相对富裕或受战乱困扰的国家，但这些国家的经济发展战略与政策同样深受新自由主义影响，即重视私人部门的发展，重视吸引外国直接投资，重视国有企业的私有化。例如，埃及近10多年来一直进行以私有化为核心的经济改革，经济发展模式逐渐从以国有经济为主导的中央计划经济向以私营经济为主导的市场经济过渡，私人资本迅猛发展，私营部门已在国民经济中占据主导地位。②博茨瓦纳《第八个国家发展计划》（1997—2003 年）和《第九个国家发展计划》（2003—2009 年）均强调保持宏观经济稳定，进行国营部门的私有化。1998 年博茨瓦纳政府公布有关国营企业私有化的白皮书，把私有化作为一项重大经济政策予以推广，并于 2001 年成立专门的国营企业评估和私有化署负责此项工作，2003 年还出台一个私有化总方案。③安哥拉政府于1997 年出台的《1998—2000 年三年经济稳定和恢复计划》，其中一个重要目标是实现国有企业的全面私有化。同时，为了争取外部融资和债务减免，安政府还在国际货币基金组织帮助和监督下实施了一系列稳定国民经济、增强宏观调控能力的改革措施，并大范围地出让国有资产，以加快私有化进程，为外国资本流入敞开大门。④《增长、就业与重新分配》是新南非成立后出台的首个经济发展战略计划，该计划的核心内容有三点，即对外开放市场、实施私有化、为私人投资创造良好投资环境。南非共产党总书记布拉德·恩齐曼德（Blade Nzimande）曾撰文称该计划是南非政府

　　①　Sally Mathews，"Investigating NEPAD's Development Assumptions"，*Review of African Political Economy*，Volume 31，No. 101，September 2004，pp. 497—511.

　　②　杨灏城、许林根编著：《列国志·埃及》，社会科学文献出版社 2006 年版，第 227 页。

　　③　徐人龙编著：《列国志·博茨瓦纳》，社会科学文献出版社 2007 年版，第 138、140 页。

　　④　刘海方编著：《列国志·安哥拉》，社会科学文献出版社 2006 年版，第 194—197 页。

自我强加的结构调整计划。[1]姆贝基执政期间，"黑人经济振兴计划"（BEE）是南非政府大力推行的一项新经济政策，但由于政府主要采用私有化的方式推行该计划，受益的只是少数黑人，因此这一计划同样受到多方批评。[2]

二

经济结构调整计划从问世伊始就广受争议，来自非洲方面的反对声、批评声尤其强烈，这也是该计划最终被弃之不用的主要原因。但经济结构调整计划的主导思想和主要政策框架在换上减债计划、减贫战略等新的外包装后，继续掌控非洲经济发展进程，原因又何在？

首先，非洲国家长期以来在物质层面严重依赖外部世界，它们在精神层面所追求的独立自主理想事实上缺少实现空间。其中经济发展资金短缺、长期依赖外部融资几乎是大多数非洲国家的软肋。据统计，在1981—2005年25年间，非洲国家年均储蓄率和投资率分别只有18.5%和20.9%，而同期发展中世界的年均储蓄率和投资率分别为24.8%和25.5%。[3]外援自然而然成为众多非洲国家发展经济的主要资金来源之一。另据经合组织发展援助委员会统计，1985—2004年20年间，撒哈拉以南非洲年均所获官方发展援助约200亿美元（按2003年汇率计算），约占其年均GDP的20%左右。[4]一些国家的经济发展资金乃至政府预算主要依赖外援。例如，2003年撒哈拉以南非洲共获官方发展援助227亿美元，约占其GDP总额的18.6%，居各洲之首，其中刚果（金）、圣多美和普林西比、几内亚比绍、厄立特里亚、布隆迪、塞拉利昂、马拉维、莫桑比

①　Martin Plaut, "Why Mbeki Had to Go", http：//news. bbc. co. uk/go/pr/fr/－/2/hi/africa/7627882. stm, September 21, 2008.

②　Roger Southall, "Black Empowerment and Present Limits to a More Democratic Capitalism in South Africa", in Sakhela Buhlungu, John Daniel, Roger Southall and Jessica Lutchman eds., *State of the Nation：South Africa 2005 － 2006*, Cape Town：HSRC Press, 2006, pp. 176－179, 185－189.

③　IMF, *World Economic Outlook Database*, Washington DC：IMF, 2006.

④　OECD DAC, *Development Cooperation Report 2004*, Paris：OECD DAC, 2005.

克、埃塞俄比亚、毛里塔尼亚和卢旺达 11 国所获外援超过其 GDP 的
20％，乌干达、加纳、埃塞俄比亚和刚果（金）4 国的政府开支有 50％以
上来自外援。①

　　对外部资金的依赖，尤其是财政上对外部资金的依赖，使非洲国家不
得不屈从于外部强加或诱导的各种经济发展战略与政策，以及附加在这些
战略与政策中的诸多条件。20 世纪 80 年代众多非洲国家为获得经济援助
被动地实施国际金融机构的结构调整计划，如今它们又为了同样的原因
"主动地"配合国际金融机构实施减债、减贫战略。一如埃塞总理梅莱斯
2009 年初发表的讲话所言，由于严重依赖发展援助，依赖初级产品出口，
非洲国家已经丧失了政策自主权，只能被动接受外部指令。②例如，2002
年，国际货币基金组织提出在减贫战略计划下减免赞比亚所欠 34 亿美元
外债，条件是赞政府必须对赞比亚国家商业银行和其他 2 家国有公司实行
私有化。尽管私有化举措遭到国内工会组织和反对党的强烈反对，赞政府
最终还是向外部势力低头。2003 年 6 月，国际货币基金组织以赞政府财
政支出过度、财政赤字过大为由，取消了原定提供的 1 亿美元的减贫信
贷，而当时赞政府正面临着国内公共部门不断要求增加工资的巨大压力。
时任赞财长马甘德（N'Gandu Magande）曾无可奈何地表示："我们管理
着这个国家，但预算却控制在援助者手中。"③津巴布韦的例子可以说是个
反证。众所周知，津巴布韦 1980 年独立后曾因经济发展成就显著而被誉
为"非洲发展的样板"和"南部非洲的粮仓"，但 20 世纪 90 年代末期以
来该国却是政治经济危机不断，原因何在？津巴布韦学者拉夫托普洛斯认
为，津巴布韦政府实行的反新自由主义的干预政策，主要是大规模推行土
地国有化政策，触动了西方垄断资本集团的利益，从而受到西方国家的制
裁，导致津巴布韦在国际社会变得异常孤立。④

　　其次，经济结构调整计划在实施过程中引发了诸多问题是显而易见的

---

①　UNDP, *Human Development Report Statistics 2004*, New York：UNDP，2005.

②　Meles Zenawi，"African Governments Lost Policy Autonomy and Became Heavily Dependent on Development Aid"，*The Ethiopian Herald*，February 5，2009.

③　Miles Larmer，"Reaction & Resistance to Neo-liberalism in Zambia"，*Review of African Political Economy*，Volume 32，No. 103，March 2005，pp. 30－103.

④　Brian Raftopoulos，"Zimbabwe's 2002 Presidential Election"，*African Affairs*，Volume 101，No. 404，July 2002，p. 413.

事实，但非洲经济在 20 世纪 90 年代中期以来逐渐走上复苏、快速发展之路，尤其是大多数非洲国家的宏观经济环境日趋稳定，又不能不让人重新审视结构调整计划的实施效果。[①]或许我们可以这样理解，非洲国家在实施结构调整计划进程中所出现的本币贬值、物价上涨、企业倒闭、失业增加、两级分化、贫困人口增加等问题，是它们不得不付出的惨痛代价，这些代价在当时看来难以承受，引发非洲国家的抗拒心理和抵制心理，但随着时间的推移，该计划所内含的某些积极成分逐渐显效，并最终转化为促使非洲经济良性发展的因子。中国学者谈世中和舒运国等曾对非洲实施经济结构调整计划的全过程进行过系统研究，并对该计划实施效果得出比较一致的看法，也可印证这一点。他们认为，非洲经济的调整和改革具有历史必然性，结构调整方案抓住了调整和改革的主要矛盾，方向是正确的。通过实施结构调整计划，非洲经济发生了深刻的变化，引入了市场经济运行机制，优化了产业结构，培育和繁荣了市场，激发了增长活力。[②]曾对结构调整计划持强烈批评态度的非洲国家近年来的态度也趋于温和。例如，2001 年公布的《非洲发展新伙伴计划》在对结构调整计划整体持批评语调的情况下，也承认有少数非洲国家的确通过实施该计划保持了持续高增长。[③]

还有一个事实应予以关注，即 20 世纪 80 年代非洲实施结构调整计划所面临的外部环境非常不利，主要是国际初级产品价格低迷，且呈持续下跌态势；国际贸易保护主义有愈演愈烈态势；国际金融市场的利率偏高。这种不利的外部环境对非洲国家实施结构调整计划形成巨大制约和阻碍作用，并导致结构调整进程步履维艰、困难重重。在国际金融机构推广其减债、减贫战略的年代，非洲所面临的外部环境则已有非常明显的改善。

再次，我们必须承认这样一个事实，即在当今世界特别是在发展中国

[①] 在 2005 年非洲史研究会举办的"非洲经济学术研讨会"上，我曾提出，20 世纪 90 年代中期以来非洲经济持续增长和各项宏观经济指标日趋改善是多方面因素共同作用的结果，而结构调整改革是最具作用力的因素。参见李智彪《非洲经济发展态势研究——从汇率、通胀率、利率和股市收益率的变化视角分析》，载《西亚非洲》2005 年第 4 期。

[②] 谈世中主编：《反思与发展——非洲经济调整与可持续性》，社会科学文献出版社 1998 年版，第 131—135 页；舒运国：《失败的改革——20 世纪末撒哈拉以南非洲国家结构调整评述》，吉林人民出版社 2004 年版，第 166—173 页、215 页。

[③] The New Partnership for Africa's Development, Abuja, Nigeria, 2001, p. 5. http：// www.dfa.gov.za/au.nepad/nepad.pdf, June 11, 2010.

家和转型国家，以新自由主义为核心的"华盛顿共识"事实上是主导这些国家经济发展战略与政策的主流理论体系与政策工具。这套主流理论体系与政策工具所倡导的私有化、自由化、放松政府管制、减少政府干预等原则，根本目的是为了弱化发展中国家的经济主权，方便国际垄断资本对发展中国家进行资源掠夺与经济盘剥，援助与贷款实际上只是西方国家实现其战略意图的工具，而不是为了真正促进受援国的发展。正如中国学者卫建林以拉美为案例所批判的那样，新自由主义是剥夺最大多数劳动者起码权利的主义，也是剥夺第三世界最后一道防线即国家主权和民族独立的主义，更是"稳定"国际垄断资本全球统治地位的主义。① 长期研究非洲减贫问题的杨宝荣也认为，西方减贫战略在非洲的实施正以一种新的方式侵蚀着非洲国家的传统主权。②

　　但另一方面也应看到，新自由主义包含有众多学派的思想和理论体系，这些思想和理论体系中或多或少含有一些解决非洲经济问题的合理成分。如关于市场是有效配置资源的观点，关于提高政府效率的观点，关于通过宏观调控实现国民经济稳定增长的理论，以及加强财政纪律、压缩财政赤字、降低通货膨胀、稳定宏观经济形势等政策主张，在不同程度上适用于非洲，能够为非洲国家所接纳。而且，国际金融机构也越来越注重就其政策主张对非洲政府官员进行培训。据统计，在 20 世纪最后 20 年，国际货币基金组织相关培训机构通过举办各类培训班，共培训非洲政府官员3000 多名，这些官员主要来自有关国家中央银行、财政部和经济计划部，培训内容以宏观经济管理和公共金融为主。③由于各国接受培训的部门是经济决策的主要部门，受训人员通常是各部门起草、制定决策的主力，这就为国际金融机构推销乃至实施其相关战略与政策提供了便利。

　　最后，减债、减贫对大多数非洲国家来说很有吸引力，从经济结构调整计划到减债计划、减贫战略虽然是换汤不换药，但名称以及形式上的变化多少也显示出了国际金融机构的进步，或者说是它们对非洲国家的让步，使非洲国家更易于接受它们开出的药方。结构调整计划把撒哈拉以南

---

① 卫建林：《新自由主义给拉美人民带来的危害》，载《中华魂》2005 年第 3 期。

② 杨宝荣：《西方减贫战略对非洲国家的政治影响》，载《西亚非洲》2003 年第 5 期。

③ Saleh M. Nsouli, "Capacity Building in Africa: The Role of International Financial Institutions", *World Bank Findings*, No. 196, December 2001.

非洲 40 多个国情迥异的国家视为一个整体,用一个报告诊断其存在的各种经济问题,并开出统一的药方。减贫战略文件的主导思想、政策框架基本一致,但不同国家以及同一国家在不同年份出台的减贫战略文件不完全相同,并呈现越来越细致化的特点。例如,乌干达 2000 年 3 月出台的减贫战略文件名为《乌干达消除贫困行动计划》,篇幅在 50 页左右;2010年 3 月出台的最新减贫战略文件名为《国家发展战略(2010/2011 财年至2014/2015 财年)》,篇幅长达 400 多页。①也正是基于此,不同国家的减贫战略文件对其贫困根源的分析、减贫目标的设定就不再单一化。此外,国际金融机构也在不断总结经验、完善减贫战略的实施。例如,世界银行近期开发了两个新的分析、评估工具——"贫困与社会影响评估体系"(PSIA)和"贫困分析模拟模型"(PAMS),用于评估相关经济政策对贫困的影响。国际货币基金组织则拟将"减贫与增长基金"(PRGF)转化为"扩展信贷基金"(Extended Credit Facility)。

三

从历史与现实角度分析,非洲很难在短期内摆脱对外部世界的依赖,非洲国家真正自主选择和决定其经济发展战略与政策的空间还不是很大。其根源仍需从非洲国家目前的经济结构和发展模式寻找。非洲自然资源丰富、人力资源丰富,具有比世界其他任何地区优越得多的发展环境与条件。但历史上形成的单一经济结构及基于这种畸形经济结构形成的发展模式,奠定了非洲严重依赖外部世界求生存求发展的基础。因为丰富的自然资源只是存在于非洲,却并不完全掌握在非洲国家和人民手中。环顾全球,资本的力量越来越显强大,它不仅支配国际市场,甚至支配国际政治经济的发展。非洲资源产品的定价权掌控在西方国家手中,甚至非洲资源产品的生产和出口在很大程度上也掌控在国际垄断资本集团手中。非洲国家自独立以来就提出实现经济多元化的口号和理想,并不断进行各种实践,但效果不彰,至今,在撒哈拉以南非洲地区大约 2/3 的国家中,出口收入的 60%仍来自一种或两种农矿初级产品,初级产品出口收入约占该

---

① See http://www.imf.org/external/np/prsp/prsp.asp, June 11, 2010.

地区出口总收入的 80％，与 20 世纪 60 年代相比基本上没有变化。[①]原因在于，非洲国家实现经济多元化所需资金乃至政府财政支出主要靠出口单一产品筹集，这一策略本身就会加重对单一经济格局的依赖，使经济逐渐陷入恶性循环境地。当然，依赖单一农产品和依赖单一矿产品的非洲国家所面临的情况还不完全相同，因为可可、咖啡、烟草、棉花等众多农产品的国际市场价格整体上呈不断走低态势，而以石油为主的矿产品价格近年来则呈现攀升态势。初级产品价格走低使非洲国家经济多元化的努力步履维艰，而初级产品价格攀升往往又使相关国家失去经济多元化的动力。

　　这就是大多数非洲国家所面临的现实。问题是，依赖外部世界只能使一个国家在短期内解困，而无法助其实现长远发展或真正的增长。根据众多援助方统计或估算，过去 50 年流入非洲的各种发展援助应不低于 5000 亿美元，但这些援款似乎并没有发挥明显作用，非洲国家的贫困化状况依旧，不发达状况依旧。2007 年，撒哈拉以南非洲生活在贫困线（人均日消费额低于 1 美元）以下的人口仍高达 41％；2009 年联合国划定的 50 个最不发达国家中，有 34 国在撒哈拉以南非洲。[②]也因此，一些西方国家的学者近年来纷纷对国际社会的援非效果提出质疑。例如，美国学者伊斯特利 2006 年发表专著《白人的负担：为什么西方对世界其他地区的援助为害甚多而成效甚微》，加拿大学者卡尔德里希 2007 年发表专著《非洲的麻烦：外援为什么不起作用》，均认为西方国家向非洲国家提供的援助绝大部分是无效的。[③]赞比亚学者莫约 2009 年发表的专著《死亡的援助：对非援助为何无效及如何改进》更是对援助持严厉批判态度，称国际社会对非援助不仅毫无效果，还产生诸多负面影响，主要是滋生了非洲人的对外依赖心理，助长了非洲国家的贪污腐败行为，扼杀了非洲企业阶层的创业精神，最终导致非洲贫困化长期延续。[④]

---

　　① Donald L. Sparks, "Economic Trends in Africa South of the Sahara", in Iain Frame ed., *Africa South of the Sahara 2010*, London：Routledge, 2009, p. 5.

　　② Ibid., pp. 3, 4.

　　③ Willianm Russsel Easterly, *The Whiteman's Burden：Why the West's Efforts to Aid the Rest Have Done So Much Ill and So Little Good*, New York：Penguin Press, 2006; Robert Calderisi, *The Trouble with Africa：Why Foreign Aid Isn't Working*, England：Palgrave Macmillan, 2007.

　　④ Dambisa Moyo, *Dead Aid：Why Aid Is Not Working And How There Is A Better Way For Africa*, New York：Farrar, Straus and Giroux, 2009.

　　历史不能假设，我们今天也无法论证非洲如果没有外援是否会发展得更好更快，虽然非洲大陆确有这样的例子，像博茨瓦纳，但这样少有的例子实难对非洲更普遍的历史现象构成反证。不过，我们说非洲在短期内很难摆脱对外部世界的依赖，并不意味着提倡或鼓励非洲国家和人民可以心安理得地接受外援，把自身的发展希望寄托于外界。古今历史证明，没有哪个国家能够单纯依靠外援取得经济上的成功，"贫穷国家的未来掌握在它们自己手中，外部世界对贫穷国家的帮助，只有融入到贫穷国家自己的愿望和行动之中，才能对其脱贫能力产生效果。"[1]非洲国家和人民短期内可以利用外部资源，但在利用外部资源的同时必须牢固树立自力更生、自主发展的观念，要力争使所获外援为内生发展创造条件，为摆脱外援创造条件。

　　令人欣喜的是，非洲国家在依赖外部世界求发展的进程中也越来越表现出某些积极动向：其一，在流入非洲的外部融资中，外国直接投资所占比例逐渐增大，官方发展援助所占比例逐渐减少。据统计，2000 年以来流入非洲的外国直接投资连年大幅增长，2006 年总额达到 458 亿美元，首次超过非洲所获官方发展援助额（435 亿美元）；2007 年非洲吸引外国直接投资近 530 亿美元，同年官方发展援助额降至 387 亿美元。[2]其二，有越来越多的非洲国家领导人已强烈意识到过分依赖外援的危害性，开始逐步减少对外援的依赖。卢旺达总统卡加梅 2009 年曾宣称，卢政府过去 10 年已将外援占 GDP 的比例削减了 50%。[3]大多数非洲国家主要通过发展本国资本市场来减少对外部融资的依赖，这也是非洲资本市场蓬勃发展的根源所在。其三，虽然有部分非洲国家的财政预算也严重依靠外援，但它们在与援助方打交道时表现出越来越强烈的国家尊严与自主意识。例如，乌干达近年来财政支出的一半来自国际援助，为此一些援助国和援助机构很想控制乌预算。2004—2005 财年乌政府预算案公布后，欧盟、国际货币基金组织、世界银行以及美国、日本和挪威等国政府曾发表联合声

---

　　① Raghuram Rajan，"Aid and Growth：the Policy Challenge"，*Finance and Development*，December 2005，p. 55.

　　② OECD and African Development Bank，*African Economic Outlook 2009*，Paris：OECD，2009，pp. 170－173.

　　③ Paul Kagame，"Africa Has to Find Its Own Road to Prosperity"，http：//www.ft. com/cms/s/0/0d1218c8－3b35－11de－ba91－00144feabdc0. html，accessed 22 June 2010.

明，表示拒绝接受该预算案，理由是该预算案用于国防和公共行政的支出过高，用于减贫方面的支出不足。乌总统穆塞韦尼随即予以强硬回应，称乌预算不应由捐助者决定，如果它们不同意，它们所能做的事情只是撤走它们的援助，而乌预算将会继续执行。[①]随着国际援助渠道的增加，特别是一些新兴国家乃至南非等非洲本土国家加入对非援助的行列，非洲国家将有更多外援选择空间，这也会促使国际社会更注重倾听非洲的声音，尊重非洲的自主权和参与权。

2008 年爆发的全球金融危机对新自由主义提出了挑战，也对国际金融机构倡导的经济发展战略与政策提出了挑战。因为危机表明，过分倚重市场，弱化国家在经济中的作用，不仅不能解决所有经济问题，甚至还会引发新的问题或危机。经过结构调整计划的冲击，非洲国家政府在经济发展中的作用已不同程度地弱化。新的减贫战略仍强调自由化、私有化，强调减少政府干预，很显然不利于非洲这样政治、经济基础比较脆弱的国家抵御或应对外部危机的冲击。而且贫困问题主要涉及公平问题，解决公平问题理当更多发挥政府作用。这意味着非洲国家现行的经济发展战略与政策有必要进行调整或修正，至于如何调整或修正，国际金融机构应多听取非洲国家的声音，多关注非洲不同国家的不同特性。对于大多数非洲国家来说，虽然它们眼下还无法自主其发展轨迹，但也需认真思考，究竟什么样的发展战略与政策才更贴合其国情，更能助其走上自主发展之路。

（责任编辑：周玉渊）

---

① *African Business*，July 2004，p. 8.

欧洲对非洲发展援助的参与式评估研究①

［荷兰］汤·迪茨　裴丽

【内容摘要】伴随着目前盛行的"非洲发展援助"质疑论，荷兰作为欧洲对于非洲发展援助的典型国家之一，也在质疑和相应的"撤援"行动中前进。作者从非洲人自己如何看待和评价发展援助措施带来的影响出发，试图以"自下而上"的参与式评估方式，对于非洲国家的援助项目进行长周期评估。作者摸索出了一套适合做长周期影响的参与式评估方法，并运用这一方法对欧洲发展援助在六个领域对当地居民的生活和生产的影响进行了评估。在将研究区域（北部加纳和南部布基纳法索）的研究结果和非洲大尺度的同周期变化进行对照分析之后，作者认为，外来的非洲援助项目对当地民众的生活和能力是有积极影响的。

【关键词】发展援助；参与式评估；欧洲；非洲

【作者简介】汤·迪茨（Ton Dietz），荷兰莱顿大学非洲研究中心主任，阿姆斯特丹大学社会与行为科学学院教授；裴丽，湖南大学政治与公共管理学院讲师，阿姆斯特丹大学社会与行为科学学院访问学者（2009—2010 年）。

---

①　本文是笔者两篇重要文档的改编：一篇为 Ton Dietz 2011 年 1 月就任莱顿大学非洲研究中心主任的就职演讲："Silverlining Africa"（英文电子版本请见：www. ascleiden. nl）；另一篇为基于 9 个工作室研究成果的参与式发展评估操作手册(2010 年 10 月，Ton Dietz 为项目负责人，中英文电子版请见：www. padev. nl)。感谢刘平波和庞月慧（来自湖南省政府英文门户网站）在语言上的帮助。

一　研究背景

　　非洲一直被认为是充斥着极度贫困与饥饿儿童的大洲。在过去的 50 年里，西方国家为改变非洲这种死亡、阴暗的形象作出了许多努力。然而在最近几年，人们开始怀疑西方国家对非洲所提供援助的有效性和影响，并因此产生出一些负面评价。这些质疑有些甚至来自西方国家，其中《死亡援助》的作者丹比萨·莫约的评论更是火上浇油，[①] 她认为在过去 50 年中，西方对非洲的援助并没起到实质性的作用。另外，一些观察评论家把发展援助与受援国的国家治理、人权等方面的缺陷联系起来。稍微宽容一些的评论则把矛头指向发展援助所带来的依赖综合症。"重新思考援助"开始在西方盛行，比如荷兰，一直是西方援助非洲的佼佼者，[②] 但当下，由政府主导的"撤援"行动正在进行中。[③] 受全球化和金融危机的影响，整个欧洲已经引发了对维持劳动市场及其他市场低收入人群福利水平的质疑。大量移民的涌入、各种货物的进口以及人们感受到的各种变化引发了焦虑感。一些政治家、企业家正在制造一种恐惧和憎恶外国人的氛围，于是对发展援助的质疑成为这些负面阻扰的目标之一。[④]

---

　　① 参见 Moyo，M. Dead Aid：Why aid is not working and how there is another way for Africa，London：Penguin Press，2009. 和 the special issue of the Broker on 'The Dutch Treatment'，*The Broker*，February 6，2008；参见 http：//www. thebrokeronline. eu/

　　② 自 20 世纪 30 年代开始，荷兰的天主教和新教传教士就把宗教目标融入到非洲的进步与解放事业中。荷兰民间团体曾一度走在反对种族制度和殖民主义遗留问题这一全球运动的前沿，尤其 20 世纪 60 年代在非洲的葡萄牙殖民地解放运动中表现活跃。自 20 世纪 70 年代起，荷兰在发展援助领域就一直是国际上最为卓越的参与者之一，是将至少 0.7％ 的国内生产总值用于国际发展援助的少数国家之一。荷兰也一直是重要的双边援助国，是多边组织的忠实支持者，是提供全球公共物品的领路人，更是世界各角落民间团体和知识中心的最为重要的支持者之一。更近一些，几个源起于荷兰的跨国公司已成为社会责任企业的先锋，并且业绩斐然，尤其是在非洲。

　　③ 荷兰前任首相伯特·科恩德斯曾经宣称荷兰对非洲的援助式"发展产业"已经陷入困难，至今，这种负面的政治氛围使得荷兰在这一领域受到重重阻挠。

　　④ Amartya Sen，Identity and Violence：The Illusion of Destiny，W. W. Norton &. Co.，New York，2006.

那么，发展援助真正面临绝境了吗？我们认为，要判断发展援助的影响，有一方面的评价至为重要，即非洲人自己如何看待发展与变革，如何评价这些发展措施的影响？这就是本项研究的核心问题。

二 研究方法①

从上述研究问题出发，我们的研究团队设计了一整套操作方法，以求较为全面和客观地开展评估工作。迄今为止，我们已经在 9 个不同的地区举办了研讨会，其中 6 场在加纳，3 场在布基纳法索。我们将此研究方法称为"可以让当地人写出他们自己发展史的方法"，即"参与式发展评估"（Participatory Assessment of Development，简称 PADEV）。

"参与式发展评估"对研究对象（地区/社区）的发展和变化进行自下而上的评估。它针对不同年龄、不同性别的人，对特定的干预措施、项目，或单纯的"方案"（"开发工作"、"社区新事物"）的有效性及影响作出评估。这种方法使我们能够较好地理解发展的概念以及过去 35 年间发生的变化。它也能展现当地人是怎样评估发展举措、外部干预以及各项"工程"；怎样评估发展举措对人民能力、贫困以及其他方面的不同影响。每次研讨会，由来自不同地方不同背景的 50 名民意代表进行自下而上、地方级别的评估。这其中包括 15 名当地民意代表，能代表男女社会横切面的普通人、基督徒、穆斯林、传统主义者、在中心地区生活的人，也有来自偏远村落的人。他们由受过多年教育及从未上过学的人组成，他们也能代表当地富有、中等收入或是贫困的阶层。下面是对该方法的描述②：

---

① 在三个荷兰非政府组织（ICCO，Woord en Daad，Prisma）的委托下，"非洲发展参与式评估（Participatory Assessment of Development，PADEV）"项目在加纳北部以及布基纳法索南部开展。参与此项目的有来自塔马利大学（Tamali University）发展研究所的调查员，研究瓦加杜古萨赫勒地区发展的专家，阿姆斯特丹大学国际发展研究项目的工作人员与硕士研究生，以及非洲研究中心和皇家热带研究所的工作人员。

② 更多详尽的描述和研究小技巧，参见网站上的中文版手册：www.padev.nl。

1. 研究范围

在加纳北部和布基纳法索南部的发展参与性评估研究中，大部分地区生活着约 5 万居民，面积通常是大约 400—900 平方千米。在这样的地区，通常每 1 万居民配备一个小型的服务中心，供给周围 10 到 20 个村庄或村落。研究项目的负责人会提前几个月到达研究地与当地相关部门接洽并获得非正式的批准，敲定研讨的时间、场地并安排好食宿。

在加纳北部的发展参与性评估研究中，我们也用同样的方法在小村落（每村 150—300 户）以及中学（学生年龄为 14—16 岁）中进行了调研。我们特意在当地认为是贫困的人群中进行了研究调查。通过不同范围不同研讨成员的调研，进一步丰富了发展参与式评估的方法。在加纳和布基纳法索进行的发展参与式评估的研究中，我们发现当地最小的集市是最理想的研究范围，因为集市最可能聚集该地区最多的人，也是最可能进行闲谈的场所。

2. 研究对象

具有完全的代表性的研讨会应涵盖研究地区的所有相关人群，综合考虑研究区域里人口、社会文化和社会经济因素。这就要求研讨开始前便预先进行一系列的调查，并根据职业、性别、年龄、相关的社会文化以及经济文化群体进行分类。为得到充分的数据，研究对象中必须包括政府官员和当地被认为是"活史书"的人（在很多非洲国家，将联络外界的当地掮客和当地具有影响力的人纳入将有利于研究的进行，如若不然，则可能阻碍研究工作，因为当地首领很可能会拒绝批准没有他们亲自参与的研讨会）。但同时，为避免这些领袖掌控研讨会或阻止其他人表达自己的思想，我们在该国最有影响力和最深资历的人的协调和帮助下，把他们作为研讨会的独立小组。

3. 研究的开展——研讨会

我们的研究工作以 3 天研讨会的方式开展，在以下 10 个模块框架下展开所有研讨（见图 1）。

模块1：构建发展的历史资料	→	目的：重现地区最重要的历史事件，并评估其对社区产生的最重要影响。
模块2：资本与能力的变迁	→	目的：根据六类不同的资本与能力，详细记录参与者对该研究领域正、负向变迁的认知。
模块3：财富分类	→	目的：定义当地财富分类的标准，以及在社区中按照该分类模式划分的财富组别的比例。
模块4：发展项目的有效性及其对能力的影响	→	目的：对每一项实施后的发展项目的有效性及它们对能力产生的影响进行评估。
模块5：趋势与干预	→	目的：了解人们将主要的趋势归因于某些特定的或一般发展项目的情况。
模块6：最佳/最差项目的选择	→	目的：找出人们最喜欢和最不喜欢的发展项目及原因。
模块7：最佳/最差项目的历史评估	→	目的：回顾项目设计和执行时期对项目判断，比较两者差异。
模块8：最佳/最差项目对不同财富阶层的影响	→	目的：了解研究领域中对发展最有影响力的"社会分配"方案。
模块9：判断标准评估	→	目的：更好地找出评判一项发展计划为"最佳"或"最差"的原因。
模块10：个人信息	→	目的：获取参与者的基本信息及其家庭背景，同时了解各组成员的社会成分。

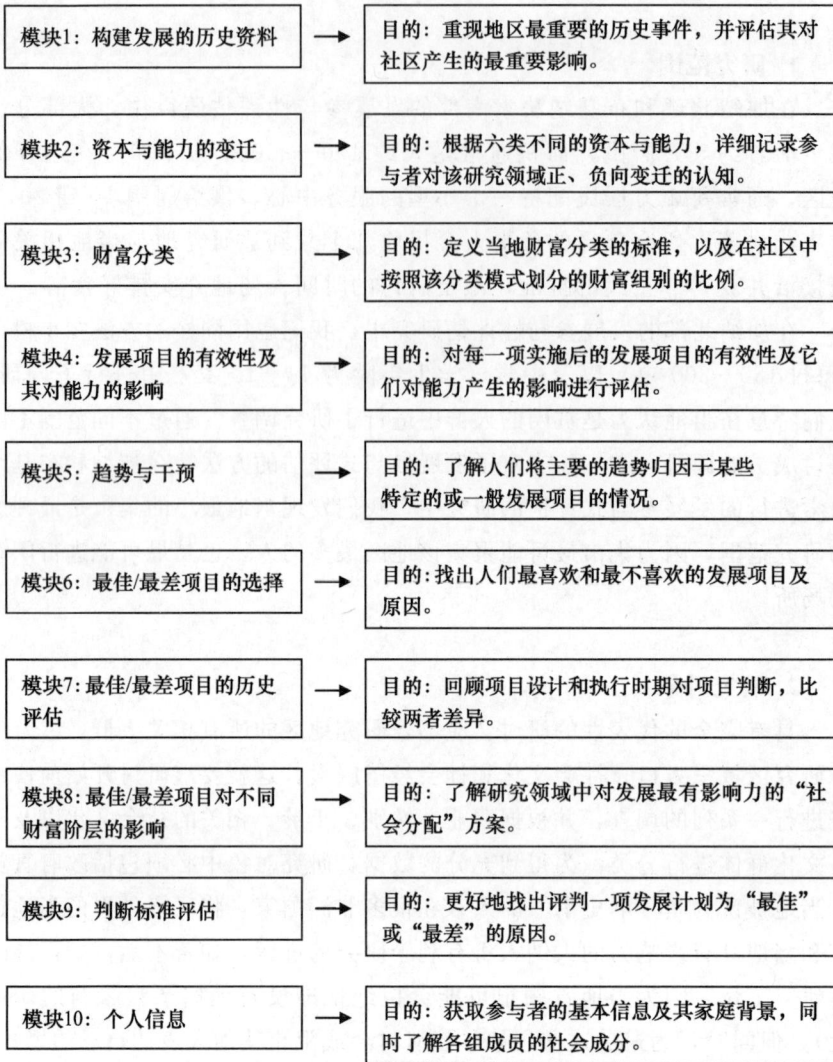

图 1   PADEV 法中的研讨会的模块设置

三 研究发现

基于上述方法的应用，我们在所研究的六大领域中有了某些发现。

1. 自然环境领域

研讨会的参与者认为，在非洲很多地区农业生产和产量都得到了提高，但随之而来的是日益恶化的环境。"农作物和家畜规模的扩张，以及对柴火和木炭需求的扩大都在吞噬我们的森林，危害我们的野生生物和物种多样性。"如果找出那些正致力于改善农业，同时又尽量减轻环境破坏的组织，那么我们主要看到的是基督教或传统的非政府组织，只有它们保持着适度的开发规模。而对于政府组织，有很多政府在这个领域的举措被当地人称为"恶劣工程"。人们对既不活跃也无绩效的政府组织充满抱怨，他们抱怨的不仅是环境问题，还有不断降低的农业生产力。

2. 物质环境领域

在物质环境领域，人们表示主要的扩建和改善体现在道路网的建设和现代建筑方面。几乎所有交通条件的改善都依赖于提供援助的外国政府。在公共工程项目上，通过提供贷款和专家，欧盟和世界银行扮演着很重要的角色，中国也正迅速以最大捐赠国的身份接管该领域。许多建筑与扩建都是由政府驱动的。由政府拨款的电力系统在逐步扩大，为其他会造成环境破坏的能源供应提供了另一种选择。在我们的研究范围内，公共供水系统在政府机构和基督非政府机构的资金援助下在过去 20 年经历了重要的扩建。因此，水质得到很好的改善，由水传播的疾病大大下降，妇女的压力也急剧减小。最后，在非洲所有的地区，私营部门建起的电信设施也经历了飞速的发展。这些设施一般是企业所建，它们是为在激烈的市场竞争中求生存而进行的社会营销策略。

3. 公民健康与人才培养领域

在公民健康与人才培养方面，所有的研讨会参与者都认为由于基督非政府组织和政府对卫生支出的增加，医疗设施得到了很大的改善。这些举措得到了古巴等国家的援助。加纳的新型医疗保险制度得到了荷兰等国家的捐助，这种制度以令人称奇的速度传播到该国最偏远的地区。小学教育设施也迅速地得到改善，就读中学的人数有了一定的提升，少数人获得了高等教育。小学教育的扩张主要得益于政府投入以及由国际教科文组织的"全民教育"项目支持。汇款与私人资金流动构成的基金在帮助学生继续接受更为高等的教育方面扮演着越来越重要的角色。然而，尽管有了这些帮助，小学的覆盖面仍然没有达到 100％，中等和高等教育更是少数人才能享有。

4. 经济领域

在经济活动中，我们所调查的人认为经济中的私营成分得到了一定的发展，出现了更多的商店、批发商、市场和流动型商人，尤其是女商人的数量增加了。这些小规模企业提供了更多的非正式工作。但是，中等甚至大规模的公司数量还是有限，工业几乎是不存在，正式的带薪工作数量并没有显著地增加。人们抱怨政府机构在提供工作或促进就业方面的作用十分有限。许多年轻、相对地受过良好教育的人并不在固定工薪的岗位上工作或成立自己的公司。大部分有进取心的人都正尝试着离开该地区，这引起人口迁出，并导致了一群流动的、不稳定的人口。同时这也助长了移民文化，以及现在和以前移民对自己原籍村庄、区域和地区中心的汇款和小规模投资。主要由于传统的非政府组织以及私营企业中的慈善部门的援助，小额信贷方面出现了一定增长，一些大规模银行也开展一系列活动。

5. 社会政治参与领域

在社会政治参与能力方面，在我们进行调研的加纳和布基纳法索地区，人们都说他们正参与到比父母辈广泛得多的社交网络之中。这种趋势并不是地区性的，而是全国性的，甚至是全球性的，这是人们交流机会爆炸性增加的结果，而这主要得益于小规模私人投资和公司资本。由于"别处生活更美好"类似信息的大量增长，人们的期待变高了；年轻人，尤其是年轻男人，开始对他们处境毫无进步变得越来越愤怒。只要承诺给予他们"地球上的天堂"般美好的境遇，经济或政治企业就能很容易地召集起他们，无论动机是什么。在各种传统或基督教非政府组织帮助下，年轻女性们的前途似乎比起许多她们的同龄男性更好。当然，比起她们母亲辈和祖母辈的境遇，改善是毋庸置疑的。女人现在有了更强大更明显的角色。在政治领域的变化上，人们注意到了多党民主制以及更为宽松的言论自由。这主要归结于传统非政府组织的各类活动，研究人员通过研究那些更为宏观层面的讨论，认为这与外国捐赠者的要求有关联（而这些捐赠者并不喜欢这样的推断）。西方式民主激起了两种不同的反响。一方面，人们为当地有越来越多参与决策制定的机会而喝彩；另一方面，他们也看到潜伏着的不稳定性、混战、政治争吵，对越来越明显的腐败感到痛心。在地方民主下当选的地区议会有了更多的权利和资金，这也加剧了与当地仍很活跃的酋长制之间的紧张氛围。比起 30 年前，政府领导们受过更好的教育，而地方一级的国家级工作人员也把自己视为"发展型国家"的代表。

6. 文化参与领域

文化上的变化体现在基督教和伊斯兰教的快速发展，基督教和伊斯兰教组织以及非政府组织出现过剩现象。然而，组织之间还存在两种形式，一种坚持宗教正统信条，另外一种把宗教信条与当地元素相结合，这两种组织的关系很紧张。宗教间的融合十分常见，有时还会融合当地甚至全球文化中的其他元素。① 在某些地方，这种紧张会突然爆发，但在大部分地方，不同的信仰、真理、预期行为能和平共存。感受不同的文化能促进一个人的语言能力和心理素质，所以人们通常都欢迎这种经历。同时，着装风格、所喜欢的建筑风格、饮食习惯都发生了改变。

男人与女人、老人与年轻人之间的关系发了很多令人困惑的变化。有人抱怨"年轻人淡忘了流传已久的传统"。这些抱怨有时体现在抵制全球化和"西方"的教育、电影、音乐。伊斯兰和正统基督教徒以及传统的酋长们的抵制尤为坚决。

四　关于调研发现的分析

通过全面观察思考我们从所调研地区得来的数据和信息，我们可以发现，推进改革的机构大部分依旧是非政府组织和政府组织，绝非私营企业，除非你把汇款文化的增长当成是蓬勃发展的私营企业的功劳。我们的调查对象都认为外来援助为推进发展起到了重要的作用，但他们同时也认为这种情况仅出现在援助与植根于当地环境的机构结合融洽之时。回顾以

---

① 荷兰的非洲研究中心在这方面是开拓者之一，参见 W. van Binsbergen & R. van Dijk（eds），Situating Globality：African Agency in the Appropriation of Global Culture，Brill，Leiden，2004。

往，人们对改善其生活的大部分外部资助的项目表示感谢，但在调查工作中，我们也发现人们在评价援助项目时不仅注重结果及其实用性方面的成功，同时也注重项目实施的过程。他们讲到，真正"受人感激"的关系是以尊重、高尚、信任和可依赖性为特征的。这9个研讨会的与会者都讲了一些他们不喜欢的"恶劣工程"。这一类工程表面看起来是援助，实则不懂尊重、本末倒置、不加以协商，或者制造麻烦又不加以解决。人们知道，有时候所渴望的改变不经历些冲突是不能得以实现的，但有些冲突只会使生活变得更艰难，甚至充满暴力。他们建议制造了这些冲突的机构也应当努力减轻不良后果。"恶劣工程"通常是追求快而明显的成效，一副打一枪就跑的样子，当然就不能持续多久。非政府机构、多边捐赠国以及私营部门发起的项目里就有这样的例子。仔细研究这些被称为来自外部的"恶劣工程"（其中包括"最恶劣工程"）的分布，恐怕非洲的政府机构比起非政府组织和私营企业更常卷入这种"恶劣援助"中。但这并不是说政府机构总是不好或者他们的计划总是"恶劣工程"。而是说，在被认为"恶劣"的这一小部分工程中，政府部门的工程相对来说占据的比例更高一些。

另一方面，好的项目通常被认为是由"优质机构"发起。这些机构通常有着比较长久的奉献历史，不急躁也更为变通。他们敢于试验（这也意味着他们敢于面对失败），他们诚实可靠，像经纪人一样，致力于建立人际网并交换信息，因此，虽然有些"优质机构"偶尔会有效果不好的项目，但人们却愿意为之鼓掌。他们理解，不尝试便没有进步。相反，人们所厌恶的是不诚实。有些机构会把坏结果写成好的报上去。"优质机构会"还会积极投身于解决争端，出现大麻烦时定会出手相助。与其他类型的机构相比，这些"优质机构"中相对来说大部分是非政府机构。

从我们所有的调查活动中可以得出一个很明显的结论，即发展项目主要改善了当地富人和中产阶级的生活质量，并没有提高当地穷人的生活水平，最穷的人就更不用说了。在对发展援助的讨论中，这是一个有问题的结论，因为这么多援助机构的工作重心就是扶贫。依照"千年发展目标"，扶贫意味着关注那些每天收入少于1美元的人群。这样的人在我们所调查的地方算是贫困或很贫困的居民，并且他们在我们调查的大部分地区几乎占据一半人口。收入"居中"的人一般是刚刚超过最低线，而当地的富人则是日收入在2美元与5美元之间的人。只有很少一部分极为富裕的人能超出这个收入，同时也是远远地超出。所以，从世界水平来看，我们所调查的人绝大部分属于金字塔低端的人，我们把这群人的日收入定义为少于5美元。

在我们所调查地区，发展援助机构在改善金字塔上层人民的幸福水平方面最为成功。这部分人是指没有疾病或残疾、受到较好的教育、更有企业家特质、也更容易获得土地、水以及公共服务、跟富人和实权人物在经济和政治上有更为紧密联系的那一类人。援助机构现在主要关注"显而易见的成功"（他们通常会用"高效率"和"影响力"等关键词），这促使发展援助机构进一步把重心放在当地富人或成功人士身上，而没有帮助到穷人或者极为穷困的人。[①] 除了这个微观层面的结论，那些主要的发展援助机构，包括那些在荷兰的机构，把当下的重心放在预算和获得受援国中央政府的部门支持上。这恰恰鼓励了发展机构把重心放在援助城区和中心地带，而忽视了最需要帮助的偏远地区这一趋势。私营部门的援助重心无疑会更加重这种趋势。当然，这不是说非政府组织在援助分配上会有更好的效果。如果我们研究一下国际非政府组织的地区分布图，就可以发现德克·科赫（Dirk-Jan Koch）在他的研究中所指出的那些援助误区。[②] 与我们论点相矛盾的是，不管它们是传统的、基督教的或伊斯兰教背景，我们可以看到非政府组织所组织的活动在我们所调查的相对偏远的地区几乎无处不在。另外，在很多地方，一些小规模农户和（男女）商人通过投资汇款资金来进行创新性活动。政府机构可以多修建小学，完成多项水利工程，或成立小诊所，除此之外作用便显得很有限。这就把我们带到对非洲变化更为宏观层面的分析。

五　问题讨论

上述的发现和分析都是基于在非洲一小部分地区所进行的研究。那么

---

① 很多人认同，在贫困和极端贫困之间的差别在于，贫困的人自己或他们的下辈相信有变好的可能，极端贫困的人认为他们没有任何希望，他们也往往说没有朋友。

② Published by Routledge Studies in Development Economics，Abingdon（2009）and based on his PhD that he defended at Radboud University Nijmegen.

整个非洲是怎样的？我们在非洲的人口统计学基本信息的基础上继续从六大领域展开考察。

首先从非洲人口统计学的一些资料来了解基本情况。1650 年，非洲和欧洲的人口数相同，各拥有约 1 亿人口，各占当时世界人口数量的17％左右。到 1900 年，欧洲经济和科学的发展迅速，取得领先地位，致使其人口达到 6 亿，占了世界人口的 25％。而非洲由于奴隶制的存在、疾病的困扰、经济的不独立，仍然是 1 亿人口，占世界人口的比例降至4％。如今，欧洲人口为 7.5 亿，占世界人口的 11％，而非洲人口为 10亿多，占世界人口的 15％。[①] 非洲人口复苏取得了不起的成就，其人口比重在持续上升。人民对于艾滋病这些会导致其人口减少的疾病的恐慌已不复存在。目前，艾滋病引发的死亡数一直在下降，在非洲最有争议的 4 个国家里，新发案件数要比 10 年前低 25％，对此联合国艾滋病规划署最近进行了庆祝。[②]

1. 非洲的自然环境领域变化

非洲土地占世界总土地的 19％，其中 10％多的土地安然享有自然的庇护。1961 年到 2009 年间，非洲农民通过辛勤耕种成功将耕地面积扩大一倍，从之前的 1.01 亿公顷扩大到 2.09 亿公顷，占非洲土地面积的7％。非洲大部分的陆地都不受自然的庇护，未被开垦，这些区域主要是热带森林、稀树草原、沙漠以及半沙漠地区，且大部分地区人口稀少。非洲种植数据的变动反映了非洲的繁荣和低迷时期。20 世纪 60 年代，大部分非洲国家获得了政治独立，这些新政府都踏上了推进经济快速发展的道路，企图实现工业化及发展，而往往都忽视了他们国家的农业传统和农民的福利。然而，由于天气相对温和，以及 20 世纪 50 年代计划走殖民地现代化和农业商业化的道路，非洲的种植土地面积得以扩张。在 70 年代，

---

① T. Dietz, F. den Hertog & H. van der Wusten, Van Natuurlandschap tot Risico-maatschappij. De geografi e van de relatie tussen mens en milieu, http：//www. vaughns—1—pag-ers. com/history/worldpopulation-growth. htm；For current data, see L. Rowntree et al. , Diversi-ty amid Globalization. World Regions, Environment, Development (Pearson/ Prentice Hall, Up-per Saddle River NJ, 2009) .；world population data sheet, 2010, http：//www. prb. org/pdf2010/10wpds _ eng

② 参见 De Volkskrant November 24, 2010：12, http：//www. unaids. org/globalreport/

由于气候条件恶劣以及严酷的政策，农村到处弥漫着绝望气息，致使几乎所有国家的种植面积缩减，到目前为止非洲仍然因为这些而产生悲观情绪。来自非洲研究中心的"跟踪发展计划"发现并显示了这些政策的不明智。而在同样的数十年间，东南亚和中国采取了对农业和农民有利的国家引导政策，为其经济的突飞猛进奠定了基础。[①] 20 世纪 80 年代末，非洲经济开始复苏，并一直持续到 90 年代，其中由于全球对非洲经济不断看好，其在全球市场上售出的农产品快速增加。20 世纪最后 10 年，农产品数稳步增长，但人们更注重食物生产，以此满足非洲城镇人口增长的需求。总览 20 世纪后 50 年，几乎所有非洲国家的农作物面积都得以显著增长。其谷物种植面积翻倍，豆子、根基作物和块茎作物的生产增至三倍。稻谷种植面积增长了三倍有余，高粱增长了二倍有余，玉米则增长了将近二倍。"奢侈"树木、水果、蔬菜的种植增长迅速，这既满足了世界市场的需求也满足了非洲不断增长的城市中产阶级的需求。在非洲，家畜数目增长了二倍有余，饲养鸡的数目也增长显著（这对其女性农民而言至关重要）。

当然，农业方面的成就不能仅凭耕种面积的扩展大小来判断。产量也很重要；产量对总体构成是有积极作用的。在过去的 50 年，非洲农民已成功地在除了蔬菜以外的其他所有农作物方面取得了单位面积的较高产量。水果和谷物的产量增长最为突出，平均产量几乎增长了两倍。根茎以及块茎作物产量增长了 61%。

然而，据世界卫生组织的概述，无论是过去还是现在，非洲平均所产食物要比维持健康生命所需的最低食物要求高一些，但是，许多非洲人依然每天无法填饱肚子。

与此同时，由于非洲人口大幅增长，农业迅速发展，对农田和树木消耗需求也随之增加，导致非洲森林面积大幅减少。在 1990—2010 年间，全世界共损失 1.35 亿公顷的森林，而非洲对此要负一半多的责任。[②] 在过去的 20 年，非洲的森林面积从之前的 6.91 亿公顷降至 6.16 亿公顷，

①　该数据来自一个比较研究项目，由荷兰外事中心，项目领导者为 David Henley（KITLV）and Jan Kees van Donge（ASC）。

②　See M. Ros-Tonen & T. Dietz（eds），African Forests between Nature and Livelihood Resources，Edwin Mellen Press，Lewiston，2005；The fourth edition of the UNEP's "Global Environmental Outlook"，2007.

森林碳储量则在同一时期从 609 亿吨降至 559 亿吨。[①] 虽然诺贝尔奖得主旺加里·马塔伊为推动非洲的重新造林作了开拓性的工作，[②] 但此方面仍未得到足够重视。

2. 非洲的物质环境领域变化

首先，关于非洲的基础设施。由于历史数据的缺乏，所以无法了解过去 50 年整个非洲大陆的重大变化。现有各种数据表明，航空运输设备全面增长，非洲大陆主要部分与外界的联系大大加强；但在大陆内部，两地之间建立直达航班仍是个大问题。由于世界银行和欧盟的援助，以及中国慷慨捐助和管理的快速发展计划成效显著，非洲许多地方的公路道路网正在恢复。非洲的车辆也在不断增加。[③] 虽然许多国家的电力供应增长缓慢，但已确立新目标，做了新投资。北非和南非的电力供应覆盖面积已达到 80% 以上，但另外一些非洲国家仍低于 50%（甚至包括能源丰富的尼日尼亚），许多国家则低于 20%。现代燃料来源在北非很常见，但在其他地方则相对稀缺；南非家用现代燃料只占 50% 之内，其他大多数非洲国家则低于 10%。这些国家大都使用传统树木燃料或者木炭，从而对自然环境造成损害。[④] 然而令人乐观的是，关于通信基础设施的投资则十分火爆，手机数量的迅猛增长快速的改变着人们相互之间的连通性。[⑤] 还有一点值得乐观的是，相比 50 年前，非洲在保障饮用水安全方面有所改善。

其次，城市规模已取得惊人发展。1960 年，非洲主要是农村人口，只有 20% 的人生活在城市。如今，非洲的城镇化水平已超过 40%，很快就会接近 50%。2007 年，8 个非洲人中已经有 1 个居住在聚集了百万人口之多的城市里。非洲已有 4 个大都市跻身于世界前 50 个人口最稠密中

---

① forestry statistics 2010，参见英国政府网站：http//：www. forestry. gov. uk。

② http：//nobelprize. org/nobel _ prizes/peace/ laureates/2004/maathai-bio. html.

③ J-B. Gewald, S. Luning & K. van Walraven, The Speed of Change: Motor Vehicles and People in Africa, 1890－2000, Brill, Leiden, 2009.

④ 数据来自 Jos Bruggink 演讲，他的数据采自：the OECD/IEA World Energy Outlook 2010 （www. worldenergyoutlook. org ）; poverty data provided by the World Bank: data. worldbank. org/indicator /SI. POV. 2DAY。

⑤ 一个正在进行中的关于非洲手机暴涨的研究项目，参见 M. de Bruijn, F. Nyamnjoh & I. Brinkman, Mobile Phones: The New Talking Drums of Everyday Africa （Langaa/African Studies Centre, Bamenda/Leiden, 2009）。

心，分别是开罗、拉各斯、金沙萨、约翰内斯堡，[①] 还将有更多的城市加入这个行列。这些爆炸性的数字显示了非洲城市还在增长，告诫我们是否记得非洲城市在 1960 年只需为 6500 万人口提供住房和生存空间，而现在这个数字已上升到 4.6 亿人。

3. 非洲的公民健康与人才培养领域变化

在健康方面，非洲的卫生和教育在过去 50 年已大为改善。[②] 但与千年发展目标实施相关的世界其他地方相比，非洲在这方面仍是落后的。最基本的统计是关于预期寿命的。1960 年，17 个非洲国家都呈现极低的数值，平均预期寿命低于 40 岁，其中塞拉利昂和安哥拉最低，平均仅 33 岁，主要是因为婴儿和孩童高死亡率。到 2008 年，非洲已没有任何国家的预期寿命低于 30 岁。1960 年曾处于排行最后的国家中，有 7 个已经将其国民预期寿命值提升到 40 岁与 49 岁之间，有 10 个国家提升到 50 岁与 59 岁之间。1960 年，大多数非洲国家的相关数值处于 40 岁到 50 岁之间。在 29 个国家里面，有 5 个国家的数值维持在这一水平，但莱索托和赞比亚的情形有所恶化。有 14 个国家情形已经改善，其预期寿命目前处于 50 岁到 60 岁之间，6 个国家的数值已上升到 60 岁与 70 岁之间，甚至有 5 个国家的平均预期寿命值跃升到 70 岁以上，接近欧洲的平均值。最终，1960 年 6 个非洲国家曾位于预期寿命排行前列，寿命值超过 50 岁，现在其中的 3 个国家跃升到一流水平，一个几乎贴近，一个（博茨瓦纳）有所停滞，另一个跌出了名次，即津巴布韦，是由于受艾滋病的影响以及严重的政治、经济、道德危机而导致如此。

在教育文化程度方面，通过比较 1960 年和 2008 年的数据，我们得到了 34 个非洲国家的数值。1960 年，成人受教育水平很低，令人沮

① UN Department of Economic and Social Affairs/Population Division，World Urbanization Prospects，New York，2003 revision)；For the urban agglomerations with more than one million inhabitants：WDI online. Accessed November 18，2010；Van Susteren's *Metropolitan World Atlas* (010 Publishers，Rotterdam，2007)；www. trueknowledge. com；http：//www. afd. fr/jahia/webdav/site/afd/users/administrateur/public/publications/BT/0808ProjetFicheResumeeAfricapolis V4—en. pdf.

② See D. T. Jamison *et al. Disease and Mortality in Sub-Saharan Africa*，World Bank，Washington，2006 (2nd ed. ，Chapter 3) . http：//www. ncbi. nlm. nih. gov/books/NBK2296/table/A168/？report＝objectonly.

丧。至少有 14 个非洲国家，他们的 100 个成人中不到 10 个具有初级水平的读写能力。虽然平均文化水平在各地已有所改善，但其中许多国家的文化水平排名仍处于末端。1960 年，至少有 19 个非洲国家的成人文化水平处在 10％与 40％之间。现在，这些国家都已经大力提高了其文化水平，一些国家如津巴布韦几乎达到普遍水平。1960 年，非洲只有南非一个国家的大多数成人有读写能力，现在则几乎也已普及了。

高等教育率是对教育特别是基础教育投资的结果。在少数独立的非洲国家，有 50％多，年龄在 6 岁到 12 岁的孩子就学，而在其他许多国家，就学率甚至不到 10％。如今，大多数国家至少 70％的孩童接受了基础教育。1960 年，只有埃及、突尼斯、南非的中学入学率为 10％以上，许多非洲国家甚至不到 3％。现如今，非洲只有两个国家的中学生入学率不到 10％，50％的非洲国家的中学生入学率为 25％到 50％。

4. 非洲的经济领域变化

虽然 1960 年到 1970 年间非洲经济有一个好的起步，但 1970 年到 2000 年间，许多国家的经济发展变得萧条，不过从 2000 年到 2009 年间许多国家的情形大为改善。[①] 然而，经济增长形式却各不相同。尽管有 10 个国家在 1960 年到 2000 年期间遭受了经济危机，一些国家的经济甚至彻底崩溃，但依然有 5 个国家的经济整体在这一时期实现了显著增长。早在人们谈论非洲与东南亚四虎之一对应的国家之前，博茨瓦纳就因其人均 GDP 增加了 13 倍，被视为经济猎豹。事实上，过去 10 年整个非洲大陆的经济成就确实要比之前的 40 年更有前景。然而，并非所有的国家都取得了成功，事实上一些国家陷入了危机。津巴布韦自然是一个最让人忧心的例子。但总体而言，过去 10 年非洲已有了兴起的迹象，这些迹象可以通过非洲大陆的贫困水平观察到。[②] 非洲的贫困水平虽然仍很高，令人悲伤，但毕竟在不断改善。1990 年，在千年发展目标的初期，撒哈拉以南

---

① http：//web. worldbank. org/WBSITE/EXTERNAL/COUNTRIES/AFRICAEXT/0，contentMDK：20563739～menuPK：1613741～pagePK：146736～piPK：146830～theSitePK：258644，00. html. World Bank's Africa website.

② 数据引用如下来源：J-C. Berthélemy，Emerging Africa，OECD Publishing，Paris，2001；Steven Radelet，*How 17 Countries Are Leading the Way*，Center for Global Development，Washington；www. inschrijven. nabc. nl/EmergingAfrica. aspx. Accessed December 3，2010。

非洲 58％的人生活在购买力平均消费价格每日不到 1 美元的困境中。2005 年，这一比例降至 51％。[1]

5. 非洲的社会政治参与领域变化

关于社会政治方面的特点，众多具有诱人特质的全球名单为吸引科学家、决策者以及媒体的眼球而较量着。有网站列出了许多因重视非洲政治公正性而作的众多努力。[2] 仅举几例：民主指数、政府效率指数、失败国家指数、非洲治理的莫·依布拉欣指数、腐败感知指数、合法权利指数、自由指数。这些指数都是最近公布的，且常常难以判断其长期的走势。尽管如此，与 1990 年相比，如今越来越多的非洲政府及其领导人是由多党选举产生，很明显这种公正性的感知在不断增强。诸如这样的指数，一部分来源于非洲自身，对使媒体、舆论、非政府组织（NGO）、商界、政府保持警惕性发挥了作用。非洲联盟也建立了专门部门处理滥用权力的严重事件。[3] 笔者将概述非洲在这些指数方面所做的"成绩"。假如你认为一个成功的政府，一个有着正常选举制、拥有不止一个政党、清廉、管理有序、高效率、合法保护商业利益、有高度新闻自由的政府是美好的事情，那么仍然有许多地方需要改善。但并非所有的非洲人都深信这些是值得优先考虑的事情。

6. 非洲的文化参与领域变化

文化的变化本可以从多个方面描述，但人们的注意力大多直接集中在宗教以及大多数非洲人彻底的宗教狂热上面。在非洲找到所谓的"自由思想者"是如此的难。因此，让我们看看统计数字告诉了我们些什么。不过在看这些之前，笔者想先引用一句关于非洲所有宗教数据的说明[4]：

众所周知，精确的统计数据很难获得，一部分原因是全国性的人口普

---

[1]　http：//www.un.org/millenniumgoals/pdf/MDG _ FS _ 1 _ EN.pdf. In North Africa, the poverty situation is much better and improving as well. See http：//mdgs.un.org/unsd/mdg/Data.aspx.

[2]　http：//www.2logicstudios.com/bitweaver/wiki/view. December 4，2010.

[3]　These trends are followed closely every year in a special section of the Africa Yearbook.

[4]　A. Mazrui, General History of Africa VIII（Africa since 1935），UNESCO，Paris，1993. p.503.

查资料要么已经过时要么就是已经不存在了；一部分原因是因为权力竞争，对手的统计资料很重要，不易拿到；还有部分原因是之前曾声称是伊斯兰教或者基督教的拥护者现在可能已不再信奉传统宗教了，这确实是值得注意的。

依据德国百科全书，[①] 20 世纪 60 年代，40％的非洲人信奉伊斯兰教，可能有 30％的人遵从本土信仰体系的某些形式，12％的人是罗马天主教徒，9％的人是圣公会信徒或信福音主义者，6％的人是埃及基督徒或是埃塞俄比亚基督徒，此外还有一些犹太教或印度教追随者的散居社区。2009 年，信奉伊斯兰教的非洲人估计达到 4.02 亿人（39％），[②] 信奉罗马天主教的为 1.58 亿人（15％），[③] 信奉埃及基督教或是埃塞俄比亚基督教的为 4100 万人（4％），信奉其他基督教的为 2.88 亿人（28％）。[④] 这意味着有 14％的非洲人可视为非穆斯林和非基督徒。然而，所有去过非洲教堂和清真寺的人都清楚基督教或伊斯兰教的混合信仰以及本土信仰仍然广受欢迎，这是有目共睹的。如果我们观察宗教扩张的动态，可以看出组合的新教、圣公会以及五旬节信仰团体（包括许多独立教堂）在 1960 年到 2009 年间增长了 9 倍，罗马天主教增长了 4 倍，伊斯兰教增长了 3 倍，非洲东北部的东正教增加了 2 倍。[⑤] 因此，2005 年在最后一次秘密会议上，南非圣公会大主教图图要求罗马天主教的红衣主教选举出一个非洲教皇，也就不足为奇了。[⑥]

---

① Brockhaus Enzyklopädie, Part 1 (A-ATE), Wiesbaden, 1966. p. 163.

② Based on T. Miller (ed.) Mapping the Global Muslim Population：A Report on the Size and Distribution of the World's Muslim Population (Pew Research Center, Washington, 2009). A list of data for individual countries can be found at：http：//en. wikipedia. org/wiki/List _ of _ countries _ by _ Muslim _ population＃cite _ notemgmpPRC－1.

③ See http：//en. wikipedia. org/wiki/Roman _ Catholicism _ in _ Africa.

④ See http：//en. wikipedia. org/wiki/Christianity _ by _ country.

⑤ Amadu Jacky Kaba , The Spread of Christianity and Islam in Africa：A Survey and Analysis of the Numbers and Percentages of Christians, Muslims and Those who Practice Indigenous Religions', *The Western Journal of Black Studies* 29 (2)：553—570, 2001.

⑥ The Star, South Africa, April 4, 2005. http：//en. wikipedia. org/wiki/Roman _ Catholicism _ in _ Africa.

六　结论

我们认为，非洲人自己对于发展和改变的评价对于考察"援助"的影响是很重要的，在我们所开发和实践的"参与式发展评估方法"（PA-DEV）中，采用研讨会式的工作模块展开研究，可以获得大量的甚至是"全景式"的研究资料，对这些资料的综合分析，我们得到了目前基于9个调研会的阶段性研究结果，将这些研究结果和非洲大尺度的同周期变化进行对照分析，我们可以说，外来的非洲援助项目对于当地民众的生活和能力是有积极影响的。

[湖南大学政治与公共管理学院，裘丽译]

（责任编辑：王学军）

南非入境旅游客源市场结构研究[①]

骆高远　王丽华

【内容摘要】南非拥有独特的旅游资源，20 世纪 90 年代以来，政治体制的转变为南非入境旅游业的发展提供了契机。本文运用地理集中指数、旅游产业绝对集中指标、季节性强度指数等定量方法，在南非入境旅游数据资料的基础上，分析了南非入境客源市场的空间结构和南非入境游客旅游心理行为，从而为优化南非入境旅游客源市场的未来发展提供依据。

【关键词】南非；入境旅游；客源市场；地理集中指数；绝对集中指标；季节性强度指数

【作者简介】骆高远，男，教授，硕士生导师，浙江师范大学旅游与管理学院；王丽华，女，硕士研究生，浙江师范大学旅游与管理学院。

　　旅游业被国际上公认为是缩小区域差距的有效手段。1997 年欧洲联盟条约明确提出旅游业应该发挥缩小区域差异的作用。[②] 在旅游业中，入境旅游一直占有很重要的位置。其中入境旅游人数以及国际旅游（外汇）收入已经成为衡量一个国家旅游业发展状况的重要指标。同时，它也是许多国家（尤其是发展中国家）解决就业和赚取外汇的重要途径。探讨一个

---

　　① 本文是 2008 年浙江师范大学非洲研究院"当代非洲旅游"研究基金（编号：ZC326008007）阶段性成果。

　　② Wanhill S，Peripheral area tourism：a European perspective，Progress in Tourism Hospitality Research，1997，pp. 331－358.

国家或地区的入境旅游情况及其如何发展入境旅游业，对于制定本国或本地区的旅游和经济政策有重要的参考价值。

一　入境旅游市场结构的内涵及意义

1. 入境旅游市场结构的内涵

旅游客源市场是指在一定时期内，对某一旅游产品现实和潜在的总体需求。旅游市场结构则是针对旅游业而言的市场结构，即旅游市场供给者之间、需求者之间、供给者和需求者之间以及旅游市场上现有的供给者、需求者与正在进入旅游市场的供给者、需求者之间的关系。旅游客源市场按消费者地理区域分布、时间分布及旅游消费、旅游动机类型又可划分为旅游客源市场空间结构、时间结构、消费结构和旅游类型结构等。[①] 可见，入境旅游市场结构就是指一个国家或地区在一定时期内入境游客的数量及其空间分布、时间分布和消费结构、行为结构等的总体特征。

2. 入境旅游市场结构研究的意义

入境旅游有利于区域经济的发展，是一个地区区域形象的树立和吸引力提高的重要途径。入境旅游市场的规模和质量也是一个地区旅游业发展外向度的重要指标。发展入境旅游能有效增加旅游业外汇收入，提高地区经济发展水平，增强地区经济实力，同时也是区域旅游质量提高的有效推动力。研究入境客源市场结构有助于把握主要客源市场，针对重点客源市场实施重点营销，根据入境客源市场结构的变化分析旅游发展中存在的问题，并为制定区域国际旅游发展战略提供依据。

二　南非入境旅游市场概况

南非位于非洲大陆最南端，离当今世界主要客源地欧美和亚太市场

---

① 万绪才、丁登山：《旅游客源市场结构分析——以南京市为例》，载《人文地理》1998 年第 3 期，第 70—75 页。

距离较远，即使对非洲大陆客源市场而言，也存在着距离上的劣势。但南非却因其独特的旅游资源成为了旅游者钟爱的天堂。其优越的地理环境、宜人的气候、悠长而曲折的历史及独特的人文风采使南非获得了"世界展览馆"、"彩虹之国"等称号。这些优势使南非拥有冒险旅游、生态旅游和文化旅游等突出的特殊旅游产品，为南非发展旅游业提供了优越的条件。

受种族隔离制度等因素的影响，南非入境旅游业呈现了全然不同的两个发展阶段。1948年开始，南非进入种族隔离时期，这一时期内，南非入境旅游业发展缓慢。当时发展相对较好的国内旅游市场也只是局限在白人旅游市场。旅游的相关研究也集中在对白人所属的旅游资源的描述上。[①] 20世纪60年代后期，南非国际旅游市场虽有了短暂的繁荣，但随后国际社会的制裁对其社会经济，包括旅游业的发展产生了很大的制约作用。20世纪90年代以后，种族隔离制度逐步瓦解，为南非入境旅游业的发展提供了相对宽松的政治环境。1994年，南非首次举行全民选举，以纳尔逊·曼德拉为代表的非洲国民大会（Africa National Congress，简称ANC）取得了胜利，此后废除了种族隔离制度的新南非宣告成立。新南非政府采取了大刀阔斧的改革，以期将南非建设成戴斯蒙·图图（Desmond Tutu）大主教倡导的"彩虹之国"——一个充满活力的、崭新的、多文化共存的国家，将被宗主国控制的耻辱的历史埋葬在身后，所有人民亲如一家。南非民主化后，随着经济的恢复发展，旅游业的发展被重新提上日程，南非入境旅游也取得了突破性的发展。可见，种族隔离制度的终止，是南非历史发展的一个里程碑，同时也是南非入境旅游业发展的分水岭（见图1）。

2009年，南非入境旅游达9933966人次，较2008年增长3.6%，远超过2009年-4.3%的全球平均增长率（UNWTO，UNWTO World Tourism Barometer 2010），这是南非入境旅游人数的第6个持续增长年。同时，南非入境旅游收入也在持续增长，2009年南非入境旅游收入达893亿兰特，较2008年增长7.1%。与国内旅游相比，南非入境旅游在经济收益方面有明显的优势（见图2、图3），这也是南非政府始终大力支持发

---

① Gustav Visser，Christian M. Rogerson，Researching the South African tourism and development nexus，GeoJournal，2004，pp. 201—215.

展入境旅游的一个重要原因。

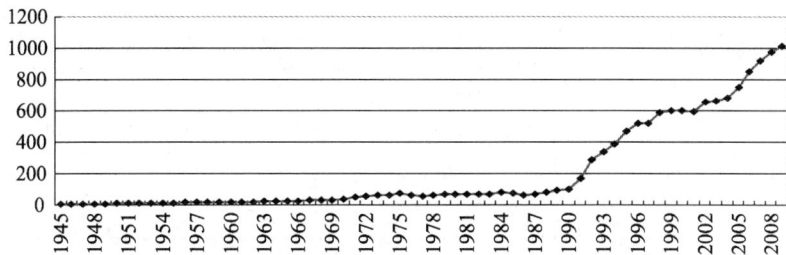

图 1　1945—2009 年南非入境旅游人数（万人）

资料来源：南非统计局（Tourism2002－2009，South Africa Statistics）。

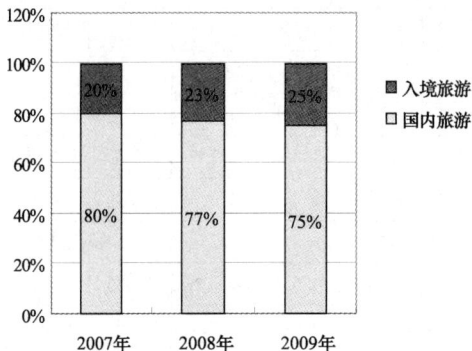

图 2　2007—2009 年南非国内与入境
旅游人数比例对比

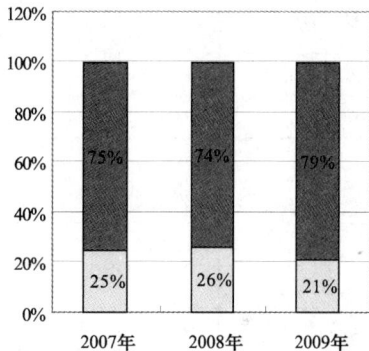

图 3　2007—2009 年南非国内与入境
旅游直接消费比例对比

资料来源：2009 年南非旅游年度报告（Annual Tourism Report 2009，South Africa Tourism）。

三　南非入境旅游市场结构分析

1. 南非入境旅游客源市场地域空间结构

（1）南非入境旅游客源市场地域空间结构。

根据表 1 的数据统计，南非入境旅游客源市场主要可分为非洲、欧洲、北美、大洋洲和亚洲五大市场。非洲本土的入境客源是南非最主要的客源市场，其次为欧洲市场，再其次为北美洲市场。

表 1　　　　　**2007—2009 年南非入境旅游客源市场地域空间结构**

地域 ＼ 类别 ＼ 年份	入境总人数			市场比重			入境人数增长率	
	2007	2008	2009	2007	2008	2009	2008	2009
1. 非洲市场	6,866,376	7,348,627	7,762,921	75.5%	76.6%	78.1%	7.0%	5.6%
莱索托	2,170,074	2,163,372	2,098,278	23.9%	22.6%	21.1%	−0.3%	−3.0%
斯威士兰	1,039,233	1,088,033	1,087,739	11.4%	11.3%	10.9%	4.7%	0.0%
津巴布韦	964,027	1,226,993	1,573,871	10.6%	12.8%	15.8%	27.3%	28.3%
莫桑比克	1,084,157	1,226,989	1,361,133	11.9%	12.8%	13.7%	13.2%	10.9%
博茨瓦纳	818,403	804,701	836,072	9.0%	8.4%	8.4%	−1.7%	3.9%
纳米比亚	220,535	221,995	216,698	2.4%	2.3%	2.2%	0.7%	−2.4%
赞比亚	183,056	192,041	164,276	2.0%	2.0%	1.7%	4.9%	−14.5%
马拉维	147,246	163,328	152,358	1.6%	1.7%	1.5%	10.9%	−6.7%
2. 欧洲市场	1,413,563	1,406,350	1,348,502	15.5%	14.7%	13.6%	−0.5%	−4.1%
英国	497,687	485,166	486,692	5.5%	5.1%	4.9%	−2.5%	0.3%
德国	254,934	238,306	210,917	2.8%	2.5%	2.1%	−6.5%	−11.5%
荷兰	129,022	128,097	122,604	1.4%	1.3%	1.2%	−0.7%	−4.3%
法国	115,074	127,956	116,157	1.3%	1.3%	1.2%	11.2%	−9.2%
意大利	54,807	55,545	59,899	0.6%	0.6%	0.6%	1.3%	7.8%
比利时	42,643	42,276	40,864	0.5%	0.4%	0.4%	−0.9%	−3.3%
瑞典	42,772	44,050	38,953	0.5%	0.5%	0.4%	3.0%	−11.6%
3. 北美市场	329,906	344,420	314,696	3.6%	3.6%	3.2%	4.4%	−8.6%
美国	276,941	287,438	262,866	3.0%	3.0%	2.6%	3.8%	−8.5%
加拿大	52,879	56,904	51,765	0.6%	0.6%	0.5%	7.6%	−9.0%
4. 大洋洲市场	115,226	120,929	113,180	1.3%	1.3%	1.1%	4.9%	−6.4%
澳大利亚	95,571	100,133	92,650	1.1%	1.0%	0.9%	4.8%	−7.5%
5. 亚洲市场	218,164	201,657	209,110	2.4%	2.1%	2.1%	−7.6%	3.7%
印度	51,823	51,929	61,007	0.6%	0.5%	0.6%	0.2%	17.5%
中国(包括香港)	47,378	40,320	45,326	0.5%	0.4%	0.5%	−14.9%	12.4%
6. 其他	147,646	169,845	185,557	1.6%	1.8%	1.9%	15.0%	9.3%
7. 合计	9,090,881	9,591,828	9,933,966	100.0%	100.0%	100.0%	5.5%	3.6%

资料来源：2007—2009 年南非旅游年度报告（Annual Tourism Report 2007—2009，South Africa Tourism）。

　　从入境旅游人数看，总体上 2007—2009 年南非入境旅游人数都呈稳定增长趋势。其中，非洲市场始终保持较快增长，2008 年增长率为7.0％，2009 年增长率为 5.6％。受金融危机影响，2009 年个别市场如欧洲、亚洲、大洋洲市场的入境人数明显减少。

　　从各市场所占市场比重来看，非洲市场所占份额最大，且近 3 年所占比重持续增长，2009 年达 78.1％。欧洲市场是最具优势的海外市场，但2007—2009 年所占市场比重持续下降，2009 年为历史最低点（13.6％）。尽管如此，欧洲市场所占比重仍保持在 13％以上，是海外市场的一枝独秀。此外，北美市场、亚洲市场及大洋洲市场近 3 年所占比重有下降趋势，但变化幅度不大。

　　从各洲市场看，非洲市场的主要客源国有莱索托、斯威士兰、博茨瓦纳、津巴布韦、莫桑比克、斯威士兰、纳米比亚、赞比亚、马拉维等。莱索托始终是南非入境旅游的最大客源国，入境旅游人数持续稳定增长，所占比重也不断增加。2007 年所占比重达最高点 23.9％，2008 年、2009 年虽有所下降，但仍保持在 21％以上。因此莱索托在南非入境旅游人数上有绝对优势，这与该国的地理位置有很大的关系。其他主要的客源国分布是津巴布韦、莫桑比克、斯威士兰、博茨瓦纳。近 3 年，南非入境客源前五位客源国排序虽有变化，但显然都是南部非洲国家。欧洲市场的主要客源国为英国、德国、法国、荷兰等。英国是南非入境旅游海外客源市场中最大的客源国，排名基本稳定在第 6 位。该区域客源国的总体特征是不论在入境旅游人数还是在所占市场比重上都呈持续下降趋势。北美洲市场的主要客源市场是美国市场和加拿大市场。美国市场和加拿大市场的排名逐步提升，但其所占的市场比重并没有明显提高，反而有下降的趋势。大洋洲市场最主要的客源市场是澳大利亚市场，其排名自 2007—2009 年稳定在第 15 位。从入境人数上来看呈持续增长趋势，2009 年达 92650 人，但从比重上来看，总体上呈下降趋势。亚洲市场的主要客源国为中国和印度，但与其他客源市场相比差距明显，排名都在 15 位之后。2009 年中国市场占比重为 0.46％，印度市场所占比重为 0.61％。

　　（2）南非入境旅游需求的空间分布集中性。

　　旅游需求的空间分布结构主要指旅游者的地理来源和强度。[①] 其集中

---

　　①　保继刚、楚义芳：《旅游地理学》，高等教育出版社 1999 年版，第 28—29、52—55 页。

性可以用地理集中指数来定量分析，其计算式是：

$$G=100\times\sqrt{\sum_{i=1}^{n}(\frac{x_i}{T})^2} \tag{1}$$

式中：G 为客源地的地理集中指数；

　　　x_i 为第 i 个客源地的游客数量；

　　　T 为旅游地接待游客总量；

　　　n 为客源地总数。

客源地来源越少越集中，G 值越接近 100；G 值越小，则客源地越分散。对于任何一个旅游地，客源地越分散，旅游经营越稳定。

本文将 2002—2009 年南非入境客源市场数据进行梳理后，对各国入境人数进行排序，最后选取每年前 N 位占入境总人数 90％的客源国，将数据代入公式（1），得出 2002—2009 年南非入境旅游客源市场的地理集中指数（图 4）。总体来说，2002—2009 年南非入境旅游客源市场区域结构较稳定，但地理集中指数呈持续增长的趋势，尽管个别年份有略微回落，但总体增长的趋势明显。因此南非入境旅游市场的区域结构集中性有加强的趋势，对主要市场的依赖性亦加强。主要原因在于非洲市场比重不断增大，传统的欧洲市场比重在不断减小，而其他市场增幅不明显。

某个客源市场的比重过大，对于整体旅游市场的经营是不利的。例如受到客源国社会经济和政治等变化的冲击，一旦有不可抗力，发生市场结构失衡，将对整个入境旅游客源市场带来重大损失。因此，应时刻关注，防止客源市场过于集中，从而影响市场经营的稳定性。

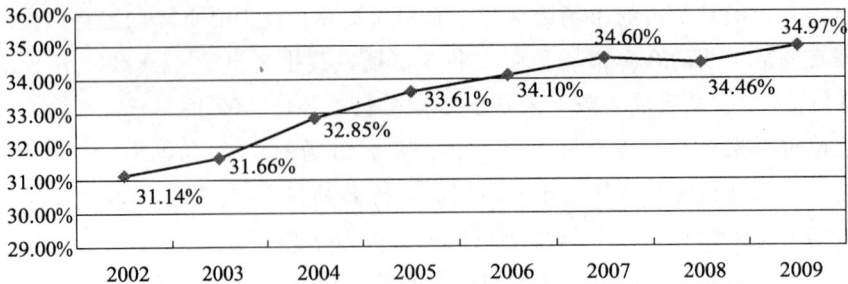

图 4　南非旅游客源地地理集中指数（2002—2009 年）

资料来源：南非旅游年度报告（2002—2009），（Annual tourism report, 〈2002－2009〉, South Africa Tourism）。

（3）南非入境旅游产业绝对集中度指标。

集中度指标在旅游产业结构分析中主要用于反映旅游经济活动相对集中于某些旅游企业的程度，具体可用接待游客人数、旅游收入、旅游企业就业人数等指标来反映。通常，分析旅游产业集中度的指标可以分为绝对集中度指标、相对集中度指标和综合集中度指标三大类，其中绝对集中指标是分析旅游产业竞争性和垄断性的最简单和常用的方法。

旅游产业绝对集中度指标是指在全部旅游企业中，其主要经济活动指标在前几位企业中相对集中的程度（一般是前 4 位或前 8 位），通常可用前几位旅游企业接待游客数、旅游收入、企业资产、职工人数等占整个行业相应指标总量的比例来表示。[①] 其计算公式为：

$$CR_n = \frac{\sum_{i=1}^{n} X_i}{\sum_{i=1}^{N} X_i} \tag{2}$$

其中：CR_n——X 行业中规模最大的前 n 位企业的集中度系数；

X_i——行业中第 i 位企业的某指标数值；

n——X 行业中前 n 位企业数；

N——X 行业全部企业数。

本文将 2002—2009 年南非入境客源市场前 4 位和前 8 位客源国数据代入公式（2），计算得到 CR_4、CR_8 的值（见图 5）。

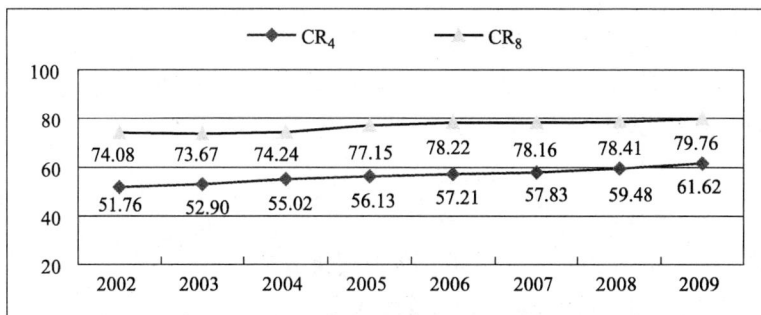

图 5　南非入境旅游市场绝对集中度（2002—2009 年）（%）

资料来源：南非旅游年度报告（2009）（Annual tourism report 2009, South Africa Tourism）。

---

① 罗明义：《旅游经济学分析方法·案例》，南开大学出版社 2005 年版，第 239 页。

从图 5 可以看出，当 n 的值取 4 或 8 时，CR_4、CR_8 都呈现逐年上升趋势，这表明 2002—2009 年南非入境客源市场集中度呈上升趋势，位于前 4 位、前 8 位的客源国对南非入境客源的市场支配力量在加强。

按照贝恩的观点（见表 2），近 10 年南非入境客源市场属于中（上）集中寡占型，但从数据额的持续按增长趋势看，需防止向上一级即高度集中寡占型市场转变。

表 2   美国产业垄断和竞争类型测定表

垄断和竞争类型	产业企业总数	前 4 位企业规模比重（CR_4）	前 8 位企业规模比重（CR_8）
1. 极高度集中寡占型	20—40 家	75％以上	—
2. 高度集中寡占型	20—100 家	65％—75％	85％以上
3. 中（上）集中寡占型	企业数较多	50％—65％	75％—85％
4. 中（下）集中寡占型	企业数较多	35％—50％	45％—75％
5. 低度集中寡占型	企业数较多	30％—35％	40％—45％
6. 竞争型（接近完全竞争）	企业数较多	不存在集中现象	不存在集中现象

资料来源：贝恩：《产业组织论》，引自《旅游经济学》，2005 年。

（4）南非入境旅游需求的时间分布集中性。

旅游需求的时间分布集中性是由旅游季节性所引起的，可以用季节性（时间）强度指数 R 来定量分析。其计算公式是：

$$R = \sqrt{\sum_{i=1}^{12} (x_i - 8.33)^2 / 12} \tag{3}$$

式中：R 为旅游需求的时间分布强度指数；

x_i 为各月游客量占全年的比重。

R 值越接近于零，旅游需求时间分配越均匀；R 值越大，时间变动越大，旅游淡旺季差异越大。将 2005—2009 年南非各月入境旅游数据代入公式（3），得出 2005—2009 年南非入境旅游市场的 R 值（见表 3）。

表3　　2005—2009 年南非入境旅游客源市场季节性（时间）强度指数

年份	2005	2006	2007	2008	2009
R	0.81	0.73	0.70	0.74	0.67

资料来源：南非旅游局（Tourism 2005—2009，South Africa Statistics）。

　　从表3可知，2005—2009 年南非入境旅游客源市场的 R 值都小于1，季节分布较为平均，2005—2009 年 R 值总体呈下降趋势，说明南非入境旅游客源市场各月游客趋于平均，时间分布结构在不断优化。

　　按照有关学者的归类方法，对于各个月的旅游人次分析，以全年总流量的 1/12（8.33%）为判断标准，月客流量占全年总流量的比重大于 1/12 为旺季，小于 1/24 为淡季，介于 1/12—1/24 之间为平季。根据数据统计，南非无明显淡季，10月、11月、12月、1月是南非入境旅游的最为典型的旺季，4月、7月、8月大部分为旺季。其余的2月、3月、5月、6月、9月是南非入境旅游市场的平季。

2. 南非入境游客旅游行为分析

（1）南非入境游客目的地选择构成。

　　旅游者在南非的目的地选择主要反映了南非各省旅游资源特色及城市发展水平。从南非入境游客目的地选择构成情况来看（见图6），2009年南非入境游客目的地选择排序为：豪登省、西开普省、姆普马兰加省、夸祖鲁—纳塔尔省、林波波河省、自由州省、西北省、东开普省和北开普省。豪登省自 2007—2009 年始终是南非入境游客选择率最高的省，2009年占 46.8%。在索托语中豪登是"Sotho"，即"黄金之地"的意思。豪登省是南非的工业经济中心，是国内经济产出最高的省，同时也是都市化水平较高的省，主要城市有约翰内斯堡、比勒陀利亚和弗里尼京。除经济发达以外，约翰内斯堡拥有南非最大的机场，因此豪登省交通运输业发展较成熟，尤其是航空运输业更是独占鳌头。因此，豪登省入境旅游的绝对优势较为明显。[①] 位于第二位的是西开普省，2009年占入境游客总量的 15.4%。西开普省经济以旅游业为主，除著名的桌上国家公园外，有海滩

---

　　① Christian M. R, Gustav Visser. International Tourist Flows and Urban Tourism in South Africa，Urban Forum，2006，pp. 199—212.

风光，还有葡萄园和拥有几百年历史的传统荷兰庄园等优质的旅游资源。同时，开普敦是南非的立法首都，除经济较发达外，该城市依港而建，拥有重要的港口。此外世界各地的主要城市几乎都有飞往开普敦的国际航班，航线数量仅次于约翰内斯堡，是南非国内的第二商用机场。2009 年南非入境游客选择率第三位的是姆普马兰加省，占 14.0％。根据 2007—2009 年的数据显示，2007 年南非入境游客目的地选择率前三位所占比例为 84.1％（豪登省，西开普省，夸祖鲁—纳塔尔省），2008 年为 77.0％（豪登省，西开普省，姆普马兰加省），2009 年为 76.2％（豪登省，西开普省，姆普马兰加省）。这 3 年中，尽管排序变化不大，但可以看到 2007—2009 年南非入境游客目的地选择的集中度在降低，各省的入境游客量的差距有缩小的趋势。

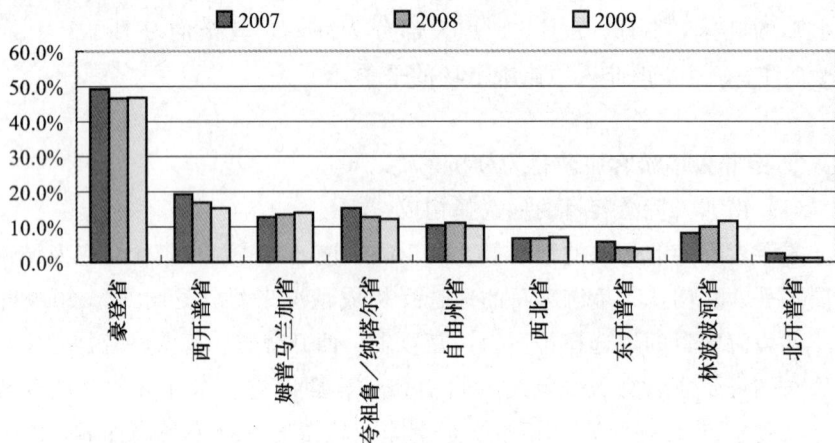

图 6　南非入境游客目的地选择构成（2007—2009 年）
资料来源：南非旅游年度报告（2009）（Annual tourism report 2009，South Africa Tourism。

（2）南非入境游客旅游动机结构分析。

旅游动机是直接推动一个人进行旅游活动的内部动因或动力。在人们的旅游活动中，旅游动机是非常丰富和复杂的。日本学者田中喜一将旅游动机划分为心情的动机、身体的动机、精神的动机和经济的动机四大类，每一种动机反映了不同的需求。① 旅游动机影响旅游目的，旅游动机是旅

---

① 保继刚、楚义芳：《旅游地理学》，高等教育出版社 1999 年版，第 28—29、52—55 页。

游目的的前提，旅游目的是旅游动机的结果。旅游动机种类的不同，反映出游客对旅游活动的认识程度，也显示出游客不同的旅游需求层次。根据南非入境旅游的实际情况，将南非入境游客的旅游动机划分为休闲、商务、宗教、医疗四大类。

从图 7、图 8 可知，在南非入境旅游的 4 种主要旅游动机类型中，休闲类旅游目的类型具有绝对优势，2008 年占 57.7%，2009 年占 58.5%。第二大类型为商务类旅游目的，2008 年占 31.9%，2009 年占 30.4%。再其次为医疗类和宗教类。

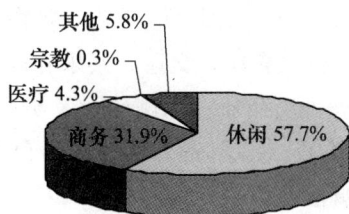

图 7　2008 年南非入境游客旅游
目的构成

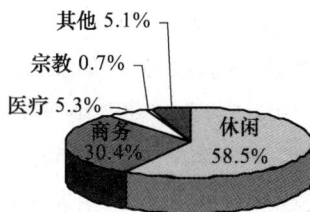

图 8　2009 年南非入境游客旅游
目的构成

资料来源：南非旅游年度报告（2009）（Annual tourism report 2009，South Africa Tourism）。

陈传康（1986）将旅游活动行为层次划分为三个层次，即基本层次游览观光，提高层次（娱乐、购物等），专门层次（休养、疗养、会议、宗教朝拜等）。不同的旅游目的地的旅游行为层次各有侧重，这取决于旅游资源的性质、游客的爱好、消费能力等。不同的旅游行为层次可以同时并存，较高层次的旅游行为，不一定要在较低旅游活动层次的优势出现之后才出现。但一般来讲，较高层次的旅游行为的出现，是在较低层次的活动出现之后。从南非 2008 年、2009 年入境游客目的构成来看，南非入境游客在旅游活动层次上由基本层次向提高层次及专门层次转变的趋势明显。

（3）南非入境游客消费结构分析。

旅游消费结构是指旅游者在旅游过程中所消费的各种类型的消费资料的比例关系和构成状况，它不仅反映的是旅游消费方式的基本特征，还可以反映由一定生产力水平所决定的旅游消费的质量和水平。本文从用途角度将南非入境游客消费划分为住宿、交通、餐饮、娱乐、医疗、购物及其他 7 类。其中住宿、交通、餐饮等旅游消费项目为非弹性旅游消费，其最大特点是，人们在这些方面的花费相对比较固定，不会随着旅游消费总额的变化而有很大的变化；娱乐、医疗、购物及其他为弹性消费，它的特点与非弹性消费刚好相反，人们在这些方面的花费伸缩性很大，甚至其消费可以为零。[①] 理论和事实均证明，非弹性旅游消费支出比例过高，不利于旅游经济效益的提高。因为食住行等非弹性消费支出相对稳定，不会产生很大变化，若它占了旅游消费支出很大的比例，就说明旅游消费总额很难发生很大变化。非弹性消费在人们的旅游消费结构中占的比例越高，就说明旅游消费结构的层次越低。相反，若弹性旅游消费比例很高，则利于旅游经济效益的提高。在旅游业发达的国家或地区，弹性旅游消费比例高达 60％以上。[②]

　　从 2007—2009 年南非入境游客消费结构（见图 9）可见，购物类消费是南非入境游客最大的支出，其次为住宿、餐饮、交通、娱乐和医疗类消费支出。2007—2009 年南非入境游客弹性支出所占比例分别为 64.8％、65.7％、68.4％，均超过 60％，属于集约型旅游消费结构，消费结构较为理想。纵观这几年，南非入境游客的购物型消费始终稳定在 50％以上，是整个入境旅游消费结构优化的关键。在弹性旅游消费支出中，娱乐性等支出的增长缓慢，因此如何保持购物型消费稳定增长，加强休闲娱乐设施的开发、利用，增加医疗等其他弹性旅游支出是进一步优化南非入境旅游消费结构的关键。

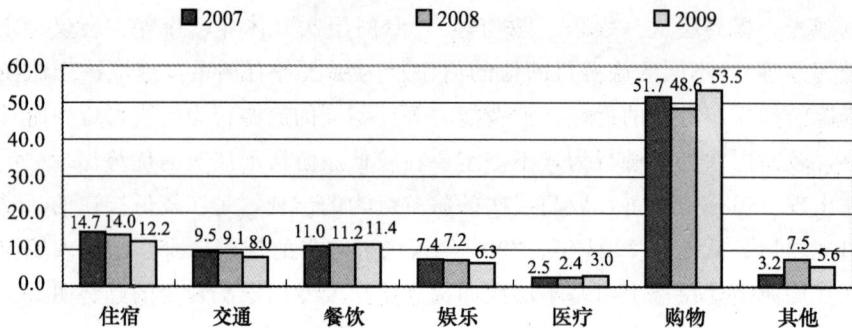

图 9　南非入境游客消费结构（2007—2009 年）（％）

资料来源：南非旅游年度报告（2009）（Annual tourism report 2009，South Africa Tourism）.

---

　　① 冯丽萍：《旅游经济学》，北京大学出版社 2008 年版，第 91—98 页。
　　② 郭鲁芳：《旅游经济学》，浙江大学出版社 2005 年版，第 74—77 页。

四 结论与讨论

（1）种族隔离制度的确立和瓦解，对南非入境旅游业发展有重大影响。种族隔离制度结束后，南非入境旅游业得到突破性发展。

（2）南非入境旅游客源市场区域分布主要集中在非洲和欧洲两大市场。2007—2009 年情况表明，南非入境旅游客源市场空间分布集中性及入境旅游产业绝对集中度指标均有加强的趋势，主要客源国对市场的支配力在加强。因此需时刻关注，防止客源市场集中度提高而影响市场的稳定性。当然，2005—2009 年南非入境旅游的时间分布集中性较为理想，10月、11月、12月、1月是南非入境旅游最为典型的旺季，无明显淡季，且时间分布结构仍在不断优化中。

（3）在南非入境游客心理行为方面，游客目的地选择的集中性有减弱的趋势，但近 3 年基本格局没有太大的变化。其中，豪登省和西开普省优势明显，稳居前二。在游客旅游动机方面，休闲类和商务类是最主要的入境旅游类型。而在游客消费结构方面，2007—2009 年在入境南非游客的消费结构属集约型旅游消费结构。购物类消费在所有支出类型中占的比例最大，娱乐、医疗等其他消费增长缓慢。可见，如何进一步挖掘购物旅游潜力，提高娱乐、医疗等其他方面的弹性旅游消费对使南非入境旅游消费结构更加均匀、科学、合理具有很大意义。

（责任编辑：赵俊）

中非关系研究

中国参与非洲和平安全建设:动因、进程与影响①

王学军

【内容摘要】中国参与非洲和平与安全建设的进程与改革开放后中国逐步融入国际体系的进程是一致的。责任需求、发展利益需求和海外公民安全保护的需求是推动中国参与非洲安全合作的基本动力。在这一进程中,中国通过联合国、非盟等全球与地区性机制,逐步加入到国际社会为实现非洲和平与安全的各种努力之中,并日益成为非洲和平与安全建设的重要力量。通过参与非洲和平与安全建设,中国不仅切实为非洲和平作出了贡献,赢得了较高的国际声誉,而且拓展了中国新安全观及不干涉内政原则的内涵,中国对非安全政策更趋成熟务实。这表明,中非关系正在出现某种转型,中非关系已经发展到需要中国从战略的高度来考虑中国对非安全政策的新阶段。

【关键词】中非关系;安全合作;国际责任;发展利益

【作者简介】王学军,法学博士,浙江师范大学非洲研究院副研究员。

安全与发展是非洲面临的两大根本难题,也是外部世界参与非洲事务的两个基本领域。中非关系也是在这一基本结构性背景下展开的。自 20

---

① 本文是 2009 年教育部哲学社会科学重大攻关项目《新时期中非合作关系研究》的中期成果,项目编号为 09JZD0039。

世纪 90 年代以来，共同的发展复兴诉求促使中非双方在发展领域的合作关系迅速增长，并成为推动中非关系的核心内容与动力。相较而言，中非关系中安全领域合作相对独立于发展合作，其意义并不像发展合作那么关键。时至今日，随着中国在非利益不断拓展、中非发展领域合作关系日益深化以及非洲对中国的安全诉求日益强烈，中国对非安全领域的合作已经不再可能独立于中国对非发展政策、置于中非战略关系之外来思考了，它已经成为中非全面新型战略伙伴关系的重要内容。然而，学术界对中非安全领域合作的整体性研究却相当缺乏。本文拟从安全合作的视角考察中非关系，对中国参与非洲和平与安全建设的背景、进程及影响进行一番总结与思考。

一　中国参与非洲和平与安全建设的背景与动因

中国参与非洲和平与安全进程的背后其实是以中国与国际组织为代表的国际机制关系的变化，因此其步调和中国与国际组织关系的转变是一致的。而中国与国际组织关系经历了一个"从拒绝到承认、从扮演一般性角色到争取重要位置、从比较注重国内需求到更加兼顾国际形象"的曲折过程。① 以 20 世纪 80 年代初开始的改革开放为标志，中国开启了逐步承认与融入国际体系的进程。在这一进程中，中国通过联合国、非盟等全球性与地区性机制，逐步加入到国际社会为实现非洲和平与安全的各种努力之中，并日益成为非洲和平与安全建设的重要力量。

中国参与非洲和平与安全进程另一个基本背景在于中非双方各自的变化及中非关系的深化。中国的变化主要表现在实力地位的不断提升，改革开放以来，在保持国民经济快速持续发展 30 年之后，中国已经成为全球第二大经济体。与此同时，中国传统的排他性的主权观念大大弱化，通过国际合作实现国家利益逐渐被中国政府所接受，成为影响中国国际行为的重要因素。非洲的变化在于两个方面。一方面非洲发展的需求进一步加强，形成了一系列发展的蓝图，如"非洲发展新伙伴计划"，但安全问题

① 王逸舟主编：《磨合中的建构：中国与国际组织关系的多视角透视》，中国发展出版社2003 年版，第 24 页。

依然严峻，冲突与动乱及其附带结果严重阻碍着非洲的发展。另一方面的变化在于冷战后西方对非洲政策的调整，即由于苏联解体造成战略利益的消解，因而西方大国在安全问题上对非洲采取了脱离政策。无论是非洲还是西方都希望中国在非洲和平与安全事业中承担更多责任，作出更大贡献。

可以说，中国参与非洲和平与安全建设既是中国自身实力提升的结果，也是中非关系深化到一定程度的必然要求。具体而言有三个基本动力：

（1）履行世界大国的国际责任是中国参与对非安全合作的重要动力。早在20世纪末就有中国学者指出，责任需求将是21世纪中国外交的三大基本需求之一，而且"随着中国综合国力的增强和国际地位的提高，这种需求将在中国整个对外战略中发挥越来越大的影响"。① 2005年美国副国务卿佐利克提出的"负责任的利益攸关者"之说，正好呼应了这位中国学者的预见。随着中国实力与地位的提升，建构一个负责任大国的身份既是中国实现世界大国战略目标的自身需要，也是国际社会对中国的殷切期待。尽管当前鉴于中国的实力还相当有限，中国的国际责任更多地应关注自身内部及周边地区，但事实上中国在非洲的利益及影响力越来越大，在非洲履行一个新兴大国的责任，促进非洲和平与安全的早日实现，有利于在非洲及世界树立良好的国际形象，进而更好地维护中国在非利益，实现中非互利共赢。从外部看，国际社会对中国的期待不断提升，"中国责任论"正日益取代"中国威胁论"成为中国面临的基本国际舆论环境。无论是非洲还是西方都希望中国在非洲和平与安全事业中承担更多责任，作出更大贡献。回应这些外部期待，积极参与非洲和平与安全建设，有助于在外部世界认同中树立或巩固"和平发展"、"负责任"的良性形象，从而避免或缓解实力地位不断上升所带来的负面压力。总之，在21世纪，国际责任已经成为中国大战略的主要关键词，② 是中国对外政策的一项重要考虑。作为正在崛起中的新兴大国，国际社会对中国责任的期待与中国内部的责任需求是中国参与非洲和平与安全建设的基本动力。

---

① 王逸舟：《面向21世纪的中国外交：三种需求的寻求及其平衡》，载《战略与管理》1999年第6期。

② 时殷弘：《成就与挑战：中国和平发展、和谐世界理念与对外政策形势》，载《当代世界与社会主义》2008年第2期。

（2）保护中国在非洲日益扩大的发展利益，是中国参与非洲和平与安全进程的另一动因。随着中国经济的快速发展，中国的发展越来越需要非洲的能源资源和广阔的投资与商品消费市场。中国对非洲国家的投资始于20世纪80年代，初始阶段规模普遍较小。进入90年代后，中国对非投资规模逐步扩大，领域不断拓宽，分布日益广泛。2003年底中国对非直接投资存量为4.9亿美元，截至2009年底，中国对非直接投资存量已大幅增长到93.3亿美元，2010年已经突破100亿美元。这些投资遍布非洲49个国家，涉及采矿、金融、制造、建筑、旅游、农林牧渔业等。中国在安哥拉、苏丹、利比亚、尼日利亚、赞比亚、阿尔及利亚、埃塞俄比亚等国有大量的能源资源投资。中国正在赞比亚、毛里求斯、尼日利亚、埃及和埃塞俄比亚等非洲国家建设6个经贸合作区，园区基础设施建设已投入2.5亿美元。① 过去15年，中非贸易额每三年翻一番，2008年超过1000亿美元。目前，非洲总出口的1/10销往中国。2010年，中非双边贸易额接近1500亿美元，中国继续保持非洲最大贸易合作伙伴的地位。随着双方关系的深化，中非贸易、中国对非投资、中国在非洲资源开发等活动的深入进行，中国在非洲的经济利益不断扩展，但同时"中国的经济利益开始暴露于从武装抢劫、劳工抗议到遭受叛乱组织和全面内战袭击的各种安全威胁之下"。② 这一阶段，国家安全观已与国家的发展联系在一起，保护国家的发展利益就是国家安全战略的内在动力。③ 因此，实现非洲的和平与稳定不仅是非洲发展的前提，也是保障自身在非洲能源与经济利益得以实现的重大需求。

（3）在非中国公民的安全问题也需要中国积极参与非洲和平与安全建设。由于中非经贸关系的迅速发展，在非洲国家生活和工作的中国公民数量激增。据估计，在过去的10年里，多达75万中国公民移往非洲。④ 这些工作生活于非洲的华人新移民时常遭遇绑架、抢劫与人身攻击。据不完全统计，2000—2003年间，中国公民在非洲遇险、遇害事件每年约10

① 本段数据来自中国国务院新闻办发布的白皮书《中国与非洲的经贸合作》，2010年12月。

② Jerker Hellström, *China's emerging role in Africa*, Swedish Defence Research Agency (FOI)，May 2009，p. 18.

③ 张文木：《中国国家安全观的拓展及其世界意义》，载《国际政治研究》2009年第4期。

④ Chinese workers seek fortunes in Africa, *Daily Telegraph*, Feb 17, 2008.

起。2004 年后，每年增加到了近 20 起。2007 年，中国公民在非遇险、遇袭事件达到了 30 起。仅南非一国 2004—2006 年就有 40 名华人遇害身亡。从风险类型看，治安犯罪、恐怖袭击、政局动荡、商务纠纷已成为危害中国公民在非洲生命和财产安全的四大隐患。① 中国公民遭袭击的原因较为复杂，包括某些非洲国家局部存在的反华情绪、中国企业与公民存在的不当行为、非洲自身混乱的社会治安等。其中非洲大陆各国内部各种经济与部族矛盾造成骚乱频发、武力横行的不安全状态是根本原因。保护海外公民安全已经成为中国外交一项紧迫的新任务，为此，2006 年外交部专门在领事司内设立领事保护处，专门处理和协调中国海外公民和法人合法权益的保护工作。但领事保护只是临时性应对措施，要从根本上缓解乃至解决中国在非公民的安全问题，建设一个发展有序、安全的非洲才是根本之计。从这一角度看，中国需要在非洲发展利益不断扩大深化之后，更多关注和参与非洲安全建设。

二　中国参与非洲和平与安全建设的基本进程

1. 参与联合国及非盟框架下的维和行动

参与国际维和是中国加强国际安全合作、推动国际和平与安全的重要方式。中国对联合国维和的政策经历了从谴责与反对到有限参与，再到积极支持、扩大参与的演化过程。② 在这一进程中，中国对联合国维和的贡献与日俱增。按照联合国维持和平行动网站统计，自 1948 年至 2010 年 10 月 31 日，联合国共部署维和行动 64 项，已经完成的维和行动共 49 项，正在进行的维和行动有 15 项。③ 其中，中国自 1990 年首次派遣 5 名

①　方伟：《中国公民在非洲的安全与领事保护问题》，载《浙江师范大学学报》（社科版）2008 年第 5 期。

②　关于中国参与维和的阶段划分可参见钟龙彪、王俊《中国对联合国维和和平行动的认知和参与》，载《当代中国史研究》2006 年第 6 期；国际危机组织研究报告：《中国的联合国维和贡献与日俱增》，2009 年 4 月 17 日，available at http：//www. crisisgroup. org /en/regions/asia/north-east-asia/china/166－chinas-growing-role-in-un-peacekeeping. aspx？alt_lang＝zh-CN。

③　联合国已经完成维和行动与正在进行维和行动的数字与区域分布，参见联合国维持和平行动网站，http：//www. un. org/chinese/peace/peacekeeping/facts. htm，2010 年 12 月 12 日。

军事观察员参与联合国中东维和任务以来，已先后参加了 19 项维和行动。①到 2010 年 7 月，2013 个中国维和人员服务于 15 个联合国维和行动中的 9 个行动。② 从区域比较看，非洲是联合国国际维和行动的主要集中区域，也是中国参与联合国维和的重点地区。

中国参与非洲维和的努力首先表现在中国在非洲维和的行动次数与规模上。中国的维和之路始于非洲，1989 年中国首次派出 20 名文职人员参加了"联合国过渡时期援助团"，帮助纳米比亚实现从南非独立的进程，这是中国第一次参与联合国维和行动。此后，中国政府又于 1991 年 9 月派遣军事观察员参加"联合国西撒哈拉公民投票特派团"。据统计，自 1990 年以来，中国已经参加联合国在非洲的 9 项维和行动，占中国参与全部维和任务的 56％，先后派出 3000 多名维和人员，占中国维和总人数的 50％。③ 目前，中国成建制的维和部队主要集中在非洲，中国已成为非洲维和机制中的主体力量之一。中国参与的维和行动遍及了非洲很多国家，包括莫桑比克、塞拉利昂、刚果（金）、利比里亚、科特迪瓦、布隆迪、苏丹、埃塞俄比亚与厄立特里亚等。截止到 2010 年 6 月，中国正在参与的联合国在非洲的维和行动有 6 项，维和人员数为 1622 人（见表 1）。

提供财政援助是中国参与和支持非洲维和的另一个重要方式。1982 年中国开始为联合国维和提供财政支持，开始承担联合国维和行动的摊款。近年来，中国财政捐款的数额呈稳步增长的趋势，捐款数额占总捐款的比重，从 20 世纪 90 年代的 0.9％左右上升到 2000 年 12 月的 1.5％，到 2008 年则已超过了 3％。④ 目前，中国的联合国维和预算交费数额在美、日、英、德、法、意之后，排名第 7 位。⑤ 具体到非洲而言，为解决非盟能力与意愿之间的巨大差距，自 2000 年起，中国每年向非盟提供

---

①　参见《2010 年中国的国防》。

②　United Nations Department of Peacekeeping Operations（2010），*UN Mission's Summary by country*，31 July 2010.

③　赵磊：《为和平而来：解析中国参与非洲维和行动》，载《外交评论》2007 年第 2 期。

④　国际危机组织研究报告：《中国的联合国维和贡献与日俱增》，2007 年 4 月 17 日，第 7 页。

⑤　United Nations Department of Public Information（2009），*United Nations Peace Operations 2009*，*Top 10 Providers of Assessed Financial Contributions to UN Peacekeeping Operations*，available at http://www.un.org/en/peacekeeping/documents/factsheet.pdf.

30 万美元的援助，用于组织构建。2005 年和 2006 年，中国为非盟分别提供了 40 万美元的特别捐赠，帮助在达尔富尔执行维和行动。2008年，中国向非盟索马里维和行动捐赠 30 万美元。2009 年 8 月，中国向非盟驻索特派团的两个主要出兵国乌干达和布隆迪分别提供了 500 万元人民币的后勤援助，并向非盟在索马里维和行动提供了 40 万美元的支票。这些财政与物质援助为推进非洲和平进程、提高非洲自主维和能力起到了积极作用。

表1　中国正在参与的非洲维和行动（至 2010 年 6 月 30 日）　（单位：人）

行动名称	军队	警察	军事观察员	总数
西撒特派团（MINURSO）			7	7
联合国—科特迪瓦行动（UNOCI）			7	7
联合国—刚果稳定团（MONUC）	218		16	234
联合国—利比里亚行动（UNMIL）	564	18	2	584
联合国苏丹行动（UNMIS）	443	11	12	466
达尔富尔混合行动（UNAMID）	322		2	324
合计	1547	29	46	1622

资料来源：http//：www.un.org/en/peacekeeping/contributors/2010/june10＿1.pdf，根据联合国维和行动网站资料整理而成。

2. 支持和参与非洲反恐与索马里海盗的国际治理

中国一贯表示支持非洲国家所作的各项反恐努力。在 2006 年北京行动计划中中国表示，支持"非盟预防和打击恐怖主义公约以及非洲恐怖主义研究和调查中心成立，并将研究同非洲国家开展反恐合作的方式"。2009 年行动计划承诺，"双方将在反恐问题上加强合作，维护各自国家安全，并推动国际反恐合作不断取得新进展"。在具体行动上，中国主要通过为非洲地区性反恐机制提供物质与财政援助来参与非洲反恐。例如，为非盟驻索马里特派团打击"伊斯兰青年运动"等恐怖主义势力提供物质援助。此外，在非洲反恐方面，中国强调采取综合措施打击恐怖主义，既重视打击恐怖行为本身，更要重视消除产生恐怖主义的根源，通过发展来解决根本问题。

　　参与索马里海盗问题的国际治理是中国促进非洲安全的另一重要行动。2008年以来，索马里海盗活动频繁，已经对亚丁湾海域的公共安全构成了严重的影响。中国是世界第二大出口国和最大海运需求国。经由中国沿海各港口、马六甲海峡、红海、苏伊士运河的航线，是中国最具战略价值的海上贸易通道和能源通道，承担了中国40％的进出口贸易和进口石油60％的运量。每年经亚丁湾的中国货船有1000多艘，其中20％受到过海盗袭击。① 为保障海上公共通道及自身海运安全，中国政府于2008年12月26日首次派遣海军舰艇编队赴亚丁湾、索马里海域实施护航。主要任务是保护中国航经亚丁湾、索马里海域的船舶、人员安全，保护世界粮食计划署等国际组织运送人道主义物资船舶的安全，并尽可能为航经该海域的外国船舶提供安全掩护。截至2010年12月，海军已派出7批18艘次舰艇、16架直升机、490名特战队员执行护航任务。② 中国还积极参与或主持协调会议、加入多边机制、开展双边合作等治理索马里海盗的国际安全合作。2009年11月6日，中国在北京主持召开了防范和打击索马里海盗国际会议，协调国际力量共同打击索马里海盗，加入并认真履行有关防范和打击海盗的国际公约。中国先后加入了《制止危及海上航行安全非法行为公约》、《国际船舶和港口设施保安规则》等国际公约。中国海军在护航过程中还积极与美国、俄罗斯、也门等有关国家海军进行合作。如2009年9月18日中国海军第三批护航编队与俄罗斯海军护航编队在亚丁湾西部海域进行了"和平蓝盾—2009"联合演习。③

　　此外中国还积极提出打击索马里海盗的政策倡议。2009年11月中国常驻联合国副代表刘振民，提出在亚丁湾海域由各国海军在统一组织下分区护航倡议这一重大、实质性的主张，④ 得到国际社会有关各方的普遍赞誉。2010年1月28日，在纽约召开的联合国"索马里海盗问题联络组"全会批准了中国与欧盟、北约等海上力量在"国际推荐通行走廊"内进行分区护航合作的原则共识，这意味着未来中国将有资格以轮值主席的身份

---

① 王历荣：《国际海盗问题与中国海上通道安全》，载《当代亚太》2009年第6期。

② 《2010年中国的国防》白皮书。

③ 史春林：《近年来中国防范和打击海盗问题及对策》，载《大连海事大学学报》（社科版）2010年第2期。

④ 《中国在安理会建议在索马里沿海实施"分区护航"》，见联合国网站新闻中心，http：//www.un.org/chinese/News/fullstorynews.asp? newsID＝12565。

领导国际反海盗行动。①

3. 积极防止各类武器在非洲扩散

中国一贯尊重和支持无核武器国家根据本地区的实际情况，在自愿协议的基础上建立无核武器区的努力，并承诺无条件不对无核武器国家和无核武器区使用或威胁使用核武器。② 具体到非洲而言，早在 1996 年中国就签署了《非洲无核武器条约》，支持非洲地区无核化进程，并保障非洲免受核武器的威胁。在 2006 年北京行动计划中中国再次承诺：呼吁加强国际合作，推动核裁军和防止核武器扩散进程，支持非洲在自愿基础上实现无核武器区目标的努力。随着利比亚和南非放弃核武器追求，最终实现了非洲的无核化。

小武器扩散问题往往被视为刺激非洲冲突蔓延、导致人道主义灾难的重要助推剂。中国在态度与行动上都积极参与了防止轻小武器扩散的机制。中国政府认为"小武器的非法贸易及过度积累加剧了有关国家和地区的战乱，影响战后重建的顺利进行，助长恐怖主义、贩毒和走私等有组织犯罪活动。打击和消除小武器非法贸易活动，有助于有关国家和地区冲突的妥善解决，有利于有关国家和地区的和平与稳定，符合各国的共同利益"。③ 为此，中国积极参与国际打击轻小武器非法贸易的活动，2006 年中国支持了联合国关于轻小武器非法交易的解决方案，并认真落实 2002 年签署的联合国轻小武器《行动纲领》与《识别和追查非法轻小武器国际文书》，制订实施了轻小武器标志细则。尽管中国是非洲武器的出口国，但是中国对非洲的轻小武器贸易都是在正常范围内进行的，数量也十分有限。而且，中国对非洲军售一向持负责谨慎的态度，所有军品出口实施严格、有效的管理，严格遵循三项原则，即有助于接受国的正当自卫能力；不损害有关地区和世界的和平、安全与稳定；不干涉接受国。中国只与主权国家开展常规军贸合作，明确要求军品接受国政府提供最终用户和最终用途证明，承诺未经中方同意不向第三方转让从中国进口的武器。中国政

---

① 赵磊：《中国的国际和平参与战略》，载《国际关系学院学报》2010 年第 3 期。

② 《无核武器区》，参见外交部网站：http://www.mfa.gov.cn/chn/pds/wjb/zzjg/jks/zclc/hwt/t119264.htm。

③ 中国代表团团长王英凡大使在联合国小武器非法贸易各方面问题大会上的发言，2002 年 1 月 18 日，http://www.mfa.gov.cn/chn/gxh/mtb/sjhd/t4777.htm。

府不向受安理会武器禁运制裁的国家或地区出口军品，也不向非国家实体或个人提供武器。①

　　此外，值得一提的是，早在 2002 年，中国就参加了旨在阻止源于非洲的"冲突钻石"流动的"金伯利进程"，对毛坯钻石进出口贸易实施有效监控，以遏止"冲突钻石"的非法交易，履行成员国的国际义务，维护非洲地区发展中国家的和平与稳定。尽管这些行动仍有许多不足，但却证明中国愿意为非洲的内部冲突有更多作为。

4. 中国与非洲国家在军事领域的交流与合作

　　中国与非洲的军事关系由来已久，早在非洲民族独立运动时期，中国在物质与道义方面就给予了非洲国家大量军事支持与援助。② 之后，中非一直保持着军事关系。2006 年中国对非政策文件宣示，中国将"密切双方军队高层往来，积极开展军事专业技术交流与合作。中国将继续协助非洲国家培训军事人员，支持非洲国家加强国防和军队建设，维护自身安全"。③ 在中非双边军事合作原则方面，中国政府承诺，坚持在和平共处五项原则基础上发展不结盟、不对抗、不针对第三方的军事合作关系。④ 在具体实践中，中国与非洲军事合作的形式主要有四种，即军事互访、人员培训、援助与贷款、联合军事演习。

表 2　　　　　　　　　　　中非军事互访次数情况统计

年份	中国代表团访问非洲次数	非洲代表团访问中国次数
1999—2000	12	19
2001—2002	29	31
2003—2004	30	19
2005—2006	28	30
2007—2008	21	27

　　资料来源：根据历年中国国防白皮书整理而成。

---

　　① 《中国的军贸政策和军品出口管理机制》，参见外交部网站：http://www. fm-prc. gov. cn/chn/pds/wjb/zzjg/jks/zclc/cgjk/t410713. htm。2010 年 12 月 20 日。
　　② 徐伟忠：《中国参与非洲的安全合作及其发展趋势》，载《西亚非洲》2010 年第 11 期。
　　③ 2006 年中国对非洲政策文件。载《解放军报》2006 年 1 月 13 日。
　　④ 《2008 年中国的国防》，第 68 页。

2000 年以来，中国军队领导人访问了阿尔及利亚、尼日利亚、埃及、南非、坦桑尼亚等许多非洲国家。几十个非洲国家高级军事代表团也来华访问（见表 2）。2010 年 9 月，首次派"和平方舟"号医疗船访问吉布提、肯尼亚、坦桑尼亚、塞舌尔等非洲国家，并开展人道主义医疗服务。① 与非洲国家军队的专业交流不断增多，内容涉及院校教育、军事训练、通信、后勤、装备技术等多个领域。军事人员培训主要通过两种形式进行，一是非洲军事人员到中国国防大学等军事院校接受培训，另一种是中国军官赴非洲帮助培训非洲军事人员。例如 2010 年 5 月来自非洲 15 个国家的 15 名高级军官参加了由军事科学院与中国国防大学组织的为时 12 天的培训学习。还有一些定期训练。例如每年都有 30 名安哥拉军事人员到中国接受培训。与此同时，我国向非洲国家派遣了大量军事专家，他们承担了院校教学、部队训练、装备维修、医疗卫生等任务，这些工作增进了我国与非洲国家人民和军队的友谊。

军事援助方面，2001 年中国向尼日利亚提供了 100 万美元更新军事设备。2005 年中国向利比里亚提供 60 万美元以加强军事能力建设。2010 年 4 月中国捐赠 150 万美元用于毛里塔尼亚购买军事工程设备。2007 年中国进出口银行贷款给加纳政府用于军事装备与设施建设。需要指出的是，中国很多援助并不具有商业目的，而是更多出于人道主义目标。这主要体现在中国对非洲提供的扫雷援助方面。近年来，中国分别为安哥拉、莫桑比克、乍得、布隆迪、几内亚比绍以及苏丹北南方培训扫雷技术人员，并无偿向上述国家和埃及捐赠扫雷器材，向秘鲁、厄瓜多尔、埃塞俄比亚提供地雷行动资金。② 2010 年解放军工程指挥大学为苏丹扫雷人员提供了 6 周的课程培训。尽管中国不是 1997 年禁止使用、存储、生产和转让杀人地雷的《渥太华条约》的签署国，但中国却在扫雷方面发挥着积极的作用。此外，中国还与南非、加蓬等非洲国家先后举行过联合军事演习。

总体而言，中国发展中非军事合作十分有限，其目的是提高非洲的国防与应对安全威胁能力，并没有改变非洲大陆的军事权力结构现状。正如

---

① 《2010 年中国的国防》，第 76 页。

② 《2008 年中国的国防》，第 76 页。

一位西方学者所指出的，"尽管中国在非洲大陆的经济方面已经成为一个改变现状者，但在安全追求方面中国却依然是一个维持现状者"。①

三　中国参与非洲和平与安全建设的影响

1. 强化了中国负责任大国形象的构建

以 20 世纪 90 年代亚洲金融危机为起点，中国开始了在国际社会建构自身"负责任大国"形象的历程，时至今日，中国在国际金融合作、全球环境保护、地区和平与安全机制建设等诸多方面已经作出了重要贡献。中非关系的发展为中国强化与提升这一形象提供了重要契机。中国利用这一契机，在发展与援助领域以不附加条件为特色方式、以促进中非共同发展为目标而赢得了非洲与西方众多有识之士的认可。与此同时，参与非洲维和、参与打击海盗及防止武器在非洲扩散等行动更是取得了积极的效应。尤其在当今日益复杂、充满挑战性的维和环境下，中国在人员派遣、财政支持等各方面对联合国维和工作的支持却在不断增加。这不仅有助于填补联合国能力与资源的短缺，而且有助于切实推进非洲冲突地区的和平与稳定进程。参与亚丁湾护航的行动则大大降低了中国及国际海运在亚丁湾海域的风险。不仅如此，中国参与非洲和平与安全建设更是"一场公共关系上的胜利"。在国内，参与维和与护航行动凸显出中国军队的重要作用；在国际上则提高了它的形象。与此前西方媒体对中国对非外交政策的长期负面评论形成鲜明对比，中国的维和努力获得赞誉无数。联合国秘书长潘基文和联合国副秘书长阿莎-罗丝·米吉罗均赞扬了中国对联合国全球维和中作出的贡献。美国国务院指出中国的参与"对维和行动的成功至关重要"，利比里亚总统埃伦·约翰逊·瑟利夫也高度评价中国代表团的素质和专业精神。② 联合国机构和东道国均反复强调，与部分传统维和人员派遣国相比，中国维和人员表现较佳，尤其他们执行维和行动并不是出于金钱动机，而且中国维和人员也没有出现过任何丑闻。总之，与发展领域合

---

① Jonathan Holslag, "China's New Security Strategy for Africa", *Parameters*, Summer 2009, pp. 32.

② 国际危机组织研究报告：《中国在联合国维和的贡献与日俱增》，第 11 页。

作招致众多复杂反应相比,中国在参与维和及护航行动等安全领域的行动不仅有助于消弭国际上的负面形象,而且大大凸显和强化了中国的负责任大国形象。

2. 推动了非洲和平与安全架构的发展,成为非洲和平与安全进程的积极因素

虽然非洲国家自身能力的不足导致形成了一种包括全球、非洲大陆、次地区、地方、公民社会等多层次的安全治理结构,① 但非洲本土的安全机制与能力建设无疑是非洲和平与安全进程得以真正推进的关键所在。自 2002 年非盟正式成立以来,安全考虑一直在非盟议程中占据着压倒性地位,而且经过多年努力非洲大陆正在逐步形成一个包括非盟和平与安全理事会、非洲大陆早期预警体系、智囊团、特别基金及非洲待命部队在内的"非洲和平与安全架构"。这一架构预示着非洲安全自主能力正在进一步提升。中国一直赞赏"非洲问题非洲解决"的理念,在参与非洲和平与安全进程时一直秉承支持非洲自主能力的宗旨,支持非盟及非洲次地区组织在非洲和平进程中发挥关键作用。通过在安全事务中支持非盟的立场、向非盟提供财政援助、建立中国与非盟的战略对话机制、加强与非盟之下的次地区组织合作等等方式,切实支持了"非洲和平与安全架构"的巩固与发展,非洲自主维和与安全能力得以进一步提升。

此外,中国在维和、反海盗、防止武器扩散等方面直接为非洲和平与稳定作出了贡献。在非洲维和行动中,中国派出的大都是工程、医疗、运输等后勤保障分队,承担的主要职责集中于提供人道主义救援、帮助组织和监督选举、协助维持社会治安等。中国参与最多的是"综合性维和行动",这种把停火与政治解决的密切结合,有利于冲突的彻底解决。以 1993—1994 年中国参与的"联合国莫桑比克行动"为例,在这一行动的帮助下,莫桑比克的和平协议得以实施,国内秩序得到恢复,大选取得成功,难民问题也得到解决。此外,中国维和部队所做的很多民事工作对非洲冲突后重建奠定了物质基础。自从参与联合国行动以来,中国维和人员总共建造或修复 8000 多公里道路,200 多座桥梁。他们还发现并拆除了 8700 多枚地雷和其他爆炸物,运送了 430 万吨货物,为 6 万名病人提供

---

① 王学军:《非洲多层安全治理论析》,载《国际论坛》2011 年第 1 期。

了医疗服务，①其中大部分都发生在非洲。在军事交流与合作中，非洲国家军队的技术与能力都得到一定提升，强化了非洲国家军队的保卫国家安全制止危机与冲突的能力。

3. 促进了中国进一步融入国际体系，外交政策更趋成熟务实

从参与非洲维和到参与防止武器在非洲扩散的国际机制，再到参与亚丁湾护航，中国在非洲问题上越来越倾向于采取一种合作性战略。通过融入与合作一方面为地区与国际安全提供公共产品，另一方面更好地实现与保护日益拓展的国家利益。在融入国际社会的过程中，中国开始学习在坚持自身外交传统特色与吸纳新的国际规范之间保持平衡，灵活务实地应对在这一过程中出现的新问题。首先，坚持多边主义立场，适时地处理主权与不干涉内政原则，使之呈现出新的内涵与表现形式。中国对非洲维和行动并非一概参与，而是谨慎小心，区别对待，只参与联合国与非盟框架下的维和行动，不单独参与双边的维和行动。在维和中基本坚持三个具体原则："当事国同意、非自卫不使用武力、支持地区组织立场"。在具体维和行动中衡量这三个具体标准时，中国采取的是"具体问题具体分析"的务实态度。参与打击索马里海盗的国际行动也是在联合国授权的前提下进行的。其次，将非洲次地区组织纳入中国对非洲合作的议程，促进非洲地区主义进程。2005年中国任命了中国驻南部非洲发展共同体、西非国家共同体与东南部国家共同市场等次地区组织的大使，2008年中国向西非国家经济共同体捐赠了10万美元的和平基金。再次，从参与维持和平到注重建设和平。传统维和行动只强调实现停火，这是"消极和平"的基本条件，冷战后国际社会致力于实现"建设和平"目标，即要实现"积极和平"或曰"可持续和平"。中国对非和平进程的参与也开始从参与维持和平发展到开始关注非洲国家的战后重建。2009年中非合作论坛《萨姆萨耶赫行动计划》中中国承诺，"继续支持并参与联合国在非洲的维和行动。加强与有关国家在联合国建设和平委员会的合作，支持有关国家战后重建进程。"这与联合国维和行动的发展趋势是一致的。

---

① 蒋振西：《中国参与非洲的联合国维和行动》，中非民间和平与安全论坛会议论文，2010年6月2—4日。

结 语

中国对非洲和平与安全建设的积极参与，反映了中非关系正在出现某种转型。中非关系已经发展到需要中国从战略的高度来考虑中国对非安全政策的新阶段。大国的责任需求、海外利益及公民安全的保护都使得中国不得不更多关注和参与非洲安全，将发展政策与安全政策作出通盘考虑以保持二者之间的协调与平衡。中国当前对非安全事务的参与反映了中国传统的主权观念与不干涉内政原则的内涵与表现形式也在悄然发生变化，中国外交政策日趋成熟务实。作为和平发展国际战略的根本选择，中国对国际社会融入与合作的姿态更加积极。尽管在苏丹达尔富尔、津巴布韦、对非洲武器出口等问题上中国的政策还常常受到误解、质疑与指责，但不可否认的是中国在非洲和平与安全建设进程中承担着越来越重要的责任，扮演着日益积极的角色。随着中非关系的进一步深化，中国在非洲利益的进一步拓展以及西方、非洲、其他新兴大国与中国之间互动的进一步增强，中国对非洲和平与安全进程的参与必将有新的发展。从参与行动到参与集体领导、从维持和平到建设和平，这可能是中国在非洲和平与安全领域发挥更加积极作用的新方向。

（责任编辑：周玉渊）

中非经贸合作区的特点、作用及发展战略

冯兴艳

【内容摘要】中非经贸合作是中国对外政策和对外经济交往的重要立足点。后危机时代的中非关系处于加速发展的新阶段，为实现对非经贸合作的新跨越，中非经贸合作区建设成为中国政府推出的一系列新举措之一。本文在总结经贸合作区发展特点、作用的基础上，建议从战略高度对境外经贸合作区的未来发展进行统筹规划，以实现可持续发展。

【关键词】中非经贸；境外合作区；可持续发展

【作者简介】冯兴艳，经济学博士，外交学院国际经济学院讲师。

对非经贸合作是中国对外政策和对外经济交往的重要内容。中国是世界上最大的发展中国家，经过 30 多年的改革开放，中国企业已经积累了足够的实力进行海外合作，而非洲国家也是重要的发展中国家经济体，本身拥有丰富的资源禀赋，中国与非洲国家的互补合作，对于实现国内经济可持续发展和非洲的共同发展具有重要意义。

一 中非经贸合作区建立的背景和基础

当今国际形势发生着深刻而复杂的变化，经济全球化为世界各国都带来了难得的发展机遇，但它同时也导致了全球发展不均衡，南北差距扩

大。为了应对这种不稳定、不均衡所带来的挑战，中国与非洲秉持互帮互助的精神，建设经贸合作区，促进共同发展。

1. 中非关系的全面发展提供了坚实的政治保障

自 2000 年中非合作论坛机制建立以来，中非关系层次不断提升、内涵日益丰富，特别是中非合作论坛北京峰会的召开，两国领导人一致同意建立和发展"政治上平等互信、经济上合作共赢、文化上交流互鉴的新型战略伙伴关系"，政治互信不断增强。目前，已经确立了定期召开部长级会议、高官会议、论坛中方后续委员会与非洲驻华使团磋商等机制，并建立了中非外长级定期政治对话等机制。[①]

在北京峰会上，中国提出了加强对非务实合作的 8 项举措。[②] 目前，各项经贸举措落实工作已全面启动，部分取得积极进展。[③] 2009 年 11 月，中非合作论坛第四届部长级会议通过了《中非合作论坛—沙姆沙伊赫行动计划（2010—2012 年）》，对未来三年中非各领域合作作出全面规划，并提出了推进对非务实合作的新 8 项举措，涉及应对气候变化、加强科技合作、增强非洲融资能力、扩大对非洲产品开放市场、深化农业、医疗卫生、教育和人力资源开发合作、扩大人文交流等多个领域。中国和非洲国家将不断深化各领域务实合作，鼓励更多企业赴非洲投资，全面推进中非新型战略伙伴关系。[④]

2. 中国与非洲国家经济实现包容性发展的现实需求

"包容性"是联合国千年发展目标中提出的观念之一。实现包容性发展，就是要使全球化、地区经济一体化带来的利益和好处惠及所有国家，

---

① 《杨洁篪外长全面回顾中非合作论坛近 3 年成果》，外交部网站，http：//www.mfa.gov.cn/chn/pds/ziliao/zt/ywzt/2009zt/wenfangweiaije ＿ disijiezhongfei/t625568.htm，2009 年 11 月 9 日。

② 《杨洁篪谈中非关系：继往开来奏响中非友好新乐章》，中央政府门户网站，http：//www.gov.cn/zmyw200910d/content ＿ 1453996.htm，2009 年 11 月 1 日。

③ 《中非合作论坛第四届部长级会议各项经贸举措落实工作取得积极进展》，商务部网站，http：//xyf.mofcom.gov.cn/aarticle/j/201008/20100807072823.html，2010 年 8 月 10 日。

④ 《温家宝总理在中非合作论坛第四届部长级会议开幕式上的讲话》（全文），外交部网站，http：//www.mfa.gov.cn/chn/pds/ziliao/zt/ywzt/2009zt/wenfangweiaije ＿ disijiezhongfei/t625522.htm，2009 年 11 月 9 日。

使经济增长成果惠及所有人群，特别是要惠及弱势群体和欠发达国家。从国际层面看，包容性发展体现在各国之间的积极合作、资源共享和市场协调方面。

2008 年国际金融危机对非洲经济发展所造成的冲击，暴露了非洲经济严重依赖外部市场的缺陷。为此，南非政府全力推行经济发展新政策——"新增长路线"，重点推动基础设施、农业、矿业、绿色经济、制造业、旅游业及高端服务业六大领域的发展；① 泛非组织和各国正在规划和打造"非洲南北经济发展走廊"。在 2009 年 4 月初召开的 20 国集团伦敦金融峰会上，非洲国家一致呼吁国际社会为非洲国家应对金融危机提供帮助。

对中国而言，"十二五"规划提出把转变经济发展方式和调整经济结构作为宏观调控的主线，这成为实现包容性发展的重大转变。其中一个重要的转变就是从过去以"引进来"为主，转向以"引进来"和"走出去"并重的方向。中国企业需要寻找新的国外市场，而非洲将可能成为中国企业实现产业转型、延伸竞争优势的重要地区。② 中国和非洲国家在资源、市场上具有互补性，通过加强经贸联系，推动贸易投资合作，在经济发展中相互沟通，以实现包容性发展。

3. 中非经贸合作密切发展提出的新要求

非洲开发银行发布《2010 中国对非贸易与投资》报告指出，中非经贸合作全面、快速发展。2009 年中国成为非洲第一大贸易伙伴国，占非洲对外贸易总额的比重由 4% 上升到 10%，这是继 2008 年中非贸易额首次突破 1000 亿美元之后的又一重大突破。为进一步推动非洲产品对中国的出口，2010 年 7 月，中国决定对 26 个非洲最不发达国家 60% 的产品取消关税，至此，非洲最不发达国家出口中国的免关税受惠产品税目由 478 个扩大到 4700 个左右。③ 同时，中国企业对非投资保持持续、快速增长。据商务部统计，迄今为止，非洲是中国第四大海外投资目的地，中国在非

① 《推动新经济增长路线 增加就业》，商务部网站，http://www.mofcom.gov.cn/aarticle/i/dxfw/gzzd/201011/20101107226972.html，2010 年 11 月 4 日。

② 陈宝明、赵洋华：《中非制造业投资合作的前景与战略》，载《对外经贸实务》2010 年第 10 期。

③ 《中国对非基础设施建设投资"随处可见"》，《解放日报》2010 年 9 月 18 日。

企业超过 2000 家，直接投资累计 78 亿美元，涉及农业、矿业、加工制造、基础设施、商贸流通等多个领域。在国际金融危机背景下，2009 年中国对非投资逆势增长达 13.6 亿美元，比 2008 年增长了 36%。[①] 但从总体规模来看，仍有很大的发展空间。

在后金融危机时代，国际环境发生了重大变化，尤其是国际市场竞争加剧，中非经贸关系的进一步推进面临诸多新挑战。在国际贸易领域，新贸易保护主义抬头。一方面，发达国家的贸易保护措施将使中非贸易发展存在新的增长空间，非洲国家拥有巨大的市场潜力来为中国的出口分流；另一方面，非洲国家出于保护本国脆弱产业的目的，也会采取一些非关税壁垒措施，将直接影响中国产品进出非洲的成本。在国际投资领域，非洲的整体投资环境相较于欧美发达国家还有巨大差距，中非投资合作面临较高的风险。当前，非洲仍是世界最贫穷的大陆，对石油、矿产、农业、林业、渔业的开发处于粗放式发展的低水平阶段，基础设施落后，投资配套条件差，尤其是金融支持和保障体系还很不完善。而且，世界大国对非洲国家的各种干预，使非洲政治关系掺杂许多国际因素，日益复杂化。中国过去对非关系的一些传统原则和说法遭遇的质疑和批评也日渐增多，如"援助方式危害论"、"漠视人权论"、"新殖民主义论"等等。

二　中非经贸合作区的实践

自 2007 年 2 月第一个中非经济贸易合作区在赞比亚成立以来，中国已在赞比亚、埃及、毛里求斯、尼日利亚、埃塞俄比亚 5 个国建立了 6 个经贸合作区。这是中非经贸合作迈向新水平的一个重要标志。经过近 5 年的建设，部分合作区已初具规模。其中，赞比亚经贸合作区成功引进 13 家企业，涉及采矿业、勘探业、有色金属加工业、化工制造业、金属加工业、建筑业等行业，投资额达 99050 万美元。2011 年，赞比亚中国经济贸易合作区与赞比亚商工贸部成立双方协调委员会，标志着中赞经贸合作区协调机制取得了实质性的进展，将有效协商、共同推进赞中合作区的开

---

① 《近十年来中国对非投资合作的情况》，中国贸易救济信息网，http：// trade. ec. com. cn/ article/tradehwtz/201010/1098794 _ 1. html，2010 年 10 月 12 日。

发建设。① 埃及苏伊士经贸合作区于 2008 年年末正式启动，总体规划面积约为 7 平方公里，预计 10—12 年内建成。经贸区将重点吸引轻工纺织服装、石油装备、商用车及其配件、电工电气设备、新型建材以及精细化工等产业入驻，包括生产、生活服务、科研研发、仓储物流、商贸服务等类项目，投资额将达 12 亿—15 亿美元，可以提供就业机会 4 万个左右。② 尼日利亚广东经贸合作区借鉴广东 20 多年建设开发区的经验，以家具、建材、陶瓷、五金、医药等产业为龙头，实现原材料加工、工程营销、贸易业和生态环境保护协调发展的合作区。

总体而言，中国在非洲的经贸合作区的建设和发展具有三个鲜明的特点：

第一，政府扶持下的中非投资合作的创新模式。在非洲国家建设经贸合作区作为中国实施对非"走出去"战略的一项重要举措，采取的是"政府为主导，企业为主体，市场化经营为原则"的运作模式。在中国商务部与上述 5 个非洲国家政府达成一致的基础上，国内审批通过的建设经营企业方可与相关政府签约建设经济贸易合作区。按照国际通行规则，中国政府将为企业到境外建设投资平台创造条件、提供支持，给予国别引导和产业指导。例如，对于符合条件的企业提供必要的授信支持和配套金融服务；投资到合作区的设备、原材料和散件给予出口退（免）税等。③ 地方政府对于对非洲直接投资也采取了不同程度的鼓励和支持政策。

第二，中非发展基金的支持至关重要。北京峰会对非务实合作 8 项举措之一是设立中非发展基金。中国政府重视推动扩大对非投资，决定支持有关银行设立中非发展基金，逐步达到总额 50 亿美元，鼓励和支持有实力、有信誉的中国企业到非洲投资。它弥补了传统模式下无偿援助和贷款之间的空白，在不加重非洲国家债务负担的情况下，通过直接参与投资的

---

① 商务部：《赞比亚中国经济贸易合作区与赞比亚政府成立协调委员会》，商务部网站，http：//www.mofcom.gov.cn/aarticle/subject/jwjjmyhzq/subjectq/201101/20110107371056.html，2011 年 1 月 20 日。

② 唐玲：《中非经贸合作的新历程——记埃及苏伊士经贸合作区》，载《国际融资》2010 年第 12 期。

③ 商务部：《中国政府对境外经贸合作区的支持政策措施》，商务部网站，http：//www.mofcom.gov.cn/aarticle/subject/jwjjmyhzq/subjectn/201004/20100406869369.html，2010 年 4 月 15 日。

方式支持中非企业投资合作。在资金性质、业务范围以及运作模式上都具有鲜明的特色。埃及苏伊士经贸合作园区项目是中非发展基金在非洲投资的首个境外合作区。目前已投资近 5.4 亿美元，支持了 27 个项目，预计将带动中国企业对非投资近 36 亿美元。

第三，目标是促进非洲经济发展，改善民生。合作区投资项目主要集中在有助于促进非洲国家经济发展的行业，包括传统的能源、资源、农业、轻工、冶炼、电子等。资源开发只是中非经贸合作的一部分。例如埃塞俄比亚资源并不特别丰富，但中国企业对埃塞俄比亚的投资也快速发展，正在兴建埃塞俄比亚东方工业园，总投资预计为 4 亿多美元。① 经贸合作区建设的目标是在国家统筹指导下，国内企业在境外建设基础设施较为完善，产业链较为完整，辐射和带动能力强，影响大的加工区、工业园区、科技产业园区。对于非洲国家而言，经贸合作区能使其集中力量于某个限定地区，建设薄弱的基础设施，完善公共服务和公共机构，进而推动非洲国家工业化，促进就业。

三　中非经贸合作区的作用

从中非经贸合作区进展情况来看，这一新模式将具有非凡的活力和巨大的发展空间。通过建设经贸合作区，吸引更多的中国企业到非洲五国投资建厂，增加东道国就业和税收，扩大出口创汇，提升技术水平，促进经济共同发展。

1. 有利于中国企业开拓一个巨大的市场

目前，发达国家对非洲的贸易优惠政策逐步增多，如美国的《非洲增长与机会法案》，放宽了多数撒哈拉以南非洲国家纺织品服装的市场准入条件，超过 7000 种商品进入美国市场时享有零关税和无配额限制的优惠待遇。对于非洲最不发达国家出口到欧盟的商品，欧盟均免关税及配额。中国投资者可以利用这些贸易优惠政策，在非洲发展出口导向

---

① 《商务部长陈德铭就中非经贸合作问题答问》，中国新闻网，http：//www. chinanews. com. cn/cj/news/2010/01—19/2080393. shtml，2010 年 1 月 19 日。

型加工企业，更好地开拓发达国家市场。例如，中国企业尤其是纺织企业等在合作区投资设厂，将大大降低生产成本，产品也更容易进入非洲市场。再如，中国的家电企业在非洲投资设厂，将产品在当地市场销售，并逐步树立起有影响力的品牌，对于满足当地市场需求具有重要的意义。这一类的产业还有汽车、工程机械、化学工业（包括塑料业）等。

2. 有利于推进非洲工业化进程

过去 50 年，全世界繁荣水平得到提高，唯一被远远抛离的地区就是非洲。直至今天，非洲国家尤其是撒哈拉以南许多非洲国家的贫困率仍高达 50% 以上。究其原因，当前非洲国家仍处于以自然资源开发为核心和基础的外向型经济增长模式。以互利共赢、不附加政治条件为原则发展经贸合作区，为非洲国家的脱贫致富带来了新的希望，也符合双方的根本利益。在当前世界产业分工格局中，发达国家通过核心技术和知识产权控制加工生产和全球市场，而中国制造业发展的低成本优势对于非洲具有较强的借鉴意义。中国对非洲制造业投资，有利于非洲国家发展劳动密集型产业和初级产品加工业，并逐步提高制造业发展水平。

3. 有利于助推中国中小企业走出去

充分利用国内、国际两个市场，鼓励国内企业"走出去"是中国经济发展的必然要求和现实需要。在这一过程中，国有大型企业处于相对有利的地位，而中小型企业在融资和取得当地优惠政策方面则较为不利。而境外经贸合作区则是一个很好的解决途径。通过建设境外经贸合作区，实现产业集群，集中中小企业在一个区域内办厂，降低成本，增强竞争优势。同时，合作区方式还有利于企业之间产生互补协同效应，减少无序投资导致的资金资源浪费。

4. 有利于实现中国同东道国经贸合作与政治互信的良性互动

中国在 2006 年 1 月颁布的《中国对非洲政策文件》中就提出了"真诚友好、平等互利、团结合作、共同发展"的中非交往与合作的原则。境外合作区是新的中非外交政策下的一项新举措，它的运作将为中国与非洲国家新型的战略合作伙伴关系贡献积极的力量。经贸合作区作为中国与东道国之间经贸合作的大事，引起两国政府的高度关注和期望；合作区的开发和建设将推动中国与东道国之间的政治互访、外交关系和经贸水平。

四 中非经贸合作区的发展战略

"十二五"时期，中国将深入实施对非"走出去"战略，对深化中非新型战略伙伴关系、夯实中国外交工作基础、服务国内发展大局具有重大意义。[①] 因此，需要从战略的高度统筹规划、扬长避短，充分发挥和利用境外经贸合作区的作用，不断提升中非经贸合作的层次。

1. 打造中国在非洲的制造业基地

非洲已探明的矿物资源种类多、量大，石油、天然气蕴藏丰富，许多矿物的储量位居世界的前列。但是，大多数非洲国家经济结构比较单一，过分倚重农矿资源，制造业发展基础薄弱。即使是在经济发展状况相对较好的南非，制造业产值的比重也不足 20%。出于实现可持续发展和拓展市场的需要，中国企业应将对非投资与东道国战略发展规划相结合，重视投资非洲国家的民族工业，增强自主发展能力。

在继续发展能源矿产领域投资的同时，中国应进一步巩固和扩大中国传统优势制造业企业的对非投资，促使非洲制造业由单一型经济向多元型经济转变。[②] 中国制造业中的轻纺、家电、通信、电子机械等部门不仅具备较强的比较优势，而且具有相当规模的加工制造能力，产品的技术和质量非常适合非洲的市场需求。目前，中国家电和通信产业已经成功实现对非洲的投资和产业转移。中国企业应借助国家鼓励企业对外投资，尤其是集群式对外投资的契机，以优势产业和企业为主力，建设中国在非洲的制造业基地，将非洲的资源优势转化为发展优势、发展制造业基础的同时，

---

① 《传承友谊谋发展互利共赢向未来——外交部副部长翟隽谈习近平副主席访问亚非四国》，外交部网站，http://www.mfa.gov.cn/chn/gxh/tyb/zyxw/t771905.htm，2010 年 11 月 24 日。

② 陈宝明、赵阳华：《中非制造业投资合作的前景与战略》，载《对外经贸实务》2010 年第 10 期。

带动中国零配件、原材料、成熟设备与技术出口。① 此外，加大服务业尤其是现代服务业的投资力度，逐步形成以传统产业为基础，以现代制造业、服务业为主导的对非投资产业体系，优化产业布局。

2. 加强资源能源加工业的中非投资合作

合理开发、利用非洲资源是中国对非投资的重要目的。一方面，非洲的资源包括能源和矿产品，既可以满足中国日益增长的能源需求，特别是对石油的需求，非洲矿产资源还可以满足中国强大的工业生产能力对原材料的需求；另一方面，合理开发非洲资源也是非洲经济实现腾飞的必由之路。

非洲是全球石油探明储量最多的地区之一，仅次于中东和欧洲及欧亚大陆。但是，非洲炼油厂的规模普遍较小，运营成本居高不下，炼油业十分落后。为尽快改变落后的石油工业局面，非洲各国普遍制定了各种优惠措施和政策，吸引外资。例如，建立投资促进委员会，为国外投资者提供支持和指导；简化投资手续和流程；放松石油领域的投资管制，降低投资门槛；对投资者提供产量分成等优惠措施。

各大跨国石油公司在非洲的投资领域大多局限于上游勘探开发，而对于下游领域即石化、炼油生产等并不十分看重。尤其是国际金融危机发生后，世界几大石油巨头从非洲 20 多个国家退出，并减少了下游产业的投资。虽然中非石油合作处于起步阶段，中国可以抓住这一时机，利用石化产业优势，发展石油勘探、开发和炼制一体化的石油工业体系。既有利于中国石油企业在非洲的发展、壮大，也有利于东道国工业体系的进一步完善。②

除石油外，非洲还有丰富的其他多种农矿资源。适度改变对非洲直接投资方式，有利于使中非制造业合作找到共同点，即将以前的对非洲矿业投资转变为矿业投资与矿业加工业并行，在非洲设立资源加工企业，使非洲能从延长的产业价值链中获得收益的同时，也可满足中国国内对矿产资源的迫切需求。

---

① 韩燕：《中国投资推动非洲经济复苏》，载《国际经济合作》2010 年第 5 期。

② 于鹏：《非洲对外石油合作现状及中非合作建议》，载《国际经济合作》2010 年第 10 期。

农业合作也是中非务实合作的重点领域之一。目前中非农业合作的规模与非洲各国的实际需求之间还存在较大差距，拓展农业合作有巨大的发展空间。鉴于农业投资规模大、风险高、回报期长等因素，中国应从战略高度来看待中非农业合作，顾及眼前急需的同时考虑长远发展。鼓励国内有实力的企业以合作的形式在精耕细作、农田水利、中小型农机具开发及应用等领域帮助非洲国家发展农业，带动非洲农业的全面发展。①

3. 充分发挥民营企业在"走出去"战略中的作用

一般来说，国有企业资金实力相对雄厚，但是政治性的阻力却成为国有企业对外投资的一大阻碍，尤其是资源能源类境外投资。原因在于国外往往将国有企业与政府相关联，容易引起他们对本国经济、资源安全的担心和顾虑。

随着民营企业不断发展壮大以及中国对外投资政策的鼓励，民营企业的海外投资势头会日益强劲，而且潜力巨大。相比国有企业，除了在风险研判与承担、在体制机制的灵活性等方面具有先天的优势，中国民营企业开展资源能源类境外投资还具有政治上和运作机制上的优势。因此，民营企业"走出去"不容易引起国外抵制，但是民营企业往往存在资金实力不足等方面的问题。

中国目前对在境外投资、开发、经营的民营企业的支持力度和系统性方面，尚待重视与提高。从当前资源能源类跨国投资的发展趋势看，中国政府要在帮助民营企业克服资金、信息等瓶颈的基础上，充分发挥民营企业机制灵活的优势，鼓励民营企业积极"走出去"参与资源能源类跨国投资，减弱部分东道国对中国企业的资源能源类境外投资的过度"政治化"认识。

4. 开展属地化经营，树立良好形象

中国企业投资非洲带去了资金、技术，同时也增加了当地就业及税收。中钢集团公司在南非开展的铬矿项目带动当地矿山开采及产品深加工，年出口额约 7600 万美元，项目使用的电炉由当地公司承建，造价近

---

① 许孟水：《后金融危机时代的中非经贸合作》，载《国际经济合作》2010 年第 4 期。

2.4 亿兰特，有效拉动了当地相关行业的发展。①

为进一步深化中非投资合作，中国企业应努力加强属地化经营，融入非洲国家经济建设和发展，为其产业升级和自主发展能力作出积极贡献，树立中国企业的良好形象。"独来独往"的投资行为方式往往造成与东道国的隔阂，不利于跨国经营。例如 IBM、SONY 等大型跨国公司都在极力淡化本公司的民族身份。首先，要树立服务当地的意识。在对非投资中，要注重为当地服务，将自身利益与东道国利益有机结合起来，积极吸引和使用当地员工和管理人才。其次，积极履行社会责任。社会责任的履行是企业树立良好形象、谋取更好利润的一种投资。中国对非投资企业应注重环境保护和可持续发展，维护劳工合法权益，尤其是在劳动力密集型行业中，注重生产条件、生产安全、员工权益保障等方面的改善。尊重当地的风俗习惯和企业文化，积极参与社会公益事业，实现共同发展。

5. 完善国家政策支持体系的建设

随着世界经济复苏进程的加快，中非经贸合作正处于可以大有作为的战略机遇期。在充分利用境外经贸合作区、中非发展基金等举措前提下，还应从战略高度统筹规划中国对非政策体系，巩固政治互信，全面推进中非新型战略伙伴关系。

境外经贸合作区对企业投资非洲的带动作用日益显现。在境外经贸合作区建设中，企业是"走出去"的主体，政府提供的是服务功能以及保障企业权益。因此，政府要更好地发挥规划、协调作用，在突出企业的主体地位的同时，保持政府在设立合作区立项上必要的指导，包括对合作区的布局的规划和统筹安排、合作区具体产业选择等，以保障项目健康稳定和可持续发展。除现有对非援助额度外，中国还可以考虑与更多的非洲国家优先开展基础设施领域的合作，地方政府和企业也可在国家宏观指导和支持下参与、承接基础设施建设项目。

虽然中非发展基金对引导中国企业投资非洲、缓解非洲融资缺口的作用已经初步显现，但仍无法满足日益增长的中国企业对非投资融资需求。中小企业自有资金不足，在信贷、抵押等方面无法满足银行要求，制约了

---

① 《商务部副部长陈健：中国对外投资惠及双方》，人民网，http://finance.people.com.cn/GB/13096614.html，2010 年 11 月 1 日。

企业在非洲的投资决策和规模。中国应进一步深化对外投资合作的管理体制改革，加强对非投资的财政信贷、税收等优惠政策的支持，尤其是对国内企业关系带动性强的企业，应该给予更为优惠的政策支持。鼓励中国金融机构进入非洲，为当地中国中小企业提供资金融通、贸易结算、财务管理咨询等便利。

（责任编辑：周玉渊）

中国与尼日利亚文化交流六十年的成效与问题

李海文

【内容摘要】尼日利亚是一个重要的非洲大国，如何推动中尼双边关系的和谐发展是新时期中国对非外交政策和学术研究的一个重要课题，其中中尼文化的交流合作是构建双边和谐关系的一个重要方面。本文采用文献查找和实地考察相结合的方式，获得了很多珍贵的一手资料，并结合历史学、文化学和传播学等学科的理论与方法，探讨了中尼文化交流的历史与现状，揭示了其中的发展特点与原因，提出其中的问题和改进建议，得出：新中国成立 60 年来，中尼文化交流总的趋势是从无到有，从少到多，从不成熟到较为成熟。当然，这一发展过程并不是一帆风顺，也存在着许多问题与不足。我们要进一步加强两国文化交流，以促进两国多领域深入发展。

【关键词】文化交流；民间外交；中国；尼日利亚

【作者简介】李海文，福建农林大学金山学院，助教。

中国是亚洲最大的发展中国家，尼日利亚是非洲最大的发展中国家，两国虽远隔千山、相离万水，却都曾有过被殖民或半殖民的历史遭遇，当前共同面临着发展经济、改善民生的艰巨任务。凑巧的是，尼日利亚的人口约是中国的 1/10，领土亦约是中国 1/10，① 两国国庆日都是 10 月 1 日。

---

① 据 2009 年的统计数据，中国人口（含港澳台）有 13.3 亿，尼日利亚有 1.4 亿；中国领土 960 万平方公里，尼日利亚是 92.4 万平方公里。

在观念上，两国人民皆尊敬师长、崇拜祖先、信仰图腾；在语言上，汉语普通话、粤语、傣语及壮语和尼日利亚的约鲁巴语、伊博语①都属于声调语言。尼日利亚素有"黑非洲文化摇篮"之称，在历史上曾创造了著名的三大文化——诺克文化、伊费文化和贝宁文化，是非洲著名的一个文明古国。近年来，中尼两国双边关系快速发展，在教科文卫、经贸往来等方面蓬勃发展，交流密切。因此，在中非合作日益密切的背景下，研究东方大国中国与西非大国尼日利亚的文化交流具有特殊的意义。

一　中尼文化交流轮廓

中国与尼日利亚的直接交往始于 20 世纪初。在 1931 年的英殖民帝国的人口统计中表明该殖民地尼日利亚有华人 4 名。他们的工作和生活状况，以笔者现有的资料难以得知。但可以肯定的是，华人虽然屈指可数，但人员的衣食住行必然会与当地居民接触，或多或少进行文化交流，至少是物质文化交流。通过人际交流，彼此产生了对外国人的印象，生活作风、工作态度和民俗礼仪等都会有所习知。到 20 世纪 60 年代中期，在尼华人开始有较大增幅，他们大部分是从香港、台湾等地移民此地。1965年，在尼华人已达 200 余人。随着华人华侨的增多，他们活动圈子随之增大，除了物质文化的交流，还会有观念、制度等更深层次的文化互动。

1958 年，新中国首次跟尼日利亚实现文化往来。② 1960 年 7 月 21日，中国非洲人民友好协会副会长包尔汉接见了尼日利亚青年代表；1961年 6 月，尼日利亚经济代表团访华，虽是经济代表团，但所签中尼会谈协议亦在文化合作上奠定了基础；③ 1963 年 10 月，邀请尼日利亚科学家在京举行科学筹备会；自 1981 年 11 月 20 日，中尼两国签订第一份《政府文化合作协定》以来，两国文化交流活动逐渐增多，影响也逐渐增强。1999 年，在尼日利亚的华侨华人共有 5800 人，其中来自台湾的约为 630

---

①　耶鲁巴语（Yoruba）和伊博语（Igbo）是尼日利亚三大方言之二，前者盛行于尼西部，有三个声调（高、平、低），后者盛行于尼东南部，有高音和低音之分，某些情况下还有第三声。

②　张奚若：《互相吸取、互相发展、互相尊重，发展对外文化交流工作》，载《人民日报》1959 年 5 月 4 日。

③　《尼经济代表团团长举行告别酒会》，载《人民日报》1961 年 6 月 19 日。

人，1050 人来自香港，其他为大陆来此谋生或投资的华人。中国驻尼使领馆的现有资料表明，目前在尼的华人华侨约有 3 万人，其中 1 万多人在尼最大的城市拉各斯，95% 以上从事经贸活动。不少华人华侨对尼日利亚的经济、教育和社会等方面作出了巨大贡献，例如著名侨领朱南扬、胡介国等人，他们因此也获得了酋长的荣誉称号。

20 世纪 80 年代前，尼日利亚人来华主要是官方访问。之后，来华人数增多，目的也日渐多元化，其中多数是经商和留学，中非合作论坛成立之后尤为突出。他们把本国的文化习俗带到中国，使尼日利亚的艺术文化逐渐进入中国人的视野。例如，在北京东四十条开服装店的豪萨族王子奥比达，① 先把尼日利亚五彩斑斓的传统服装搬上柜台，然后又根据中国服装特点设计制作出了具有"中尼合璧"风格的系列服装，受到了中国消费者的青睐。

二　中尼文化交流的历史阶段

1. 萌芽阶段（1949—1970 年）

从 20 世纪初到两国建交前，中尼文化交流处在萌芽阶段，范围仅限于个人和局部。新中国成立后，中国面临的国际形势非常严峻，面临美、苏两个超级大国的军事威胁和经济封锁，承受了巨大的国际压力。同一时期，非洲则掀起了民族解放运动的高潮。出于共同的历史命运，非洲成为中国"国际统一战线"阵营中的重要盟友。中国重视与非洲国家发展外交关系，试着从各种途径与尼日利亚建立联系，以打开新的局面。此时的文化交流并不是简单为了文化本身，而是作为一项政治任务。因此，大陆与尼的文化交流活动普遍带有政治色彩，人员往来主要是政府文化官员，具体是人员会晤，转达相关意见等。

中国的港、台地区与尼的民间交流是这一阶段的主要部分，集中体现在华人华侨的增多。许多港台商人远赴尼国开办工厂、商品贸易等，他们把中国人的聪明能干、艰苦奋斗、勤俭致富的形象逐渐传播开来，使得尼日利亚民众开始了解来自东方的中国人。尼日利亚的"搪瓷大王"沈文

---

① 郜合启：《在中国开服装店的非洲王子》，载《侨园》2008 年第 4 期。

伯，年轻时心灵手巧，能刻苦钻研，对机械维修颇为擅长，一旦机器发生故障，他基本"手到病除"。于是渐渐有了名声，所在城市的工厂主，不管认不认识，只要在机械方面有什么困难，都来请沈师傅。[①]

2. 初创阶段（1971—1985 年）

从建交至 20 世纪 80 年代中期，尽管中国国内遭受"文化大革命"，但庆幸的是两国文化交流没有像其他国家一样停滞不前，而是逐渐发展起来。首先体现在体育方面。20 世纪 70 年代，中国运用"乒乓外交"策略来带动国家外交，几乎每两年就派乒乓球队到尼日利亚参加比赛。到 80 年代中期共有 6 次赴尼的乒乓球比赛或执教，让尼国民众不仅见识到了中国国球的厉害，而且还体验到了"友谊第一、比赛第二"的体育精神。其次是艺术交流，重点是中国艺术团访尼，共有 4 团次杂技团和一个青年艺术团赴尼演出。最后，中国艺术作品展，如绘画、雕塑等成为文化交流的直观表现。15 年间，共有 7 次中国作品展，尼参观民众约有 2000 人次。[②]

自 1960 年宣告独立到 1975 年期间，尼日利亚在政治与经济上基本是亲西方的，外交政策是低姿态和克制的。1975 年 7 月 29 日，戈翁政府倒台，建立了以穆罕默德为首的军政权。尼日利亚改变了过去传统的低姿态和克制的外交政策，制定了有利于提高其国际地位的、独立的和积极的外交政策。由于 20 世纪 70 年代石油工业的突飞猛进，尼日利亚民族经济得到迅速发展，国力也日益增强。尼日利亚尽管政变频繁，但派出和接待团组甚为主动和热情。对于中方的文化行为，尼方相应地作出了回应，派出体育队、文化代表团赴华。初创阶段，中尼文化交流在官方和半官方组织的推动下，试着从文艺、学术、体育等多角度，打开了国际交流的局面。

3. 波折阶段（1986—1999 年）

20 世纪 80 年代初期，尼日利亚经济开始走下坡路，到中期，其经济状况变得十分恶劣。1986 年，尼政府开始实施一揽子经济改革计划，取得了一定的效果，但总体调整效果不理想。国家有关部门由于经费紧张，

---

① 《在非洲创业的华人企业家——记尼日利亚"搪瓷大王"沈文伯》，载《科技经济市场》2002 年第 2 期。

② 根据新华社的新闻报道和使馆的统计情况，约有 2000 人次。

无力派出和接待文化团组，导致尼中文化交流越来越少。1993 年 11 月，尼日利亚发生政变，陆军上将阿巴查上台执政，实行多元化的外交政策，注重发展与亚非国家的关系。再加上经济有所起色，尼方文化派出活动开始增加。

中国随着改革开放的横纵发展，上层建筑日益完善，经济发展迅速，综合国力猛增，文化交流有了经济的强大后盾显示出主动性，并且开始关注经济效益。除 1989 年前后活动几乎为零情况外，中国举办的文化外出活动越来越多，并且主动邀请并接待来访团组或个人。在波折阶段，教育交流的兴起，增添了中尼文化交流的新元素。中尼双方开始互派留学生，中国提供尼方的政府奖学金名额从最初的 8 名逐年增加，但尼方一直维持每年 5 名左右。

波折阶段，中国台湾与尼日利亚的关系却显著发展。1991 年 4 月台湾派罗明元①赴尼国筹设中华民国商务代表团，双方正式建立官方联系管道。1992 年 11 月，尼国在中国台北设立驻华商务办事处；1993 年 8 月，台湾在尼国卡拉巴②设立"总领事馆"。两地之间的人员、经贸往来随之加强，文化交流亦有些发展。

4. 发展阶段（2000—2009 年）

（1）交流活动日益频繁

进入 21 世纪，中尼文化交流与合作蓬勃兴起，迎来了大发展的春天。文化交流的规模、形式、数量都有了新的突破。中国政府加大了对尼文化的援助力度，交流活动更加频繁，交流的规模和影响扩大，人力资源开发与合作不断加强，交流渠道拓宽，交流内容愈显丰富。2000 年成立的中非合作论坛作为中非合作的新平台，给中尼文化交流提供了新的契机。"非洲文化聚焦"、"中国文化聚焦"，以及"中非青年联欢节"等活动推动了中尼之间的文化交流。商务部频繁主办非洲官员研修班，涉及卫生、经济等多方领域，科技文化之间的交流得到进一步加强。

（2）地方和民间交流持续升温

长期以来，中央官方计划与项目是中尼文化交流的主线，但近年来地

---

① 罗明元，男，1921 年生，台湾外交官，官至"行政院"侨务委员会副委员长。

② 卡拉巴，英文 Calaba，尼东南部克罗斯河州的首府。

方和民间文化交流持续升温。各省市文化厅和某些高校，在艺术、教育等方面实现突破，例如地方艺术团的赴尼演出、孔子学院的建立。青年志愿者开赴尼日利亚，在语言教育、农业技术等方面，与当地有关部门合作，开展友好援助。2006 年，中国政府在《中国对非洲政策文件》中明确表示，将不断"鼓励并积极引导中非民间团体交往"。其"非洲文化人士访问计划"邀请尼日利亚代表，使得其重要、有影响的文化界人士来华参观和考察，进一步增进中尼双方在不同层面上的相互了解，促进了文化交流。2008 年，"非洲文化人士访问计划"扩充为"文化政策圆桌会议"、"客座画家来华创作"和"文博专家挂职调研"三个部分，人员范围也扩大到艺术家和文博专家。随着中国政府对尼日利亚留学生奖学金名额的逐年增加和孔子学院奖学金的增设，中国已成为尼国学生留学的主要目的国之一。

两国经贸的快速发展，加速了商贸人士之间的交流，人口迁徙成为文化传播的重要途径。从 20 世纪 90 年代末开始，非洲人（大部分是尼日利亚人）来到广州，形成了所谓的"巧克力城"。[①] 同时赴尼华人也越来越多，主要聚集在拉各斯，于是红色城墙的"中国商城"拔地而起。尼重要城市的街道开设了中国餐馆或增设中国食品点缀，中国食物在尼精英和学生中深受欢迎。不管是巧克力城还是中国商城，它们不仅成为商业经济的交流中心，同时也是商业文化交流的窗口。

（3）媒体交流出现突破

媒体是各国人民相互了解的桥梁，媒体关系是国家关系的重要组成部分。在发展阶段，媒体意识得到加强，中尼交流出现突破。首先体现在大众传媒方面。从 2004 年开始，中国每年举办一期非洲国家政府官员新闻研修班。2005 年，《西非统一商报》正式面世。2007 年，《人民日报》成立阿布贾记者站。从建交至 20 世纪 90 年代末，30 年间华文媒体在尼只设立了两个记者站。而在新世纪短短的 10 年时间，新闻研修班、华文报纸、记者站等面世或增设。其次体现在出版物方面。从 2000 年开始，中国赠书活动频次增加，流向范围扩大。同时尼日利亚的优秀作品被引进中国，在华出版发行，作品内容涉及政治、历史、文学等多个方面，范围逐

---

① 在广州有一片以洪桥为中心，半径 10 公里的地带，当地人称之为"巧克力城"，这里聚集着大量万里迢迢从非洲跑到中国寻梦的非洲人。

渐扩大。通过出版物的交流，中国读者不仅知道了诺贝尔文学奖者的沃勒·索因卡，还了解了著名作家钦努阿·阿契贝、本·奥克瑞等人。再次体现在视频交流方面。除了中国功夫片外，还有情感片、文化片等制成光盘，甚至打上当地语言字幕，在尼放映发行。在尼的不同中国机构，主办电影周，选送电影，参加电影节等。而关于尼日利亚题材的视频，如音乐、舞蹈、婚礼等通过电视台或者个人拍摄，在中国的优酷、酷六等网站也能下载到。大众传媒的发展已成为中尼文化传播的重要途径。

三　中尼文化交流存在的问题

1. "剃头担子，一头热"

中尼文化交流中，两国的文化行为并不对等，尤其是近 20 年来。总体上说，中国的主动性高于尼日利亚，尼方的支持推动力度偏小。大多人员互访项目主要是在中方推动下，甚至全额资助，才得以开展。尼日利亚虽然有不少人士感到有必要加强中尼文化交流，非常想把本国的灿烂文化展现给万里之遥的中国人民，但苦于政治和经济的因素，未能实现。政治上，从独立建国至今，尼日利亚共发生 6 次政变，政局比较不稳定，政策不完善并且实施缺乏力度和连贯性，乃至腐败现象俯拾皆是。经济上，除了 20 世纪七八十年代因石油生产出现过短暂的景气外，尼国经济长期低迷，中央政府用于文化交流的财政支出相当有限。这些都导致了尼日利亚的主导型外出文化行为的捉襟见肘。

剃头担子，一头热一头冷并不是好事。其一，文化交流是双向行为，需要双方的互动，一相情愿是不能长期坚持下去的。其二，中国在文化上的相对高温状态，加上经贸活动的频繁，容易被误认为是一种新殖民行为，尤其是被带有思想偏见的西方媒体宣扬为非洲版的"中国威胁论"。有些媒体还总是有意地把中国的援助与非洲的资源联系起来，丑化中国形象。如何调动尼方的主动性和积极性，加强吸纳尼日利亚优秀文化来华，是避免误解，创造客观友善的舆论环境的有效方式之一。

2. 有效管理机制的缺乏

文化部作为中国对外文化交流的主管部门，负责与外国签订文化协定及其执行计划，并制定相关政策及规划。虽然协定和计划涵盖文化艺术、教育、公共传媒、体育及人民团体等各方面，但执行和实施项目却由其他相关部门掌管。管理机制的分散，使之难以在与尼日利亚国家文化交流与合作中整合资源，齐心协力。除了官方组织，还有半官方和民间的机构与个人，参与文化交流。因此政府所属各有关部门和民间组织有必要进一步协调与配合，从"大文化"角度制定对尼文化交流工作的长期发展战略和规划，推进中国对尼日利亚的文化交流。

尼日利亚长期处于被动状态，缺乏主动性，其中一个主要问题是管理上存在缺陷。尼方从联邦、州直至地方的各级政府都建立了许多机构和部门来实施文化政策。在联邦层面，由总统、旅游文化和国家导向部部长，以及总统文化事务（某些事项）特别顾问指导文化事务。往下则是主管文化的永久秘书、部的各司局长，以及半国营企业（parastatals）的首席执行官，负责文化项目的实施。在各州，由专员负责文化事务并向总督报告。专员以下则是州永久秘书、厅的各处处长，以及州的各半国营文化企业负责人。在地方政府区，由理事会主席和理事会成员负责文化和传统事务。文化旅游部作为政府主管部门，但人员冗繁，工作效率低下，对外文化交流无力应对，更不用说主动出击。其下属的全国文化艺术理事会，在各州均设有办事机构，是联邦政府管理全国文化事业的重要执行机构。管理层级的烦琐，进一步限制了工作效率的发挥。而地方政府的文化部门，主要忙于自己州内和州际之间的事务，无暇也无力顾及与远在亚洲的中国的文化交流。

3. 交流渠道有待拓宽、拓深

从目前的交流现状来看，不管中央还是地方，政府还是民间，都有涉及中尼两国间的文化交流，但都处于浅层次，还处在点上或线上的未铺开阶段。在多数尼日利亚人眼里，中国电影只有成龙、李连杰，中国经济只有"中国造"。对于中国数千年的传统文化，较为发达的现代农业和蓬勃兴起的科技产业，认识上还相当肤浅。长期以来，中尼文化交流的内容主要在于官方和半官方机构所进行语言、文艺和体育方面的往来，而在古代文物和上层建筑传统理念、学科知识等方面交流不多。文化企业在尼目前只有一家，大多中资企业只是通过员工的个人行为进行一种人际传播，影响圈子相当有限。中国对尼的援助也好，交流也罢，通常纳入中非体系，即一对多（1 个国家对非洲 53 个国家）状态，直接花费在尼的财力、物力和人力是非常有限的。因此交流渠道有必要进一步拓宽和拓深，除了传统的文化单位之外，还要纳入文化企业和其他企业，发挥商业上的文化功能。

尼日利亚在华的文化交流甚少，主要是通过人员赴华留学、培训和经商等进行个体交流，缺乏组织上的传播。他们个人行为容易代表一国文化，某些不良行为给人造成不良印象，使得在中国人眼里，尼日利亚人的形象是懒惰、爱贪便宜。在华的尼国机构，除了使领馆外，别无其他。驻北京大使馆、上海和香港领馆，他们开展的文化交流工作不多，仅限于日常性的文化工作。另外，在北京建立尼日利亚文化院依旧是个美好的设想，还未迈出实质性的步伐。与中方相比，尼方更是要提高主动性，积极拓宽文化交流的渠道，并对已有的渠道也要挖深。

4. 资金是瓶颈

中尼文化交流缺少经济上的有力保障，资金是个瓶颈问题。国务院新闻办公室主任赵启正先生认为：文化的传播，不仅需要中联部、宣传部、外交部、文化部和国务院新闻办公室等部门的直接指导，还需要政府给予充分的财政支持。就中方而言，改革开放 30 多年来，中国的经济实力得到了很大提高，经济社会面貌发生了巨大变化。但中国仍是一个发展中国家，人口多、底子薄，情况千差万别，城乡之间和东西部之间发展很不平衡。虽然经济总量名列世界前茅，但人均 GDP 却排在世界 100 位之后。因此中国面临改善民生的艰巨任务，每年对非文化交流财政拨款虽然不是很少，但也不算丰裕。中尼文化交流通常纳入中非文化交流的体系中，尼日利亚所得援助有限，活动资金存在缺口。此外，由于中国对外文化产业和市场的发展尚处于起步阶段，加上与文化相关的法规、税收制度、激励机制仍很缺乏或不健全，社会各界尤其是企业对文化事业，包括对外文化交流的赞助和支持很少或基本没有。再加上尼日利亚地处西非，与中国相距甚远，民众普遍不了解，即使有心，也是鞭长莫及，爱莫能助。

尼日利亚经济发展近年有所起色，但财政收入大多用于基础建设和人员开销，几乎没有用于对外文化交流的专款，更不用说是中尼方面了。

中尼两国政府有关部门应在适当增加对双方文化交流的财政支持的

同时，进一步改善文化市场投资环境，吸引企业投资中尼文化交流产业和项目，解决资金短缺问题。相信随着尼日利亚经济开始好转、政治生活更加成熟稳定，中尼文化交流一定会有一个较大的发展和上升空间。

四　中尼文化交流发展的建议

1. 把握文化交流的原则

中尼文化交流的根本原则是独立自主与和平共处五项原则。开展对尼文化交流，在坚持学习、借鉴、吸收和合作的同时，我们必须有清醒的头脑，无论是制订文化交流的政策计划，还是选择交流的方式和领域，抑或是确定具体的交流对象，都必须以维护国家的主权、安全和人民的利益为前提，都必须由中国人民自己来决定。中尼两国有着社会制度和意识形态的不同，有着大小强弱的差异，只有坚持和平共处五项原则，才能超越差异，相互认同并欣赏。

在文化交流中，要坚持平等互利、洋为中用、多出进好、弘扬民族优秀文化、民族化的再创造等具体原则，做到交流互鉴。只有平等相待，才能真正达到互利的目的；同时，也只有实现了互利，才能真正体现出公正、合理和平等。立足于中国的国情和时代需要，去其糟粕，取其精华，凡是用得着的东西都应该引进和吸收，为我国社会发展所用。文化交流是双向行为，无论是送出去的，还是请进来的，都要重视质量。之所以强调"多出"，一是让尼日利亚真正了解中国，消除误区，二是向尼国人民介绍优秀的传统文化和成功发展的经验，共同发展。我们学习和借鉴尼国文化的目的，不是用它来取代本民族的文化，而是为了丰富和发展我国的民族文化。

2. 实施文化交流的战略

文化交流是一个系统问题，落实在行动上可以零打碎敲、各个击破，但在理论指导上需要一个系统全面、相互统筹的战略纲领，谋求全局效应。面对管理机制分散的问题，中央各部委和省市各厅应根据中尼两国实际情况，组建一个专门执行委员会，实施"政府主导、社会参与、市场运作"的一整套文化交流战略。

国家为文化产业走出去架桥铺路，鼓励和支持地方积极参与，重视并发挥商业主体的文化附带功能。首先，加强阵地和队伍建设，尤其是驻外使（领）馆文化处（组）队伍，一是派出更为专业的外交人员。二是增设必要的外事岗位。选派人员，注重专业背景，不仅英语要过硬，最好还会当地的三大方言之一，而且还要具备国际关系、历史学等专业知识，态度上还要重视中尼文化交流工作。目前驻尼使馆只有一名文化参赞，而且兼管教育事务，人手明显不够，应当考虑增设教育参赞或者文化工作随从人员。对在奥卡、拉各斯的两所孔子学院，国家有关部门加强联系，提供更多更实在的支持。尼日利亚作为非洲第一人口大国，拥有 1.4 亿人口，文化部在尼增设中国文化中心有必要提上议事日程。考虑到尼驻华使领馆每月发放工作签证有限额，对赴尼从事文化工作者，国家外交部门应加强指导与联系，必要时提供实际运作帮忙，解决他们签证办理慢、难的老问题，消除人为上的障碍。

其次，各级政府积极改善文化市场投资环境，调动文化事业、企业单位参与中尼文化交流活动。一是，完善文化"走出去"的法律法规，健全鼓励机制（如提高出口退税幅度、提供专项基金等），进一步改善文化市场投资环境，吸引企业投资中尼文化交流产业和大型项目。二是，加强公共传媒的交流与合作，将其列为双方文化交流的重点内容。鼓励新闻媒体、出版发行单位在尼设立分支机构，从事海外业务。与当地媒体建立稳定的合作机制，使越来越多的中国广播、电视和报纸在尼"落户"，从而开展公共外交，维护中国的形象。我国媒体也要正面客观报道尼日利亚的实际情况，使得民众得到真实的信息，形成一种健康的全面的印象。三是，每逢国庆、春节等活动契机，驻外使领馆继续联系当地华人华侨或者在尼日利亚的中国商会，加大力度联合举办庆祝活动，以轻松的活动氛围把中国文化传播到尼日利亚民间。

再次，文化活动承办单位，积极探索市场运作之路，把文化、社会和经济效益统一起来，积极主动地持续地举办文化交流项目。借鉴和利用国际通行的商业模式和渠道，发挥市场机制，推动文化企业和文化产品"走出去"，扩大中国文化产品和服务的国际市场份额，提升文化竞争力。与此同时，中国企业也要"引进来"，开展从尼日利亚进口和经营非洲艺术品的商业活动，开辟尼日利亚产品展销中心。不仅在义乌，而且在北京、上海、广州和香港四大城市创建展销中心或者分处。在组织活动中，可以适当向相关中尼企业招标，出售冠名权、挂名权等，所得广告赞助费、捐款等用来支持项目运作。对于资金瓶颈问题，除政府提高支出预算外，还可以向国家政策性银行如中国进出口银行等寻求融资支持。

3. 注重文化交流的战术

（1）发行影片光盘，举办影视活动

由于经济和教育的落后及对外交流的相对闭塞，尼日利亚的电视报刊产业发展缓慢，固定的电视观众和书刊读者较少，人们将更多的业余时间投入到电影上。在拉各斯大小街头，到处可见出售光盘的店铺、地摊以及穿梭于车辆之间的流动商贩。因此利用电影大众传播媒介，把文化内容附于4寸光盘上，成为文化交流的一种有效形式。对文化性比较强的中国电影或者大型纪录片，一则可以继续与当地电台、电视台合作，举办广播、影视周或影视月均可；二则驻尼机构尤其文化机构自己主办电影文化周等活动，由点到线，再由线到面逐渐铺开。

尼日利亚的"瑙莱坞"世界闻名，但所拍摄电影质量较低并且主要在国内和非洲范围发行。非洲文化，尤其是尼日利亚文化，中国人普遍感到陌生，充满好奇感。根据中国《电影管理条例》，我国每年可进口分账电影20部，其中5部左右为非美影片，尼日利亚电影商业进入中国难度甚高。因此，可以利用欧美影视公司拍摄的有尼日利亚元素或背景的优秀影片作为先锋，在中国电影市场打开一扇窗口。例如引进2009年上映的《血与石油》（*Blood and Oil*），可以把尼日尔三角洲的情景尽情展现，从中折射出其本国文化。然后，逐渐把本土生产的优秀影片作为重点，对商业机构采取商业运作，甚至可采取合拍形式拓展各自的能见度，而对文化机构采取赠送或交换形式，逐步走进中国民众的视野里。

（2）利用书展搭建平台

图书是知识文化的外化体现，有关中尼两国文化题材的出版物是双方文化交流的良好媒介。我们应借助现有平台，发挥书展功能，例如"非洲文化聚焦"系列活动的书展——《轶册有情——中国出版物中的非洲》，孔子学院总部举办的"语言文化展"，以及尼日利亚国际书展（Nigeria International Book Fair）和拉各斯书展（Lagos Book Expo）等。举办书展，也要注重市场，把单纯的书展发展成兼具销售功能的综合性书展，文化效益和经济效益相结合，这样书展不管在华还是赴尼，成功举办的可能性都大大增加，更能促进中尼文化的进一步交流。据统计，尼日利亚现有中文学习者上千人，95％以上的人使用的是复印本教材，汉语教材教辅存在市场空缺。因此利用书展契机，展售适合尼日利亚的汉语图书不失为一箭双雕。

在中国，每年都举办不少大型书展，例如北京国际书展、香港书展等。尼日利亚出版单位亦可携带本国精品图书，如语言教材类、音乐舞蹈类、艺术雕刻类等作品赴华参展销售。利用书展平台，中尼出版商可以展开实物与版权贸易，把双方的优秀作品推介给本国读者。

（3）扩大青少年交流

青少年肩负着时代的使命，是国家的未来、民族的希望。因此，我们要重视青少年层面的文化交流，举办青少年夏令营、短期游学、暑期语言培训等活动。中非合作论坛提出了青年之间的交流，而且在其框架下已经举办了一些青年活动，但若能把范围扩展到少年层面则更为全面。例如，倘若举办"尼日利亚中小学校长访华"项目，可以让每位校长遴选两名本校的学生，一道访华。学生回去后，可以现身说法，更有助于文化的友好交流。

非洲整体条件虽然相对落后，但要是组织有方，把中国青少年送到尼日利亚游学、参赛等交流，其实并无什么大的安全隐患。因此，国内各大相关组织者，可以把尼日利亚增添到国际交流的国家名录中，让青少年亲身体会尼日利亚的风土人情，感悟不一样的人文气息。

结　论

透过中尼文化交流 60 年的历史，观察其现状、廓清其趋势，重点厘清文化交流的历程、原因、问题和对策，置中尼文化交流于中非合作、发展中国家合作的大舞台上捕捉其情其境下的文化互动，得出以下粗浅结论。60 年来，中尼两国人民通过多个领域交流往来，彼此有了一定了解，但认识远远不够；文化交流的加强，既有文化特质的互相吸引力，又有文化共性的普遍认同感，还有政治友好、经济共赢的强劲驱动力，外加宽大的中非合作及发展中国家合作的国际舞台。相信，中尼文化交流在自身发展的基础上，加上外在国际舞台的良好环境，彼此交流将会迎来新的发展阶段，展现新的面貌、新的活力和新的效果。

（责任编辑：周海金）

超越"荒野上的巨龙"范式

——中非关系研究概述

［英］丹尼尔·拉吉

【内容摘要】当前中非关系受到前所未有的关注。尽管相关报道所涉及领域较为广泛，但研究仍待深入。本文简要介绍了西方的中非关系研究，包括中国进入非洲的历史与政治背景，并指出值得进一步研究的领域。本文结论部分呼吁中非关系研究要超越当下"灌木丛中的龙"的偏见，形成一种严肃研究的风气，正确面对非洲政治中这一意义重大事件。

【关键词】中非关系；中国模式；非洲发展

【作者简介】丹尼尔·拉吉（Daniel Large），英国伦敦大学亚非学院，高级讲师。

中非关系已经成为一个重要话题，"东方刮来的风正席卷整个非洲大陆"，① 它引起了前所未有的关注。这既是因为中国在世界事务中的复兴，同时也是中国在非洲大陆持续存在、关注和影响的结果。2006 年中国的"非洲年"一系列活动引起了媒体和学术界极大关注，50 年前埃及成为首个与中华人民共和国建交的非洲国家，而 50 年后的 2006 年 11 月第三届中非合作论坛成功举办。这使得中非关系在世界范围内受

---

① John Cooley, East Wind over Africa: Red China's African offensive, Walker & Company, New York, 1965, p. 3.

到广泛关注，接着 2009 年在埃及的沙姆沙耶赫举办了中非合作论坛第四届部长级会议，中国政府宣布了对非合作的新举措，使得中非关系持续成为媒体、学界和政策讨论的焦点。如何评估中国在非洲崛起的影响，如何就非洲事务与中国"合作"，以及如何就中国话题与非洲"合作"，这些将成为西方国家政府、国际组织和非政府组织持续讨论的话题。

1968 年，著名的中非关系研究专家于子桥（George Yu）写道："研究中国在非洲的影响，就如同在非洲荒野上追赶一条巨龙。巨龙是雄伟的，而荒野则是广袤的。"① 非洲"荒野"中的"巨龙"成为了今日描述中非关系的主要词汇，这尤其表现在西方媒体报道上。② 其影响表现是媒体时常有失公允地将中非关系描述为一条中国巨龙在漫无边际的非洲荒野上驰骋，而毫未考虑到历史和政治情境。现在是超越这一研究范式的时候了，应该讨论中国同 49 个不同的非洲国家③关系的程度和发展动力。

中非关系研究较多关注现状，而忽视了相关历史背景。尽管研究尚待深入，但这一领域已经出现了不少研究成果。1961 年，毛泽东主席指出"我们对于非洲历史、地理和当前情况都不清楚"，这是亚非研究所的成立背景。④ 随后的中非关系研究受到国内外政治形势的影响，正如李安山所说："对于世界其他地区的非洲学家而言，中国的非洲研究或多或少是一个谜。"⑤ 然而，在西方学术界，中非关系研究主要是关于中非关系进程的有限描述，尤其是在 20 世纪 60 年代之后。它过去一直受到，现在仍然

---

① George T. Yu，"Dragon in the bush：Peking's presence in Africa"，Asian Survey，8，12，1968，p. 1026. 于子桥教授是中国现代书法家与政治家于右任先生的后裔，现任伊利诺斯大学东亚与太平洋研究中心主任。

② Emma Mawdsley，"Fu Manchu versus Dr Livingston in the Dark Continent：popular geo-political images of Sino-African relations"，paper presented at the Royal Geographical Society Annual Conference，London，August 2007.

③ 主要取决于还与中国台湾有"邦交关系"的非洲国家数量。

④ Li Anshan，"African Studies in China in the Twentieth Century：A Historiographical Survey"，*African Studies Review*，48，1（2005），p. 62. 原文出处：中华人民共和国外交部、中共中央文献研究室：《毛泽东文选》，中央文献出版社/世界知识出版社 1994 年版，第 465 页。——译者注

⑤ Ibid. p. 59.

受到非洲政治外交研究和中国政治外交研究长期分割的影响。这一情况导致长期的系统性忽视：如同与拉美、中东的关系一样，非洲从未成为中国对外关系研究的主题之一。它被归入了第三世界范畴，而且其作为第三世界一部分的重要性受到严重低估。[①] 在非洲政治和外交研究中，中国同样未被认为是值得深入持续研究的话题。这可能要归因于雄心勃勃的、意识形态主导的新中国在非洲实际作为有限，多数情况下与非洲自身殖民和后殖民变迁的影响力相形见绌，例如非洲非殖民化、冷战竞争、与更为关注内在发展的中国改革现代化阶段几乎同时的非洲国家结构调整阶段等等。

本文针对的读者主要是那些对于非洲事务较熟悉，但对中国和中非关系不熟悉者：首先，它提供了相关文献的导读，并且简要描述了中非关系的历史和政治背景。除重新发现郑和下西洋的意义外，中非关系史多多少少被忽视了。随着中国在非洲影响力逐渐得以确立，中非关系政治背景的重要性注定是要不断增强的。其次，它明确了值得进一步研究的主要领域。最后，本文结语部分呼吁中非关系研究应形成严谨的应用研究之风，以正确应对中非关系这一复杂的研究主题。

一　历史背景

历史在当代中非关系的官方话语中时常被当作共同参照点。当前对于中国融入世界（包括非洲）的理解，与此前所谓的中国在等级朝贡体系中的相对孤立地位形成了强烈反差。[②] 中国外交中的多元性，而非某种观念

---

①　像一些中国对外关系经典著作也忽视了非洲，参见 Samuel S. Kim（ed.），China and the World：Chinese foreign policy in the post-Mao era（Westview Press，Boulder CO，1984）；and also Alastair Iain Johnston and Robert S. Ross（eds），New Directions in the Study of China's Foreign Policy（Stanford University Press，Stanford，CA，2006）.

②　See Mark Mancall，China at the Center：Three hundred years of foreign policy，The Free Press，New York，1984，p. 63；See also Joseph Fletcher，"China and Central Asia"，in John Fairbank（ed.），The Chinese World Order，Harvard University Press，Cambridge，Mass，1968，pp. 206 − 224；Morris Rossabi（ed.），China Among Equals，University of California Press，Berkeley，CA，1983.

长期居于统治地位，是理解当代中国对外关系的合适框架。① 正因为如此，非洲对于理解当代中国重新融入世界的进程有着极为重要作用。明朝未曾在东非建立持久殖民地，构成了世界殖民史上的独特篇章。② 然而，历史在当下发挥作用的方式是值得深思的。对于共有的、阐释性的、过去的、象征性的、工具性运用，这成为当前中国官方运用非洲历史联系的显著特征，与此同时也从道义高度反对任何霸权。

历史考证显然为理解中国融入当代世界以及在当代世界中的地位提供了更好视角，③ 中非关系亦是如此。④ 关于中非关系历史背景的最为基本著作是斯诺（Philip Snow）的著作，⑤ 写作时间是 20 世纪 90 年代，当时中非关系处于暂时沉寂阶段，而这一开创性著作详尽描述了 1949 年以后的中非关系。⑥

---

① See Michael H. Hunt, The Genesis of Chinese Communist Foreign Policy, Columbia University Press, New York, NY, 1996; S. M Adshead, China in World History, Macmillan Press, London, 1988.

② See Teobaldo Filesi, China and Africa in the Middle Ages (translated by David. L. Morison) (Frank Cass, London, 1972); J. J. L Duyvendak, China's Discovery of Africa (Arthur Probsthain, London, 1949). See also Gao Jinyuan for an orthodox Chinese account, "China and Africa: The Development of Relations over Many Centuries", African Affairs, 83, 31 (1984), pp. 241－250. The presentation of these missions can, however, be too easily romanticized as entirely benevolent.

③ See Gerrit W. Gong, "China's Entry into International Society", in Hedley Bull and Adam Watson (eds), The Expansion of International Society (Clarendon, Oxford, 1984), pp. 171－184; Rana Mitter, "An Uneasy Engagement: Chinese Ideas of Global Order and Justice in Historical Perspective", pp. 207－235 in Rosemary Foot, John Gaddis and Andrew Hurrell (eds), Order and Justice in International Relations (Oxford University Press, Oxford, 2003).

④ 当时情况与眼下情况是截然不同的，当时欧洲试图运用中国劳工"开发"非洲。关于这一臭名昭著的历史事件，参见 Gary Kynoch, "'Your Petitioners are in Mortal Terror': The Violent World of Chinese Mineworkers in South Africa, 1904－1910", Journal of Southern African Studies, 31, 3 (2005), pp. 531－546; and Peter Richardson, Chinese Mine Labour in the Transvaal (Macmillan, London, 1982).

⑤ Philip Snow, The Star Raft: China's encounter with Africa (Weidenfeld and Nicolson, London, 1988).

⑥ For a collection of Chinese experiences, see Li Anshan (ed.), Feizhou huaqiao-huaren shehui shi ziliao xuan ji (1800－2005) [Social history of overseas Chinese in Africa, selected documents, 1800－2005], (Hong Kong Press for Social Science, Hong Kong, 2006).

　　理解当前利益的历史谱系也使得在很多问题上的辩论历史情境化。当前阶段的中非关系与以往有着很大不同。然而,对于中非交往的负面评价也同样在 20 世纪 60 年代的西方引起激烈辩论。冷战史文献提供了与近期新闻报道类似的发人深省的比较,① 很多关注和主题(甚至包括标题)实际上讨论的都是 20 世纪 60 年代已经讨论过的问题。② 在 20 世纪 60 年代,库利(Cooley)的《吹向非洲的东风:中国侵入非洲》曾引起广泛关注,该书很好地阐释了这一时期的意识形态之争。③ 同样有意思的是,这一早期文献与当今媒体报道颇有类似之处:昔日中国是故意挑起非洲动荡的革命因素,如今的中国则是非洲现有政权的支持者;昨日中国是新独立非洲国家的意识形态的威胁,当前中国是利益驱动的,是非洲"良治"和"民主化"的严重威胁。话语或许已经改变(冷战时期的"军火走私"、"宣传"、"灌输",如今则是"武器销售"或者"软实力"④),但对于中国对非洲政治影响的关注则再次出现,甚至在某些方面有所加剧。

---

　　① Including the American African Affairs Association, *Red China in Africa* (1966 [?]); Peter Lessing, *Africa's Red Harvest* (Michael Joseph, London, 1962); Robert Scalapino, "On the trail of Chou En-Lai in Africa" (RAND, April 1964). For a contrary PRC view, see also Nan Han-Chen, *Resolutely Struggle Against Imperialism and Neo-Colonialism and for the Economic Emancipation of the Afro-Asian Peoples* (Foreign Language Press, Peking, 1965)..

　　② Popular enduring themes include "China in Africa" (e. g. S. K. G, "China in Africa", *Africa Quarterly* IV (1965), pp. 224—228; Leon Slawecki, "Two Chinas in Africa", *Foreign Affairs* 41 (1963), pp. 398—409; a language of courtship and romance (e. g. R. W. Howe, "China Bids for Africa: A suitor amid chaperons" *New Leader*, 29 November 1971; Reuters, "China seduces Africa while West watches", 6 November 2006); and lastly, of course, the "China Threat".

　　③ Cooley, *East Wind Over Africa*; Colin Legum, "Peking's Strategic Priorities", *Africa Report* 10, 1 (January 1965), p. 20. See also William Attwood, *The Reds and the Blacks: A personal adventure* (Hutchinson, London, 1967) for a sprinkling of detail on Chinese activities in Africa in the dry mould of diplomatic autobiography.

　　④ See Joshua Kurlantzick, *Charm Offensive: how China's soft power is transforming the world* (Yale University Press, New Haven, 2007) for a recent discussion.

二　后殖民时代的中非关系

　　后殖民时代中国同第三世界关系曾被描述为"接触与漠视的交织"[①]，这同样可以用来形容学界和媒体对中非关系的兴趣。以往能够与当前阶段中非关系相媲美的是 1963—1964 年周恩来对非洲的"开拓之旅"。这不仅引起了欧美国家政府的关注，而且也使得媒体和学术界的兴趣增强。随着非殖民化进程以及中苏在非洲竞争加剧，西方关注也就毫不奇怪了。中国被认为是共产主义威胁中的一个小角色。[②]不过与今天"中国威胁"论相似的是，当时也出现了"中国扩张论"或侵略行为的论调。[③]

　　媒体报道的一个显著特征是，相关评论会随着中国在非政策及相关行为而潮起潮落。例如，20 世纪 60 年代中期是上一个西方关注非洲的高峰期，非洲时常被认为在新中国外交政策中占据极其重要地位，诚如于子桥所言："在当时情况下，非洲在共产主义中国外交政策中无疑占据着中心地位。"[④]此后不久，由于中国在非洲战略目标遭遇多次挫败（包括 1965 年第二次亚非会议的流产），以及其他一些国际事件（主要是美国持续陷

---

　　① Peter Van Ness, "China and the Third World: patterns of engagement and indifference" in Samuel S. Kim (ed.), China and the World: Chinese foreign policy faces the new millennium (Westview Press, Boulder, CO, 1998), pp. 151—168; Peter Van Ness, Revolution and Chinese Foreign Policy: Peking's support of wars of national liberation (University of California Press, Berkeley, CA, 1971).

　　② See "The Chinese in Africa", in Fritz Schatten, *Communism in Africa* (George Allen and Unwin Ltd, London, 1966) pp. 187 — 223; Richard Lowenthal, "China's, in Zbigniew Brzezinski (ed.) *Africa and the Communist World* (Stanford University Press, Stanford, 1963), pp. 142—203. For a Taiwanese deconstruction of communist 'smiling face diplomacy", see Chang Ya-chun, *Chinese Communist Activities in Africa: Policies and challenges* (World Anti-Communist League, China Chapter, Asian Peoples' Anti-Communist League, Republic of China, April 1981). See also G. P. Deshpande and H. K. Gupta, *United front against imperialism: China's foreign policy in Africa* (Somaiya Publications, Bombay, 1986).

　　③ See the comparatively balanced treatment by W. A. C. Adie., "Chinese policy Towards Africa", in Sven Hamrell and Carl Gosta Widstrand, *The Soviet Bloc, China and Africa* (The Scandinavian Institute of African Studies, Uppsala, 1964), pp. 43—63.

　　④ George T. Yu, "Sino-Africa Relations: a survey", Asia Survey5, 7 (1965), p. 330.

入越南内战，以及印尼政治骚乱），于子桥认为"中国在非洲已经失败".[①] 针对 80 年代相对平静局面，赛格（Segal）认为中国已从非洲悄然离去，尽管他和于子桥一样认为双边关系仍有继续发展空间。[②]

关于中国对第三世界国家政策的文章一般将非洲作为"不结盟运动"，"发展中"国家或"南方"国家的一部分。[③] 其中，杰克逊（Jackson）关于中国对安哥拉和莫桑比克政策的论述是将其作为中国第三世界政策的一部分。[④] 中国也常被作为共产主义国家同第三世界国家关系[⑤]，或者大国同非洲国家关系[⑥]的典型案例。而 20 世纪 90 年代初的一本极具影响力的中国外交关系教科书显得极为特别，因为它专门辟有一章论述中非关系，是由斯诺撰写的，这可能是最近这波中非关系研究热兴起之前最为权威的中非关系研究论著。[⑦] 台湾地区也时常在中非关系研究中被提及，但更多受到关注的是中国大陆。[⑧]

此外还有一些专著。值得注意的是加纳人赫维（Emmanuel Hevi）的

① George T. Yu, "China's failure in Africa", *Asian Survey* 6, 8 (1966), pp. 461—8.

② Gerald Segal, "China and Africa", *Annals of the American Academy of Political and Social Science*, 519 (1992), pp. 115—26; George T. Yu, "Africa in Chinese Foreign Policy", *Asian Survey* 28, 8 (1988), pp. 849—62.

③ See Lillian Craig Harris and Robert L. Worden (eds), *China and the Third World: Champion or challenger?* (Croom Helm, London, 1986); Lowell Ditmar, "China's search for its place in the world" in Brantly Womack (ed.), *Contemporary Chinese Politics in Historical Perspective* (Cambridge University Press, Cambridge, 1991), pp. 209—261. Peter Van Ness, "China as a Third World State: Foreign Policy and Official National Identity" in Lowell Dittmer and Samuel Kim (eds), *China's Quest for National Identity* (Cornell University Press, Ithaca, 1993), pp. 194—214. See also Harish Kapur, *China and the Afro-Asian World* (Prabhakar Padhye, New Delhi, 1966).

④ Steven F. Jackson, "China's Third World foreign policy: the case of Angola and Mozambique, 1961—93", China Quarterly 142 (June 1995), pp. 388—422.

⑤ Alvin Z. Rubinstein (ed.), Soviet and Chinese Influence in the Third Wolrd (Praeger Publishers, New York, 1975).

⑥ Waldemar A. Nielsen, The Great Powers and Africa (Pall Mall Press, London, 1969).

⑦ Philip Snow, "China and Africa: consensus and camouflage" in Thomas W. Robinson & David Shambaugh (eds), *Chinese Foreign Policy: theory and practice* (Clarendon, Oxford, 1994), pp. 283—321.

⑧ E. g. George T Yu, "Peking versus Taipei in the world arena: Chinese competition in Africa", *Asian Survey* 3, 9 (1963), pp. 439—453.

著作，他曾在中国留学，他先后从"非洲人在北京"① 和"北京人在非洲"角度来写中非关系，他将自己的著作《非洲学生在中国》献给"非洲母亲"，他试图"告诉非洲人共产主义中国的真相"。② 这本有着明确政治倾向的著作警告非洲人，恩克鲁玛可能将非洲引向危险的中国道路，书中详细叙述了"我亲眼所见、亲身感受的中国，中国使得许多非洲政治领袖着迷，他们以中国为榜样。"③赫维的《巨龙的拥抱：共产主义中国与非洲》对于共产主义中国在非洲的行为进行了强烈抨击，他的结论是"要对非洲有信心"，这是非洲针对中国所作出的强烈回应，非常类似当前非洲对于中非接触所提供的挑战与机遇所作出的回应。④

其他方面的论著包括奥冈萨诺（Ogunsanwo）的《中国的非洲政策，1958—1971 年》，该著作论述了中国是如何卷入非洲事务的；他认为中国的行为特征是国家主导的务实利益和革命意识形态的结合（革命务实精神）。⑤ 另一部更具理论深度的著作是拉金（Larkin）的《中国与非洲，1949—1970 年：中华人民共和国的外交政策》，该书强调中国的非洲政策"极具复杂性"，反对常用的分析框架（单独或综合运用台湾问题、中苏争端和短期经济或政治利益）进行解释。⑥ 他认为中国进入非洲是被革命意识形态所驱动的，但这一长期目标是很难取得成功的。拉金与当下研究的一个明显区别在于他在尽可能挖掘中文文献的基础上，从意识形态动机来分析中国的对非政策。

于子桥试图通过坦桑尼亚的案例来分析中国对非外交政策。⑦ 《中国的非洲政策：坦桑尼亚个案研究》考察了中国和坦桑尼亚的"非洲政策和

① Sheldon Weeks, "Africa in Peking", Africa Today11, 4 (1964), p. 14.

② Emmanuel John Hevi, An African student in China (Pall Mall Press, London, 1963), p. 9.

③ Ibid. pp. 9, 201.

④ Emmanuel John Hevi, The Dragon's Embrace: The Chinese Communists and Africa (Pall Mall Press, London, 1967).

⑤ Alaba Ogunsanwo, China's Policy in Africa, 1958－71 (Cambridge University Press, Cambridge, 1974).

⑥ Bruce D. Larkin, China and Africa 1949－1970: The foreign policy of the People's Republic of China (University of California Press, Berkely, CA, 1971), p. 8.

⑦ George T. Yu, China and Tazannia: A study in cooperative interaction (Center for Chinese Studies, University of California, Berkeley, CA, 1970).

影响模式",其特征是"中国和坦桑尼亚部分的、非正式联盟"。[①] 于子桥认为中国外交政策的动力可以通过坦桑尼亚的例子来说明,中坦关系超越了双边关系,对于中国和非洲乃至整个第三世界的关系产生了深远影响。除了讨论中国和坦桑尼亚的"国家形象",于子桥分析了中坦联盟的性质,包括相互有利的"三边关系",以及中国、瑞典在坦桑尼亚发展项目上的合作。颇有借鉴意义的是,非洲政府的"代理"角色,以及如何处理与其他国家合作以有利于非洲国家发展:"坦桑尼亚的问题在于如何保持特殊关系的同时,又不在经济和政治上过度依赖中国。"[②] 确保非洲国家从与中国联系中获益最大化,并消除新形式依赖的最佳方式是坦桑尼亚所采取的"明智地实现不同来源的援助的平衡。"[③] 于子桥认为,中国的行动是在坦桑尼亚所能容忍的外部干预范围之内的,他实际上预言了当前引发争论的话语,"不干涉内政"原则势必面临挑战,中国对非政策亟须变革。

三 "中国模式":非洲的发展

很多主张改良的中国知识分子将非洲作为完全遭受殖民统治的反面例证。而非洲国家则将中国作为解决非洲发展问题值得效仿的"模式"。尽管 1949 年后中国饱经内乱,而某些非洲国家的"发展"程度甚至高于中国和其他东亚国家,今日中国仍然展示了处于上升趋势的较发达经济体的景象。当前对于中国作为"发展榜样"以寻求发展经验与援助的时代已经不同于刚刚独立时了,当时的一些非洲国家领导人在激进主义与殖民解放热情的支配下,将共产主义中国视作效仿榜样。[④] 中国通过政治交流和范围广泛的援助计划来激发非洲人的这种热情,很多同时代的论著反映了这

---

① George T. Yu, *China's African Policy*: *A Study of Tanzania* (Praeger, New York, 1975), p. xv.

② Yu, *China's African Policy*, p. 86.

③ Ibid., p. 53.

④ Tareq Ismael, "The People's Republic of China and Afirca", *The Journal of Modern African Studies 9*, 4 (1971), p. 527.

一点①；另外一些著作关注中国在非洲和世界其他地方的行为。②

　　布劳提冈（Deborah Brautigam）意识到中国对非援助研究中经验性研究的缺失并试图予以纠正，她认为中国对外援助计划"历史悠久，经验丰富，毫不逊色于西方国家，但这一点一直被忽视。"③在《中国援助与非洲发展：输出绿色革命》一书中，她指出"中华人民共和国方面文献记录的缺失是研究发展问题和中国同第三世界国家关系中的巨大障碍。④与其他利用二手文献的著作不同，⑤布劳提冈采取田野调查和中文文献相结合的方法来考察中国对利比里亚、塞拉利昂和冈比亚的农业援助计划。她对于中国"文化大革命"和后毛泽东时代中国有着深刻体悟，这使得她能够深入分析中国对非援助计划的国内资源和长期影响。发展政策反思也是作为分析中国援助计划成败影响因素的一部分，包括农业革新计划与弱制度形式如何产生有问题的发展结果。⑥而芒森（Jamie Monson）关于坦赞铁路史的研究记录了中国对非援助历史上的这座丰碑，该书中结合了档案文献和口述史。⑦

---

① For example, Kurt Muller, "Soviet and Chinese programmes of economic and technical assistance to African countries" in Sven Hamrell and Carl Gosta Widstrand, The Soviet Bloc, China and Africa (Scandinavian Institute of African Studies, Uppsala, 1964), pp. 101−30.

② Peter Andrews Poole, "Communist China's aid diplomacy", Asian Survey 6, 11 (1966), pp. 622−9. John Franklin Cooper, China's Foreign Aid (Lexington Books, Lexington, MA, 1976); Law Yu Fai, Chinese Foreign Aid: A study of its nature and goals with particular reference to the foreign policy and world view of the People's Republic of China, 1950−1982 (Verlag Breitenbach, Saarbrucken, 1984).

③ Deborah Brautigam, Chinese Aid and African Development: Exploring Green Revolution (Macmillan Press, London, 1998), p. 4.

④ Deborah Brautigam, Chinese Aid and African Development, p. 4.

⑤ See Joseph P. Smaldone, "Soviet and Chinese military aid and arms transfers to Africa: a contextual analysis", in Warren Weinstein and Thomas H. Henriksen (eds), *Soviet and Chinese Aid to African Nations* (Praeger, New York, 1980), pp. 76−116.

⑥ See also Deborah Brautigam, "Close encounters: Chinese business networks as industrial catalysts in Sub-Saharan Africa", *African Affairs*, 102 (2003), pp. 447−467. See also her articles "What can Africa learn from Taiwan? Political economy, industrial policy, and adjustment", *Journal of Modern African Studies*, 32, 1 (1994), pp. 111−138.

⑦ See Jamie Monson, *Freedom Railway: How A Chinese Development Project Changed Lives and Livelihoods in Tanzania* (Bloomington: Indianna University Press, 2009).

四 当前阶段：研究热潮的兴起

20 世纪 90 年代关于中非关系的论著相对较少，[1] 而关于台湾对非洲政策的研究仍在继续。[2] 在第三届中非合作论坛后不久艾尔登（Chris Alden）出版了《中国在非洲》一书，该书篇幅不大。[3] 另外还有其他一些研究著作。[4] 大

---

[1]　His works include 'China's foreign policy towards Africa in the 1990s', Journal of Modern African Studies 36，3（1998），pp. 443—60；'The "Captive States" of Southern Africa and China：the PRC and Botswana，Lesotho and Swaziland'，Journal of Commonwealth and Comparative Politics 35，2（1997），pp. 75—95；and，with Scarlett Cornelissen，"The political economy of Chinese and Japanese linkages with Africa：a comparative perspective'，Pacific Review 13，4（2000），pp. 615—33. For official Chinese views，see the English language journal ChinaAfrica.

[2]　George T. Yu and David J. Longenecker，"The Beijing-Taipei struggle for international recognition：from the Niger affair to the UN"，Asian Survey 34，5（1994），pp. 475—88；Deon Geldenhuys，"The politics of South Africa's 'China Switch'"，Issues and Studies 33，7（1997），pp. 93—131；Ian Taylor，"Africa's place in the diplomatic competition between Beijing and Taipei"，Issues and Studies 34，3（1998），pp. 126—43；Richard Payne and Cassandra Veney，"Taiwan and Africa：Taipei's continuing search for international recognition"，African and Asian Studies 36，4（2001），pp. 437—50；Ian Taylor，"Taiwan's foreign policy and Africa：the limitations of dollar diplomacy"，Journal of Contemporary China 11，30（2002），pp. 125—40.

[3]　See Chris Alden，China in Africa（Zed Books，London，2007）. See also his "China-Africa relations：the end of the beginning" in Peter Draper and Garth le Pere（eds），Enter the Dragon：Towards a free trade agreement between China and the Southern African Customs Union（Institute for Global Dialogue/South African Institute for International Affairs，Midrand，2006），pp. 137—53 and "China in Africa"，Survival 47，3（2005），pp. 147—64.

[4]　Ian Taylor，*China and Africa：Engagement and compromise*（Routledge，Abingdon，2006）；Garth le Pere（ed），*China in Africa：Mercantilist predator or partner in development*？（Institute for Global Dialogue，Midrand，and The South African institute for International Affairs，Johannesburg，2007）. Barry Sautman，"Friends and interests：China's Distinctive Links with Africa"，Center on China's Transnational Relations Working Paper No. 12（The Hong Kong University of Science and Technology，2006）. 'China in Africa' special edition of *South African Journal for International Affairs* 13，1（2006）. Firoze Manji and Stephen Marks（eds），*African Perspectives on China in Africa*（Fahamu，Oxford，2007）. See also Kinfe Abraham（ed.），*China Comes to Africa：The political economy and diplomatic history of China's relation with Africa*（Ethiopian International Institute for Peace and Development，Addis Ababa，2005）.

体上说，相关研究并没有包括中文文献，以及最近大量出现的关于中国对外关系的著作。① 最近大量出现的关于中非关系的西方文献，大多可以被看作是对于中非关系这一相对较新课题的第一波研究热潮。② 这些大体上并未进行广泛深入的田野调查，不过这一局面正在悄然改变。

最近，西方出现了对于中非关系的"兴趣大爆炸"，不仅是在学术研究领域，而且也包括政府、企业、发展援助机构、公民社会以及媒体。在过去 4 年中，涓涓溪流逐渐汇聚成一股巨流：第一，很多关于中非关系的论文集③以及大量的期刊论文出现。这方面较为突出的是施特劳斯（Julia Strauss）和萨维德拉（Martha Saavedra）主编的《中国与非洲：全球化和发展中的新兴模式》，该书试图将研究主题放到更为广泛的发展趋势中来考察，并进行了详细的个案研究。④第二，很多论著提供了更多详细深入的分析，其中包括 Ian Taylor 的《中国

① Including Yongjin Zhang andGreg Austin（eds），Power and Responsibility in Chinese Foreign Policy（Asia Pacific Press，Canberra，2001）；Yong Deng and Fei-Ling Wang（eds），China Rising：Power and motivation in Chinese foreign policy（Rowman and Littlefield，London，2005）；Rosemary Foot，"Chinese strategies in a US-hegemonic global order：accommodating and hedging"，International Affairs 82，1（2006），pp. 77－94. Johnston and Ross（eds），New Directions in the Study of China's Foreign Policy；Bonnie S. Glaser and Evan S. Medeiros，"The changing ecology of foreign policy-making in China：the ascension and demise of the theory of 'peaceful rise'"，The China Quarterly 190（2007），pp. 291－310；Joshua Eisenman，Eric Heginbotham，and Derek Mitchell（eds），China and the Developing World：Beijing's strategy for the twenty-firstcentury（M. E. Sharpe，Armonk，2007）.

② See Giles Mohan and Marcus Power，"New African choices? The politics of Chinese involvement in Africa and the changing architecture of development"，Review of African Political Economy（forthcoming，2008）for a more considered and stimulating approach. See also Stephen Chan，'Ten caveats and one sunrise in our contemplation of China and Africa'，in Alden，Large and Soares de Oliveira（eds），China Returns to Africa.

③ Kweku Ampiah and Sanusha Naidu eds，*Crouching Tiger*，*Hidden Dragon*? *Africa and China*（Scottsville：University of KwaZulu-Natal Press，2008）；Robert I. Rotberg，ed.，*China into Africa*：*trade*，*aid and influence*（Washington，D. C：Brookings Institution Press，2008）；Sharon T. Freeman，*China*，*Africa and the African Diaspora*：*Perspectives*（Washington，D. C：AASBEA Publishers，2009）.

④ Julia Strauss and Martha Saavedra，*China and Africa*：*Emerging Patterns in Globalization and Development*（Cambridge：Cambridge University Press，2009）.

在非洲的新角色》①和布劳提冈的《巨龙的礼物：中国在非洲的真实故事》，该书题为"巨龙的礼物"，更准确地说是数量巨大的中国礼物，书中主要描述中国对于非洲发展所产生的影响。尽管中国进入非洲引起了极大兴趣，但是中国在非洲的角色被认为是矛盾的、偶然的，最终取决于非洲国家的反应，取决于非洲国家政府是否能有效利用中国因素，从而使得这种内在潜能转化为非洲持续发展机会。任何一本著作都标榜讲述真正的历史，但唯有这本书最为成功。对于那些对中非关系感兴趣的读者来说，它开阔了眼界，界定了新的研究标准，颇具建设性的启发意义；而对于不熟悉中非关系的读者来说，它堪称一本必读书。②第三，也有一些将中国在非洲角色与非洲同印度或者其他"新兴国家"关系作比较的研究著作，③或者以中国同发展中地区关系作为分析中非关系的框架，例如于子桥最近较为成功的著作。④ 更有意思的是，从整体上探讨非洲政治的著作，是将中国作为更为广泛框架的一部分，而不是单单聚焦中国，中非关系被置于更为广泛的非洲历史和政治之中，因而更能说明中国在非所面临的基本环境。阿德巴乔（Adekeye Adebajo）的《柏林的诅咒：冷战后的非洲》是这方面的一部重要著作。⑤

　　研究继续集中在以下五个问题：第一，贸易和资源开采是关注焦点。⑥

---

①　Ian Taylor, *China's New Role in Africa* (Boulder: Lynne Rienner, 2009).

②　Deborah Brautigam *The Dragon's Gift: The Real Story of China in Africa* (Oxford: Oxford University Press, 2009).

③　Fantu Cheru and Cyril Obi eds, The Rise of China and India in Africa: Challenges, Opportunities and Critical Interventions (London, Zed 2010).

④　Lowell Dittmer and George T. Yu eds. , *China, the developing world, and the new global dynamic* (Boulder: Lynne Rienner 2010).

⑤　Adekeye Adebajo, *The Curse of Berlin: Africa After the Cold War* (London: Hurst and Company, 2010).

⑥　Andrea Goldstein, Nicolas Pinaud and Helmut Reisen, with Michael Chen, "China and India: What's in it for Africa?" (OECD, Paris, 2006); David Hale, "China's economic takeoff: implications for Africa", Brenthurst Discussion Paper 1/2006. Harry G. Broadman et al. , *Africa's Silk Road: China and India's new economic frontier* (World Bank, Washington, D. C. , 2006). Raphael Kaplinsky, Dorothy McCormick and Mike Morris, "The Impact of China on Sub-Saharan Africa" (April 2006); Owen Wilcox and Dirk van Seventer, "Current and Potential Trade between South Africa and China", in Draper and le Pere (eds), *Enter the Dragon*, pp. 167－220; Martyn Davies, "The Rise of China and the Commercial Consequences for Africa", in *Enter the Dragon*, pp. 154－166.

资源开采被认为是中非关系的首要推动力量。^① 第二，相关的、颇具争议的治理问题并未引起学术研究的足够兴趣。^② 这通常是讨论中国对非洲政治影响的一般著作所关注的，并且在发展政策研究中占据突出地位。^③ 第三，不同非洲国家与中国关系的个案研究。关于南非与中国关系的学术研究要比其他国家更多，这主要是因为它在中非关系中的重要地位，也是因为南非对于中非关系的关注要先于国际社会。^④ 舆论关注焦点集中在中国与津巴布韦和苏丹的关系。第四，一直存在着对于所谓的"北京共识"的广泛兴趣，它被视作对于西方模式的替代，这种兴趣仍将继续下去。关于"北京共识"和"华盛顿共识"的讨论实际上是有问题的，因为这两者都是人为构建出来的概念，而且"华盛顿共识"早已被"后华盛顿时代"的混乱所取代。然而，莫约（Dambisa Moyo）的新书《援助的死亡》^⑤ 重新激起了关于西方援助与非洲发展二者之间关系的讨论，她实际上继续了以往对于援助的批评，只不过是以一种民众较容易接受、媒体所乐见的形式而已。一些媒体将中国视为西方援助模式的替代，这可以在发展政策中看

① See Erica S Downs, "The Chinese Energy Security Debate", *The China Quarterly*, 177 (2004), pp. 21—41; Erica. S. Downs, "The fact and fiction of Sino-African energy relations", *China Security*, 3, 3 (2007), pp. 42—68; Linda Jakobson and Zha Daojiong, "China and the worldwide search for oil security", *Asia-Pacific Review*, 13, 2 (2006), pp. 60—73; Ian Taylor, "China's Oil Diplomacy in Africa", *International Affairs*, 82, 5 (2006), pp. 937—959; Michael Klare and Daniel Volman, "The African 'Oil Rush' and US National Security", *Third World Quarterly*, 27, 4 (2006), pp. 609—628; Jonathan Holslag, "China's new mercantilism in central Africa", *African and Asian Studies*, 5, 2 (2006), pp. 133—169; Wenran Jiang, "China's booming energy ties with Africa," *Geopolitics of Energy*, Vol. 28, No. 7 (2006); Ricardo Soares de Oliveira, "Making Sense of Chinese Oil Investment in Africa", in Alden, Large and Soares de Oliveira (eds), *China Returns to Africa*.

② See Denis M. Tull, "China in Africa: scope, significance and consequences", *The Journal of Modern African Studies*, 44, 3 (2006), pp. 459—479.

③ See IPPR, *The New Sinosphere: China in Africa* (IPPR, London, 2006); Elling Tjonneland et al., "China in Africa: implications for Norwegian foreign and development policies" (Chr. Michelsen Institute, 2006); Bates Gill, Chin-hao Huang and J. Stephen Morrison, "China's expanding role in Africa: implications for the United States", (CSIS, Washington, D. C., 2007).

④ See Garth Shelton, "South Africa and China: A Strategic Partnership?" in Alden, Large and Soares de Oliveira (eds), *China Returns to Africa*. Garth le Pere and Garth Shelton's *China, Africa and South Africa* (Institute for Global Dialogue, Midrand, 2007).

⑤ Dambisa Moya, *Dead Aid: Why aid is not working and how there is another way for Africa* (London: Allen Lane, 2009).

出端倪，在主要国际组织、非政府组织、大型银行或其他对非洲感兴趣、且希望更好地理解中国的机构组织中的政策研究部门大多开始研究中非关系。第五，关于"北京共识"的讨论使得中非关系以及非洲同西方国家、新兴国家之间的关系互动密切相关。[1]　"中非关系"范式部分反映了对于地缘政治特征的广泛关注，以及全球范围内对于非洲的重新关注。这包括西方和非洲对于日本如何回应中国在非洲的兴起。关于中非重新接近的中长期影响存在两种截然不同的观念，艾尔登所提出的"没有欧洲人的非洲"概念提出了彻底变革的可能性，而克拉潘则强调外部力量在非洲面临着严重制约，认为中国的进入不会从根本上改变非洲。[2]

五　今后研究

　　研究中国和研究非洲学术队伍的相互疏离，尤其是在外交关系领域，就造成了知识和经验方面的严重分割，这种局面直到最近才有所改观。中非关系研究是从两个相互关联但方向不同的起点开始的，前者是从中国开始，将中国动力与非洲情境相结合，后者则从非洲本土开始，将中国存在纳入非洲当地环境之中。

　　随着中非关系逐渐成为学术研究主题，也随着西方发展政策制定者的关注，最近这两者出现了逐渐融合的趋势。然而，与此同时，相关仍然未得到充分研究，仍然存在"一系列研究问题。"[3]　目前挑战仍然是深化中非关系的某些关键领域；而且要了解非洲和西方对此的反应，这包括（全球性的）资源开采的政治经济学。同样重要的是拓展现有研究领域，使其涵盖范围更为广泛，而非仅仅关注媒体标题新闻。在这方面，融合中国和非洲资源的民族学和人类学研究方法尤其能够拓展当前及今后的研究。[4]

　　[1]　Stefan Halper, *The Beijing Consensus* (Basic Books, 2010).

　　[2]　Chris Alden, "Africa Without Europeans" and Christopher Clapham, "Fitting China In", both in Alden, Large and Soares de Oliveira (eds), *China Returns to Africa*.

　　[3]　Philip Alves and Peter Draper, "China's growing role in Africa", in Garth le Pere (ed), *China in Africa*, p. 28.

　　[4]　Gillian Hart, *Disabling Globalization*: *places of power in post-apartheid South Africa* (University of California Press, Berkeley, LA, 2002).

依赖英文资源是有明确局限的,尤其是会导致自说自话的严重后果。因而,充分利用多语种文献的人类学研究丰富了中非关系研究。①安哥拉、苏丹、津巴布韦和南非等国,以及佛得角这样的"小地方"引发了特别的学术兴趣,相关研究不仅提供了中国人在非洲日常生活细节以及中国商人的成功故事,而且也揭示出当代中国和中非关系的多元化。

　　还有一些亟待深入的研究领域。社会科学不同领域关注重点和理论探讨无疑会采用不同学科视角。在西方,对于非洲外交政策选择中新出现的"三边关系"以及治理问题的关注,似乎重新激起了关于民主化和发展的一系列辩论,这类似于以往西方对于共产主义中国对非殖民化之后非洲影响的关注。

　　以下四方面是值得深入研究的领域:首先,中国投资的政治经济学,这包括资源开采,但远不止于此。已经有大量关于殖民时代和后殖民时代非洲政治经济学的学术研究文献。其次,发展政治学也是一个重要领域。中国援助计划的相关特征、接受状况及其影响,包括捐助活动和财政支持,等等。它也和发展政策和行为有着密切联系,这是学术知识能够对现实世界产生积极的建设性影响的领域。再次,中国在非洲的角色日益成为一个超越了发展政治学问题的极为重要领域,这涉及当前中国在非洲投资的持久性问题,以及影响所有非洲与外部世界关系的最重要因素,以及非洲治理和非洲国家自身,当然也包括其他外部世界是如何回应中国在非洲力量的增强。最后,关于中国人在非洲不同地区的接受程度和进展。一个重要和敏感领域是移民的特征和影响问题。近年来,非洲的华人移民数量急剧增加,并已成为政治上富有争议的话题,在某些地区造成了仇外和政治紧张局面,但仍未有较多研究。

　　中非关系研究面临的另一个挑战是超越以国家精英为中心的局面,并将常被视作是单个研究领域的细化开来。将精英研究与更为广泛的政治、社会环境联系起来,包括市民社会和政治反对派的回应,将有助于形成关键的跨国发展相互关系。

---

　　① See Elisabeth Hsu, "Medicine as business: Chinese medicine in Tanzania", in Alden, Large and Soares de Oliveira (eds), *China Returns to Africa*; Hsu, "Zanzibar and its Chinese Communities", *Population, Space and Place* 13, 2 (2007), pp. 113－124; Jørgen Carling and Heidi Østbø Haugen, "On the edge of the Chinese diaspora: The surge of baihuo business in an African city", *Ethnic and Racial Studies* 28 (2005), pp. 639－662.

　　中非关系的微观动力研究是人类学能够获得成功的领域。人类学研究方法能揭示出中非关系的丰富细节，这能够导致更具普适性的结论，并且能够理解那些不易感知的主题，例如性别、种族和权力关系，这些方面的知识直到目前仍然是较为匮乏的。这类研究能够为西方与非洲关系提供比较，包括外部力量进入非洲的切入点的不同，以及那些被认为是中国特有的现象，例如"飞地存在"（enclave existence）。超越以民族国家为中心的经济关系分析框架能够使我们摒弃简单划一的、容易引起误解的"中国经济"概念，以思考中国国内的全球制造和贸易体系和非洲联系这二者间的关系。

六　再现的政治

　　另外，"中非关系"的主题和理论建构将对中国、非洲以及相互关系研究的主流研究手段构成挑战。至少在西方学术界，目前已经是反思如何研究和描述"它者"的时机了（例如，非洲行为体如何应对中国，中国如何研究法国、英国或者美国在非洲的存在，以及非洲如何看待这些问题，等等）。

　　舆论界对于非洲与中国"新"接触的最初认知是较为抽象的，它们试图通过非洲过去的历史棱镜来与一系列的再现动力（representational dynamics）影响相结合。极为抽象的"非洲"概念是中非关系中的一个独立概念，但它主要是构建出来的，很容易演化成一个基本上是非洲大陆整体的概念，而这显然与大陆的复杂多样性不符。类似地，中国以及"西方"概念也很容易出现简单化抽象。因此很有必要运用复数形式来看待中国、非洲和其他外部行为体。这一复杂语言难题和思考当代非洲与中国关系的概念框架已受到注意，但超越这一范式的分析研究仍然较少。

　　这一点是很重要的，并未探究西方媒体所主导的"怀疑运动"背后的潜在动机。①公众讨论中的话语和再现叙述没有刻意关注或者撇开中非关系，它是中非关系中的一个重要组成部分；它们塑造并影响着中非关系发展的走向。与此同时，运用历史叙述能够对中非关系产生积极推动作用，

---

　　①　Ampiah & Naidu, eds. , *Crouching Tiger*, *Hidden Dragon*?, 5.

但以往的阴影会影响到对于当前非洲与中国关系的理解，包括错误运用"非洲大争夺"，帝国主义或者新殖民主义等"返祖术语"（*atavistic terminology*），这些实际上指的是非洲政治史上的特定历史阶段，然而它们却会影响到对于当前中非关系的认知。这些概念的运用和讨论已经影响到中非关系，显示出经过"历史棱镜"会对感知产生影响。不论北京是否愿意，非洲人都是通过厚厚的历史棱镜来理解中非关系的，对于互惠双边关系话语表示怀疑，这是以往历史经验的结果，尽管中方所释放的是善意。[①]

最近对于中非关系的极大关注显示出这一主题的一个鲜明特征，即对于中非关系的关注主要并不是对于非洲大陆本身的兴趣，而是出于对非洲大陆内外的中国崛起的关注，其中也掺杂着对于西方对非政策的幻灭，以及这一日渐显现的地缘政治变迁对于其他非洲外部合作方的影响。西方在叙述中国时，往往会在"赞叹和惊愕"以及"热烈和费解"[②] 的两极之间犹豫不决。相互冲突的政治想象至少存在于以下三个领域：关于西方在非洲零和博弈中失利的观念，对于治理影响的关注，以及对于未来发展的期待。

大众之所以认为欧美在非洲会因为中国的新地位而失势，主要是对中国能够给非洲带来光明未来的乐观情绪。时常是用零和博弈游戏的言辞，中国在非洲取代"西方"时常是用冷战时代的历史口号表达出来的，即"东风正在压倒西风"。随着中国进入非洲大陆，非洲出现新的竞争趋势，但显然中国并未取代在非洲远远牢固得多的西方联系，这也不可能在短时间内发生。[③] 其中的一个关键的地缘政治因素仍然是中国与美国在非洲的关系。

治理问题引起了较大争议。中国经常被指责会对非洲治理产生负面影

---

① C. Alden & A. Alves, "History and Identity in the Construction of China's Africa Policy," *Review of African Political Economy* 35, no 115 (2008), pp. 43−58; J. C. Strauss, "The Past in the Present: Historical and Rhetorical Lineages in China's Relations with Africa," *The China Quarterly* 199 (2009), pp. 777−795.

② P. Snow, "Foreword," in *China Returns to Africa: A Rising Power and a Continent Embrace*, ed. C. Alden, D. Large, & R. Soares de Oliveira (London: Hurst, 2008).

③ C. Clapham, "Fitting China In," in *China Returns to Africa: A Rising Power and a Continent Embrace*, ed. C. Alden, D. Large, & R. Ricardo Soares de Oliveira (London: Hurst, 2008), pp. 361−369.

响，西方自由主义话语对此表示关注。尽管经常运用双重词汇来描述这一问题（"威胁或机会"，"伙伴或掠夺者"），但这绝非零和问题。也不能把中国作为掩盖所有问题的借口。毋庸置疑，中国使得现有问题复杂化，它的介入使得某些非洲国家威权政治可能性大大增加，与非洲国家普遍存在的世袭主义和现有国家政治相契合。在某些情况下，尤其是特定资源富庶型国家，与中国的关系有助于这些国家精英阶层实现满足一己私利的掠夺性目标。在这一过程中，进步的治理目标无疑会被削弱，至少是在短期内。这并非独特的中国影响，然而却意味着加强了非洲国家的政治经济现状（或者换句话说，造成这些问题的根源不在于中非关系，而是由不同的殖民和后殖民历史）。[①] 而且，由于非洲国家自身的有效治理对于可持续的长期投资极为重要，显然中国对于非洲有效治理或者治理机制的关切程度正在增强。[②] 另外，一些非洲国家存在的政治多元主义以及公民社会的积极角色也会影响到中国对非关系，并对其构成难以预料的挑战。

最后一个引发多种想象的领域是重新兴起的非洲发展辩论。很多关于中国推动非洲发展的概念基本上是一种复兴的现代化叙述。这逐渐代表着对于中国推动的全球现代性的认可，相信中国在推动非洲发展方面的独特作用。[③] 一种重新创造的现代性的乐观情绪正在蔓延。现代性不再是"怀旧的白日梦的诉求"[④]，考虑到非洲国家发展记录的不甚理想以及中国国内成功的现代化，对于很多人而言，中国似乎是实现发展的最佳选择。这是值得怀疑的，尽管并非毫无根据。然而，这些观念显示出新的发展想

---

　　① 　R. Ricardo Soares de Oliveira，"Making Sense of Chinese Oil Investment in Africa," in *China Returns to Africa: A Rising Power and a Continent Embrace*, ed. C. Alden, D. Large, & Ricardo Soares de Oliveira (London: Hurst, 2008); I. Taylor, "Governance in Africa and Sino-African Relations: Contradictions or Confluence?," *Politics* 27, no. 3 (2007), pp. 139—146.

　　② 　J. Lagerkvist, "Chinese Eyes on Africa: Authoritarian Flexibility versus Democratic Governance," *Journal of Contemporary African Studies* 27, no. 2 (2009), pp. 119—134.

　　③ 　一个容易引起误解，却激起广泛讨论的话题是"北京共识"，这是在雷默—库珀的《北京共识》（J. Ramo-Cooper, *The Beijing Consensus*, London: The Foreign Policy Centre, 2004）一书的观点错误地投射到非洲之后。对于脆弱的"非洲发展新伙伴计划"或者经合组织（OECD）标准与中国行为这二者之间是否兼容的争论，可以说常规的自由主义反映未能理解中国角色的实质，即便关注问题是完全合法、有充分依据的。See Alden, & Large, "China's Exceptionalism in Africa."

　　④ 　J. Ferguson, *Expectations of Modernity: Myths and Meanings of Urban Life on the Zambian Copperbelt* (Berkeley: University of California Press, 1999), p. 13.

象，尽管这与中非接近中所面临的结构性挑战不符，包括双方核心的经济关系复制了非洲此前的商品依赖外部贸易关系，中国在非洲制造业领域的竞争，中国在非洲不确定的贸易和制造业尝试。

　　尽管中非关系很多领域已受关注，但是我们仍然对于中国在非洲活动的很多方面所知甚少。某些关于中国对非洲影响的夸大之词时常包含着“新争夺”、“新殖民主义”的论调，因而，一方面是对于中国在非洲崛起的感知和夸大猜测，另一方面是关于中非关系实际演进的知识，这二者之间存在极大的差异。1975 年，哈金森（Hutchison）写道“中国实际所作与其批评者认定它所作的，这二者之间存在巨大差异”，但他表示自己不是为“中国的非洲政策辩护”。① 当今，西方学界和媒体对于它自身在非洲的政策更多是批判性的，这是更为广泛动力演进的结果。在二分法道德评判之间寻求平衡绝非易事，但是意识到这些约束因素是有助于学术研究的，而且这些学术研究成果能够积极促进主流讨论，使得公众更多地获知真相，并反击负面的老套观点。

结　语

　　在当前情况下，中非关系研究取得了令人振奋的发展。越来越多学者对这一话题感兴趣，非洲、中国和其他地区研究中心之间的交流日益拓展，这无疑是一个充满希望的迹象。2010 年 3 月，在由中非合作论坛中国后续行动委员会举办的一次会议上，新的中非联合研究交流计划正式启动，这是落实中国总理温家宝在 2009 年 11 月所宣布的对非合作新 8 项举措之一。通过这样的资助研究的方式，非洲高等教育机构的发展以及中非学术机构之间的合作将得以有力推进，非洲研究也有希望得以推动，研究成果也能扩散到更多观众。密切关注中国学者的相关研究成果能够使西方的中非关系研究得以积极推进，加深理解中国人对外部世界的认知，推进全世界范围内学术共同体之间的共识和学术交流。

　　中国进入非洲以及中非关系，这是在多个层面上引起广泛关注的领域，相关研究成果必然会不断增加，本文仅仅是对已有相关文献的一个粗

---

① Alan Hutchison, *China's Africa Revolution* (Hutchinson, London, 1975). p. xi.

略分析。后殖民时代中国对外关系研究较多忽视了非洲，相形之下，当前情况下媒体、学术界、政府和国际组织对于中非关系的关注度是前所未有的。然而，我们希望在"第一波"兴趣之后，中非关系研究将发展成更加成熟的研究主题，出现有理论深度的研究著作。这是超越所谓的"荒野上的巨龙"研究框架的一种方式。将中非关系研究纳入更为广大的亚非关系或者"南南关系"框架之内，这也是有助于对中非关系的理解。这将有助于消除二元的中非概念，同时也能够更好地理解中非关系是冷战结束以来非洲大陆最为重要的事件。

在后殖民时代，对于中非关系的关注程度经历了一个大起大落。然而，今天更有理由认为，中国与非洲的重新接触将会持续深化并具有重要影响。20 世纪 60 年代的评论者曾提出过类似看法，当前关系的复杂性和偶然性不应过高估计，但是目前中国进入非洲主要是中长期因素所推动的，是在中国对于世界经济和资源日益依赖情况下出现的。与以往的巨龙在"不熟悉的地形"上前行不同的是，当前中国在非洲的存在注定要成为非洲大陆的一部分。因此，中非关系将会是一个前景广阔的研究领域。

[浙江师范大学非洲研究院李鹏涛译]

（责任编辑：周海金）

非洲田野调查

博茨瓦纳叶伊人田野调查
及其国家建构之思考[①]

——以博茨瓦纳塞波帕村为例

徐 薇

【内容摘要】博茨瓦纳是一个有着众多民族的多元文化国家，自独立以来朝着建立一种语言、一个民族、一种文化的现代民族国家方向发展，从而忽视了其他少数民族的文化传承与发展。本文即是对博茨瓦纳少数民族叶伊人的田野考察，以叶伊人聚居的村庄为个案，系统论述叶伊人的历史概况、社会结构、日常生活、仪式等方面，并对其所面临的问题进行分析与总结。

【关键词】塞波帕村；叶伊人；田野调查；文化变迁

【作者简介】徐薇，人类学博士，浙江师范大学非洲研究院非洲历史文化研究所助理研究员。

2011 年 2 月初至 5 月底，作为浙江师范大学非洲研究院启动的"当代非洲乡村社会变迁调查报告"项目之一，笔者赴博茨瓦纳进行了为期 4 个月的人类学田野考察。"当代非洲乡村社会变迁调查报告"是非洲研究院一项基础性研究工程，旨在以中国学者的眼光并借鉴西方人类学的成

① 此次在博茨瓦纳的田野调查，获得非洲研究院资助，并得到中国驻博茨瓦纳大使馆、非洲粮食基金、上海丰越玻璃制造有限公司以及博当地人民的支持与帮助，在此表示特别的感谢。

果，就独立以来的非洲乡村变迁进行人类学田野考察，以期更好地理解当代非洲社会。①

在博茨瓦纳期间，笔者首先在帕拉佩（Palapye）村生活了半个月，调查恩瓦托族的酋长制度。接着来到博茨瓦纳唯一的世界自然文化遗产——措迪洛神山进行考察，那里保留着先民们创作的岩画艺术。之后，笔者探访了杭济（Ghanzi）的布须曼人。在一位华人朋友的引荐下，笔者来到位于奥卡万戈三角洲附近的塞波帕（Sepopa）村做了半个月的田野调查，主要调查博茨瓦纳少数民族叶伊人的社会与文化变迁，并于 4 月底来到古马雷（Gumare）——叶伊人的首府，考察了叶伊人一年一次的文化节。此篇调研报告即是笔者对叶伊人研究的初期成果。

一　叶伊人历史概况

博茨瓦纳位于南部非洲的卡拉哈里沙漠盆地，是一个内陆国家。东部和东北部与津巴布韦相连；南部和东南部与南非接壤；西部和西北部与纳米比亚毗邻；东北一角与赞比亚交界。国土面积 581730 平方公里，全境一半以上地区处于南回归线以北热带地区。地势东高西低，平均海拔1000 米左右。全国人口 180 万，分布很不平衡。大多数城镇和村庄位于东南部狭长地带，人口都集中在这个地区，而广阔的西部和北部却人烟稀少。

博茨瓦纳被称为"非洲最稳定的国家之一"，自 1966 年独立以来，40年间，该国从一个最贫穷的非洲国家发展为小康之国，并被世界银行评为中等收入国家。② 根据"透明国际"2008 年的调查显示，博茨瓦纳再次被评为"腐败最少的非洲国家"称号。③ 然而与这番经济繁荣景象形成鲜明

---

①　本调查项目由刘鸿武教授设计，他强调本项目的学术旨趣在于突破人类学与国际关系学的界限，"一方面是用人类学的眼光与方法来研究当代非洲国际关系与政治问题，另一方面，又从非洲国际关系种种特殊现象的角度来思考非洲的文化特性与民族特性。因为当代非洲的许多国际关系事象，包括国际冲突与国内冲突事象，都需要动用人类学的知识与理论，都可以从文化、民族、宗教的角度来进行理解与把握。"

②　世界银行 http：//web. worldbank. org。

③　透明国际组织 www. transparency. org。

对比的，是原本多元语言与文化的渐渐消亡。很多官方材料对博茨瓦纳民族的介绍是：博茨瓦纳是以讲班图语系的茨瓦纳语的茨瓦纳民族为主体的黑人国家。"博茨瓦纳"的意思就是"茨瓦纳人的国家"，茨瓦纳人占了全国人口的 90%，分属 8 个主要部族，[①] 因为这 8 个部族有着相似的历史、语言与文化而被政府承认，在政治法律文化上享有很多特权。特别是语言上，茨瓦纳语是全国通用语。[②] 然而，现实的情况却与官方文件存在很大差异，事实上，博茨瓦纳还有 37 个未被政府承认的少数民族。[③] 据 2001 年的人口统计资料显示，茨瓦纳人仅占全国人口的 18%，非茨瓦纳人占 60%。博茨瓦纳是一个有着 45 个民族、26 种不同语言的多民族国家。[④] 然而独立以来该国的发展模式是效仿英国，旨在建立一个以茨瓦纳人为主体的单一民族国家，因此，少数民族面临着丧失自己语言、文化和不均衡发展的困境。

笔者所调查的叶伊人，即是一个有着独特历史、语言与文化的少数民族。从 2001 年开始，叶伊的文化精英们即开始向政府申请成为被承认的第 9 个民族，至今未能成功。目前，仍有很多叶伊人在为保护本民族的语言与文化而作着种种努力。[⑤] 本文运用人类学田野调查的方法，结合文献资料，从叶伊人的社会结构、日常生活、仪式等方面呈现这个民族的历史和现状，并对博茨瓦纳少数民族发展问题作出相关的理论解释与思考。

博茨瓦纳共有 45 个民族，叶伊（Wayeyi）因为有着自己的语言与文化而被划分为一个独立的民族。叶伊人主要居住在博茨瓦纳西北部的恩加米兰地区（Ngamiland）、奥卡万戈三角洲附近，是这一地区人口最多的民族，[⑥] 也是第一个定居在此的班图语系的民族。[⑦]

---

① 八大部族有：恩瓦托（Ngwato）、昆纳（Kwena）、恩瓦凯策（Ngwaketse）、塔瓦纳（Tawana）、卡特拉（Kgatla）、莱特（Lete）、罗龙（Rolong）和特罗夸（Tlokwa）。

② 徐人龙编著：《博茨瓦纳》，社会科学文献出版社 2007 年版，第 17—18 页。

③ 主要是：卡兰加人（Kalanga）、伊姆布库苏人（Hambukushu）、苏比亚人（Subia）、卡拉哈迪人（Kgalagadi）、叶伊人（Wayeyi）、布须曼人（Bushman）、赫雷罗人（Herero）和科图人（Kgothu）等。

④ Nyati-Ramahobo, L. Review of the constitution for tribal neutrality, Paper submitted to the Minister of Presidential Affairs and Public Adminiatration, Gaborone, 1998.

⑤ 保护传承叶伊语言文化的非政府组织 http://kamanakao.com。

⑥ 据 2001 年人口统计资料显示，叶伊人口有 6 万。

⑦ Tlou, T, A History of Ngamiland, 1750 to 1906, Gaborone: Macmillan, 1985, p. 11.

　　最早的叶伊人居住在赞比亚西部地区，据史料载，1750 年，叶伊人为了逃避洛奇（Lozi）部落酋长要求交纳的供奉，集体迁移到现今博茨瓦纳西北部的恩加米兰区、奥卡万戈三角洲附近，与当地的土著居民桑人（San）通婚居住在一起，愉快地称彼此为表亲。① 至今在叶伊语中仍包含很多桑人的语言。

　　奥卡万戈河从安哥拉高原流下，终年流水不断，分成众多小河流，形成三角洲。这里土地肥沃、环境舒适，生长着各种野果和蔬菜，栖息着多种野生动物，为早期的居民们提供了良好的生活条件。叶伊人主要依靠农业生产、饲养牲畜、采集树上的野果以及捕鱼为生，他们平时也制作草编、独木舟、罐子等日常用品。他们的语言很特别，他们有着自己的文化传统、歌舞艺术，且世代相传。

　　19 世纪初期，恩瓦托部族发生内战，战败者塔瓦纳带领部族臣民们逃亡到叶伊人聚居的地区——博茨瓦纳西北部恩加米兰，建立了自己的部落王朝——塔瓦纳。塔瓦纳人在生活方式与习俗上同叶伊人差异很大，但他们在早期仍能够和平相处。然而塔瓦纳部族在当时有着强大的军队和有力的政治组织，他们开始统治与奴役爱好和平却贫穷柔弱的叶伊人。② 于是，在塔瓦纳部族的统治下，叶伊人要向塔瓦纳人交纳沉重的供奉，很多叶伊女孩们被迫嫁给塔瓦纳人，一些叶伊人害怕受到塔瓦纳人的折磨而将自己的孩子卖给他们做奴隶。塔瓦纳占有叶伊奴隶的全部财产，还禁止他们说自己的语言、实践自己的文化。③

　　1885 年博茨瓦纳沦为英国殖民地，史称"贝专纳兰保护地"。殖民政府为了便于管理，承认有着相同语言、历史与文化的 8 个部族为当地的统治者。塔瓦纳便成为恩加米兰地区的统治者，诸如叶伊、赫雷罗、伊姆布库苏等少数部族都要服从于塔瓦纳的统治，按照塔瓦纳部族的风俗与法律办事。1936 年，传教士雷伊（Rey）意识到占当地人口很小部分的部族竟然统治着大多数的人口，这是不公平的，他试图改变恩加米兰地区各个部

---

　　① Kamanakao Association，Shiyeyi Phrase for Use in The Okavango Delta，Gaborone：Kamanakao Association，2001，pp. 2－3.

　　② Tlou. T. and Campbell，A History of Botswana，Gaborone：Macmillan，1997，pp. 143－144.

　　③ Kamanakao Association，Brief History of The Wayeyi Tribe，Gaborone：Kamanakao Association，2009，pp. 7－9.

族受塔瓦纳部族统治的现状。雷伊开始进行人口普查，而塔瓦纳使用暴力手段镇压弱小部族，强迫叶伊人承认自己是塔瓦纳部族，叶伊人的反抗斗争就此展开。①

博茨瓦纳自 1966 年独立以来，走上一条传统与现代的融合之路。在国家政体上，一方面建立西方民主国家的总统内阁制，一方面保留了传统的酋长制。特别是在地方社会，8 大部族酋长仍是当地的管理者，是初等法院的院长，有着行政权与司法权，仍用茨瓦纳人的习惯法来审理案件和解决纠纷。因此，叶伊人依然要服从塔瓦纳部族的管理，生活中仍会遭遇种种不公平对待，叶伊人无法拥有自己的酋长，即便是选举出了本族的大酋长，却一直得不到政府的承认，无法拥有同茨瓦纳人酋长一样的权力与待遇。

二　田野点概况

本文选取的田野点是一个地处博茨瓦纳西北部、靠近奥卡万戈三角洲源头的小村庄——塞波帕（Sepopa）。这里世代聚居着叶伊人和伊姆布库苏人，以叶伊人居多。可以看出，博茨瓦纳政府对村庄建设的投入不菲，在这个将近 4000 人口的村子里，建有一所小学、一所初中、一个警察局、一个邮局、一个诊所、一个动物保护站、一个商店、一个酒吧。每家门外都有自来水，每月的水费大概在 7—30 普拉。人们主要靠饲养牲畜、种田、捕鱼、做草编为生。

笔者居住的这家女主人的名字叫 Nkgomotsang Baukgotsi（以下简称 NK），是村诊所的保育员。NK 生于 1957 年，生育了 8 个儿女，还帮助死去的妹妹养大了两个孩子，她常说，她有 10 个孩子。她至今未婚，8 个孩子属于不同的父亲，因为叶伊自古以来是母系社会，以父系为主导的一夫一妻制在叶伊人中并不普遍。村子里，很多妇女有孩子却没有合法的婚姻。NK 的工作是教育社区的人们如何过上健康生活，让青少年远离酒精，指导人们如何避孕，防治艾滋病。她每天 7 点半开始工作，上午 10 点回家吃早饭，休息片刻再去工作。她时常在村子里挨家挨户做巡诊，探

---

①　Kamanakao Association, Brief History of The Wayeyi Tribe. Gaborone: Kamanakao Association, 2009, pp. 9—10.

望疾病患者或者新生儿，为村民们送去药品并指导人们相关的医药卫生知识。她在这个岗位上工作了近 30 年，从未换过工作，村民们都很尊敬她。

在 NK 的帮助和引领下，笔者开始了对叶伊社会与文化的田野考察。

三　叶伊人的社会结构

叶伊人自古以来是母系社会，他们的世系血统姓氏通常延续母亲家族，母亲的兄弟在家族中享有很高的地位。NK 的 8 个孩子的姓氏全部沿用她的姓氏。

1. 家庭 (Family)

家庭是叶伊社会的最小单位。核心家庭包括一夫一妻及他们的子女，然而当儿子娶亲、女儿离婚或者有其他亲戚加入时，核心家庭就会扩展成一个大家庭。在叶伊语中，核心家庭与大家庭都是一个单词 "MOZI"。在叶伊家庭中，关系比较近的亲属通常会分享牲畜与农田。家庭中男性的财产由其姐妹的儿子继承，大多数女性的婚姻由其舅舅来决定。

世系家族由几代人传承而成。在母系社会中，世系祖先都是女性，而且是结婚生子的女性，尽管她的兄弟会成为行政上的首领，但她永远都是人们信仰与精神上的领袖。她可以召集成员们在一起商议家族事务，拥有最终决定权，她同样在氏族部落中有着举足轻重的地位。

2. 氏族 (Clan)

据一位叶伊老人回忆，叶伊由 8 个氏族组成，每个氏族有着不同的图腾，并以图腾的名字命名该氏族。[①] 这些图腾大多数是与叶伊人生活在一起的野生动物，分别是：狮子、猴子、猎豹、大象、水牛、牛、河马等。还有一个氏族的图腾是水，NK 告诉我她的家族就属于水氏族。水和狮子氏族都是叶伊人的皇族，酋长来自于这两个氏族，这两个氏族之间经常通婚。氏族成员们可以射杀这些图腾，但是本族成员不能吃本族图腾的肉也

---

① Larson，T. J.，History and Social organisation of the Bayeyi of Ngamiland，South African Journal of Ethnology，Vol. 12 (1)，1989.

不能触摸它，其他氏族成员可以吃肉。

8 大氏族是聚居在古马雷（Gumare）地区的叶伊人的分类，其他地区还有更多的氏族。同一氏族基本都是亲戚，因此成员之间禁止通婚。氏族成员之间亲如一家，经常聚集在一起讨论家庭事务、狩猎计划等。在其他地方遇到同一氏族的人都会认为彼此是亲戚，并给予热情无私的接待。氏族成员间同样对彼此负有责任与义务，如果一个成员遇到困难，其他成员都将给予他帮助与支持。可见，在传统的叶伊社会，氏族既是用来区分彼此的边界，又是凝聚彼此的纽带。

3. 编团 (Regiment)

随着社会变迁，氏族观念在当今的叶伊人中已经消失，人们不再用氏族来区分彼此。然而为了适应现实的需要，叶伊人近年来采纳了军队里的编团概念，主要按照年龄进行分组，在族内事务上分工合作，为争取自由平等而共同奋斗。分为三个团：[①]

（1）扫除障碍团。年龄在 30—49 岁，负责照顾酋长。在举行叶伊文化事务期间，负责杀牛，为人们提供饮食服务。当酋长到来或者离开时，他们要骑马陪同。

（2）解决问题团。年龄在 50—60 岁。他们在举行文化事务期间，负责相关具体工作，诸如做饭、组织舞蹈队、安排场地等。他们将来会成为叶伊酋长议会的主要成员。

（3）吞掉狮子团。年龄在 61 岁以上族中的长老。负责辅佐酋长，组成叶伊酋长议会，必要时他们可以作出最终裁决。

编团自成立以来，在叶伊社会中越来越普遍，人们按照不同年龄加入不同的团，甚至在叶伊人的歌曲中也包含了团的内容。

四　叶伊人的日常生活

在塞波帕村子里，大部分家庭是一个扩展型家庭，父母子女几代人生

---

① Kamanakao Association, Brief History of The Wayeyi Tribe, Gaborone：Kamanakao Association，2009，pp. 16—17.

活在一起，共同饲养家畜、分担家务。老人在家庭中拥有绝对的权威，人们十分敬重老人，给老人最好的食物和环境。

1. 家屋

大部分叶伊人居住在传统的家屋中，即圆形土坯房，用茅草搭建的锥形屋顶，周围立着几根木桩作为支撑。这种传统家屋非常适合当地干旱少雨的气候环境，冬暖夏凉，通风散热。现在有部分条件好的家庭建起了砖瓦房，一般格局是三室一厅、一个厨房、一个洗澡间，厕所在屋外。

叶伊人喜欢在家屋周围用高高的芦苇杆编成一个封闭的庭院，一方面保护了隐私，另一个方面也为了防止诸如羊、狗、驴等动物闯进来。庭院的人口有门，夜晚或者没人的时候会锁上。

2. 经济生活

据村子里的老人介绍，[①] 叶伊人传统的经济生活主要是捕鱼、狩猎、采集、耕种、饲养牲畜等。奥卡万戈三角洲内有 30 多种可供人类食用的鱼，叶伊人自古以来靠捕鱼为生。最佳的捕鱼季节是每年的 4 月、5 月，雨水丰沛，水面上升。叶伊人主要用以下三种方法来捕鱼。

⑴ 陷阱。用芦苇杆编成的圆锥形篓子，放在水里，一旦有鱼游进去就无法出来。此种方法适合用于雨季。⑵鱼网。当水流到达峰值时，用陷阱很难捕到鱼，人们会选择用鱼网。传统鱼网由植物纤维制成，天然白色鱼网很容易吓跑鱼，于是人们把鱼网染成黑色，以避免吓跑鱼。⑶ 毒药。7 月是一年中的冬季，河流开始干涸，人们用毒药来捕鱼。将有毒性的植物磨成粉末状，撒在有鱼的区域，当鱼游过时，就会中毒昏倒，浮上水面。这种毒药对人类和牲畜是无害的。

传统时期农耕技术落后，叶伊人只会用锄头等简单的农具耕种很小的土地，以维持一家人的口粮及基本的粮食储备。人们一般在 11 月、12 月开始耕种，来年的 5 月是收割时节。现代社会，随着农耕技术的不断改进，人们开始用牛轭、橇等工具进行耕作，耕种面积不断扩大，粮食产量也不断提高。现在人们经常耕种的作物有高粱米、玉米、黍子、豆子、南

---

① 2011 年 3 月 15 日下午，访谈塞波帕村的老人，是 NK 的表哥，名字叫 Esmond Muqhuitywe Kauthemwa。

瓜、西瓜等。人们会将剩余的粮食、蔬菜放在村口贩卖。

当雨季过后，庄稼收割完毕，叶伊人开始了捕鱼、狩猎、采集野果等活动。博茨瓦纳是野生动物的天堂，也是狩猎者的天堂。叶伊人自古以来擅长打猎，在政府限制打猎之前，人们为了象牙猎杀大象，也猎杀河马、羚羊、鹿等食肉动物来吃肉，用动物的皮毛做斗篷、毯子、衣物等。人们运用各种陷阱来捕杀猎物，同时也用枪、茅、弓、箭以及原始枪炮来刺杀猎物。如今受到保护的鸵鸟，也是过去人们狩猎的对象，鸵鸟肉可以吃，鸵鸟羽毛可以用来做装饰，鸵鸟蛋壳可以制成女人们喜欢的项链、头饰等装饰品。

现在的博茨瓦纳政府非常重视保护野生动物，特别是对濒危物种的保护，然而在狩猎季节，一些食肉动物依然被猎杀，只是在数量上有所限制。在广阔的奥卡万戈三角洲地区，在杳无人烟的灌木丛中，仍有人无视国家法律而狩猎大量的野生雄鹿、食蚁兽、斑马、食肉动物等，这些野生动物与当地人的经济生活密切相关，很多人以此来增加收入。更有甚者受雇于国外的个人或者组织，偷猎濒危野生动物以赚取高额利润。对此，博茨瓦纳政府设立野生动物保护区，派训练有素的巡防员日夜坚守，保护大象、犀牛、猎豹等濒危动物。

3. 饮食与服饰

传统时期的叶伊人，有着丰富的野生动植物知识。不需要费多少力气，就能采集到很多食物。他们的传统食物是鱼、睡莲根茎、莲子、莲花、叶子等，他们喜欢吃野生蜂蜜，也喜欢吃诸如白蚁、蝗虫、甲虫的幼虫等。叶伊人擅长用弓箭射杀小型的鼠类动物和鸟，诸如蟒蛇、非洲巨蝰、蜥蜴、青蛙、乌龟等则是叶伊人丰富的蛋白质来源。

如今在叶伊人的饮食中，已经较少出现这些野生的动植物，一些西方食物进入叶伊家庭。笔者在 NK 家里做调查时，每天早上 8 点多吃早饭，一碗加入牛奶和糖的高粱米糊；下午 1 点吃正餐，主食是米饭或者巴巴粉，副食是鸡肉或者牛肉再配上一些甜菜根、卷心菜、南瓜等蔬菜；晚饭很简单，通常是面包和奶茶。NK 为了让我体验叶伊人的传统食物，还特别为我做了鱼肉炖睡莲。

叶伊人的传统服饰，主要由兽皮制成，女人包括上衣和围裙，男人只有一件遮住下体的短裤或者围裙。随着兽皮的渐渐稀少，现在的叶伊人同其他民族一样，穿着西方式样的衣服，在重要的仪式场合，男人要穿西装，女人则要穿上比较正式的套裙以及头巾、披肩。

4. 手工艺术

在叶伊社会，人们擅长制作各种式样的传统手工艺品。男人们主要制作独木舟、弓箭等狩猎工具；女人们擅长制作草篮子、垫子、首饰、衣服、烹饪工具等。

博茨瓦纳的草编艺术世界闻名，主要出自奥卡万戈三角洲附近的叶伊人和伊姆布库苏人。他们有着制作草编的悠久传统和技法。每到农闲季节，女人坐在自家院子里的大树下，开始用当地特有的棕榈树叶子制作草编。女人用一根针，将晒干的叶子剥成细条，编织成大小样式不同的篮子或者垫子。为了更加美观，女人们将棕榈叶子和一种能够染色的天然植物一起放在沸水里煮，原本土黄色的棕榈叶子就变成了深棕色或者黑色，这样不同颜色搭配起来可以组成非常漂亮的图案花纹。草编大小各异，大的用来做容器，盛放粮食；小的用来放置一些日常用品。叶伊妇女通过对自然界动物与鸟类足迹、活动的观察模仿，创造出世界上复杂而又令人着迷的草编艺术。

过去，叶伊女人们用兽皮、豆子、豪猪毛制成漂亮的衣服和首饰。现在，只有在叶伊人的传统歌舞表演中，人们才会穿戴上这种传统服饰。

传统的烹饪器皿由三角洲区域的黏土制成，人们用牛粪来烧制大小不一的锅和碗。在塞波帕村子里，大多数的叶伊人仍使用传统的烹饪器皿来炖牛肉、羊肉、鱼等。特别是在婚礼、葬礼等重要仪式或者节日中，人们普遍使用大锅制作传统食物，与大家分享。

五　叶伊人的仪式

1. 出生

传统时期妇女们在自家庭院的后面生孩子，现在大多数妇女都被送到公立医院进行生产。产妇通常吃的食物是高粱米糊，她们认为这种食物可以让肚子变小。新生儿出生几个星期之后，父母会为他举行一个聚会，给他取名，受邀请的亲友们都会送礼物以庆祝这个新生儿的降生。

2. 成年

在传统社会，叶伊女孩第一次月经来潮，意味着她已经成年。老年妇女们会为她举行一个特别的仪式。首先，老年妇女会大喊大叫，让人们都知道这个女孩来月经了，女孩成为女人了。然后，女孩被送往远离村子或灌木丛中牛站附近的小窝棚里独自生活 1—4 个月。这期间，男子禁止入内，女孩的祖母会来教育她未来作为母亲和妻子的责任与义务。叶伊男孩的成年仪式是加入一个团，通常是在灌木丛里扎营，新入团的男孩们学习狩猎技巧、婚姻的责任等。

这些传统仪式自博茨瓦纳独立以后即被法律禁止了，人们只能在老人的讲述中了解过去，然而幸运的是，在笔者调查期间，政府在塞波帕举办了一场文化表演比赛，主要是传统部族的乐器和歌舞表演。其中一个舞蹈队来自叶伊人聚居的村子塞荣伽（Seronga），舞者都是叶伊女性，她们表演的舞蹈就是有关叶伊少女的成年礼。舞者们排队入场，站成半圆，中间用布遮挡着身体、浑身染成赤红的女孩就是月经初潮的少女，她羞涩地低着头。其他女人们一个接着一个地通过舞蹈和歌声来教给她成人的生活，怎样做一个妻子、一个母亲，如何承担自己的社会责任和义务。最后，当少女习得这些本领后，终于自信地在周围人的歌声和掌声中翩翩起舞，完成了从女孩到女人的蜕变。

3. 婚礼

传统社会的婚礼通常由父母安排，男女双方家人要在正式婚礼之前定下婚约，通常是男方送给女方家几头牛作为彩礼。叶伊人至今仍留有母系社会的传统，舅舅在家族中有很高的地位，因此一般由新娘的舅舅来决定新娘的价格。

笔者在塞波帕调查初期，NK 每天晚上都要去后院的表姐家里帮忙，她们要用芦苇杆建造一个新庭院，因为很快表姐女儿的订婚礼将在这里举行，于是笔者非常幸运地参加了整个订婚仪式。

叶伊人的订婚礼十分漫长，从 2011 年 3 月 18 日开始持续到 20 日，共 3 天时间。此前女方亲戚已经在一起开了两次会，新娘的舅舅做主持，会议讨论决定向男方要 8 头牛作为彩礼。正式的婚礼将在 12 月举行，那将是一个西方式的婚礼，而现在的订婚礼是叶伊人的传统仪式。只有通过了这个仪式，新娘与新郎在人们心中才会被确认成为真正的夫妻。

18日晚上5点，在新娘家的庭院里，女方亲戚们围坐一起开会，主要内容基本是在重复前两次会议讨论的内容，即跟男方要8头牛，邀请哪些人等。此时，新郎及其亲友们共20多人已经到达塞波帕，但是，他们不许进入女方家，而是住在村子里的其他人家。

19日早上5点，女方亲戚们聚集在庭院里开会。博茨瓦纳社会男女界限分明，在诸如婚礼、葬礼等重要仪式上，都是男人坐在凳子上，女人席地而坐。周围漆黑一片，人们彼此都看不到对方的脸，只能听到声音。笔者明显感觉到这次会议的人数比以前增多了，会议仍由新娘的舅舅主持。

借着月光，笔者看到两个高高瘦瘦的男人缓缓走进院子，感觉两个人很紧张，走进院子绕了一圈，不声不响地坐在地上，此时院子里特别安静，两人坐好后，开始用很轻微小心的声音说话。原来这两个男人是新郎的亲戚，负责在双方之间传递消息，他们有一套固定的说辞。他们说："我想要一个妻子"，这时新娘的舅舅会说："我们并不在一起……"。双方像对暗语一样，说完这几句话后，男方两个信使就起身离开了，仍是低着头，迈着缓慢的步子，像做错了事情一样慢慢走出女方家的院子。接下来，女方也会派出两个信使来向男方传递消息。女方信使带回消息说，"他们会纠正所犯的错误，他们想要一个妻子。"男方两个信使再次缓缓走进院子，重复之前的动作，坐下来说："对不起，请原谅我们的错误。"然后起身缓慢离开。

女方亲戚们在一起热烈讨论着，女方信使带回消息说，今天男方会送一头牛过来，这头牛不包括在彩礼的8头牛内。笔者问身边的女人为什么会单独送一头牛来，女人小声说，因为新娘新郎在结婚之前就有了性生活，这是违背传统的，所以，男方补偿给女方家一头牛……

早上8点多，漫长的会议终于告一段落，人们开始喝茶、吃面包、聊天，等着男方送一头牛过来。直到下午3点多，男方信使终于送来了一头牛，这只牛被捆住四肢，放倒在地上。此时，新娘的舅舅手拿一杆猎枪，准备射死这头牛。只有他有这个权力来杀牛，只听砰地一声枪响，射中了牛的头部。周围的妇女们开心地摇摆着跳舞、打口哨。接下来，男人们开始剥牛皮、切牛肉。19日的仪式就这样结束了。

最重要的日子是20日上午，仍是早上5点。新娘亲戚们聚在庭院里开会，双方之间仍由两位男性信使来传递消息。天蒙蒙亮时，男方派来了6 位妇女，她们同样迈着缓慢的步子，低着头，进入庭院，她们转了一圈后，坐在地上，低头小声说她们将送来礼物。然后她们站起身，缓缓走出院子。10 分钟后，6 位妇女排着队，中间一个女人将礼物包裹顶在了头上，缓慢走进院子。

新娘的舅母接过礼物，当场拆包，将礼物一件件拿出来给所有人看，并大声宣布：两双皮鞋（鞋里面放了两百块钱）、一套西装、一件外套、两件衬衫（男式女式）、一件套装、一个毛毯等。舅母再把这些礼物包好，交给新娘的妈妈，妇女们开心地打起口哨。

送完礼物，最重要的时刻到来，就是男方送 8 头牛过来。现在大多数情况下，新郎家以牛的数量来换算成货币，直接送钱过来而不是真的送牛。可见，牛在这里也是一种货币单位，一头牛价值 1500 普拉，8 头牛就是 12000 普拉。男方派出两位年长男性亲戚，送钱过来，女方由新娘的舅舅来负责监督数钱。男方亲戚将钱拿出来，当着众人的面，一张一张地数。数好后，新娘舅舅把一沓 1500 普拉放在一起，嘴里高声数着："一头牛"，再一沓 1500 普拉，高声数着："两头牛"……一直数到 8 头牛。在场的妇女们一起打口哨欢呼起来。最后，舅舅将这些钱全部交给了新娘的外婆，老人高兴地边打口哨边跳舞。

在女方家人收到礼物和彩礼之后，新郎及其亲属才可以进入新娘家的庭院。20 多人排成长长的一列队伍，低头缓缓走进新娘家的庭院，走在最前面的老人是新郎所在村子的头人，其次是新郎的舅舅及男性亲属，最后是女性亲属。进入庭院落座后，新郎的头人开始讲话，和新娘的亲属互相寒暄。接下来，新娘在一片欢呼口哨声中由舅母牵引着进入庭院。

新郎的舅舅开始向众人介绍到场的亲戚，从男到女，介绍到哪位，哪位就站起来跟大家认识，最后介绍新郎，妇女们都兴奋地打起口哨。舅舅带着新郎依次跟女方亲戚握手，更将整个仪式推向了高潮。接着，新娘的舅舅向所有人介绍新娘的亲属们，新娘生父的弟弟还代表父亲家族说了很长一番话，主要介绍了新娘生父家族的历史，他们住在什么地方，他们的父亲、祖父做过些什么事业……因为新娘父母没有结婚，所以新娘出嫁的仪式在母亲家里举行，彩礼钱由舅舅来决定，否则这一切都会发生在新娘的父亲家里。新娘与大家一一握手打招呼之后，就跟随舅母回到屋子里。双方亲戚们互相握手互相寒暄互相介绍，从此以后就亲如一家了，整个订婚仪式到此结束。新郎和亲戚们坐车离开，他们不能留下来吃饭，只有新娘的亲戚们才能留在新娘家里吃饭。

叶伊人的婚礼，漫长而烦琐。叶伊人的婚姻，不是两个人的婚姻，而是两个家族的婚姻。两个完全陌生的家族通过这 3 天的仪式紧紧地绑定在一起，成为彼此的亲属。想要得到一个叶伊人的妻子，真不是件容易的事情，不仅要送 8 头牛，还要给新娘父母亲戚们买礼物，而且要经历至少 3 天时间的考验。新郎家的人从始至终都表现得紧张甚至有些卑微，好像在乞求新娘的舅舅、母亲，"给我一个妻子吧，给我一个妻子吧……"

4. 葬礼

叶伊人相信，人死之后灵魂会离开躯体，并且还会时常萦绕在亲属们周围要吃的、要喝的，提醒亲人们不要忘记他。在传统时期，叶伊男人死后葬在牛圈里；女人和婴儿死后葬在自家的院子里；大些的孩子死后葬在牛犊圈里。[①]

如今的叶伊人生活在城镇和村庄中，已不再按照传统方式来安葬死者，而是用传统与现代基督教相结合的方式进行土葬。每个村庄的边缘处有一个很大的公用墓地，村里人过世后都埋葬到那里。

笔者在调查期间，亲历了两次葬礼。现在大多数叶伊人信奉基督教，这在他们的葬礼中有最充分的体现。当一个人死后，遗体会被安放在家屋里，直到周末时举行葬礼，主要为了方便外地亲友们有时间赶过来吊唁。这期间每天早上 7 点和晚上 5 点，都会有牧师组织人们祷告，附近的亲属邻居会来参加。在葬礼之前的晚上，很多人会来到死者家里，唱着基督教圣歌安慰家属。

葬礼一般在周日凌晨举行。来宾们首先进屋子里绕着棺材走一圈，见死者最后一面。葬礼上每人都会拿到一张合页，上面介绍死者的姓名、出生时间、死亡时间、生平、葬礼过程以及为葬礼服务的人。与此同时，厨师在为人们准备葬礼后的午餐。

瞻仰结束后，亲友们将棺材从室内抬到室外，吊唁活动开始。葬礼由牧师主持，死者的亲人朋友同事纷纷上来讲话，回忆与死者在一起的经历，时而引得人们哄堂大笑，时而又催人泪下。吊唁持续到上午 8 点多结

---

① Larson. T. J. , The Bayeyi of Ngamiland, Botswana Notes & Records, Volume21, 1992.

束，人们将死者送到附近的教堂。博茨瓦纳有专门的丧葬服务公司，用专门的车子来运送棺材。这期间，教堂的唱诗班一直陪在死者家属身旁，深情地为他们唱歌，以抚慰他们的悲痛心情。男士着正装、女士穿白裙戴白帽，跟在棺材的后面，边走边唱，教堂音乐旋律优美饱含深情，舒缓了人们失去亲人的悲伤情绪。

到达教堂后，由于参加葬礼的人数很多，只有很少一部分亲友可以站在教堂里面听牧师讲话，牧师的话可以通过喇叭传到外面，其他亲友们就站在外面听。唱诗班依然为人们演唱圣歌。教堂里的仪式大概持续了半个小时，人们又把棺材推出教堂，抬上车，送往墓地。

上午 10 点到达墓地。死者的墓地已经挖好，家属们坐在墓地对面临时搭建的帐篷里。男人们将墓地清理好之后，开始将棺材下葬。值得注意的是，无论是在家里还是教堂，很少会听到哭声，然而在墓地，死者即将入土之时，人们再也抑制不住内心的悲痛，失声痛哭起来，有的甚至悲痛地休克过去。棺材放好后，人们将鲜花放在上面，牧师手捧圣经，带领大家祷告。死者的男性亲属（一般是死者的侄子或者外甥）用一个铁门将棺材盖住，并往上面灌注水泥，直到把棺材全部封住。接着用铁锹向坑里填土，即将填满时，教会人员盛起一锹土，让家人亲友们挨个抓一把，以慰生者。教堂的唱诗班在整个入葬过程中一直在炎炎烈日下高声歌唱，感人至深，他们均无偿地为葬礼服务。

安葬之后，人们将一座铁条制成的架子安置在坟堆上，架子前面挂着一块牌子，上面写着死者的名字、出生时间、死亡时间、下葬时间。葬礼此时并没有结束，人们离开墓地，再次回到死者家中，一起吃午饭。依照传统，回到家最重要的事情就是洗手，意味着"清除邪恶"。接着，村子里的酋长及重要人物将依次讲话，死者的亲戚也会向人们依次介绍死者的亲属及朋友同事，家属们借此机会向所有到场的人及为葬礼服务的人表示感谢。最后，人们开始吃饭，年轻女人们负责分配饭食，仍然是让老人先吃，年轻人后吃。

整个葬礼从早上 4 点持续到下午 2 点，来的人越多证明死者越成功、越有影响力。叶伊人非常重视葬礼，只要是同死者有关系并得到通知的人都会去参加。因为葬礼不仅是最后一次见到、缅怀死者的场所，更是一个亲友们见面聚会的好机会。通过参加葬礼，年轻的亲戚们认识了年长者，巩固亲情，同时也很容易结交新的友情。葬礼是死者所有亲属朋友的大聚会，人们常开玩笑说，"如果你想知道一个人到底有多少亲友，等到他死之后吧……"

六　关于调研过程与结果的若干思考

2011 年 4 月 23 日，是叶伊人一年一次的文化节，在叶伊人的首府古马雷村举行。笔者有幸参加了这次"盛会"，但实际的情况令人担忧。博茨瓦纳目前有 6 万叶伊人口，文化节这天实际参加的人数却不到 200 人，而且多数是老人和妇女，还有二十几位来自纳米比亚的叶伊人代表。节日的组织也很松散，比计划时间推迟了 3 个小时。叶伊人的大酋长在年轻人的簇拥下隆重登场，身着传统兽皮服装的妇女们一边说着叶伊语一边制作着传统啤酒与食物，以表达并强化彼此之间的族群认同。各方代表纷纷讲话，主要内容均是鼓励叶伊人团结起来，保护并传承叶伊语言与文化，为争取叶伊人的合法权力而斗争到底。然而那些由于种种原因没有参加文化节的大多数叶伊人，是否像他们的民族精英、知识分子那样尊重他们的传统与文化呢？

叶伊人的传统文化直接受到统治他们上百年的塔瓦纳人的影响，逐渐从母系社会转变到父系社会，但在他们的日常生活与仪式中仍然保留了一些母系社会的特征，比如舅舅在家族中的举足轻重的地位，很多妇女终身未婚等。然而在大多数情况下，叶伊人与茨瓦纳人已没有多少区别，特别是青少年。博茨瓦纳将茨瓦纳语与英语定为官方语言，学校、医院、法院、媒体等公共场合全部说茨瓦纳语或英语，学校教科书里讲的是茨瓦纳人的历史与文化，而没有介绍其他未被承认的少数民族。在此环境下，越来越多的叶伊青少年们遗忘了自己的母语，更模糊了自己的族群身份与文化。

民族问题是很多非洲国家的主要问题，博茨瓦纳自独立以来，受到英国殖民者影响，试图建立一个只有一种语言、一种文化、一个民族的单一民族国家，以加快现代化建设的进程。博茨瓦纳在政治制度上融合了传统酋长制与西方的民主议会制，被承认的 8 大部族酋长掌握一定的权力，特别是在基层，传统的习惯法、酋长、头人依然受到尊敬并且合法。所有这些都使国家保持了长期的政治稳定和经济迅速发展。然而我们要看到，茨瓦纳人的发展在某种程度上是以剥夺、牺牲非茨瓦纳人的权益为代价的。那些未被国家承认的少数民族往往都生活在贫穷、边缘、落后的地方，他们要服从茨瓦纳人的统治，在很多方面遭遇歧视和不公平的待遇，不仅丧失了自己的语言和文化，更丧失了民族存在的尊严。

　　一些少数民族的精英们开始通过不同方式抗议国家的政策，博茨瓦纳大学副校长莉迪亚（Lydia）教授就是其中的代表人物。她是一个土生土长的叶伊人，她的母亲就生活在笔者调查的村子塞波帕。多年来莉迪亚（Lydia）一直致力于争取叶伊人被国家承认，她参与创建了非政府组织 Kamanakao Association，旨在传播和保护叶伊语言与文化。她发表文章、出版著作，以唤起更多组织与人们对叶伊人的关注与支持。她认为："国家要承认这些少数民族，将多元文化引入公共领域，使得博茨瓦纳的文化更加丰富，这将有助于推动经济的发展。"[①] 当笔者问她今后有何打算时，她坚定地回答："我会继续斗争，直到我死……"

　　是继续坚持单一民族国家的道路？还是多元文化并存发展？考验着执政者的智慧和勇气。笔者将继续关注博茨瓦纳少数民族的历史、现状与发展。

（责任编辑：王学军）

---

① Lydia Nyati-Ramahobo, Minority Tribes in Botswana: The Politics of Recognition, London: Minority Rights Group International, 2008.

书　评

读《非洲的贫困与反贫困问题研究》有感

舒运国[①]

  贫困是人类文明进步的大敌，也是全球性的重大问题。在当今世界，贫困问题在发达国家得到了基本的解决，但是在发展中国家，仍然是一个十分普遍而又严重的问题，尤其在非洲大陆，贫困问题显得格外突出。据世界银行 2008 年公布的一份研究报告显示，按照最新制定的每天 1.25 美元生活费的贫困线标准，2005 年全世界贫困人口已从 1981 年的 19 亿降至 14 亿，而撒哈拉以南非洲是唯一贫困人口比例没有明显下降的地区，1981 年该地区 50.8％的人生活在贫困线以下，2005 年这一比例仍达到了 50.4％。[②]可见，非洲的减贫形势十分严峻。因此，如何迅速而又有效地减贫，成为非洲国家面临的一个重大挑战。非洲大陆独立以来，各国制定了一些相应政策，采取了不少措施，国际社会也提供了可观的援助，但是非洲国家的贫困程度并没有得到有效地改善。这个问题已经引起了非洲国家和国际社会的极大关注，学界也展开了相关的研究。在中国学界，安春英研究员对于非洲减贫的研究启动较早，而且一直锲而不舍，跟踪不放。去年 10 月，她集十年的研究成果，撰写了《非洲的贫困与反贫困问题研究》[③] 一书。笔者拜读此书，感想颇多。

---

  ① 舒运国，浙江师范大学中非商学院常务副院长、教授、博士生导师。
  ② 邹志鹏：《世行研究报告：非洲减贫进程最为严峻 贫困待根治》，http://www.ce.cn/xwzx/gjss/gdxw/200809/06/t20080906_16725725.shtml，2008 年 9 月 06 日。
  ③ 安春英：《非洲的贫困与反贫困问题研究》，中国社会科学出版社 2010 年版。

一

　　从整体上看，本书有两个特点十分突出。第一，作者以非洲国家的减贫问题为核心，层层展开论述，表现出严密的逻辑结构。笔者认为，研究非洲的贫困和反贫困问题，必须回答下列的问题：（1）国际学术界对于贫困和反贫困作了什么研究？形成了哪些理论流派？（2）非洲大陆的贫困化处于什么状态？它具有什么特点？（3）造成非洲大陆贫困化的根源是什么？（4）非洲国家为减少贫困制定了什么战略？其效果如何？（5）在非洲国家，政府、私营企业和非政府组织在减贫活动中，各自扮演了什么角色？（6）国际社会为非洲减贫提供了可观的援助，它们的作用和特点是什么？（7）尽管非洲国家和国际社会都为非洲减贫作出了大量努力，但是非洲大陆的贫困化没有得到明显的改善。人们不禁要问：究竟有哪些因素导致非洲的持续性贫困？（8）通过对于非洲贫困与反贫困问题的研究，我们可以得到哪些有益的启迪？

　　令人高兴的是，本书的八章阐述，恰恰回答了上述问题。本书首先梳理了国际学术界关于贫困和反贫困问题研究的各种理论流派，包括致贫理论和反贫困理论。这些理论为作者的研究提供了理论框架，同样为读者理解非洲大陆的贫困问题提供了理论背景。在此基础上，作者阐述了非洲大陆的贫困问题现状，指出非洲是全球贫困发生率最高的地区，是贫困人口数量持续增长的地区，因此非洲减贫具有紧迫性及世界性意义。作者剖析了非洲大陆贫困的根源，包括历史根源和现实根源。在此基础上，作者研究了非洲大陆贫困化的特点。对于非洲国家的减贫行动，作者从国内外两个方面进行解剖，前者涉及非洲国家的现行减贫战略与实践；后者则评估了国际援助对于非洲减贫的效应。最后，作者以中国学者的视角，对非洲国家如何实现减贫与发展提出了若干建议。

　　由上可见，作者对涉及非洲的贫困与反贫困问题的方方面面进行了整理和分类，然后分章剖析，各章之间相互联系，彼此渗透，从而呈现给读者一部内容全面和丰富的学术著作。

　　第二，本书采用多学科的研究方法，综合分析了非洲的贫困和反贫困问题。对于贫困问题，有学者称之为经济发展中的"哥德巴赫猜想"，也有人称其为"经济王国的沼泽地"，这充分说明对于贫困问题的研究，是一项艰巨而又复杂的任务。贫困是人类社会存在已久的社会现象，对于它的研究已经涉及哲学、经济学、政治学、历史学、地理学、社会学、心理学、人类学和决策学等多种学科。本书研究非洲的贫困和反贫困问题，也必然要运用多学科的研究方法。比如，在剖析非洲大陆贫困根源时，用历史学的方法研究西方列强在非洲大陆的殖民主义侵略和统治所造成的恶果，用历史学、经济学和社会学的方法揭示了非洲国家独立后决策失误所带来的负面影响。又如，在阐述贫困的概念时，作者使用经济学方法讨论了经济贫困和社会发展贫困问题，用心理学的方法讨论了穷人对于贫困的心理感受和认知。再如，在讨论制约非洲减贫的主要因素时，采用了地理学方法分析了自然与环境因素（气候变化和气候灾害对于经济发展的影响），用政治学方法分析了政治因素（政治发展与腐败现象），用经济学方法分析了经济因素（经济增长水平与模式、资本形成能力和劳动力素质），用社会学方法分析了社会文化因素（社会服务网络建设和传统文化）。

毫无疑问，多学科的研究方法，使本书的研究更加深化，结论更具说服力。

二

由于作者长期研究非洲的贫困与反贫困问题，因此形成了许多自己的学术观点，在本书中不乏具有创新意义的闪光点：

第一，关于非洲国家贫困的基本特征。

作者对非洲国家贫困的基本特点，从理论上作了高度概括。客观地说，非洲的贫困问题并不是一个刚刚出现的新问题，我国学术界过去也多有涉及。然而，对于贫困的阐述，大多列举一些经济发展或者社会生活的具体指标，诸如 GDP、人均收入、人的预期寿命、受教育程度等，这类数字虽然十分直观，但是缺乏理论深度。本书对非洲大陆的贫困作了理论分析和总结，提出了普遍性（贫困是非洲大陆普遍存在的问题）、区域性（贫困人口相对集中在经济条件较差的农村地区）、群体性（贫困主要聚集于失业者和一些从事微小型职业者之中）、不平等性（社会各个收入阶层在财富增长方面存在高度不均衡性）和长期性（贫困问题在短时期内难以根本解决）等五个基本特征，[①] 使读者对非洲大陆的贫困问题有了更加深刻的认识。

第二，关于非洲大陆贫困的根源。

非洲国家贫困的根源，是一个老话题。学界存在两种代表性的观点：一种认为主要是历史根源——西方殖民主义统治造成的后果；另一种认为主要是现实根源——非洲国家发展战略失误所致。上述两种观点争论不休，最典型的例子就是 20 世纪 80 年代非洲统一组织发表的《拉各斯行动计划》与世界银行颁布的《伯格报告》。本书作者对于非洲贫困的历史根源和现实根源分别作了剖析，在分析现实根源时，把非洲国家独立后的发展战略，划分为工业化发展战略、结构调整方案和非洲发展新伙伴计划，然后逐一进行了剖析。作者得出的结论是：尽管非洲国家贫困的原因十分复杂，但是"比较起来，其中必有一个起关键和第一位作用的因素，即起决定作用的因素。国家发展战略与政策是核心因素"，"随着社会经济的持续发展和政府发展政策的实施，历史贫困作为导致非洲现实贫困问题的一个影响因素，其重要性正在减退，国家经济与社会发展战略日益深刻影响着非洲国家的减贫效果"。[②] 上述观点既全面、客观分析了非洲大陆贫困的历史和现实根源，又依据时代的发展对两种根源作了动态的分析，无疑是令人信服的。

第三，关于非洲国家的减贫政策或战略。

非洲国家减贫战略的制定，始于 20 世纪 90 年代。中国国内对于非洲国家减贫战略的了解和研究都比较稀少。作者在分析了非洲国家的减贫战略后，把这些战略归结为两大类，即"复合型"减贫战略和"核心型"减贫战略。前者是将国家社会经济发展与减贫内容融为一体的发展战略，减贫只是国家发展战略中的一项内容；后者是国家层面专门的减贫战略，因此针对性更强。作者认为，之所以出现不同类型的减贫战略，主要是由于非洲国家的具体国情和发展目标不尽一致，因此减贫的目标、途径也存在差异。大体说来，"核心型"减贫战略在减贫制度安排、实施体系和资金

---

① 安春英：《非洲的贫困与反贫困问题研究》，中国社会科学出版社 2010 年版，第 64—67 页。

② 同上书，第 70—107 页。

投入方面的力度更大，因此减贫效果也更为明显。① 作者精心选择了肯尼亚、加纳和南非为个案，对三国的减贫战略作了具体分析。肯尼亚、加纳和南非不但代表了非洲大陆的不同区域，而且分别代表了非洲大陆不同的减贫态势：加纳在减贫中取得了较好的效果，肯尼亚则呈现出曲折发展和起伏不定的走势，而南非正在采取各种措施，为减贫的成功而努力。这种宏观研究与微观研究的有机结合，值得提倡。

第四，关于制约非洲减贫的结构性因素。

从整体上看，非洲大陆减贫行动的效果并不显著，非洲至今仍然是世界上最贫困的大陆。为了揭示其中的原因，作者对非洲大陆减贫所面临的各种问题，作出深入的分析。从内因看，这些因素包括自然与环境因素、经济因素、政治因素、社会与文化因素；从外因看，包括国际经济环境因素。② 作者在详尽剖析了这些因素后，认为非洲大陆在减贫中遭遇的许多困难是结构性的，不可能在短时期内解决。人们对此应该有个理性的认识，对非洲大陆的减贫行动应该有长期的准备。上述分析对于人们客观了解非洲大陆减贫所面临的困难，对于非洲大陆减贫的艰巨性和长期性，无疑十分有益。

第五，中国学者的建议。

作者并没有仅以研究为目的，而是把研究与实践结合起来，把研究成果应用于减贫实践。在本书的最后一章中，作者以中国学者的视角，对非洲大陆的减贫行动，提出了自己的建议，包括以强有力的经济增长数量与质量奠定国家减贫的基础；加强对自然资源开发收益的管理和转移支付；关注农业增长与农村发展；加快工业化进程，为穷人提供更多的就业机会；推进非洲一体化进程，提高农、矿产品的出口竞争力，以贸易促增长、促减贫；提高贫困人口的人力资本，拓展其获取经济机会的能力；为贫困人口构筑社会安全网；实现减贫行动以自力更生、自我发展为基础，国际援助为有力支持。这些建议建立在充分认识非洲大陆现状和减贫行动进程的基础上，既吸收了非洲国家在减贫进程中的经验教训，也借鉴了国际社会其他国家（如中国等）减贫的成功经验，具有积极的参考价值。

----

① 安春英：《非洲的贫困与反贫困问题研究》，中国社会科学出版社 2010 年版，第 108—111 页。

② 同上。

三

　　本书是我国学术界对于非洲贫困和反贫困问题研究的第一部专著，填补了我国在该研究领域的空白，因此具有开拓性意义。然而，也正是因为首创，所以难免存在一些不足。比如，本书缺少对于中国国内学界关于贫困问题的研究。对于贫困问题的研究，我国起步较迟，1986 年在山西忻州召开"全国贫困与发展问题研讨会"，正式把贫困与发展作为当代中国面临的重大问题，并开始了对贫困问题的研究。自 20 世纪 80 年代以来，中国学术界对贫困经济学展开了研究，至今已经发表和出版了一些研究成果。中国学者的研究，除了对贫困经济学的理论领域外，更多的是结合中国的减贫实践，总结中国的减贫成功经验。由于中国和非洲国家同属发展中国家，因此，中国的减贫研究，对非洲国家具有一定的参考作用。本书专文介绍了中国与非洲国家的减贫合作，如果能够再专文介绍中国学术界对于贫困和反贫困问题的理论研究，相信效果会更好。

　　瑕不掩瑜，《非洲的贫困与反贫困问题研究》是一部具有较高学术水平的著作。值得一读！

（责任编辑：王学军）

探索中非合作关系的谜底^①

——评《中非发展合作：理论、战略与政策研究》

胡　美^②

近十年来，中非合作交往的独特性日益受到世界的关注，各方学者或引经据典、著书立说，或深入中国和非洲实地考察访问，争论诘辩中非关系迅速发展的秘诀。2011 年 1 月，中国社会科学出版社推出了刘鸿武教授与罗建波博士合著的《中非发展合作：理论、战略与政策研究》一书，该书将中非合作关系放在全球体系变革与非洲大陆寻求发展的大框架内进行思考，放置到当代中国现代复兴进程快速推进及在全球体系中重建自己的国家身份与话语体系的高度上，从理论、战略与政策的多维度上考析论辩了当代中非合作关系的一些重大理论与战略问题，并围绕着当下各方学者关心争议的重大理论与实践问题，作出了中国学者的独特思考，解答了众多读者心中对中非关系和中国对非洲政策的种种疑惑。本书的出版，将当代中非合作关系的研究推到了一个新的境界。

一　对当代中非合作关系的全景式透视

殖民体制崩溃后，发展不再是部分国家的专利，随之又一个挑战人类

①　本文为 2009 年度教育部哲学社会科学研究重大课题攻关项目《新时期中非合作关系研究》子课题的阶段性成果。

②　胡美，浙江师范大学非洲研究院非洲政治与国际关系研究所副教授、博士。

智慧的巨大难题，即全人类的发展，特别是新独立国家的发展接踵而来。作为一块欠发达国家最为集中的大陆，非洲的发展吸引了众多关注的目光。自非洲独立以来，围绕着非洲发展问题出现了很多种思想和学说。西方从其自身发展经历与经验逻辑出发，主张在非洲实施西式政治民主化和经济自由化改革，但成效似乎并不理想。与西方不同，半个世纪以前，刚从民族解放斗争中走过来、开始谋求民族经济发展的中国，秉持自己的精神理念和文化传统，开始了与新独立非洲国家的交往。经过半个世纪的风雨探索，中非抱着相互尊重和平等相待的精神，形成了援助、合作、发展三者相结合的特殊的新型关系。从目前来看，这一新型关系成效显著，中非双方均受益于这种合作关系。

与传统的西方援助不同，发展中国家之间的发展援助关系不能建立在单纯的援助基础之上。经过长时间的摸索和尝试，在合作的基础上，中非之间建立了紧密的共同发展关系，巧妙而成功地跨越了横亘在发展中国家的发展难题。为全面把握这一复杂命题，《中非发展合作：理论、战略与政策研究》的作者建构了一个精心安排的分析与论述框架。

全书由导论和上中下三篇构成。在导论部分，作者从当代世界体系转型与人类现代性二次建构的角度，提出了全书将要讨论的一些核心命题与理论假设。上篇"中非合作关系的理论研究"各章，是对当代中非合作关系若干理论、学科、观念与方法问题的思考与研究，涉及当代中非合作关系的理论探寻、学科建构、视野拓展、方法重塑等重大问题，并就如何理解认知非洲文明之独特性、当代非洲国家建构、民族成长、发展道路及发展动力之选择等重大问题提出了理论性思考框架。中篇"中非合作关系的战略研究"各章，是对当代中非合作关系一些战略性问题的思考与研究，包括中国对非政策的历史背景、宏观进程、战略目标与全球影响。作者立足当代世界体系变革与亚非文明复兴的开阔视野，透视中非合作关系涉及的种种复杂命题，具有拓展思维的创新意义。下篇"中非合作关系的政策研究"各章，是对当代中非合作关系的政策层面的思考，涉及当代中非合作关系在一些具体领域的政策选择、路径调整、措施完善、机制建构等问题。这一部分的内容，呈现了中非合作关系所具有的强烈实践性与政策性特点，彰显了中国学术传统之经世致用理想及现实抱负。

总体上说，本书作者认为，经过半个世纪的演变，随着中非双方国内变革的推进及与外部世界关系的演变，中非双方在互动的过程中，逐步建构起一种以互利发展为基础的合作关系，而这一关系在许多方面都超越了以往的各种国际援助模式，具有指向未来的时代创新意义。

二　深度挖掘中非合作关系的理论原创意义

非洲是否是一片有希望的大陆？中国为什么要与遥远而贫穷的非洲建立起如此长久而日渐紧密的合作关系？对人类发展问题而言，中非合作的理论与实践意义在哪里？本书的导论就是带着这些问题展开的。

长期以来，由于西方发展模式与西方理论体系长期处于主导地位，西方中心论的观点主导了学术界对于现代性的理论阐释，支配着非洲与中国这样的非西方世界的当代发展问题的探讨。可以认为，国际学术界因长期处于西方理论及其话语体系的垄断和支配之下，一些基本的理论框架与知识标准均渗透着强烈的西方中心主义倾向。在本书作者看来，唯有在基本的理论建构与话语体系上有所突破，并形成新的知识工具与诠释模式，才能准确认知和全面把握快速发展的中非合作关系的性质与意义，解答人们心中的重重疑惑。

从世界历史的整体进程上看，与中华民族一样，非洲大陆各民族都曾在人类历史上书写过光辉灿烂的篇章。但自近代以后，相对于快速崛起的西方资本主义国家，无论是中国，还是非洲各国，其发展的步伐日渐缓慢甚至出现了停滞。这曾一度让西方中心主义者认定，非西方世界的发展已经没有希望了。但是，近代以后中国与非洲发展进程的相对缓慢并不意味着中国与非洲这两块大陆从此失去复兴与发展的机会，世界历史向现代文明过渡将是一个漫长而复杂的过程。正如本书导论中强调的，"在西方开始的现代性成长进程只是整个更为复杂、更为漫长的人类现代性成长大历史的一个部分，一个阶段，而不可能是全部。"①

与西方中心主义的现代文明观及对非洲大陆的悲观论相反，中国学者对于非洲大陆一直怀有一种特殊的信心与期待。本书作者刘鸿武早年留学非洲，是改革开放后首批走进非洲并在回国后长期潜心非洲研究的中国学

---

① 刘鸿武、罗建波：《中非合作发展：理论、战略与政策研究》，中国社会科学出版社 2011年版，第 2 页。

者，另一位作者罗建波则是近年来崭露头脚的后起之秀，早年师从刘鸿武行走非洲、从事非洲研究，深受其思想的影响与熏陶。也许就是这种早年留学非洲的经历和长期潜心非洲研究的独特积累，让本书的两位作者对非洲具有了较一般学者更为深刻的认识与独到的理解。就刘鸿武的经历看，多年来不断深入非洲、了解非洲、聆听非洲、感受非洲的过程，给了他源源不断的学术灵感和思想源泉。更为重要的是，通过长期与非洲的近距离接触，刘鸿武眼中所看到的非洲，不同于一些西方学者所观察的蛮荒与落后的表象，而是在不同的领域里具有超越西方文化的元素。多年以来，刘鸿武的心中没有西方学者所具有的傲慢和偏见，反而充满了敬意和温情，在用自己的心灵阅读非洲、体验和理解非洲的发展。他一直主张用"一种历史发展的眼光"来看待中国和非洲的发展。[①] 他相信，每一种文明背后都蕴藏着获得发展的基因和动力，问题只在于这种基因与动力何时被激发并发挥作用。因此，作者在一开篇就从人类文明发展史的高度提出，每一种文明的演变和发展进程都是"曲折与多元"的，虽然在从农业文明向工业文明转变的过程中，"最初的突破发生在西欧"，之后这些国家引领并支配了近代世界的发展。包括中国和非洲在内的亚非拉世界则遭到了西方的冲击和影响，"先行经历了一个自身文明瓦解沉沦，社会被动解体，国家民族发展被边缘化的痛苦过程"，但这一切并非意味着人类现代性成长的世界文明变革进程完全开始并已经终结于西方。[②]

　　长期以来，西方文明在近代以后人类发展阶段的暂时领先，让众多学者对人类现代文明及其属性产生了错误的判断，以为西方是人类现代文明的唯一主导者与推进者。从黑格尔到马克斯·韦伯再到当代西方自由主义学说笃信者，"西方中心论"似乎成为西方学界一种主导性思维逻辑，并深刻影响了世界其他各国主要的学术流派。然而，"西方中心论"虽然在一段时间内在解释西方的发展时具有很强的诠释力，但它却漠视了非西方世界在这段时间内持续不断的复兴努力，漠视了中国和非洲各国在探索发展路径、找寻发展模式上为人类发展所作出的贡献。而要敏锐把握这一新的世界历史变革趋势，传统的"西方中心论"就显得有点力不从心。正如

---

　　① 刘鸿武：《黑非洲文化研究》，华东师范大学出版社 1997 年版，第 305 页。

　　② 刘鸿武、罗建波：《中非合作发展：理论、战略与政策研究》，中国社会科学出版社 2011 年版，第 1—2 页。

作者所判断的那样，今天的非西方世界"已经取得了重大的发展，开始拥有了自己的现代发展经验与自信"，它"不仅在政治上而且在经济上甚至文化与观念上"开始崛起，一个平等交往的"新的世界"正在逐步形成。①

　　近年来，包括中国和非洲在内的非西方世界在人类发展实践中不断获得重大突破，正在逐步印证作者的这一判断。世界政治经济中心的多元化与多流向变化，国际政治关系和国际经济体系的日渐向相对均衡性方向的发展，特别是以中国及其他新兴国家为代表的发展中世界的新发展，正在孕育人类知识与思想的重大创新机会与源泉。通过对过去百年非西方世界的发展进程的考察，作者发现，虽然在今天的国际话语空间，西方的知识和话语体系依然占据优势，但基于西方经验的西方知识和思想体系并不能解决环境与条件更为复杂的非西方世界现代发展问题，反而越来越多地受到了"各种来自亚非世界新的发展道路选择、新的发展经验与新的发展难题的挑战"。在作者看来，随着当前中非关系的迅速推进以及中国和非洲的大踏步发展，人类发展正在进入一个前景更为开阔的"后西方时代"。②

　　在全球发展的"后西方时代"大背景下，中非双方本着相互尊重、平等交往的基本理念，通过长期的互动与协调、探索与积淀，在交往中发现并充分发掘蕴涵在各自民族文化中的发展内应力，发挥自己的文明智慧和聪明才智，探寻实现双方发展的秘诀和契机，中非合作关系日渐获得世人瞩目的成效。"后西方时代"代表着人类发展的多元化新时代。本书作者努力突破束缚国人思维的传统"中西二元"的思维模式，从一个开阔的全球视野上来理解探寻未来时代人类各民族、各个国家、各种文明间的更为均衡发展，及在此过程中中国对非政策和中非合作关系所具有的开拓性意义。

　　虽然中非之间成功的合作关系是否能够代表亚非世界的发展新模式，虽然所建构的这种发展新模式是否有效还有待未来历史进一步证实，但本书的重要贡献就在于，通过对中非发展进程及中非关系的深入探索与思考，努力突破多年来主导东西方学术界的"西方中心论"的理论范式。对于那些固持西方中心的学者和政客而言，这一突破带来的挑战是不言而喻

---

① 刘鸿武、罗建波：《中非合作发展：理论、战略与政策研究》，中国社会科学出版社2011年版，第2页。
② 同上书，第3—4页。

的。实际上，作者早已预计到，"已习惯自我中心自成体制的西方现代知识系统实际上已经开始面对此前从未遇到过的挑战"。① 无论如何，这一理论性的突破无疑给包括中国和非洲在内的众多发展中国家增添了诸多未来发展的信心，丰富了这些国家在发展道路方面的选择项，大大拓宽了发展中国家面临发展难题时的思路。

无论如何，当前中非发展合作给非西方国家带来的新的发展实践表明，理解这种发展需要有新的知识工具与理论视野。本书对于中非合作的理论探讨并未止步于此，而是进一步探讨了"后西方时代"基于中非合作关系的中国"非洲学"的建构问题。"后西方时代"不仅超越了"中西二元"思维结构的束缚，而且带来了帮助确立有中国特色的"非洲学"的机会，而非洲研究就是开拓这一学术"新边疆"、构建"中国知识"话语权的特殊契机。由于非洲发展问题的特殊性，当代非洲发展问题的理论和实践探讨正"孕育着人类知识与理论创新的巨大空间与机会"。② 对中国而言，中国特色之"非洲学"的建构，正担负着推动"中国学术研究走向现代、走向世界"的使命。因此，作者认为"非洲学"是中国学术研究的"新边疆"，也是中国学术研究的新领域和新机会。在拥有着几十年非洲研究的经验，足迹遍布二十多个非洲国家后，对于中国"非洲学"的构建问题，本书作者已形成了清晰的构建思路。作者提出的"非洲情怀、中国特色、全球视野"的治学理念，及倡导的中国非洲学所应遵循的"秉承中国学术传统、借鉴国外研究成果、总结中非关系实践"三个维度通融结合的研究路径，可谓是作者多年来研究非洲的思想精髓，具有特殊的理论建构意义。③

三　对中非合作关系的战略审视与思考

如果说本书的第一部分从理论高度来探讨非洲的发展和中非合作关系

---

① 刘鸿武、罗建波：《中非合作发展：理论、战略与政策研究》，中国社会科学出版社 2011 年版，第 3 页。

② 同上书，第 32—33 页。

③ 同上书，第 44 页。

中的关键问题，第二部分则将重点聚焦于中非双方如何合作以确保双方在合作中的发展利益。有了非洲发展和中非合作的理论背景，读者再来了解中国对非洲的发展战略就会比此前深刻得多了。在这一理论框架下，读者不仅可以了解中非合作关系的战略，而且更能深入地领会到中国这样做的原因和意图，及其与西方的区别所在。

　　无论是从历史来考察，还是从现实来分析，中非合作都是中非双方为追求自身生存和内在发展的一种战略选择。中非合作在中非双方追求民族复兴、寻找民族经济发展的整个过程中，都具有战略性与基础性的意义。中非关系建立之初，新中国刚刚成立，中非关系在中国外交中占有特殊的地位。而进入21世纪，无论是中国还是非洲，时代都赋予了它们更新的发展任务和使命，合作成为中非在应对这些任务和使命时的共同选择。伴随着双方的合作，各种外在的制度建设和平台建设逐步走向成熟，其中最为重要的是2000年创立的中非合作论坛机制。它给中非合作提供了一个全新的平台，开启了中非合作的新时期，是中国发展经济、走向世界的重要组成部分。作者站在更开阔的世界史高度上来看待和评价中非关系对中国国际关系的重要性，称中非关系是"撬动中国与外部世界关系结构的一个支点"，是"一个影响中国与西方国家关系结构、改变中国的国际战略地位的特殊因素"。[1]

　　随着中非合作关系的推进，中非在发展合作中形成了良好的效益，而这种效益又成为合作关系继续向前推进的动力。在当代非洲大陆的发展格局中，中国扮演的角色越来越重要。英国《金融时报》、法国《世界报》均有文章断言，非洲经济得益于中国因素。无论对于中国还是非洲而言，中非关系都有着特殊的意义。中非合作推进的过程，就是中国向世界展示其外交理念、释放其政策魅力的过程。作者以援非为切入点，通过对中西方援非战略的比较发现，与西方在援非中推行政治民主化和经济自由化改革不同，中国的援非以"民生改善"优先，因而，冷战结束后，西方和中国在非影响力呈现出此消彼长的趋势。[2] 近年来，伴随着中国在发展中所取得的巨大突破性进展，中国模式在非西方世界的发展中引人瞩目，而中

　　[1]　刘鸿武、罗建波：《中非合作发展：理论、战略与政策研究》，中国社会科学出版社2011年版，第240页。
　　[2]　同上书，第171页。

国并不主张推行自己的发展模式，而是主张各种文明之间互相沟通、相互学习。在作者看来，与西方当年的现代化变革相比较，当前非西方世界的现代化变革，是一个更为复杂艰难的过程，"没有任何外部力量可以替代亚非国家之自主努力而去简单地左右这一进程，规定它的走向"，这是中国坚持在对非洲合作过程中"不干涉"非洲国家内政的一个重要原因。①然而，中国这一做法反而进一步推动了中非之间的成功合作，并且在合作中不断找寻到并构建起更多更新的利益交汇点，拓展出中非合作与共赢的新空间。

　　中非之间越来越紧密的合作关系使得中非双方都获益匪浅。这种共赢关系吸引了众多西方学术界和政界人士羡慕的眼球。正是由于外界的关注，中非关系其实已经超越了双边关系的范畴而具有更为广泛的意义。正如作者所强调的那样，中非关系并不是单纯的中国和非洲的双边关系，而是中国和非洲所代表的发展中世界作为一个整体与西方世界关系的变化。②正是基于中非关系的这一特殊定性，作者并未将中非关系仅仅置于中非双边关系的视野之中来进行考察，而是将之放置在整个亚非发展的世界角度来考察的，认为中国和非洲的变化"是过去数十年间整个非西方世界或亚非世界之间的关系逐渐变化的一个窗口"，应该将中非关系纳入到亚非世界与发展中国家关系的高度来进行思考。③在作者宏大的视野中，中非关系的发展，实际上只是发展中国家自主寻求发展道路、拓展发展路径的一个生动的窗口。实际上，在中非关系发展的同时，印度、巴西、南非、俄罗斯等国家与非洲的关系也出现了一个历史上少见的高潮。与此同时，发展中国家的内部交往也日益频繁，发展中国家内部的经济联系日益深化，这种趋势似乎越来越不可阻挡。从全球结构来看，这不仅是发展中国家内部的变化，而且是发展中国家与西方发达国家之间关系的历史性变革。通过与西方发达国家交往来获得机会，不再是亚非拉发展中国家实现发展的唯一途径，发展中国家内部也可以找到繁荣内部贸易、发展经济的内生途径。而这种内生性发展路径不仅是数十年来中非双方在交往中孜孜

① 刘鸿武、罗建波：《中非合作发展：理论、战略与政策研究》，中国社会科学出版社2011年版，第204页。
② 同上书，第205页。
③ 同上书，第173—174页。

追求的目标，更是自 20 世纪以来非西方世界寻求自我发展过程中持久努力和不断探求的目标所在。

当前，西方经济问题重重、发展前景堪忧，而中非合作关系持续推进日益成为世界发展的一道风景线，正在为非洲的经济复兴带来难得的历史性机遇。经过十多年的奋斗和实践，非洲发展中的"中国因素"逐渐凸显。中非贸易从 2000 年的 100 多亿美元增加到 2010 年的 1290 亿美元，而突破 2000 亿美元大关也将是近期可望达成的目标。目前中国已经成为非洲第一大贸易伙伴，非洲成为中国的第四大海外投资目的地。2007 年，中国对非洲经济增长贡献率达 20％。[①] 与此同时，发展中的新兴经济体逐渐成为世界经济中最有活力的部分。在中国的鼓舞和倡导下，一批新兴发展中国家加入到与非洲合作的行列之中来，发展中的新兴经济体，包括"金砖国家"、"远景五国"、"新钻十一国"等均已成为非洲发展的重要伙伴。它们中的很多国家纷纷复制和模仿中非合作的模式与做法，通过"印非峰会"、"韩非峰会"、"土非峰会"、"阿拉伯非洲峰会"等形式，开展与非洲国家的合作，开拓了发展中国家南南互助发展的新局面，也增加了非洲国家在对外交往中的博弈空间和谈判筹码。因此作者强调，中非发展合作的意义已经超出了其为中非双方发展所作出的贡献，彰显出"新兴的发展中大国对世界发展进程的独特推进作用"。[②]

那么，同理，非洲的发展问题不再是非洲国家一国一地的发展，而是整个非西方世界的发展问题，值得整个非西方的发展中国家为之努力。鉴于中非发展合作对当前非洲发展和世界发展所具有的示范作用，作者甚至大胆预测，"中非发展合作将有助于世界发展问题的最终解决"。[③] 当然，中非发展合作能否最终帮助解决世界所面临的发展难题，还有待历史事实进一步的印证。然而，中非发展合作寻找到了促进世界发展的一条新途径，给非洲国家带来了发展的希望曙光，已经是不争的事实。

---

① 魏建国：在非行年会开发性金融与中非合作研讨会上的讲话，2007 年 5 月 13 日，http://finance.ce.cn/dissertation/macro/fh/nh/200705/15/t20070515_11362454.shtml。
② 刘鸿武、罗建波：《中非合作发展：理论、战略与政策研究》，中国社会科学出版社 2011 年版，第 6—7 页。
③ 同上书，第 208 页。

四　彰显学术研究之经世致用功效

理念重构与战略拓展必然带来新的行动方式与政策实践。外界之所以对中非关系保持着持久的兴趣，其原因也许不仅在于中非关系在中国外交中所具有的重要理论和战略意义，而且还在于非洲政治和中非关系中此起彼伏的热点问题。本书第三篇从政策分析与选择的层面阐释了这些广受关注的现实热点与焦点问题，呈现出学术研究济世安邦之志向与抱负。

但实践领域的政策选择与评估并不是一件容易的事情。随着近年来中非关系的迅速提升，中非合作关系涉及到的问题日显复杂与具体。比如，近年来，很多西方国家纷纷提出与中国在非洲开展三边合作。西方一反过去强烈批评中国在非洲的"掠夺资源"、推行"新殖民主义"的论调，转而开始谋求与中国在非洲问题上的合作。西方为何突然如此高度"关注"中非关系？这是西方社会对于中非关系的"回心转意"，还是另有图谋。作者认为原因有二：一是近年来非洲在国际战略格局中的地位相对回升；二是在中国快速发展的背景下，中非关系的全面提升对国际秩序产生了前所未有的震荡性影响。①

显然，西方社会对于中非关系迅速提升的恐惧并未消除，三方合作的主张只是西方对中国在非势力不断增长的一种应对策略。对此，中国政府是该断然拒绝还是顺水推舟、顺势而为？通过分析后，作者提出"于分歧中寻求共识，在差异中寻求合作"的建议。② 但是，合作并不是一件容易的事，因为中国和西方在非洲问题上的看法差异实在是太大了。首先，在与非洲的关系定位上，中西方自历史上便有着巨大的差异。数百年的殖民经历使得非洲与西方形成了一种垂直的依附关系，这种依附关系不仅影响了几百年非洲历史的进程，更让西方国家与独立后的非洲国家的关系一直保持着支配性影响与垄断，而目前西方并不愿意放弃这一关系。与此相反，由于政治上"患难与共"的历史记忆、政治领域的"平等观念"、经

---

① 刘鸿武、罗建波：《中非合作发展：理论、战略与政策研究》，中国社会科学出版社2011年版，第317—318页。

② 同上书，第320—326页。

济交往中"互利共赢"，使中国具有了不同于传统殖民者的身份和姿态。其次，在发展理念上，中西方也有着较大的差异。自 20 世纪 80 年代以来，西方便在倡导所谓"华盛顿共识"，不顾非洲国家实际国情，强迫其实施"经济结构调整计划"、"政治民主化改革"以及"良治"等西方自由主义政治经济改革措施。中国则基于自身改革开放和经济发展的经验教训，主张非洲国家寻求适合自身发展的源自本土的发展模式，这被西方学者称为"北京共识"之一部分内容。再次，在外交原则上，中西方的差异依然巨大。受到政治自由主义理念的影响，西方以援助为武器，强行向非洲国家推销人权、民主和良治等价值观念。中国则坚持将"不干涉"原则作为对外关系的基本原则和立国之本，并不试图在对非洲外交中将政治与经济挂钩。

既然中国与西方在对非洲政策上有着巨大的历史和观念之差异，中西方是否还有可能在非洲发展问题上采取合作呢？西方与中国的合作是否另有图谋？在作者看来，只要双方诚心合作，这些差异和分歧并不足以阻挡合作的步伐。对此作者开出的药方是"求同存异"、"和而不同"，主张中西方超越相互猜疑和彼此分歧，争取在合作中的多方共赢。[1]

作者进而对中西合作推动非洲发展的原则与方针、领域与路径、机制与主体进行了探讨。值得关注的是，作者在提出这些建议时对于西方社会怀有一种理想色彩的期待，期待西方"及时转变思维观念，由僵化的、片面的甚至带有冷战遗留色彩的认知方式向更为开放的、合作的、多方共赢的方向转化"，[2] 这种建议对于三边合作的推进是非常必要而有意义的。然而，这种转化实现的前提是西方国家能够与中国一样，以非洲的发展为出发点来看待这种合作，真正倾听来自非洲的声音，充分考虑非洲的利益和发展需求。正如作者也指出的那样，"应承认西方国家对非外交存在相当的善意"。[3] 值得商榷的是，虽然西方已经意识到，多边合作将是未来对非洲政策不得不采取的应对之策，垄断性利益的思维已经变得不合时宜，但西方对于非洲外交所存有的善意到底有多大，西方愿意为非洲发展

---

[1]　刘鸿武、罗建波：《中非合作发展：理论、战略与政策研究》，中国社会科学出版社 2011 年版，第 327 页。

[2]　同上书，第 329 页。

[3]　同上书，第 330 页。

所付出的代价底线是否会超出自己的利益。在现实的三方合作中，西方对于自身利益的保护可能远远大于对非外交中存有的善意，隐藏在西方国家利益中的合作谜底可能比它所表现出来的合作的积极姿态要深得多。当然，这些问题有待于今后的研究者和外交官更深入的探讨和思考。

2009 年，刘鸿武担任首席专家的学术团队获得国家教育部哲学社会科学研究重大课题攻关项目"新时期中非合作关系研究"，团队成员除浙江师范大学非洲研究院科研人员外，还聚集了国内一批长期从事非洲问题与中非关系研究的专家，及英国、南非相关学者等。课题的立项论证与开题得到国内一批知名专家学者的热情参与，外交部非洲司、中非合作论坛办、教育部社科司与国际司的部门领导也参与了相关工作，因而可以汇集各方面的智慧与力量，力争把相关研究工作向前推进。本书作为相关研究前期成果的一部分，旨在从总体上就今后要开展的课题研究工作提出一些基本的设想，作一些方向性与原则性的思考。事实上，刘鸿武教授和罗建波博士对本书中相关问题的合作研究，早在十多年前就开始了，因而这本著作中各部分的内容，包括多年来他们出版的相关著作，在各类刊物上发表的一系列论文，在非洲、欧美和国内召开的各类研讨会上宣读的论文，及一些提交给政府相关部门的调研报告等等，呈现出他们两人在不同时期对于中非关系进行思考所作的艰辛努力，及对这些问题认识的深化与拓展过程，也可谓是十年磨一剑的一项重要成果。但在世界局势快速变化的今天，中非关系面临的挑战与问题也与日俱增，一两个学者，一两本中非关系研究的著作，并不足以涉及中非关系实践的方方面面。本书虽然是作者长期跟踪观察、多年思考的成果，但依然有许多待深入和具体化的研究问题，或者有涉及而没有深入下去，或者有讨论但缺少个案研究和深入的实地调研的问题，我们期待作者今后会以更多更新的作品来弥补这些缺陷。

（责任编辑：王学军）

学术会议综述

"纪念中非合作论坛成立十周年学术研讨会"综述

周玉渊^①

2010 年 11 月 18 日，为纪念中非合作论坛成立十周年，配合中华人民共和国副主席习近平访非这一重大外交活动，在中非合作论坛中方后续行动委员会的支持下，浙江师范大学非洲研究院与中国驻南非大使馆、南非国际问题研究所在南非行政首都比勒陀利亚、经济首都约翰内斯堡联合主办了"纪念中非合作论坛成立十周年学术研讨会"。受外交部委托，浙江师范大学非洲研究院作为主办方，组织邀请了北京大学、中国社会科学院、外交学院、中国国际问题研究所、南京大学、上海师范大学、云南大学、上海国际问题研究院、南非国际问题研究所、比勒陀利亚大学、约翰内斯堡大学、金山大学、莫桑比克社会经济学院、非政府组织 FAHA-MU、中钢（南非）集团、大佐联合公司及南非媒体、政府、公民社会各界在内的 80 多位专家学者与会。

本次高端学术研讨会得到了国家领导人的高度重视，正在南非进行国事访问的国家副主席习近平在中国驻南非大使钟建华的陪同下，出席开幕式，并发表了题为《共创中非新型战略伙伴关系的美好未来》的重要演讲。在演讲中，习近平副主席表示"非常荣幸有机会出席本次研讨会开幕式"，并向所有为推动中南关系和中非关系发展作出贡献的朋友表示诚挚问候和衷心感谢。他系统阐述了中南合作关系的发展历史与意义以及中非

---

① 周玉渊，浙江师范大学非洲研究院非洲政治与国际关系研究所助理研究员，博士。

合作论坛对于推动中非关系发展的重要作用，并预祝研讨会圆满成功。当晚，习近平副主席还在中国驻南非大使馆亲切接见了浙江师范大学非洲研究院及来自国内各科研机构的专家学者，并就如何加强非洲问题研究作出重要指示，他指出："非洲问题研究急需培养后备人才。今天来参加研讨会的专家学者，你们对中非关系的发展作出了贡献，你们的研究成果可以运用到国家战略、外交大局中。希望你们的研究进一步向前推进，是系统的而不是零碎的，是深入的而不是表面的。我们国家应该加强在这方面的支持，我们的留学生应该成为中国非洲研究的后继人才。我希望我们的驻非各使馆一方面参与对非洲工作研究，另一方面也要支持对非洲的研究工作。"

在为期两天的研讨会中，与会代表围绕着世界体系转型背景下的中非合作、当代国际舞台上的中非关系、中非双边关系中的经济与发展、能源、农业与科技合作、中非政治安全事务、拓展中非在治国理政、公民社会交流及多边领域合作、南非与中国的伙伴关系评估等议题，展开了深入的研讨与对话。

一　当代国际舞台上的中非关系

在 11 月 19 日上午的分组研讨中，第一组围绕当前中非关系的现状以及未来发展，发言人和参与人从不同角度进行了阐释和讨论，国内学者从国际体系转型、中非新型战略伙伴关系、中非合作论坛对非洲多边合作、气候变化等角度分析了中非合作关系的发展以及带来的影响。国外学者从中非合作论坛的功能和存在的问题进行了发言，表达了对众多问题的关切。

朱立群教授认为世界体系转型进程中有诸多因素，如权力转移、合作加深、新战略环境等，我们有更多机会推进中非关系的发展，构建更为公正合理的国际秩序。贺文萍教授认为软权力建设、南南合作、非洲复兴以及和谐世界等问题是中非关系在未来发展过程中所必须面对的几大重要问题。中国与非洲新型战略伙伴关系的建立，使中非双方更为紧密地联系在一起，为中非关系在未来持续健康发展提供了有力的保障。董漫远教授认为中非之间的友谊源远流长，双方有着相似的历史遭遇，中国愿意与非洲国家分享发展经验。近年来中国的经济迅速发展，成就有目共睹，但随之也出现了一些负面的问题，气候变化对国家发展的影响逐步加深，中国政府已采取一些措施来改善这些问题的负面影响，如重视发展核电等。葛尔斯·培尔博士认为中非合作论坛的建立对加深中非人民间的友谊、巩固中非关系有着不可替代的作用，它开创了一种南南合作的新模式，同时中国人民为非洲发展复兴所作的努力已逐渐被世界所认可。但中非合作过程中出现的一些问题也需要中国认真对待，如腐败、环境破坏、对非投资的本土化等。张春博士认为中非合作论坛的建立开辟了中非之间多边合作的新形式，同时也给一些西方国家带来了新的压力。此外，中非合作论坛对于非洲一体化的进一步向前推进起着很好的促进作用。艾尔登博士认为随着中国在非洲影响力逐步扩大，如何维护中国在非洲利益已逐渐成为学界热议的话题。中非关系的可持续发展需要彼此密切合作。此外，根据在非洲发展的经验，中国也需要对一些问题作进一步的思考，如互不干涉内政原则、中国对外援助的模式与方法等。最后，艾尔登教授认为中非之间的互利关系在新时期将会得到进一步的深化和拓展，并将逐渐被更多的非洲人所认同。

在发言结束后的自由讨论阶段中，中外学者就诸如环境与气候的变化对非洲未来发展的影响、如何看待国际社会对非洲的援助方式以及未来中、非、西方三方合作是否可行等问题展开了激烈的思想交锋。

二　中非双边关系之一 —— 经济与发展合作

在第二分会场研讨中，与会学者就中国对非投资、贸易和金融领域的合作进行广泛而深入的讨论，通过讨论各方学者对中非经贸关系的现状、意义和现实问题有了更深入的认识，对于更好地理解中非关系起到了重要的作用。

舒运国教授认为中非关系的发展是一个不断扩展的历史过程，受很多历史、政治因素的影响，中非关系已由 20 世纪 50 年代的政治型转为现在的经济型。随着中国经济政策的变革，投资已成为中国在非经济形式的重要成分，且呈不断上升态势，多集中在基础设施领域，旨在通过合作使双方共赢。中国的投资模式受到了非洲人的热烈欢迎和高度评价，但有舆论认为中方投资者忽略社会责任,这是目前中国对非投资遇到的主要问题。张小峰博士认为,中国已成为南非最大的贸易伙伴,金融合作是双方经济关系中的重要部分,其优势主要在于双边贸易的迅速发展,以及双向投资规模的扩大,这有别于其他非洲国家。究其原因,中、南两国之间的全面战略伙伴关系为双方经济合作提供了坚强后盾,使双方得以携手度过2008 年开始的金融危机。中国对南非经济持乐观态度。但文化、宗教等非经济因素和银行系统与汇率结算机制不同、监控机构缺失等经济因素都制约了双方金融合作的进一步加深。鉴于此,双方可在双边金融合作准则与目标两方面进行有益尝试和探索。

安娜·克里斯蒂娜·艾尔夫斯的发言是关于她目前正在进行前期调研的毛里求斯特别经济区(SEZ)问题,其认为早在 FOCAC 之前中国企业就已进驻毛里求斯,第三次部长级会议把特别经济区列为官方政策,以鼓励高层次投资。毛里求斯为中国在非洲最大的特别经济区,起步于纺织业。毛里求斯政府将该区的建立变为官方项目,这对特别经济区在毛里求斯的实现有极大的推动作用。胡锦涛主席对毛里求斯的正式友好访问进一步解决了诸如中方投资短缺等障碍,特别经济区问题有了很大改观,主要表现在建设周期延长、投资方不再局限于中国等方面。

阿比尔顿·阿拉奥认为中尼两国的友好关系、中国的贸易发展和尼日利亚的政治环境改革都为双方合作提供了很多机会。2009 年尼日利亚是中国在非洲的第四大贸易伙伴、第二大商品出口国(仅次于南非),双方广泛的经济合作可见一斑。但在最重要也是最有争议的部门即煤矿业中,中国企业与当地的冲突导致石油工人被绑架事件的发生。此外,中国对尼日利亚投资不断增加。但中国在尼日利亚银行业的参与却鲜为关注,这是因为尼日利亚的政局不稳、腐败、贿赂等问题。目前,中国在尼日利亚银行业的参与并不是很多,但尼日利亚银行业正在进行几项重要的变革并有了迅猛发展,是中国投资尼日利亚银行业的理想契机。

齐鲁夫亚·齐乐施认为中赞两国有着长期友好关系,中国在赞比亚独立之前就曾给予很大支持。但目前在赞比亚的反华舆论有所抬头,对中国部分政策和企业行为提出质疑,主要集中在以下方面:劳工待遇及安全,中国廉价劣质产品充斥市场、排挤当地制造商,中国的持续贷款和不可靠的免债政策使赞比亚负债累累以及中国无条件援助的表里不一等。此外,中国企业只提供低质工作、且最易受贿、多为掠夺资源,制度不全、无知名度的小型企业挤垮当地企业，中国向赞比亚移民率高等也成为批评的焦点。鉴于此，中国需在贷款政策、企业行为和政府引导等方面进行相应改进。

研讨中，学者们提出了诸多问题，包括中国的省级政府在毛里求斯特别经济区的设立中扮演着什么样的角色？这样的角色有什么意义？中国投资毛里求斯的动机何在？是否有超越经济因素的地理政治学动机？为什么在赞比亚会有对中国的负面认识？尼日尔三角洲的不稳定怎样解决？中国投资尼日利亚会收到怎样的回报？对于这些问题，参会者给出了比较有说服力的回答。例如在赞比亚对中国的负面认识上，赞比亚对中国移民和中国公民的同化是持接受态度的，负面认识的产生是形势变化引起的。以前来赞比亚的中国人是层次比较低的工人，他们完成项目就会回国。但现在即使合同到期，他们还是会留在赞比亚，甚至有一些人已经在赞比亚定居，这对当地生产商带来了很大压力，也减少了当地人的工作机会。加之中国投资者对赞比亚人的"不公正"待遇，矛盾就逐渐升级了。

三　中非双边关系之二 —— 能源、农业及科技合作

在这一分会场研讨中，学者们就能源、农业、科技等具体领域的合作进行了发言和讨论。张永宏教授首先指出近年来全球范围内碳排放的增加已引起普遍关注的事实，认为中非可在此问题上发挥作用，其途径是低碳发展。中国的低碳发展工业已取得了长足的进步，推动该领域内的双边关系也可进一步加强中非关系。降低碳排放量面临着一系列挑战，如南北技术发展程度不平衡、国内环境及发展问题、人民消费模式等。碳排放是一个牵一发而动全身的复杂问题，发达国家也受到不愿分享低碳技术和人均能量消耗过高等批评。张教授认为低碳发展应该成为中非关系的支柱，中非企业应在技术分享和发展研究方面进行更多合作。

姜忠尽教授指出中国由于人多地少面临着严重的粮食危机，而非洲地广质肥，却有40多个国家不能解决温饱问题，原因有四：粮食增长速度赶不上人口增长速度，重工轻农，重经济作物轻粮食作物，全球变暖带来的气候问题。中非农业合作势在必行。中非农业专家可共同开发双方受益的农业产品，中国也可向非洲农民转让技术。赵琼助理研究员以刚果

（金）与中国的农业合作为例，说明了中国作为一个农业大国，有着与非洲国家进行农业合作的基础，并已探索出有益的合作模式，双方可通过优势互补，共同应对粮食危机。赛尔吉奥·契沙华的发言主要围绕一个问题展开：中国在莫桑比克农业发展中真的有用吗？他认为，中国曾在2006年中非合作论坛第三次部长级会议上表示要增加对非洲农业的援助，培养非洲农业人才，但由于中国缺乏专门机构，此承诺并未兑现。中国在农业上少有作为，重点依然在石油、制造业、基础设施、矿业等工业上。根据中、莫签署的谅解备忘录，中国所做得远远不够，而且重经济作物轻粮食作物的行为已被莫方指控为掠夺土地。尽管如此，契沙华先生依然承认基础设施的匮乏和落后的确是制约莫桑比克农业发展的重要因素。他和姜忠尽教授都认为应该大力鼓励中国农民和企业大胆投资非洲农业。

通过研讨，与会学者一致同意中非农业合作是解决粮食安全的有效途径，中国成功的农业发展能为非洲提供借鉴经验。但也有学者指出中非相隔甚远、气候迥异，中国的农业发展模式并不能移植到非洲大陆，实地考察和调研是合作中不可或缺的交流环节。针对投资非洲农业的问题，中国学者认为非洲农业基础设施的落后、政治环境的动荡以及社会治安的混乱等都是中国企业和农民迟疑不前的原因。

四　中非政治安全事务合作

在这一分会场讨论中，与会学者就中国对非政策的影响因素，中国、非洲、欧美三方合作的可能性，南南合作、南北合作的模式，以及中国参与非洲维和等领域进行了发言和讨论。

王锁劳教授根据他在苏丹（北部和南部）所作的实地调研，列出了中国形成对苏丹外交政策的外部政治因素：苏丹的南北关系、美国对苏丹政策、欧盟对苏丹政策以及非盟立场。同时，国内的政治、经济需求也是中国选择对苏丹政策的内部政治因素。总体说来，维护苏丹人民的团结和尊严是中国的基本立场，基于此，中国反对苏丹南北双方重开战火但支持南方公投按期举行，赞成用和谈方式解决阿布耶伊僵局，这不仅基于中国在苏丹的重大经济和能源利益，也基于中国和平与发展的基本国策，还基于非洲大多数国家的愿望。

刘乃亚博士探讨了中、非、欧三边合作的可能性。他认为尽管中、欧、非洲有一些共同的认识，但是双方存在的分歧是合作的障碍。中、非、欧盟尽管面临种种指控且互不信任，却依然能就和平、安全、贸易等进行协商。同时，三边委员会的现状也让参与各国缺乏安全感，中、欧也很难在对非援助问题上找到契合点。因此，目前从表面上看来三边合作的机会很小，如果要进行有意义的合作，信任是各方协商的基础。席迪罗波罗斯女士对三角和三边合作的概念进行了解析。她将三边合作定义为国与国之间在发展问题上进行的战略层次的对话，如联合国安理会（UNSC）和 WTO。她认为三边合作不应该局限于经济问题，更应是包含社会生活在内的整体合作，可在四个领域有所作为：安全，基础设施，农业和粮食安全，以及环境退化。三角合作则是发展合作理事会捐助国、受捐助国和第三方之间的关系。她举例说明了南非在冲突后重建领域正是进行了三角合作，而印度—巴西—南非则是三边合作的最佳例证。三边合作是对全球化世界本质的最好应对。

桂劳莫·谋谋尼教授首先对联合国维和行动（UNPKO）进行了界定，将其定义为维和、制和、建和的一体化途径，旨在拯救生命、维护人类尊严、恢复世界和平以及促进社会经济发展。他分析了中国在不同时期的不同维和原则和行动，已由传统的不干涉变为现在的军事干涉，对联合国的态度也有大的转变。他认为中国之所以改变是因为有意在全球事务中承担角色并以慈善形象示众，对新采用的军事干涉手段也慎之又慎，苏丹和津巴布韦是最好的例证。同时，他还用了利比里亚的例子来说明中国此举对非洲大陆贡献非小，在联合国驻利比里亚维和部队中军队数量最大，且发展援助、债务免除、培训和基础设施重建等形式都有极大帮助。

在自由讨论阶段，学者们就中国的不干涉政策、中国与某些领导人的关系、中非利益冲突的处理、非盟在解决非洲地区冲突中的作用等问题发表看法，学者们一致认为中非在双边层面上已经取得了诸多成就，但合作领域还应拓展至治国理政、和平与安全等全球问题。

五　拓展中非在治国理政、公民社会及多边领域的合作

在这一分会场研讨会中，与会学者从治国理政经验分享、公民社会之

间的交流等方面进一步研讨当前中非合作的空间和内涵，在当前全球化的背景下，尤其是非洲国家面临着发展困境的形势下，以治国理政为代表的官方的交流，以及以公民社会为代表的民间交流对于寻找中非各自发展的新途径具有重要的现实意义。

刘鸿武教授认为中国 30 年来经济改革所取得的成就，与中国传统历史文化的土壤和中国人民坚持实事求是的科学精神密不可分。中国发展经验向世界展示了一种不同于以往的、独特的发展模式，同时也表明中国已从封闭走向开放，并积极融入国际社会。中国经验对于非洲的意义在于，中国 30 年的实践证明非洲谋求发展同样需要坚持实事求是的科学精神，探索出一条符合当地实际的发展道路。最后，刘鸿武教授以"浙江模式"为案例，向与会代表分享了中国经济发展的一些经验。

肖玉华博士认为中非合作论坛的建立在一定程度上有力地促进了中非之间民间往来的发展，仅 2009 年，就有超过 500 名非洲学生来华留学，281 名中国年轻学者赴非访学。《中非合作论坛沙姆沙伊赫行动计划》明确提出了一些加强双方学术交流的具体措施。在中非合作论坛的框架下，中非之间的政治上平等互信、经济上合作共赢、文化上交流互鉴的新型战略伙伴关系将会得到进一步的提升与拓展。

刘鸿武作为一名孔子学院海外教学的实践者，他以自己的教学经历并结合中国孔子学院发展的实际，向与会学者系统地介绍了中国孔子学院发展的现状。他指出，孔子学院是中国教育模式的一种创新，不仅符合中非人民之间渴望加强彼此认知的需要，更符合构建和谐世界的时代潮流，孔子学院在未来必将会得到更好的发展。

周术情博士认为，随着中非关系的逐步深化与拓展，智库在其间将会发挥越来越重要的作用，成为中非之间增进彼此认知的桥梁。此外，他还以浙江师范大学非洲研究院为例，向与会学者介绍了中国学术机构在促进中非关系良性发展过程中所发挥的特殊作用。

萨努沙·耐杜认为中非关系在下一个十年之中将会遇到更多的问题。如何面对并妥善解决这些问题是中非关系保持良性发展的关键，公民社会在其间将会发挥越来越重要的作用，成为增进中非之间相互认识与了解的纽带。

与会学者就软权力的衡量、海外资金流入对非政府组织（NGO）发展的限制、中国在非洲公民数量的增加、中国公民社会的发展现状等问题展开了激烈的思想交锋。与会学者均认为，进一步加深中非之间的认知与了解，是中非关系在未来持续、健康发展的关键因素之一。

六　南非与中国的伙伴关系评估

在这一分会场讨论中，与会学者就南非与中国的关系进行了深入的研讨，内容既涉及中国与南非的战略伙伴关系评估，也涉及中国移民、中国投资等具体的问题。

周玉渊博士从区域间主义理论出发，结合中非关系的实际，认为中非之间共同的历史遭遇加之当下经济相互依赖程度的逐步加深，使得中非关系在未来将会更为密切。中非合作论坛的建立成了中非之间交流互信的机制性纽带，为实现中非之间的良性互动提供了有力的制度保障。

葛尔斯·谢尔顿教授认为中南关系在未来的十年里将有更为广阔的发展空间，将逐步拓展到经济、文化、卫生、教育等各个领域。2010 年中南全面战略伙伴关系的建立为中南关系持续健康的发展提供了有力的保障。此外，中南关系的健康发展还需要双方在南南合作的层面上加强各领域的沟通，确立共同的目标，共同应对诸如气候、环境变化等方面问题。

安娜·英·陈就南非的中国移民问题提出了一些自己的看法，通过调查研究发现，南非的中国移民在受教育程度、财富占有程度、来源地等方面有着较大的差异。此外，有人对中国移民持负面看法，如认为中国政府是为了转嫁人口压力进而大力向非洲移民等等，这些看法最后被证明是与事实不符的。事实上中国移民前往南非更多的是个人行为，也有一部分移民是为了追寻先人的足迹。

斯蒂芬·盖尔伯教授就中国与南非之间的对外直接投资问题提出了一些自己的看法。他认为，就非洲大陆而言，中国与南非的对外直接投资关系是较为特殊的。这种外资流动是一种双向的互动关系，与二者在国际经济中的地位有着密切的关系。中国在南非的投资已占中国对外投资的1.8%，主要面向制造业与金融业，这种关系在未来的经济发展中将会更为紧密。

在自由讨论阶段有关专家向与会者解答了关于南非当地人对中国新移民的态度，中国移民所组成的民间团体在南非的作用，及其与中国驻南非使馆的关系等问题。就中南经贸关系的紧密度，中国投资者对南非就业的影响以及中国与南非政府为加强中南经贸关系应该采取的措施等问题，与会代表也表达了自己的看法。

19 日下午，非洲研究院院长刘鸿武教授主持了研讨会的总结发言和闭幕式，中国政府非洲事务特别代表刘贵今大使、北京大学国际关系学院副院长王逸舟教授、南非国际问题研究所"中国在非洲"项目负责人克里斯·艾尔登博士先后进行了总结发言。

中国驻南非大使钟建华出席了研讨会闭幕式并于当晚为与会学者举行了招待会。钟大使表示，使馆将一如既往地支持中非学术交流，同时也希望中非双方学者加强交流互鉴，增进相互了解，共同为发展中非关系建言献策，为巩固中非传统友谊、提升中非合作水平、促进非洲和平与发展作出积极贡献。他希望国内从事非洲问题研究的学者能够耐得住寂寞，刻苦钻研，为加强中非之间的理解与沟通作出新的贡献。他同时强调，中国对非研究起步较晚，成果尚不丰富，希望南非及非洲的专家学者无私奉献他们对非洲的了解和经验，帮助中国全面、准确地了解非洲。

（责任编辑：周玉渊）

"非洲发展趋势与中非关系前景高端研讨会"综述

赵 俊[①]

  2011 年 4 月 2—3 日，在北非局势发生持续动荡与战乱的背景下，由浙江师范大学非洲研究院、中国社会科学院世界经济与政治研究所、《世界经济与政治》编辑部联合主办的"非洲发展趋势与中非关系前景高端研讨会"在浙江师范大学召开。来自外交部、教育部、农业部、中国社会科学院、中国现代国际关系学院、中国国际问题研究所、上海国际问题研究院、北京大学、复旦大学、上海外国语大学等机构共 50 余名专家学者参加了会议，聚集非洲发展趋势与中非关系前景。

  开幕式由非洲研究院院长刘鸿武主持，中国社会科学院副院长李慎明、教育部社科司司长杨光、外交部非洲司副司长王克、浙江师范大学校长吴锋民分别在开幕式上致辞。许多知名学者、非洲问题研究专家作了大会主题发言，主要围绕"全球体系变革与中国外交总体背景下的中非关系"、"北非国家政治动荡的起因与性质"、"北非变局对地区与全球关系的影响"以及"中国处理非阿西关系的思想框架与话语建构"四个方面展开讨论。

一　全球体系变革与中国外交总体背景下的中非关系

  21 世纪以来，国际体系、国际格局正在经历新的一轮变革。此次北

---

① 赵俊，浙江师范大学非洲研究院非洲政治与国际关系研究所副研究员，博士。

非、西亚局势动荡给这种变革又增添了新的不确定因素，同时也给中国外交尤其是中非关系带来新的影响。中国政府非洲事务特别代表、浙江师范大学中非商学院院长刘贵今大使认为，新千年开始，中非在政治、经济、文化、贸易等方面都有全面的发展。但与此同时，非洲自身的形势也在发生变化，特别是非洲的和平与安全问题。非洲国家对国际关系行为准则的认知与中国一贯坚持的和平共处五项原则、对非外交传统之间出现了一定的差距与分歧。非盟与阿盟在科特迪瓦动乱、利比亚战争问题上改变了过去从没有通过一个决议要求联合国安理会制裁它的主权独立国家的做法。非洲地区组织几乎是全盘接受了保护的责任和人道主义干预原则，现在挑头要求国际社会给予制裁。中国过去在确定对非洲政策尤其是在战乱问题上的做法就是跟着非洲地区组织的态度走，但是现在情况不同了，我们的政策应如何调适，这是一个很大的挑战。

在关于国际体系转型问题上，上海国际问题研究所所长杨洁勉教授认为：第一，此次西亚、北非动荡是1952年纳赛尔革命以来最为深刻的一场运动，对发展中国家、发达国家都会产生影响；第二，青年一代提出民主、机会均等以及伊斯兰理念对南北对话中的一些理念形成了大碰撞；第三，国际组织与地区组织行为发生了新的变化；第四，国际体系现在正面临着一个重组的关键时期。鉴于上述判断，中国在中东、北非政策上要实现从单向到综合、从适度超脱到适度参与、从20世纪五六十年代的传承到今后与时俱进地调适政策过渡。因此，我们对不结盟、不制裁、不干涉内政等外交路线需要作新的考量。

浙江师范大学非洲研究院院长刘鸿武教授认为，未来一两百年是全球体系新的重大调整期，非西方世界在全球范围内的整体崛起，西方世界在全球范围内地位相对下降，将是一个长期的趋势。随着非西方世界整体性的崛起，阿拉伯世界有可能走出千年来与西方的苦涩并生，有可能摆脱西方对它的总体牵制。就中国而言，非洲这盘棋走好了，未来20年中国就能实现全球身份真正的、历史性的转型。在这样一个全球变局上面，中国面临一个最大的问题就是我们如何跨越近代以来西方所设计的现代性的话语体系，跨越西方意识形态话语的高墙。如果不能跨越这个高墙，构建非西方世界意义上的现代化思想体系，将会长期制约亚非国家的发展进程。亚非国家目前的思想准备，知识积累以及理论工具的创造是远远不够的。北京大学国际关系学院王正毅教授认为，在全球化的状态下，国家大致分成四类：第一类是传统意义上的发达国家，比方说美国和欧洲；第二类是20世纪90年代产生的，那就是离岸经济国家，中国就是离岸经济国家；第三类是由于IT行业产生的，印度是最典型代表；第四类是非洲国家和拉丁美洲国家。毕竟中国发展起来了，也有个所谓的中国模式。最近温总理说不存在中国模式，中国模式只适合处理中国的问题。美国人说华盛顿共识是有世界性意义的，但北京共识和中国模式，是具有中国意义的还是具有世界性意义，这是需要学术界来回答。这个问题如果不回答，我们很难处理好中非关系。

外交部亚非司参赞高有祯认为此次北非局势动荡会使得地区格局进入动荡期，大国将调整对中东的政策，伊斯兰势力有上升的趋势，对地区与世界经济会产生深远的影响。中国国际问题研究所所长曲星研究员认为，当前非洲正在发生非常剧烈的变化，变化的基本方向是正在向西方的意识形态、价值观、政治制度靠拢；中国也在发生非常剧烈的变化，变化的方向是与传统发展中国家的距离越来越远，与发达国家的距离越来越近，尽管中国在相当长的时间里面仍然是一个发展中国家，但是这个趋势非常明显。这两种变化的交叉结果将会使中非关系出现新的变数，主要体现在：第一，意识形态方面。非洲在政治制度方面从冷战结束以后到现在发展演变的基本方向是西方模式，这种模式实际上给西方提供了干涉非洲事务的大量的杠杆。随着中国的影响力逐渐提高，在非洲的存在逐渐加大，对中国的政策早晚会成为非洲各国大选的议题。如此一来，就会使得中国和非洲国家间的关系出现周期性的波动。第二，是中国的国家形象。过去中国一直是非常大公无私的无偿援助建设者的形象。到目前为止非洲的主流对西方意见是否定的，因为中国在非洲的存在带来了利益，但也已经出现了争论。

对于非洲出现关于中国负面形象的争论，中国社会科学院世界经济与政治研究所徐进博士以中非能源合作中存在问题为例，认为随着中国经济快速发展，中国现在从国际市场进口的矿产资源量是越来越大了，非洲矿产资源非常丰富，现在中国也大量进口非洲的自然资源，比如说中国严重依赖加蓬、南非、加纳等国的钴和锰，从南非、刚果、喀麦隆进口大量木材。非洲在保障中国资源消耗和经济快速发展方面，扮演了非常重要的角色，这一重要角色给中国带来了两个问题。第一个是西方国家对中国在非洲资源开发的非议和指责。理由是：中国在非洲搞的是掠夺式开发，严重破坏了当地环境；中国对非开发，阻碍了当地相关行业的发展；中国企业对当地工人待遇不公平。第二个是中国公司在非洲资源开发利用上面临的问题有：第一是开发时间落后于西方国家，导致我们的开发经验、技术管理、能力和管理水平不占优势；第二是我们的经营理念和模式的本土化程度比较低；第三是中国政府和企业的利益诉求实际上不一定一致；第四是我们缺乏对非公共外交，造成话语权缺乏，中国政府与企业的善行由于公共外交缺失和媒体话语权的缺乏，没能在国际舞台上广而告之，反而面临西方国家的一片指责之声。我们现在过多注重于面向西方发达国家的公共外交，对不发达国家，特别是对非洲的公共外交关注得特别少。

二　北非国家政治动荡的起因与性质

北非国家政治动荡是本次研讨会的重要议题。外交部亚非司参赞高有祯认为，西亚、北非动荡的原因主要有：第一，民生问题恶化酿成局势的动荡，因为北非地区经济单一、经济发展滞后导致了一系列的问题：失业、城乡差异、国内社会矛盾，严重依赖外来的资源和市场，面对外界冲击的抵抗能力较弱，尤其是国际粮价的上涨给这些国家经济带来的压力。第二，当前的政治体制无法化解社会各种矛盾，非洲国家老人政治较为常见：思想保守、体系僵化、社会管理严重缺失，导致社会矛盾不断深化；腐败问题层出不穷；懦弱的体制导致各国民众起来反抗政府。第三，美国等西方国家的推波助澜，助长了民众要求变革的呼声。第四，现代传媒成为动荡的推手，手机、脸谱（FACEBOOK）、卫星电视等的开放，揭露国家领导人的丑闻等加剧了这些国家民众的不满；民众也通过传媒散布消息，共同推动了局势的恶化。

中国国际问题研究所副所长郭宪纲研究员认为，中东地区的动荡蔓延速度非常快，而且这个势头还会继续下去。第一次世界大战前，这个地区处于西方列强的奴役和统治下，这个地区也兴起了民族解放运动，在兴起的民族解放运动过程中，有三种思潮：第一种是土耳其的凯末尔主义，这是一个世俗思潮；第二个是泛阿拉伯主义，也是一个世俗思潮；第三个是宗教方面的思潮，就是原教旨主义。这三种思潮一直都在寻求一种改变地区命运的方式。但是，世俗力量严重受挫，原因主要有七个：第一，探索救国的方式不对。世俗力量主要依靠军队,缺乏群众基础。第二,世俗力量在掌权后的腐败。第三,世俗力量构造的政治体系僵化。第四,盲目西化,伊朗就是很典型的一个,与伊斯兰教传统严重冲突。第五,中东地区宗教力量根深蒂固。第六,伊斯兰原教旨主义组织相对廉洁。第七,作为外部因素的阿以冲突。

中国社会科学院西亚非洲研究所所长杨光研究员认为此次西亚、北非动乱是一次民主化运动,且在不同的地区是由不同的原因造成的。北非国家是由于民生问题引起的,但是这种由于民生的问题引起的动乱很快转变为对长期执政的个人专制政权的挑战。而巴林、利比亚等国家,它们的动乱主要是由于国内的民族问题、宗教问题而引起的。不论是哪一种情况都带有非常明显的民主诉求,只能称之为运动,而非革命。理由如下:发生动乱的国家没有提出明确的革命目标,也看不出谁是革命的领导力量,而且在很多国家,动乱是没有组织的,是自发的。没有领导阶级、没有明确的革命纲领、没有组织的动乱,不能称之为革命。

中国社会科学院西亚非洲研究所李智彪研究员认为此次北非动乱实际上是非洲经济危机的一种表现。马达加斯加在 2008 年底 2009 年初出现的政权变革实际上已经开始了那种北非式的多发动荡模式,也是一个多发动荡的开始。只不过北非局势动荡加剧了非洲整体动荡的趋势,特别是西方军事力量介入以后,分裂的因素更多了,动荡表现的形式可能不太一样。根据现状来判断,未来 3—5 年非洲的政治经济形势将会经历一个比较相对动荡的时期。撒哈拉以南非洲存在跟北非一样的社会、经济、政治问题,而且这个逢选必乱的情况最近比较多发。北非以外的非洲地区也非常值得关注,因为它暗藏了很多动荡的按钮。如索马里、科特迪瓦、利比亚、阿尔及利亚、塞内加尔和安哥拉等国,分裂势力也不断挑起事端,非统或非盟长期倡导的殖民地边境不可更改原则也面临着挑战。此次北非局势动荡让非洲一体化面临着很大的挑战。从经济角度说,此次北非局势动荡有两大根源:第一是非洲的经济结构比较单一,而且这种单一的经济结构经过多少年的改革也没有多少的成效;第二是非洲的经济政策,从独立到现在,基本上掌握在西方国家的手里,自主发展的能力非常弱。

浙江师范大学非洲研究院赵俊博士认为北非局势动荡同颜色革命、苏联解体的过程有一个最大的不同,就是革命的宣传组织工具发生了彻底变革,也就是网络新媒体的作用。较之于传统媒体,网络新媒体最大的特征就是它的交互性。突尼斯爆发动荡之前，有两个点燃动荡的导火索都是经网络新媒体揭露出来的，一个是维基解密将政府腐败揭露出来了；第二个是突尼斯青年自身通过网络新媒体传播信息。当然，网络新媒体毕竟只是一种工具，最终根源还是亨廷顿的理由：这是社会急剧变革，新的社会集团被迅速动员起来卷入到政治，同时政治体制发展的步伐缓慢所造成的。网络新媒体的兴起与发展会日益销蚀部分非洲国家的政治合法性，进而容易将民生问题所产生的社会矛盾转向新政治制度的诉求。撒哈拉以南非洲国家的网络技术、网络新媒体不发达也是北非动荡不太可能在南部扩散的原因之一。

三　北非变局对地区和全球关系的影响

此次西亚北非局势动荡不但对非洲地区本身产生重大影响，而且对国际社会产生了极大的冲击。美国、欧洲各国纷纷卷入，尤其是在利比亚问题上。中国社会科学院西亚非洲研究所张宏明研究员就撒哈拉以南非洲是否会复制北非乱局作出阐释：引发北非局势动荡的政治、经济、社会的问题，在非洲许多国家都是存在的，只是程度不同而已；北非的动荡会不会扩展到撒哈拉以南，就可能性而言，这种担心也不能说是杞人忧天。黑非洲国家领导人长期执政，确实存在发生动荡的可能性，但是，黑非洲不会复制动乱。即便个别国家发生政局动荡，在性质上也会有别于北非国家，而且也不会像北非国家那样发生剧烈的政治动乱，原因在于黑非洲在整体上并不具备像北非那样的基础和条件。主要的理由如下：第一，黑非洲国家与北非的国家在国情上存在很大的差距；第二，黑非洲相关国家已经针对这个北非动乱采取了一些防范措施；第三，黑非洲与北非之间经贸联系和交往并不是很密切；第四，黑非洲文化不像阿拉伯文化那样具有渗透性。局势动荡之所以在阿拉伯国家迅速蔓延，除了政治经济结构外，民族结构、宗教信仰和文化传统也是一个重要原因。中国社会科学院西亚非洲研究所刘海方副研究员认为现在南部非洲有类似于北非变动的情况。尤其是这几个国家：加蓬、喀麦隆、吉布提、布基纳法索，而且布基纳法索的事件跟突尼斯有着极其相近的形式。安哥拉在 2002 年战争结束后，直到2008 年才有了第一次议会的选举，至于总统选举何时发生似乎永远都只是在明年。这种情况是人们担心安哥拉国内社会稳定的重要理由。

北非局势动荡还处在进行时态，利比亚的局势涉及更为复杂的国际关系。复旦大学国际关系与公共事务学院陈志敏教授认为，英、法在这次利比亚战争中起了主导性的推动作用。如果来分析这里面的原因和动机，有几个方面值得考虑：第一是规范性的动机，即支持非洲国家的民主诉求。第二是人造的动机，卡扎菲政府在要反攻的时候说，"No Mercy"，被大家解读为他肯定要对人们赶尽杀绝，所以就形成了一个人道主义危机的判断。第三是所谓的国内政治的动机，特别是法国，萨科齐在其国内政治局势下当然希望法国在国际影响力上有所成就。第四是可操作性的问题，它们认为利比亚外交上比较孤立、军事力量虚弱。虽然英、法在这里面起到大力推动的作用，但欧盟内部出现了一个明显的战略分歧，欧盟作为一个整体来说，它在利比亚的事件中发挥的作用是比较有限的。尤其体现在德国对安理会的 1973 号协议选择弃权上，然后德国又决定不参与对利比亚多国联军的军事行动。从国际规范和价值的角度出发，此次利比亚战争确立了一个保护责任原则的先例。西方人认为其价值观已经在西亚、北非得到扩散，更加让他们有理由认为，西方的价值观比较正确。欧洲有可能得到一个历史性的机会，来确定对北非的一个不对称的优势定位，按照欧洲的意愿来变革北非社会与政治。欧洲看到有这样的机会便想利用此次机会，但能不能成功还要看未来的情势。从内部政治的角度来说，此次北非、西亚变局并没有给欧洲国家的领导人带来政治好处；从军事战略的后果来说，欧洲有必要担心会陷入一个属于欧洲人的伊拉克式问题，因为欧洲人在讨论这个问题时，会想到 1994 年的卢旺达，或者说是科索沃，所以不可能冒风险。但是如果这个事情不能很快解决的话，欧洲可能要陷入到自己挖掘的坑中。就欧盟的外交机制来说，这次利比亚的战争决策暴露出欧盟的新机制实质上存在很大的问题，无法显著地改变欧盟的国际军事战略协作的影响。从这次事件表现来看，欧盟既是一个民事力量也是一个军事力量。

复旦大学国际关系与公共事务学院陈玉刚教授认为，通过这次利比亚问题，地区新的力量还是可以获得比较大的发展，因为从利比亚问题的发生一直到最后采取的军事行动，阿盟的态度起到了非常大的作用。如果没有阿拉伯国家联盟事先提出的要求，联合国安理会决议不一定会这么顺利的通过。通过这次联合国的投票也可以看出国际格局的另一种变化，即新兴国家的协调性是否在增强？因为这次投弃权票的几个国家除了德国、中国、印度这些国家集体弃权外，后面应该有一定程度的外交协调。西方采取军事干预行动时，其内部有很大的分歧和矛盾，尤其是表现在军事领导权问题上的分歧。我们也要注意到在对利比亚的军事干预的进程中的一些变化：首先的变化是后来西方的军事干预行动实际上是超出了联合国的授权范围的。虽然联合国授权范围说到采取必要的行动，保护平民但后来包括美国、英国、法国都表示要把目标改成推翻卡扎菲政权，要把卡扎菲赶下台来结束军事行动。另外，利比亚反对派里的成分非常复杂，甚至怀疑与一些基地组织有联系，美国与欧盟对此也都非常担心，其中还担心恐怖分子混在难民当中进入欧洲。

上海国际问题研究所李伟健研究员认为，此次西亚、北非局势动荡最直接、最深刻的影响应该就是中东阿拉伯国家。阿盟在这次事件里显得非常无能为力，它没办法解决自己成员国的问题，最后只得去求助外援。也就是说，非洲阿拉伯国家与伊朗、土耳其作为一个整体在国际体系中的地位会下降。此次局势动荡也是一种转型，也是可以推动社会进步的。但旧的中东秩序被打破，新的中东秩序建立起来需要一段很长的时间。任何政治的进展难以摆脱本地区的历史宗教文化社会现实，所以它不会发生脱胎换骨的影响。西方通过这种集体行动或者阻止或者减缓世界政治权力向东方转移或者向世界其他国家转移，美国一直是采取政治现实主义，新兴大国的崛起，尤其中国的崛起，依然是美国当前一个主要的挑战。

北非局势动荡对本地区与国际社会造成的影响不仅局限于政治权力层面，对非洲和世界经济也造成了一定程度上的波动，尤其涉及非洲国家是否能克服自身的单一经济结构转向多元化方向发展与国际油价的问题。浙江师范大学中非商学院舒运国教授认为，这次动荡主要表现了这些国家经济发展基础的脆弱性，单一性的经济结构造成非洲国家对外部世界产生了极其严重的依赖性，使单一经济的中东国家始终处于一种依附状态。在这种结构下，世界经济特别是西方国家经济发展的形势，可以说直接制约着中东国家的经济发展。撒哈拉以南非洲国家经济也极其相似，单一经济结构占主导地位。非洲经过此次局势动荡开始对自己原来的经济结构再次进行了反思。经济一体化、加强南南合作都是必要的路径。浙江师范大学非洲研究院张晓峰副研究员用量化指标分析了此次北非局势动荡对世界经济的影响。他认为，此次北非局势动荡会推动国际油价大幅度上涨。对于中国与北非国家来说，要实现积极稳妥的经济合作特别是要推动双边贸易投资的发展，就要积极推进投资贸易风险评估和推进非洲国家政治建设。国有企业和私有企业这次所面临的风险，提醒了国家有关部委要加强对非洲政治风险的预警机制的完善。

四　中国处理非阿西关系的思想框架与话语建构

如何跳出就事论事，从更长远的角度来审视此次西亚北非局势动荡，尤其是回归到中国的立足点，从思想与理论的高度来看待非洲发展的未来趋势，从更宽阔的视阈来看中非关系的前景也是本次研讨会的重要议题。就中国处理非阿西关系的思想框架与话语建构，与会学者进行了深度研讨。

北京大学国际关系学院贾庆国教授认为，我们需要重新审视一下中国的对外援助政策。为什么要搞对外援助？第一是道义原则，也就是说人道主义的考虑；第二是价值的追求，包括稳定、发展、民主、自由、人权、环境等；第三是利益的角逐，利益的诉求包括对原材料的需要、对市场的需要、对在这个地区发挥影响作用的需要。中国应认真总结过去这些年对外援助的经验，虽然提出了很多对外援助的原则，但有的原则可能已经过时了，比如说当年中国的专家和当地的人民要享受同样的待遇，像这种问题在新时期怎么处理可能就需要重新考虑了。对外援助如何让受援国得益，就需要考虑到援助模式的调整，结合受援国国内经济、社会现实，例如受援国的就业情况。中国也要吸取其他国家的历史经验和教训，我们的目标既要利他也要利己，否则对外援助无法持续；要有规划，有规划才能使自己的对外援助，不要被特殊利益所绑架；要有条件，这个条件取决于我们的价值目标和利益；要依法进行对外援助；要制订系统的目标，定期对援助效果作出评估；要和其他国家合作，坚持以我对外援助目标为主的国际合作的方针，在这个过程中要保持我们必要的独立性。

浙江师范大学非洲研究院胡美博士认为，中国的援非实践体现了中国南南合作的发展观从政治领域到政治经济领域并重的演变，经历了单方面强调非洲的发展到中非双方共同发展这样的演变。中国对非援助理念已经发展成为一种以共同发展为本质的全新的生存文化理念，让双方在援助合作的方面共建互利共赢的格局。这个援助关系实际上也是一种权利关系，在中非交往的中国援助 50 年中，中国是从一个援助者开始慢慢变成了一个合作对象。50 年的援非历程见证了和承载了南南合作理念的成长过程，50 年的南南合作实质并没有发生变化，而它的内涵正在不断的深化和丰富。中国的援非实践了这样一个历史过程，开始是以朋友的身份向非洲国家提供不附加任何条件无偿的双向的平等援助，帮助非洲国家实现经济发展，向中国以合作者的身份与非洲国家围绕着互利双赢开展全方位的合作转变，中国南南合作理念成长的过程就是中非双方不断的创造、保存和强化彼此对南南合作的理解过程，是中非双方的独特智慧的结晶，也是对南方国家确立正确国际观念、意识关系的重要贡献。

从此次北非局势动荡中衍生出来的一个问题就是如何重新审视中国一贯坚持的不干涉内政原则。中国国际问题研究所所长曲星研究员认为，坚持不干涉内政原则但是必须要关注内政。如果某个国家发生了变化，丢失的不仅是在国际投票上的一票，还有大量的投资；同时，还有这个国家如果有很多中国公民的话，把公民撤回来，后续问题可能会相当的多。但不干涉，又怎么关注呢？现实的策略就是要两面下注，一方面跟主权国打好交道，同时也要跟它的反对派建立好的关系。所以现在的外交不可能像过去，考虑到中国现实利益的存在与维持，中国外交的传统思维可能在非洲或其他地区要发生变化。上海外国语大学国际关系与外交事务学院院长苏长和教授认为：不干涉原则不能动摇。但是，第一，不干涉内政原则束缚了中国的腿脚，不利于中国的海外利益和海外权益的维护。第二，在中国海外利益和海外权益受到侵害的情况下，是不是应该重新反思不干涉内政的原则，采取必要的行动对当地部门进行干涉，以保护中国的海外利益。第三，人道主义规范、人道主义灾难，这是被国际社会接受的一个规范，包括中国可以慢慢接受，在这种情况下我们怎么看待不干涉内政原则？不干涉内政的原则是中国特色外交思想理念的最重要的内容之一，也是中国在国际社会走和平发展，互利共生道路理念的基本保障，同时也是国际法的一个基本原则，在所有的大国里面，中国几乎是唯一一个最坚定最充分坚守国际法基本原则的国家。不干涉内政的原则为中国在发展中国家中赢得了很大的声望，成为中国国家形象的重要依靠，从这个角度来讲，不干涉内政原则是中国对外关系一个构成性的、基础性的规范。如果放弃不干涉内政原则或是怀疑这个原则的话，会使中国承担更多的不必要的国际责任。随着中国和世界相互关系的加深，西方国家要求中国承担更多的国际责任的呼声在上升，那么中国确实应该根据自己的能力尽适度的法定责任，但是我们一定要谨记以所谓的国际责任为名采取貌似合法的具体方式，行干涉内政支持的任何行为。外交是国家的一个公权，公权的使用应该是很慎重的。如果每个公民、每个企业海外权益受到威胁和侵害的时候，都轻易地动用外交公权的做法，将是公权的一个浪费。关键的问题是在出现外部认为我们要干涉内政的时候我们到底怎么来处理，以及理论上要给出一个合理的解释，好让他国能够接受。西方从不干涉内政原则向新的国际化原则转变的时候，它提出了人道主义新规范。

此次北非局势动荡，也反映出我国学术研究有着长期偏重西方大国的倾向，以及对非洲等地区的中小国家缺乏深入研究的现状。上海外国语大学中东研究所刘中民教授认为，中国亟待加强对中小国家的国别研究。在北非局势动荡发生以前，大家都认为突尼斯是非洲发展最好的国家。但是为什么却最终发生了剧变？后来发生的一些事态，比如说像卡塔尔和阿联酋这样的小国的行为方式，它们为什么区别于其他阿拉伯国家的经济发展，尤其是卡塔尔为什么会出现半岛电视台？卡塔尔在近几年来的国际事务中发挥了这么大的作用，包括它协调黎巴嫩总统难产等等问题。我们对中东北非形势的这种惊愕，在很大程度上与我们长期对这些中小国家的研究不够有很大的关系。所以，我们要从战略高度来认识中小国家研究的重要性；国家和社会都要加大投资，要有一定的眼光。

总之，本次研讨会从多维的角度对非洲发展趋势与中非关系前景进行了深入的探讨，与会专家或从自己对非洲的实践经验，或从专业领域出发阐述了相关具体问题。研讨会既有共识也有分歧，既有观点陈述也有观点交锋与辩论，形式多样，内容丰富。尤其是加强了直接从事对非工作的政府官员与从事非洲研究人员之间的合作与交流。国际关系区域问题的研究任重而道远，中国的非洲问题研究目前在很多领域还存有空白点。但是，无论是政府机构直接从事外交工作的官员还是从事国际问题研究的科研机构、高校的专家学者都不吝奉献自己的智慧与真知灼见，为此次研讨会画上了圆满的句号。

（责任编辑：周玉渊）

大使访谈回忆录

用私人记忆重现历史细节

——《中非大使系列访谈录》项目序言^①

飞 鸿[*]

　　口述史是中国史学的一大传统，而在缺乏书面文字的古代非洲社会，口传史更成为传承历史的基本方式。自 2010 年起，浙江师范大学非洲研究院在多位中国前驻非外交官的支持下，启动了中非关系口述史影像资料建设项目，并推出"中非大使访谈录"系列专栏。目前这一工作已经取得系列成果，将在国内相关刊物推出。这里，笔者就本项目实施的构想与期待略作说明。

　　这些年，因从事非洲研究工作，笔者结识了许多中国和非洲的老外交官。在不同场合的交流叙谈之中，不时听他们讲起过去年代所经历之种种趣闻侘事。这些多少带有传奇色彩的"故事"，这些只流传于坊间的"旧闻"，从一个特殊的侧面，呈现了过去数十年中非关系鲜为人知的一面。而这种带有强烈个人记忆色彩的讲述，实有助于重建当代中非关系史的细节原貌，让模糊了的岁月重新变得鲜活和感人。若能以专业方式将其记载下来，它就可转化成一笔珍贵的精神遗产，让当代国人的奋斗经历融汇到我们这个古老民族传承千年的记忆长河中去。

---

　　① 本文是作者为"中非大使访谈录"项目启动写的序言，相关文章将陆续登载于中国社会科学报。本项目由浙江师范大学非洲研究院赵俊博士、徐薇博士负责，得到了中国多位驻非大使尤其是中国驻喀麦隆前大使许孟水先生、《中国社会科学报》等个人和机构的大力支持，在此特致谢忱。

这里略举几例。

2003 年初，我在坦桑尼亚达累斯萨拉姆大学讲学。一天，我前往出席"坦中友好协会成立"大会。大会主席台设在一棵参天大树下，一排排大红灯笼挂在高高的波巴树上随风摆动。身着艳丽服饰的非洲嘉宾们纷至踏来，笑声朗朗。在浓荫掩映的大树下，一支钢鼓乐队把整个会场烘托得十分热闹，演员们不时用非洲味很足的汉语演唱着《在北京的金山上》、《坦中友谊之歌》等中国六七十年代的老歌，让我在这遥远的热带非洲丛林中有一种时空倒流、恍然如梦的感觉。

会间，我见到了中国人民的老朋友艾哈迈德·萨利姆先生，他曾担任过驻华大使、驻联合国大使、坦政府总理，也曾长期担任统一组织秘书长，后又担任非洲联盟特使和非盟苏丹达尔富尔问题首席调解员，是当代非洲著名的政治家。那天，他兴致很高，闲谈之中他说，"知道吗，我 27 岁就到你们国家去当大使了。我是在天安门城楼上，向你们的毛主席递交的国书呢"，他说的这些事，我过去也有所耳闻，不过接下来他又说，"我当驻华大使期间，有工作要见你们周总理，经常是在晚上九十点钟"，看着我有点困惑的样子，他补充说，"因为那时你们正在闹文化大革命，红卫兵天天造反，周总理只有晚上才有时间见外国大使谈工作"。

接着，我向萨利姆先生问起"联合国跳舞"的佚事是否属实，他听了哈哈大笑，点头称是。许多中国人可能都知道毛泽东说过一句话："是非洲朋友把我们抬进联合国的"，这当然是个形象的说法，但如把这话当真，那么这位萨利姆先生，可就是当时在联合国直接抬中国这把大轿子的非洲朋友了。1970 年，萨利姆由驻华大使改任驻联合国大使，其间一项重要工作就是为中国重返联合国努力。许多中国人也都记得一个感人的镜头，1971 年底联合国 26 届大会宣布中国重返联合国并担任安理会常任理事国时，一群年轻的非洲外交官马上在会场上载歌载舞，热烈庆贺，而其中一位就是萨利姆先生。联大会场这场即兴之舞，生动诠释了过去几十年中非友好关系的纯真自然的特性。但也因为这一跳，却让美国人记恨于心。10年后的 1981 年，非洲统一组织和不结盟运动在中国支持下，推举萨利姆为新一届联合国秘书长时，美国动用了 16 次否决票，而中国也对美国支持的候选人"一否到底"，坚持新秘书长必须由第三世界的人担任的底线。最后，联合国以折中方式推举来自秘鲁的德奎利亚尔出任秘书长。记得那天我问萨利姆，对于当年的跳舞之举后悔吗，他大笑起来，"怎么会后悔呢，那是最开心的记忆"。2009年，作为中国人民的老朋友，萨利姆与赞比亚前总统卡翁达等当选"中非友好贡献奖——感动中国的五位外国人"。在北京的颁奖大会上，萨利姆本人因事未出席，但年过八旬的卡翁达先生却远道而来出席了。

30多年前，卡翁达、尼雷尔、萨利姆一起成为中国援建坦赞国际铁路的直接推进与领导者。颁奖大会上，我作为"感动非洲的十位中国人"之一问卡翁达先生，是否还记得1974年2月22日与毛泽东会见的情形，他说记得很清楚。之所以提到这次会见，是因为毛泽东在与卡翁达会谈时，首次提出了"三个世界"观点，并说中国与非洲同属第三世界，而卡翁达本人，后来则提出中非是"全天候朋友"的著名论断。

显然，"同属第三世界"、"全天候朋友"这些时代词语，十分精妙地概括出那个年代中非跨越大洋建立平等互助关系的真实状态。作为当事人，萨利姆、卡翁达这些非洲政治家，与新中国几代领导人都有特殊的交往，有许多宝贵的私人记忆。这些记忆的记录与保存，应该是具有特殊的意义。

这几年，我与中国政府非洲事务特别代表刘贵今大使交往甚多。有一次，为配合国家领导人出访，我与刘贵今大使一起率一个大型的中国学者代表团赴南非和埃塞俄比亚，出席中非、中埃关系研讨会。在当代中国外交官中，刘大使是那些自我戏称"一条道走到黑"的职业外交官（按坊间戏言，外交官驻欧美国家为"白道"，驻亚洲国家为"黄道"，驻社会主义国家为"红道"，驻非洲国家为"黑道"，一生都做对非工作则为"一条道走到黑"）。这次出访路上，见了不少老友旧朋，闲聊之中讲起许多当年的往事。其中一段不经意说起的往事让我印象深刻。据刘大使说，他担任驻南非大使时，有一次去拜见曼德拉总统。这位在白人种族主义监狱中渡过27年的传奇人物，像老朋友一样招待中国大使，叙谈之中，他告诉刘大使，当年他与非国大一批政治犯被关在罗本岛上时，每逢十月一日中华人民共和国国庆日那天，狱友们在院子里放风，会用非洲人的握手方式，手掌相向，交叉连握三下，以示庆贺和相互勉励，"我们把你们的节日当做自己的节日，把新中国视为非洲的希望"曼德拉这样对刘大使说。听着这些故事，我脑海里不由闪现出一幅朦胧的画面，一幅过去只在小说《红岩》中读过的画面，不由会想，这遥远的非洲大陆，过去几十年会与中国形成这样特殊紧密的关系，其中必有着十分丰富而特殊的时代内容。

到埃塞时，刘大使又说起 20 世纪 90 年代初，他在此做外交官时，正碰上推翻门格斯图政权的内战，现任总理梅莱斯领导的埃革阵一路打回亚的斯亚贝巴。当时刘贵今作为临时代办留守使馆。占领首都的第二天，梅莱斯就约见了刘贵今。在刘大使看来，梅莱斯是一位极有智慧的领导人，他对刘贵今说，我们新政府希望与中国建立紧密友好关系，我们就是沿着你们中国人修的那条公路，开着坦克一路打到了亚的斯亚贝巴的。没几天，埃塞政府又邀请刘贵今在内的各国外交官，作为见证人，进老皇宫去见证将老皇帝海尔塞拉西一世夫妇的遗骸从皇宫一间卫生间水泥地下面挖掘出来的过程。

这样带有私人记忆的当代中非交往故事，我还听到许多。

新中国对非外交，是在一个特殊的时代背景下开启的。六七十年代的非洲大陆，正在从西方殖民体系中解放出来，而中国也在复杂的国际环境中艰难地探寻着属于自己的国际舞台。无论是非洲支持中国重返联合国、中国援建坦赞铁路，甚或与被称为"狮子王"的埃塞老皇帝海尔塞拉西一世的交往，都是六七十年代中国外交的重大事件，在这些事件的背后，有许多鲜为人知的几代中国外交官们在非洲广袤大地开拓新中国外交事业的故事。几十年前，在非洲做外交官，并不是一件容易的事，生活之苦，战乱之危，酷热之熬，思乡之愁，点点滴滴，都深存于当事人心底。多年来，我曾造访过非洲内陆深处多个中国使馆、领馆，虽然现在条件大有改观，但当年之艰苦创业，依然可想而知，因而对新中国几代驻非外交官，我总怀有一份敬佩之情。他们中的许多人，年事已高，甚或仙逝而去，而健在的每每记起当年的经历，总是充满怀念的情感。他们的经历与记忆，他们的情感与思考，本是我们这个民族在过去百年奋斗的一份精神遗产，自当留存下来，汇入民族国家的当代集体记忆与情感中。但是，由于时代环境的限制，这方面的工作开展得还很不够，目前出版的中国外交和中非关系的著述，往往多是一些概念性的框架或官方原则的宣示，缺乏历史的细节及个人的存在，这多少令人遗憾。

当代中非关系正在经历重大变化，面临的机遇与挑战也与日俱增。在此时刻，重温历史，当有特殊的时代意义与追求。历史既是人深藏于心的一种感怀往事思乡忆旧的情感，也是一种特殊的理性智慧与治国方略。中华民族历来重视历史对于现实的垂训作用，早在文明之初就懂得了"史之为鉴"且"得可资，失亦可资"的道理，提出"治天下者以史为鉴，治郡国者以志为鉴"。为取鉴以经世，疏通以知远，史学家们缘始察终，见盛观衰，以总结"人事"之得失来解释兴亡之运，盛衰之迹，从而"垂鉴戒、定褒贬"。历朝历代均汇集天下史才，记载先人事功，评价前人得失，所修之史典史册可谓如烟如海，湟湟泱泱。然而文献正史只是历史记述的一部分，它可能略去了太多的历史细节，隐去了更为重要的历史人物的个体生命与情感。因而通过历史经历者的口述来重现历史细节，复活历史的鲜活生命，却也是中华史学的传统之一。太史公司马迁著史百三十篇，以人物纪传体记事录言，故而两千年以下今人读来，感人之作多还是那些通过访谈记载下来的传记文字。

于是，我们设想，应该启动一个系统的精心安排的当代中非关系口述史项目，系统访谈中非双方的老大使、前政要，记言录事，传留后人。今天，史家可借用更先进之技术手段，借用专业之设备来系统访谈当事人，以勾勒岁月细节，复原历史全貌。不过，口述史学自有一套专业之规程与要求，所访对象，所谈话题，所录故事，皆需要按照口述史学之要求作专业安排与技术准备。虽然历史本身充满情感，而口述史学的私人记忆和个体讲述属性，又使其难免带有很大的主观色彩与个人偏好，这就要求采访、记述、编辑、存档各个环节，都应努力遵循客观中立的原则，访谈过程和所提问题，旨在还原史实，客观实录，不可介入访谈者个人之好恶。访谈人对受访者之个人经历、时代背景、事件环境，也当周详准备，事先做好案头工作。访谈后对访谈结果作出专业性的分类、编辑、制作，形成可供阅读、视听的文字和影音材料，使其成为有史料价值和启示后人的口述史成果。如此，则既为中非关系史的研究，留下一笔宝贵的史料财富，也让当代国人的外交奋斗经历融汇到中华民族传承千年的记忆长河中去。

重视做好小国领导人的工作

——回忆邀请吉布提总统盖莱访华情况

孟宪科[①]

　　2001 年 3 月 20—26 日，吉布提共和国总统伊斯梅尔·奥马尔·盖莱应邀对我国进行了国事访问，这是他 1999 年 5 月上台执政以来首次对我国进行的访问，为进一步巩固和发展两国友好合作关系作出了积极贡献。我作为中国驻吉布提大使，曾在邀请盖莱访华期间做过一些工作，有关情况仍值得回忆。

　　记得吉方最初同我谈及盖莱总统访华是 1999 年 9 月 29 日，那天晚上使馆举办庆祝我国庆 50 周年招待会，吉总理、议长及多位部长应邀前来参加，气氛十分热烈。招待会临近结束时，吉外长阿里·阿布迪·法拉赫才匆匆赶来，他说他陪盖莱总统去纽约参加联合国大会，下了飞机把行李放回家，就急忙赶来参加我们的国庆招待会。看着他满脸风尘的样子，我急忙向他表示感谢。交谈中他特别高兴地告诉我说，盖莱总统在纽约参加联大期间会见了中国外长唐家璇，双方进行了十分友好的交谈，唐家璇表示欢迎盖莱总统再次访华。他说盖莱当选总统后非常希望能再次访华，他现在正考虑什么时候去中国访问最合适，待他决定后再同我们商议。国庆节过后不几天，即 10 月 5 日，吉总统府典礼局长沙盖先生就打电话约我到他的办公室，说是要谈总统访华问题。我应约赶到他的办公室，沙盖

---

　　① 孟宪科，1997.10—2000.10 任中国驻吉布提大使；2000.11—2002.08 任中国驻布隆迪共和国大使。

笑着对我说，盖莱总统很想有机会访华，最近在联大听到中国外长唐家璇欢迎他访华的谈话后十分高兴，经慎重考虑，他决定明年 3 月访华，如中方在安排接待上有困难，明年 4 月上旬访华也可以。最后沙盖表示希望我能尽早给他一个满意的答复。

据我馆了解，盖莱当选总统后确有进一步发展中吉两国友好关系的愿望，并有尽早实现正式访华的打算，为此也曾多次进行过试探，但出于自尊，他希望首先得到中方邀请。唐外长在联大会见他时的谈话恰好被他理解为对他的访华邀请。因此，他在回国后很快提出要在 2000 年 3 月访华。鉴于盖莱要求访华事关重大，我在同沙盖谈话后即将有关情况报告国内，并建议国内有关部门积极考虑，尽快给予安排。在等待了一个月之后，即 11 月 5 日国内有关部门给我馆的复示中称，中方对盖莱总统要求访华原则上表示欢迎，但鉴于明年（2000 年）要求访华的外国领导人很多，从目前看，安排盖莱明年访华有一定困难，中方需要统筹考虑，以便找到一个对双方都方便的访问时间。11 月 8 日，我遵照上述指示精神分别约见吉外长法拉赫和总统府典礼局长沙盖，就盖莱访华问题向他们作了耐心的解释和说明。他们对我接待困难口头上表示理解，但也流露出一些失望。法拉赫外长强调："是吉布提最友好的国家，盖莱总统要求明年 3 月访华是出于对中国的真诚友好和信赖，既然中国朋友认为明年接待有困难，我们期待你们尽快安排一个更为适合的时间。"

为积极发展中吉两国友好关系，妥善处理盖莱总统访华问题，我接连两次召开馆务会听取意见。同志们一致认为，盖莱总统要求访华确系出于对我真诚友好，唐外长在联大期间会见盖莱时作了欢迎他再次访华的表态，充分体现了我对非洲友好国家的一贯政策，我馆应继续就盖莱访华时间问题向国内提出建议，争取能尽快安排一个具体的合适的访问时间，给吉方一个明确的答复。同志们还围绕盖莱访华以及如何进一步加强两国友好关系谈了一些看法和建议，主要是：

（一）盖莱当选总统后要求访华并急于出访一些友好国家，目的在于展示自己为民选总统的形象和风采，广交朋友，提高自己的威望，争取国际社会的广泛支持。盖莱 1947 年 9 月生于埃塞俄比亚的北部小镇迪雷达瓦，他作为古莱德总统的侄子，在吉独立后长期担任总统办公室主任。因吉不设副总统，加之古莱德总统已年迈，盖莱实际上一直扮演副总统的角色。1999 年 1 月，吉莱德宣布卸任总统职务，盖莱在同年 4 月 9 日的大选中顺利当选总统。但是，包括吉布提反对派在内的许多人并不认同盖莱是民选总统，他们坚持认为盖莱是吉莱德指定的"王位继承人"，是"世袭总统"。因此，盖莱上台后在努力促进国内和解、积极争取民心的同时，也想尽快走出去，谋求国际社会的认同和支持。法国总统希拉克在盖莱就任总统后即派其非洲顾问专程赴吉邀请盖莱访法，盖莱随即应邀访问了法国，并访问了意大利、加拿大等西方国家以及埃塞俄比亚、肯尼亚、利比亚、阿尔及利亚等非洲国家。鉴于中国在国际上的重要地位和影响，以及前总统古莱德同中国建立的十分友好的关系，盖莱执政后也想通过访华寻求中国的支持和援助，进一步密切同中国的友好关系，我宜作出积极回应。

（二）我应抓住吉布提新老总统交替的机会，积极主动地做好盖莱总统和吉上层当权派的工作，进一步巩固和加强两国间的传统友谊。同志们回忆说，20世纪六七十年代，毛主席、周总理和邓小平等老一辈领导人积极支持非洲国家争取民族独立和维护国家主动权的斗争，同许多非洲国家的领导人结下了深厚的友谊。但是，自90年代初以来，多数非洲国家在西方民主思潮冲击下实行多党制，由此导致一些国家政局持续动荡，政权频繁更迭，一些新上台的领导人带有明显亲西方的倾向，极少数国家的领导人甚至见利忘义，同西方反华势力结合在一起。面对不断发展变化的新形势，为巩固和发展同非洲国家的传统友好关系，我应进一步加强对非友好工作，特别是要善于抓住非洲国家领导人新老交替的有利时机，多做这些国家新领导人的工作。同志们谈到，吉布提前总统吉莱德是我国人民熟悉的老朋友，由于他坚持对华友好，中吉两国建交20多年来友好关系一直保持发展势头。盖莱属非洲新一代领导人，如我能不失时机地邀请他访华，由我领导人亲自做友好工作，就有可能使两国友好关系保持长期稳定发展。同志们还谈到，近些年来我们积极开展大国外交，进一步增强了我国作为发展中大国的地位和影响。但是，广大发展中国家，包括多数非洲穷、小国家依然是我们的忠诚朋友和坚强后盾，它们在联合国等国际组织都拥有可贵的一票，认真做好它们的工作，将会使我们在诸如台湾，人权等涉及我重大利益的斗争中长期立于不败之地。

（三）认真做好盖莱总统和吉上层当权派的工作，也是防范台湾当局施展"银弹外交"、进一步巩固我外交阵地的需要。吉布提虽是一个只有2万多平方公里的非洲小国，但由于它位于非洲东北部的亚丁湾西岸，扼红海进入印度洋的要冲曼德海峡，连接非、亚、欧三大洲，战略地位十分重要。吉布提港口为东非地区重要深水港（有 13 个深水泊位，可停靠 4 万吨级货轮及 14 万吨级油轮），吉布提机场可起降各种大型客货机，是通往非洲内陆国家的重要中转站，因此，法国一直把吉布提当作自己的战略要地，在吉设有海、陆、空军基地，常驻军约 3000 多人，占其在非洲驻军的 70％。台湾当局多年来一直企图涉足吉布提，并竭力施展"银弹外交"的卑劣手段对吉进行拉拢和收买，也是看中了吉布提的重要战略地位。由于吉莱德总统重视对华友好，长期坚持一个中国的政策不动摇，致使台湾当局的阴谋未能得逞。在新的形势下，我必须继续提高警惕，努力做好盖莱等上层当权派的工作，决不可掉以轻心。认真听取和思考馆务会上同志们提出的意见和建议，使我进一步认识到妥善处理盖莱访华对两国关系的发展有着至关重要的作用，又鉴于吉方仍就盖莱访华时间问题不断进行催询，于是我在 1999 年 12 月 6 日给唐家璇外长和吉佩定副外长写了一封信，主要内容是希望能尽快明确盖莱总统的访华时间，为此我建议最好能安排在 2000 年，如确有困难，也可考虑推迟到 2001 年，但需要尽快给吉方一个明确的解释和答复。另外，我在信中还提出一些加强对非工作的建议，其中主要强调要抓住非洲国家政权交替的有利时机，积极主动地多做非洲国家新领导人的工作，以利争取和团结更多对我友好的新朋友，这对巩固我国同非洲国家的传统友谊，抵制台湾当局的"银弹外交"，实现祖国的和平统一都具有重要意义。我还谈到，盖莱 52 岁当选总统，尚属较年轻的非洲新一代领导人，如我能抓紧时机做好他的工作，使他进一步增进对中国的友好感情，就有可能使中吉两国友好关系在今后 15 年至 20 年内保持平稳发展。

　　2000 年 1 月 11 日，我馆收到国内指示称，盖莱总统是中国人民的老朋友，总统希望访华是对中国的友好表示，中方对此非常重视。但由于今年我领导人日程已排满，年内安排接待盖莱访华确有困难，中方愿积极考虑安排盖莱总统于 2001 年访华。1 月 22 日我在会见盖莱时根据国内指示精神对其访华时间安排作了解释和说明，盖莱表示充分理解并表示感谢。他说，我曾多次访华，我很钦佩中国。对于吉布提人民来说，中国是最好的朋友和排在第一位的合作伙伴。我正是基于要进一步加深吉中友谊这一良好心愿才提出访华要求的，我相信中国朋友会对我的访问作出最恰当的安排。由此可以看出，盖莱对我方安排他于 2001 年访华还是满意的。此后我从国内主管部门了解到，由于我国主要领导人日程安排所限，2001年只能接待 10 起外国元首访华，盖莱总统能够列入其中，多亏唐外长的关心和吉佩定副外长的亲自安排和多方协调，这也充分说明外交部领导对做好非洲小国领导人工作的高度重视。

2000 年 10 月，我奉命转到驻布隆迪使馆工作。但我对中吉两国友好关系的发展仍十分关注，并了解到盖莱总统按预定时间于 2001 年 3 月 20日至 26 日对我国进行了国事访问，访问期间江泽民主席同他举行了会谈，李鹏委员长和朱镕基总理分别会见了他。盖莱总统在会谈和会见中均重申吉将坚持一个中国的立场，并表示在包括人权等重大问题上坚定地站在中国一边，捍卫中国的立场，进一步加强同中国的合作，反对任何削弱中国、干涉中国内政的图谋。盖莱还表示，为进一步密切同中国的友好合作，吉方决定尽快在中国设立大使馆。盖莱此次访华取得了圆满成功，为新时期两国友好关系的发展奠定了坚实的基础。

但是，台湾当局错误地估计形势，仍然把吉布提列为向东非地区渗透的重点国家。据了解，2002 年初台湾当局曾收买一乌干达富商做说客，谋求同吉布提发展官方关系，还事先准备好了一整套同吉布提建立官方关系的文件。当关金地大使了解到此事并同吉方接触时，盖莱总统明确表示吉将继续坚持一个中国的立场，不会有任何改变。吉总理迪莱塔表示，吉将坚定奉行一个中国的政策，并为有中国这样伟大的朋友而自豪。吉外长法拉赫表示，吉虽是小国穷国，但有尊严，不会出卖朋友，不管台湾出多少钱，吉中友谊是无价的。吉方如此鲜明地表明将继续坚持一个中国的立场，这对台湾当局无疑是当头棒喝，使其向吉渗透的图谋再次遭到失败。

2003 年 8 月，吉布提外长法拉赫应邀访华，他在同李肇星外长会谈时表示，吉将坚定奉行一个中国的政策，支持中国为实现国家统一所作的努力，反对任何制造"两个中国"或"一中一台"的图谋，不与台湾当局建立任何形式的官方关系，反对台湾以任何形式参与联合国。吉政府坚信台湾终将与香港、澳门一样回到中国的怀抱，中国人民必将取得祖国统一大业的最后胜利。总的看来，中吉友好关系在盖莱执政后仍在继续稳定向前发展，相信今后只要我们双方共同努力，两国友好关系必将进一步巩固和发展，展现出更加美好的前景。

我在吉布提任大使的 3 年中深深体会到，我国外交的根基始终在第三世界，在广大发展中国家，无论将来我们的外交事业如何发展，都要重视做好广大发展中国家的工作，重视做好非洲穷、小国家的工作。只要我们始终不渝地坚持这样做，我们在国际上就会拥有最广大的忠诚朋友，我们在同国际反华邪恶势力的博弈中就将永远立于不败之地。

（责任编辑：赵俊）

我在布隆迪的这几年

冯志军[①]

  2001 年 9 月，我来到布隆迪出任中国驻布隆迪第 10 任大使。布隆迪地处非洲中东部，面积仅 2.7 万平方公里，人口 700 余万，平均海拔 1500 米左右，濒临非洲第二大湖——坦噶尼喀湖，适度的海拔加上大湖的滋润，造就了布隆迪四季如春的温润气候和湖光山色的旖旎风景，因此享有"非洲瑞士"的美誉。

  这个风景秀丽的蕞尔小国，如同其他许多非洲国家一样，20 世纪 60 年代末和 70 年代初曾先后发生大规模部族冲突，占人口仅 14％的图西族由于掌握着军权，致使占人口 85％的胡图族数万人被迫逃往邻国避难。1993 年西方国家强加给非洲国家的多党民主并没有给这个多灾多难的国家带来人们所期待的和平和安定。首位民选胡图族总统就任刚几个月，便被图西族政变军官杀害，由此引发长达 13 年的内战，造成 30 万人丧生，80 万人沦为难民。在这一漫长过程中，布隆迪和平进程由于各种因素的干扰，时断时续。2000 年在地区国家和国际社会的斡旋下，布政府、议会与图西、胡图两族政党签署《布隆迪和平与和解阿鲁沙协议》，为政局稳定和民族和解奠定了基础。2001 年 11 月根据地区调停人、南非前总统曼德拉提出的 3 年过渡期分权方案，图西族总统布约亚出任过渡期前 18 个月的总统，胡图族副总统恩达伊泽耶担任过渡期后 18 个月的总统，2005 年 6 月举行立法选举。我就是在这样的背景下赴任的。

  上任前，李肇星部长和杨文昌副部长在和我谈话时两个人说了完全相

---

① 冯志军，2002.09—2007.02 任中国驻布隆迪共和国大使。

同的话：守住阵地。我暗中思忖，领导这样交待，应是有充分理由的。其实，由于我本人就在非洲司工作，对布隆迪的形势还是比较了解的。我想，主要是两个原因对中布关系有较大影响。一是，多年的内战，加之国际社会和地区国家的经济制裁，使布隆迪的经济雪上加霜。这就易为台湾的"银弹外交"吸引；二是，政府是过渡政府，在任的领导人目光短视，易为重利所诱。我到任后不久发生的台湾诱拉布隆迪议长的事实就说明部领导的指示是有的放矢的。针对布局势动荡、权力更迭频繁的具体情况，为使两国关系平稳发展，不受诸多因素的影响，这几年来我主要在交友和形势调研方面下了大的工夫。我的体会是：

（一）审时度势，深交朋友。在非洲多年的工作使我深刻体会到，非洲工作重点是做人的工作，特别是做关键人物的工作。当时主导布政坛的有两大政党：乌党和民阵，但双方关系微妙。乌党是执政党，民阵是参政党。根据国内指示，我一方面立足当前，进一步做好对在位政权高层的工作，继续夯实两国两党间的传统友谊。我在履新后前半年里，主要做了总统、外长、国防部长以及乌党主席的工作，特别是外长的工作。外长在过渡期的第二阶段，仍留任，是布隆迪外交的掌门人，有很大权限。2005年在联合国安理会改革问题上始终和我保持联系，密切配合我外交斗争。另一方面立足长远，加强对过渡期第二阶段执政党民阵的工作。但在同民阵领导人交往中有一个深浅的"度"的问题，就是说，要对布约亚届时能否交权有一个准确的估计。如果布约亚到期不交出权力，而我们同民阵又交往过多，这必然会引起布的不满。而如果届时布能按时交权，而我们之前又疏于同民阵交往，民阵执政后可能对我们很冷淡。因为，民阵在过去很长一段时间只是参政党，党内许多高层人士刚刚从国外避难归来。我们虽然在过去与该党有交往，但关系不深。因此，要不要做民阵的工作，能不能做好民阵的工作，是一个事关双边关系的大问题，必须慎重处理。我馆经过深入讨论，一致认为布约亚1993年多党选举失败后能把权力交出来，说明他是一个能守信用的人。这一次，他不大会食言，授人以柄。在此分析的基础上，我在对外活动中相机加大了做民阵主要领导人工作的力度，通过走访、宴请，我同民阵高层建立了较深人脉关系，为过渡期第二阶段双边关系继续深入发展奠定了基础。由于使馆工作做在了前头，2003年4月，布约亚如期将总统权力移交给恩达伊泽耶后，中布两国关系不仅未受收交权影响，而且继续稳步发展。实践证明，我馆的工作是成功的。

（二）准确判断，掌握主动。进入 2005 年，人们的眼球主要集中在布后过渡期的选举上，谁会成为大选赢家，众说纷纭，莫衷一是。此时，布政坛格局出现了新的变化。2003 年，以前一直在高山深林坚持反政府武装活动的布隆迪保卫民主力量（FDD）同政府经过谈判，达成协议，放下武器，加入政府。布政坛形成三强鼎立格局。布隆迪保卫民主力量下山后，第一个接触的使团是我馆，该运动领导人对我说，他们之所以能在山上坚持武装斗争，靠的全是毛主席的游击战理论，所以他们对我们有一种亲切感。我在 2003 年秋回国述职休假时，曾向司、处领导汇报过布隆迪保卫民主力量的情况，得到有关领导的支持。当时，我们认为不管未来哪一个政党执政，布隆迪保卫民主力量都是一支不可忽视的政治力量，需要去做他们的工作。当布隆迪保卫民主力量下山初期，由于经费困难，人员安置又得不到保障，出现伤、病员向我提出资助时，我适当给予满足。他们非常感谢，认为是雪中送炭。2003 年 12 月，中联部非洲局派团来布考察，当时尽管布隆迪保卫民主力量还未注册成为合法政党，但我馆建议考察团与其会见，并由此建立正式关系，一年后，布隆迪保卫民主力量又应中联部邀请，对华进行访问。我同该运动的许多领导人成了好朋友。

大选前，联合国及法国、比利时等与布隆迪有特殊关系的外交官均认为，民阵是胡图族最大政党，曾在 1993 年以绝对优势击败了长期执政的乌党，现在又在台上执政，获胜的有利条件多于任何一方。布隆迪保卫民主力量虽在加入政府后表现出强势，但毕竟没有从政经验，也缺乏组织能力，胜出的可能性不大。但我在同各方人物接触时逐渐形成了另外的看法。影响选情的因素固然很多，但最关键的一些因素却没有引起他们的注意。这就是：一，民阵领导人很腐败，民怨鼎沸。人们也许习惯于认为，非洲领导人哪一个不是中饱私囊的贪官？他们可能对此不以为然。但我认为，民阵领导人做得太过分，可以说是明目张胆。总统在当政的短短一年半时间内，不仅在总统府外修建房屋，而且在其家乡也大动土木。俗话说，物极必反。二，最重要的是，布隆迪保卫民主力量为数众多的士兵回到了他们的家乡，有的还携带着枪支，这对一般民众是一种威慑。三，布隆迪保卫民主力量的一批官兵根据协议进入了军队，使胡图族人有一种安全感，他们当然要投布隆迪保卫民主力量的票。基于此判断，我馆在选举前做了大量有针对性的工作，进一步加大与布隆迪保卫民主力量重点人物沟通的力度。选举结果不出我们所料。布隆迪保卫民主力量从一开始就显现出强势，并一路势如破竹，党主席恩库伦齐扎顺利当选总统。恩库伦齐扎在当选总统后便表示，中国的发展成就永远是布隆迪学习的榜样，他当选后将继续发展两国友好关系，并将中国列为第一个出访的国家。

　　总而言之，我在布隆迪的这几年正是局势动荡、最高权力变换频繁的时期，由于我馆对政局走势事先判断准确，并有针对性地开展工作，每一次的政权更迭不仅未给两国关系带来波动，而且还有了新的发展。在此，令我感到欣慰的是，我在自己的任期内，为两国关系的发展做了力所能及的工作。我相信，随着中非关系的进一步发展，中布关系也会迈上一个新台阶。

（责任编辑：赵俊）

资料库

尼日利亚当代新闻传播事业浅述①

张月盈

【内容摘要】尼日利亚是撒哈拉以南非洲的经济与人口大国，在文化与新闻传播领域也是一个重要国家。独立以来，尼日利亚新闻传播事业有了明显的发展，大体上形成了完整的现代新闻传播体系，其媒体规模、从业人口、社会影响力都位居非洲国家前列。但受经济状况起伏盛衰的影响，尤其是受政治动荡、族际冲突的制约，尼日利亚当代新闻传播事业一直面临种种发展困境，目前的总体水平还是很低的。尼日利亚新闻传播事业面临的问题，在整个非洲大陆新闻传播事业领域既有普遍性，也有其特殊的一面。

【关键词】尼日利亚；新闻传播；现状 特点

【作者简介】张月盈，浙江师范大学非洲研究院科研秘书，国际传媒学硕士。

20 世纪中后期，信息传播技术的飞速发展改变了各国原有的产业格局，并成为引领经济发展、促进政治变革的强劲动力。美国社会理论大师丹尼尔·贝尔因此预言人类将进入后工业社会阶段。② 尽管相关的概念演绎往往忽略了现实世界中民族国家体系的核心—边缘不平等格局，但客观

---

① 本文为张月盈主持的浙江师范大学 2008 年校级课题"尼日利亚当代新闻传播事业概论"项目的成果。

② 参见［英］丹尼尔·贝尔《后工业社会》，科学普及出版社 1985 年版。

事实上，在全球化日愈扩散和深入的大背景下，新闻传播业或现代信息传递方式正在快速地将第三世界国家卷入到全球一体的进程中，并对后发型国家的经济发展、政治进程、社会变革产生着日益深刻的冲击与影响。

在非洲各国的新闻传播事业中，当代尼日利亚的新闻传播业无论是产业规模还是现代化水平都位居前列。目前国内对当代非洲新闻传播事业的研究方面还比较欠缺，但国际上的研究已经比较丰富，一些非洲本土的新闻研究者的文献已涉及西方国家对非洲新闻传播事业的控制、不平等的国际新闻秩序对非洲新闻传播业的影响，新闻传播事业与国家民主制度建设，新闻自由与国家政治发展之关系等问题。但总体上看，对非洲国别新闻进行研究尚比较薄弱。本文以尼日利亚这个新闻传播业相对比较发达的国家为案例，对其当代新闻传播事业发展情况及现状作一初步探析。

一　尼日利亚新闻事业的成长与发展现状

尼日利亚全称尼日利亚联邦共和国（The Federal Republic Of Nigeria），是一个宗教、民族、语言与文化复杂多样的国家，也是现代媒体出现比较早的非洲国家。尼日利亚国土面积92.3万平方公里。2008年全国人口普查数据显示，尼日利亚全国人口已突破1.4亿人，人口占据非洲各国之最。尼日利亚有250多个部族，其中最大的是北部的豪萨—富拉尼族（占全国人口29％）、西部的约鲁巴族（占21％）和东部的伊博族（占18％）。官方语言为英语。主要民族语言为豪萨语、约鲁巴语和伊博语。居民中50％信奉伊斯兰教，40％信奉基督教，10％信仰其他宗教。尼日利亚实行联邦制。设联邦、州和地方三级政府。1996年10月重新划分行政区域，全国划分为1个联邦首都区、36个州以及774个地方政府。

尼日利亚是非洲古国，著名的诺克、伊费和贝宁文化使尼日利亚享有"黑非洲文化摇篮"的美誉。作为一个非洲古国，尼日利亚早在19世纪下半叶就出现了一批宣传民族独立的报刊。1859年在拉各斯以北的阿彪库塔市出版了第一份约鲁巴语报纸《伊维·伊洛辛》，1863年在拉各斯出版了第一份英文报纸《英国非洲人》。进入20世纪后，报刊日益成为民族主义者反对殖民主义统治的重要工具之一。1925年出版的《拉各斯每日新闻》、1937年创办的日报《西非向导报》，曾在西部非洲有过重要影响。

《西非向导报》的主编阿齐克韦曾经留学美国，后来步入政坛，担任了独立后的第一任总统。

尼日利亚独立以后，作为非洲最大的产油国，经济持续上升，报刊数量也大有增加，从十几种猛增到几十种。但长期以来，尼日利亚国内政局不稳，先后建立过两届文人政府（1960—1966 年，1979—1983 年），发生过 7 次军事政变。在文人政府期间，报业比较繁荣，但报刊纷纷卷入党派斗争，成为各派政治力量的舆论工具。文人政府被推翻后，新上台的军政府往往停止政党活动，严格管制新闻事业。政治动荡影响了尼日利亚新闻事业的发展进程，曲折反复现象十分严重。不过从总体上看，尼日利亚的新闻传播事业还是不断前行的。

按照尼日利亚报业评议会（Nigerian Press Council）的统计，截至 2008 年，该国纸质出版物约 400 种，其中，报纸 261 份，杂志 63 份，16 种使用部族语言的出版物，44 种专业杂志，16 种宗教出版物。目前尼联邦和各州政府设有主管宣传事务的新闻部。报业体制为公私并存，既有政府经办的，又有私人经营的。由于贫困人口多（70% 处于贫困线以下），人们往往无力购买报纸，加上文盲多，受过教育懂得英文的更少，所以报纸的普及率很低。

目前尼日利亚国内影响较大的日报有：

《每日时报》（Daily Times）：英文日报，创办于 1925 年，在拉各斯出版。早期由英国《每日镜报》集团经营，后来全部股权被尼日利亚人收买。1975 年 8 月，当时的军政府收购了该公司 60% 的股权，以后该报一直在政府控制之下，但商业性较强。每天出 40 版左右，大部分为广告，日发行量 30 万—40 万份。每日时报公司是尼日利亚最大的报业集团，拥有《每日时报》、《星期日时报》、《商业时报》、《每晚时报》、《国际时报》（英文周刊）等 15 种报刊，在全国影响很大。

《新尼日利亚人报》（New Nigerian）：1965 年在北部城市卡杜纳创刊，每天出英文和豪萨语两种版本，内容基本相同。原来是北部各州政府共有的报纸，代表北方豪萨族利益，1975 年 8 月联邦政府收购了全部股权，从此一直反映政府观点。每天 24 版，日发行量 15 万份。

《卫报》（The Guardian）：英文日报，创刊于 1983 年，由私营的卫报有限公司在拉各斯出版。1994 年因要求政府尽快还政于民，被勒令停刊，1996 年复刊。每天 48 版，发行量 50 万份左右。该公司还出版晚报、周刊等。

《民族和睦报》（National Concord）：私营英文日报，1980年在拉各斯创刊。原来主要反映民族党观点，1984年政府取缔一切政党活动后，该报作为私营报纸继续出版，而且影响日增，发行量曾达25万份（1989年）。1994年因公开要求军政府还政于民，被勒令停刊，1995年重新出版。现在每天24版，发行15万份左右。民族和睦报业公司还出版《星期日和睦报》、《周末和睦报》、《商业和睦报》、《非洲和睦》杂志等10多种报刊。

《笨拙报》（Punch）：又称《左勾拳报》或《猛击报》，其名称来源于英国著名幽默杂志《笨拙》（punch），是尼日利亚主要报纸之一，读者群广泛。创刊于20世纪60年代，现由尼日利亚笨拙有限公司在拉各斯市编辑出版，其发行量在12万份左右，每日24版。《笨拙报》在尼日利亚有着很强的社会影响力，尤其是在政治与文化领域。一直以来，它始终坚定不移地贯彻落实向海内外招募最优秀的新闻人才。它获过新闻界的各种奖项，包括由拉各斯联邦政府颁发的年度钻石奖。

二 尼日利亚新闻通讯与广播电视

据尼日利亚官方公布的资料，迄2008年，尼日利亚全国有大小通讯社10余家，电台147家，电视台183家，其规模高居撒哈拉以南黑非洲国家之首。

1. 通讯社

尼日利亚通讯社（News Agency of Nigeria，简称NAN），于1976年5月10日开始筹建，正式成立于1978年10月2日，是尼日利亚官方通讯社。

尼日利亚通讯社致力于建设成为尼日利亚乃至整个西非地区最具公信力与权威性，并能在第一时间提供各类咨询的通讯社。尼日利亚通讯社成立以来，既注重媒体发展过程中所必须的技术改造工作，同时也加强提升服务质量方面的研究工作。它通过快速而准确地提供全面、客观、公正的信息努力保持自身在整个非洲大陆所有通讯社中的领头羊地位。

该社目前分上、下午两次发新闻稿，以国内新闻为主，国际新闻靠外电，设有特稿部。在国内 21 个州的 36 个城市和新首都阿布贾都设有分社，在国外内罗毕、伦敦、纽约、华盛顿、新德里、莫斯科设有分社并派常驻记者。同美联社、路透社、法新社、新华社、塔斯社等十多个通讯社签订了新闻交换协议或销售协议。泛非通讯社西非地区总分社的共组亦是由尼日利亚通讯社承担。尼日利亚通讯社是尼日利亚和西非国家的主要新闻消息源，享有很高的声誉，它有 500 多名记者，每天报道发生在全国各地的重要新闻事件。

尼日利亚通讯社主要服务于该国的新闻媒体，即报纸、杂志、电台及电视台，他们从通讯社获得一些自身无法获知的消息。尼日利亚通讯社的信息产品是多元化的，它实时提供国内外的金融市场与资本市场的咨询，并向商业团队、学术机构、各国大使馆甚至是私人出售这些信息。世界各大通讯社、西方一些主要媒体也都在尼日利亚设有分社或派有常驻记者，或聘用当地人作报道员。

2. 广播电台

尼日利亚广播事业起步于英国殖民时期的 1933 年，当时被称为信息发射站（Radio Diffusion Service，简称 RDS）。它主要是通过喇叭（lous-peakers）向特定的人群传送英国广播公司（BBC）的节目内容。1950 年 4 月，RDS 发展为尼日利亚无线广播公司（Nigerian Broadcasting Service）并在拉各斯（Lagos）、卡杜纳（Kaduna）、埃努古（Enugu）、伊巴丹（Ibadan）、卡诺（Kano）这 5 个城市建电台。1957 年 4 月 1 日，尼日利亚国会通过法案重组尼日利亚无线广播业务，并更名为尼日利亚广播公司（Nigerian Broadcasting Corporation，简称 NBC），并规定了他的使命，"向公众提供独立的、无偏见的广播信息"（To provide，as a public service，independent and impartial broadcasting services）。[①] 之后尼日利亚广播公司的触角逐渐伸进了该国每一个州。20 世纪 60 年代后期，尼日利亚联邦国会修改 NBC 规定，允许广播电台插播商业性广告。1962 年增设了对外广播，定名为"尼日利亚之声"，用英语、法语、豪萨语、阿拉伯语和斯瓦希里语等 7 种语言每天播出 18 个小时，是西非仅次于加纳电

---

① 参见 Nigeria Year Book 1962，Daily Times of Nigeria，1962. pp. 151—153。

台的国际电台。

1978 年 NBC 与尼日利亚北部广播公司（Broadcasting Corporation of Northern Nigeria）联合重组，成立尼日利亚联邦广播公司（Federal Radio Corporation of Nigeria，简称 FRCN）。尼日利亚联邦广播公司受联邦政府新闻部领导，由联邦政府任命的总局长负责日常工作，总部设在拉各斯，在全国有 20 个州级分台。播出三套全国性节目，使用英语、豪萨语和民族语言广播。

广播是尼日利亚受众人数最广媒体形式，这与大众传播事业比较发达的国家有所不同。一般而言，报纸作为历史最悠久，媒介公信力最高的新闻媒体，其受众人数应该是远高于广播的。但是在非洲尤其是撒哈拉以南的非洲大陆，广播的收听率远高于电视的收视率与报纸的发行量。这主要是由以下原因造成的，其一是公民的文化程度偏低，文盲率过高造成的；据尼日利亚《笨拙报》报道，尼日利亚国家统计局 2006 年最新调查显示，尼日利亚人英文识字率为 53.3%，不识字率为 46.7%，其中男性识字率为 61.3%，女性为 45.3%。其二是国内经济发展缓慢甚至是负增长，公民没有足够的消费能力购买报纸和电视机及其信号。其三与传统非洲高度依赖与重视口头传播，长久以来没有形成自己的文字有关。[①] 这时，广播相对报纸与电视的优势就更为充分。

3. 电视台

尼日利亚电视业的发展始终被两个因素推动，一个是政治，另一个是教育。[②] 尼日利亚第一家电视是由政治纷争建立的。在野党因无法获得通过由执政党控制的媒体发表自己的意见，遂在首都之外的尼日利亚西部城市伊巴丹（Ibadan）于 1959 年 10 月 31 日创办了自己的媒体即尼日利亚西部电视台（Western Nigerian Television Service）。尼日利亚西部电视台还是非洲第一家电视台，它发展至今，成为非洲历史最悠久电视台。随后，尼日利亚东部两个地区以及它的周边国家喀麦隆东部地区也先后创办了本地电视台。在这种情形下，位于首都拉各斯的尼日利亚联邦政府在

①   参见周小普编译《非洲的广播电视》，《国际新闻界》1985 年第 3 期。
②   参见 The Advent And Growth Of Television Broadcast In Nigerian：Its Political And Educational Overtones，African Media Review [J]，Vol. 3 No. 2. 1989。

1962 年成立了国家电视台。至此，电视在尼日利亚乃至整个非洲大陆的发展地位得以确立。

尼日利亚国家电视台由联邦政府新闻部领导。总部设在阿布贾，目前有工作人员 5000 余人。1977 年起，与地方电视台组成电视联播网。每晚从 8 时到 9 时由拉各斯总台通过卫星向全国播出文艺和新闻节目。尼日利亚电视台的设备比较先进，各台都有彩色电视节目，采访使用英国 ENG 设备。

尼日利亚的广播电视业一直由政府严格控制。1977 年 5 月成立尼日利亚电视局（Nigerian Television Authority，简称 NTA）在拉各斯成立，受该国新闻文化部（Federal Ministry of Information and Culture）领导。经费来源于政府财政拨款与广告收入。下属单位有 30 多个电视台和 70 多个电视发射站。尼日利亚电视局主要任务是：（1）管理、监督电视节目的播放情况；（2）为电视台提供有益的节目；（3）指导电视台举办专题节目展播；（4）建立对外业务，参加国际性的节目交流、影视会议、贸易市场等活动。该局的成立对加强全国电视广播的统一管理，督促进一步发展起到了很大的作用。

20 世纪 90 年代中期，政府开始改变这一传统做法，允许私营广播电视出现，因为这样可以增加新闻记者的就业人数，形成有益竞争，从而提高全国广播电视的节目质量。1998 年 6 月 15 日，尼日利亚 18 家私营电视台正式播出，政府对这些电视台的要求是对新闻等节目实行自我检查，严禁在黄金时段播出色情片、严格限制播出变态暴力的各类节目。与此同时，政府也要求私营电视台增加国产节目的比重、避免引起宗教矛盾等。

三　尼日利亚的新闻传播事业管理体制

1. 政府管理机构

尼日利亚新闻传播事业在其 1960 年独立后得到较大的发展。在第三世界国家，新闻传媒的发展在很大程度上依赖政府的重视与扶持，尼日利亚也不例外。新闻传媒作为信息传递的功能在发展中国家，更为明显地体现在作为政府的喉舌，作为上情下达的工具。尼日利亚各类媒体除了为数甚少的私人媒体外，大部分都是国营性质。联邦 36 个州政府和首都拉各斯都设有主管新闻传播的新闻文化部。尼日利亚新闻文化部是政府管理机构。内设副部长、秘书等职位。下设新闻局、文化和档案局、电视局、广播局等部门。下属单位有尼日利亚通讯社、尼日利亚新闻理事会、新尼日利亚人报、每日时报、尼日利亚电影公司、黑人和非洲艺术文化中心等。该部门的主要任务是：（1）协助党和政府制定有关新闻文化的方针、政策；（2）对下属各部门进行宏观指导和监督；（3）主管协调各州和各大学艺术工作；（4）与外国进行文化艺术交流活动等。

2. 媒体与政府的关系

尼日利亚政府与新闻传媒的关系极不稳定，个中原因也很多。有些时候新闻媒体有足够的新闻自由，但有些时候政府的新闻管制极为严格，公然制裁或取缔与政府政见不一的媒体，或是责令开除相关记者。纵观尼日利亚新闻传媒整个发展史，该国媒体享有的新闻自由比较有限。虽然尼日利亚新闻传播事业比较发达，媒体的总数也不算少，但在国内复杂的政治与社会环境下，政府的监控无处不在。1999 年奥巴桑乔的当选结束了连续 15 年的军人统治，但新宪法在保护记者权利方面并没有实质性规定。报社被警察搜查，记者被开除，媒体被吊销营业执照的事件在该国时有发生。①

3. 媒体的人才培养与新闻自律

尼日利亚新闻界受英美新闻观念影响较深。许多新闻机构的负责人及骨干都在西方受过教育和培训。目前，尼日利亚国内的高校设有新闻系，专门为本国媒体培养新闻人才。

尼日利亚《新闻道德准则》由尼日利亚全国新闻记者联合会制定。共有 8 条：（1）对于事实真相，公众自有论断。只有正确的报道，才能为正确的新闻工作打下基础，才能得到人民的信任。（2）每一个新闻记者的道德职责是尊重事实，他要发表的或为刊物提供的只能是事实以及他所了解的最好的信息。（3）记者的职责仅仅是发表事实，决不能隐瞒他所知道的事实，也决不能按照自己的或者他人的意志去歪曲或伪造事实。（4）记者

---

① 参见 Nigerian Press, Media, TV, Radio, Newspapers, http：//www. pressreference. com/Ma-No/Nigeria. html。

除获得在履行他的职责而得到的合理的薪水和津贴外，应拒收因发表或隐瞒新闻或评论所得的任何好处。（5）在采集新闻时，记者应采用所有合理的手段，不论何时，都要保证自己自由接近采访对象的权利，对私人的秘密应给予适当的注意。（6）一旦消息被选中并予以发表，记者应该遵守普遍公认的保密原则，不得泄露在秘密情况下获得消息的信息来源。（7）记者要把抄袭看做是不道德的行为。（8）每个记者都有责任修改任何一篇已发表的文章，以更正原稿中未经妥善校正的地方。

结　语

在 1960 年代摆脱英国的殖民统治之后，尼日利亚的新闻传播事业获得了长足的发展，在整个非洲地区处于领先地位，拥有包括报纸、通讯社、广播、电视的整个大众传播机构。在媒介的经营管理、新闻产品的制作、推介，新闻人才的教育、培养等方面都建立了由本国国民自己掌握的体系。尼日利亚刚刚结束军人统治，处于恢复政党政治和转向民主政体的时期。国内部族众多，关系仍未理顺，政权机构腐败的问题远未解决；并且，该国的贫富差距过大，约有 70％ 的人处于贫困线以下，这严重制约了尼日利亚大众传播事业的市场发育和品质提升，不过，可以预测的是，如果政局继续稳定，随着技术的延伸和经济水平的提高，尼日利亚的新闻传播业在不远的将来将会有更快更好的发展。

豪萨语历史与现状

武　卉[①]

【内容摘要】豪萨语是非洲三大语言（即北非的阿拉伯语、东非的斯瓦西里语、西非的豪萨语）之一。也是西部非洲地区主要民族语言之一。据不完全统计，使用豪萨语的约有6000万人，主要流行于尼日利亚北部、尼日尔南部、乍得湖沿岸、喀麦隆北部、加纳北部以及非洲萨瓦那地带的西非其他各国。作为一门重要的商业用语，豪萨语并不被广泛了解。本文就豪萨语的起源、豪萨语发展历史与现状及在中国的传播作一介绍。

【关键词】豪萨语；历史；现状

【作者简介】武卉，浙江师范大学非洲研究院历史文化所研究实习员，豪萨语学士。

一　"豪萨族"与"豪萨城邦"

"豪萨"（HAUSA）一词由 Hau 和 sa 两部分组成，"Hau"表示"骑"，"Sa"表示"牛"。因此，现在学术上比较倾向于关于豪萨人的起源是：豪萨人过去为游牧民族，而且常常带着牛迁移，被称为牛背上的

---

① 本文为武卉主持的浙江师范大学 2008 年校级课题"豪萨语到英语——从语言演变看尼日利亚本土文化流失"项目的成果。

民族。①

公元前 1000—1200 年前后，豪萨族人陆续建立了一批小王国。位于中苏丹西部，现今尼日利亚北部和尼日尔东南部的地区。这些城邦通常以其主要城市作为国名，各邦不相隶属，没有形成一个统一的国家。彼此之间常有战事，只有在大敌当前才偶尔结成松散的联盟。这些分散着的诸城邦，被称作"豪萨兰德"（Hausaland）也就是"豪萨地区"。关于豪萨地区的起源，有一个著名的传说。相传在道腊（Daura）城，有一口古井，井中盘踞着一条巨蛇，名叫萨日奇（Sarki），阻碍了居民的正常用水，百姓苦不堪言。一天，巴格达王子"巴耶杰达"（Bayajidda）勇士途径此城，降服了巨蛇，为百姓除害。于是，道腊城的女王便与之成亲。道腊女王与巴耶杰达诞下一子，取名为"蒙卡尔姆加里"即豪萨语"mun kamu jari"（我们占有城市）。他们的儿子又生了三对孪生子，后来分别成为卡诺（Kano）、道腊、卡齐纳（Katsina）、拉诺、戈比尔和扎扎乌——也称作扎里亚（Zaria）城邦的始祖。"巴耶杰达"在前往道腊城之前，与博尔努的公主还诞有一子名叫"比拉姆"。这七个孩子分别成为所在七地的首领，形成了豪萨族的七个城邦，即"豪萨七邦"（Hausa Bakwai）。

"豪萨七邦"就这样相互依存各自独立地发展着。在传说中，各城邦之间有明确分工，卡诺城和拉诺城专门负责染织，贸易主要集中在卡齐纳和道腊城，戈比尔城负责保卫其他城市抵御外敌入侵，扎里亚则专门为其他各城邦提供奴隶，输送劳力。② 最早分布在城邦内的是一个个小的农业村社，地位相当于现今的农村，豪萨语叫做"Kauye"（农村）。公元前二千世纪初，各地出现了一些大的城市，豪萨语叫做"Gari"（城市），这些城市是类似国家的政治权利中心，有的在历史中湮没，有的存留下来成为未来国家的首府。③

"豪萨族"是非洲最早的居民之一。西方非洲研究学者发表的考察报告说，豪萨人是北非的阿拉伯—柏柏尔人移民和当地土著同化而形成的一个民族。他们身体魁梧，性格刚强，皮肤棕黑。这个民族之所以能够在非洲成为一个有影响的民族是由于它有悠久的历史和灿烂的文化，著名的

---

① 陈利民：《骑在牛背上的民族语言——豪萨语》，《国际广播》2002 年第 3 期。
② 陈绂：《豪萨城邦》，载《西亚非洲》（双月刊）1987 年第 2 期。
③ 同上。

"诺克文化"——陶器、陶塑、青铜雕塑、黄铜雕塑、象牙雕塑、木器、铁制品、石雕。因这些古文物最早在 1936 年在诺克村发现而得名。如今的卡诺城旧城区，还是保持了传统的豪萨式样，从卡诺城，可以看到豪萨人的高超的建筑艺术。

二 豪萨语的形成及转变

到目前为止，豪萨语文字的起源尚无确切的考证。据现有的史料记载，最早的豪萨语在西非地区是以文学和商业的口头用语形式被保存下来。直到伊斯兰教的传入，给豪萨语带来的影响也慢慢地、平和地展现出来。

伊斯兰教传入豪萨地区是通过朝圣者、商人和马拉姆（Malam）进行的。[①] 大约公元 13 世纪，随着伊斯兰教在豪萨地区的广泛传播，阿拉伯语中的许多词汇也开始被豪萨人所采用。朝圣者为了成为一个虔诚的穆斯林，必须了解伊斯兰教，并完成伊斯兰教的各项功课。然而有关伊斯兰教的各种词汇，原来在豪萨语中并不存在。在这种情况下，自然而然，阿拉伯语中的宗教词汇开始慢慢被豪萨穆斯林所借用，阿拉伯语中的宗教词汇也开始慢慢进入到豪萨语中来。久而久之，这些阿拉伯语词汇被豪萨人运用得习以为常，最后便成了豪萨语中不可分割的一部分。与此同时，为了深入研究以及更好地传播伊斯兰教，许多有地位的豪萨人，如酋长、宗教领袖（Malam）等等，他们纷纷将自己的后代送到阿拉伯国家去留学深造。在那里，这些豪萨人又接触了阿拉语中许多新鲜的政治词汇，如议会、总理政治、共和国、世界等等。回国后，他们又将这些阿拉伯语中的政治词汇不断地运用到豪萨语中来。所以，直到现在，豪萨语中大量宗教及政治的词汇，追根寻源都来源于阿拉伯语。[②] 这个时期的豪萨语是以阿拉伯文字形式存在，被称为"阿贾米"（ajami）文字，此时文字记载的内容也大多是伊斯兰教、法理以及诗歌。

---

① Malam：豪萨语，意为"长者，老师"。也可以指在某个领域有突出地位的人。

② 黄泽全、董洪元：《豪萨语和豪萨文的发展演变》，载《西亚非洲》（双月刊）1984 年第 3 期。

18 世纪，英、法等西方列强开始入侵非洲大陆。尼日利亚、加纳、尼日尔、喀麦隆、乍得等国相继沦为英法殖民地。伴随着殖民地的建立，西方殖民者开始在包括豪萨人居住地在内的西非地区建立西式学校，传播西方文化和他们的殖民政策。西方殖民者对豪萨语的渗透首先是从语言的改变开始。他们把阿拉伯文字书写的豪萨语改成用拉丁字母拼写的豪萨文字（称 boko 文字）。19 世纪末，豪萨文改用拉丁字母拼写，由于拉丁字母比阿拉伯字母书写更为方便，因此这种书写方式被广泛地接受，而且一直沿用至今。伴随着文字的改变，西方的文化也逐渐渗透。西方的某些生活方式以及先进的科学技术成果，如汽车、发动机、拖拉机、坦克，以及饭店等等，也被逐渐地带到了豪萨地区。这些东西相对应的西方语言也被豪萨人不断地运用到他们自己的语言中来。豪萨语"汽车"（mota）是由英文"moto"音译而来，"发动机"（inji）由英文"engine"音译而来，其他日常的生活用品，如"桌子"（tebur）和"办公室"（ofis），都是从英文音译而来。

三　豪萨语的近代发展

豪萨语涉及的国家众多。[①] 但从"豪萨城邦"开始，使用豪萨语的地区大致为现今尼日利亚北部尼日尔东南部（原中苏丹西部）。尼日利亚北部是豪萨族最早形成而且建立王国的地方。豪萨语是尼日利亚居第一位的民族语言。因此，本文以尼日利亚和尼日尔为例来探索和分析豪萨语的近代发展。

1900 年 1 月 1 日，北尼日利亚总督英国委任卢加德勋爵为了有效统治北尼日利亚，一方面采取措施使当地的大小酋长能归顺他的统治，另一方面他又积极招募当地人进入殖民政府工作。为使这些人学到西方的管理知识，卢加德勋爵在进行调查研究的基础上，委派精通豪萨语的英籍德国人汉斯·菲舍尔创办了第一所西式学校。目的是通过豪萨语教学，为当地

---

① *Ethnologue*（2009）cites 18，5 million L1 and 15 million L2 speakers in Nigeria as of 1991；5，5 million L1 speakers and half that many L2 speakers in Niger as of 2006，0，8 million in Benin as of 2006，and just over 1 million in other countries.

培养新的师资力量，向酋长和他们的继承者以及进入殖民政府部门工作的当地职员灌输西方的行政管理知识。在这所学校里，豪萨语成为第一教学语言，而英语只是大家选修的一门外语。

由于当时豪萨语的教材极为短缺，在此情况下，1929 年，英殖民政府在北尼日利亚成立翻译局。翻译局成立的目的之一是将一些用英文和阿拉伯语编写的教材译成豪萨语，解决学校上课无教材、缺乏通俗出版物的问题。其二是编写教科书。其三是帮助本国人自己出版小说等。翻译局出版了很多书籍，其中绝大部分至今还有很高的使用价值，如《一千零一夜》、《豪萨人及其近邻》、《古今故事传》、《人类与世界》等等。[①] 1933 年，翻译局更名为尼日利亚国家文学委员会（以下简称委员会）。委员会的工作重心也从原来的翻译书籍转到豪萨文的创作和出版上来。委员会约请本国人创作小说，并且给予很高的报酬，同时还开展创作竞赛。这一措施引起了知识界的高度重视，他们纷纷向委员会投稿参加竞赛。[②] 委员会的另一贡献是发行了一份报纸，名为《尼日利亚北方报》，1933 年改名为《真理报》（Gaskiya Ta Fi kwabo），用豪萨文、英文、阿拉伯文三种文字同时出版。该报纸一直发行至今，是尼日利亚豪萨文发行量最大的报纸。该报纸用豪萨文刊登各种消息和评论，使它在读者中有了很高的威望。

1953 年，委员会改名为北方文化局（以下简称文化局）。主要任务是配合政府广泛加强对成人教育、开展社会扫盲的需要。文化局不但出版了包括宗教、法律、科学、职业等内容的诸多小说还出版了包括《使女报》、《黎明报》在内的 13 种豪萨文报纸。文化局的成立以及鼓励本国人积极创作的举措，极大地促进了豪萨语语言的发展，扩大了豪萨语的传播范围。竞赛中获奖的作品也被编辑成书出版，成为现在研究豪萨民族文化的重要历史依据。1945 年，尼日利亚国家文学委员会在扎利里亚成立了真理出版公司，专门负责出版文学委员会编辑的大量书籍和报纸。

起初，尼日利亚北方政局对文化局特别重视，每年给予相当数量的资金帮助书籍出版，所以当时的豪萨文书报都可低价购买。到 1959 年，尼日利亚解放前，北方政局的重心转移到政治运动上，对文化局的资金援助

---

①　黄泽全、董洪元：《豪萨语和豪萨文的发展与演变》，载《西亚非洲》（双月刊）1984 年第 3 期。

②　同上。

减少，经济的困难，加上得不到政府的支持，文化局最终被迫解散。文化局虽然仅仅存在了 30 年，但它为发展豪萨语言文字以及扫盲工作作出了巨大贡献。

早在 60 年代初期，尼日利亚北方已实行在小学四年级以前使用豪萨语教学，也体现了尼日利亚对豪萨语教育的重视。如今用豪萨语教学已普及到中学。尼日利亚全国所有高等院校都开设有豪萨语专业，在卡诺巴耶鲁大学开设的豪萨语言文学专业里，每年举行一次攻读硕士学位的考试。

曾经的法属非洲国家尼日尔也十分重视豪萨语的发展。虽然国家的官方语言是法语，尼日尔政局专门成立了国家豪萨语研究中心，随时向政府提供发展豪萨语的措施和意见。

四　豪萨语在中国的传播

中国与非洲的友谊源远流长，基础坚实。中国与非洲大陆有着相似的历史遭遇。在争取民族解放的斗争中始终相互同情、相互支持、结下了深厚的友谊。

20 世纪 50 年代末 60 年代初，民族解放运动蓬勃发展，大批亚非国家相继独立。为发展中国与亚非国家的友好关系，周恩来总理从我国外交工作的长远利益出发，指出在与亚非各国人民的交往中，为了尊重重新获得独立的亚非国家人民的民族感情，一定要重视非洲本民族的语言。[1]1963 年 6 月 1 日，中国国际广播电台豪萨语广播正式开播，每天向非洲播出节目 3 次，每次半小时，内容涉及中国政治、文化、经济、社会等方面。在此背景下，北京外国语学院（现北京外国语大学）开始设置亚非语言专业。1964 年成立了豪萨语专业。1965 年，北京广播学院（现中国传媒大学）也开设了豪萨语专业和祖鲁语[2]专业。豪萨语专业成立之初，生源都来自于其他语言专业的学生。北京外国语学院第一批豪萨语学生是从

---

① 孙晓萌：《中国的非洲本土语言教学五十年——使命与挑战》，载《西亚非洲》2010 年第 5 期。

② 祖鲁语（Zulu），是南非第一大民族语言，属尼日尔—刚果语系大西洋—刚果语族班图语支，是南非最大的民族语言。——作者注

该校法语系遴选的政治和业务方面比较优秀的本科生。老师则聘请中国国际广播电台国际部的尼日尔籍专家。通过法语教授豪萨语，查阅豪·法、豪·英词典的形式进行教学。教学过程中，外籍专家还不时辅以肢体语言，来补充法语教学中难以意会的内容。[①] 北京广播学院第一批豪萨语专业学生也是从其他专业的优秀本科生中选拔而来，白天他们跟着外籍专家学习豪萨语，晚上就赶到中国国际广播电台播音，做节目。在这样艰苦的条件下，培养出了程汝祥、王正龙等早期的豪萨语专业学生。后来成为中国国内豪萨语教学的优秀师资力量。程汝祥编写的《简明豪萨语语法》、王正龙和后来豪萨语专业的学生牛家昌编写的《豪萨语》教材4册，至今仍是豪萨语专业本科生的指定教材。

十年动乱期间，中国高等教育和学术研究出现倒退。"文化大革命"期间还刮起了一股解散和取消亚非"非通用语"的浪潮。[②] 在"英语和法语可以代替一切"的思想主导下，出现了解散和取消这两种语言的运动。学生和教师的积极性遭到了挫伤，非洲本土语言的教学面临危机。

"文化大革命"之后，高校教学和科研工作得以恢复。在改革开放浪潮的指引下，国人的思维方式发生了转变，向着更开放而非封闭的方向转变。而再次出现的英语、法语可以取代非洲本土语言的思想，使得包括豪萨语在内的非洲本土语言教学再次受挫。为适应形势，非洲本土语言教学的思路也发生了转变。1983年，北京外国语大学进行改革试点，将原有的四年制教学改为五年制，并实行英语和豪萨语的双语制教学。但是由于豪萨语等非通用语的人才需求不大，英语的学习又可扩大学生的就业面，导致非通用语学习热情下降。

2000年10月以来，随着中非政治和经贸关系的快速发展，国际媒体、西方智库，以及学术界有关中非关系的报道和讨论急剧升温，中非关系迅速成为"显学"。[③] 豪萨语等非洲本土语言的教学又开始被关注和重视。2000年，教育部设立了7个包括北京外国语大学和中国传媒大学在内的"国家外语非通用语本科人才培养基地"。豪萨语专业再次被纳入高

---

①　孙晓萌：《中国的非洲本土语言教学五十年——使命与挑战》，载《西亚非洲》2010年第5期。

②　参见同上文。

③　贺文萍：《推倒高墙：论中非关系中的软实力建设》，载《西亚非洲》2009年第7期。

校招生计划。而此时的师资和生源都有了明显改善。目前，北京外国语大学仍然开设豪萨语本科课程。每 4 年或 8 年招生一次。

结　语

在尼日利亚和尼日尔，豪萨语是法定官方语言。但在实际运用中，除了本民族人在日常生活中使用豪萨语外，几乎所有官方文件，所有正式场合或者聚会，人们已经习惯使用英语或法语。使豪萨语的发展受到限制，语言词汇得不到扩展，涉及当代科技发展的最新科技词汇，豪萨语大部分需要英译。作为非洲本土语言之一，豪萨语是西非地区豪萨民族文化的载体，这门语言应当得到更大的关注和重视，在尼日利亚民族构建中发挥它的作用。

浙江师范大学非洲博物馆侧记

李思汾[①]

  2010 年 10 月，位于浙江师范大学非洲研究院二楼的非洲博物馆正式开馆。这是中国高等学校中第一个以非洲文明为主题的综合性博物馆，它集非洲艺术精品收藏、非洲文明学术研究、非洲文化知识普及为一体，是中非文化艺术交流的平台。整个博物馆预期用地 2000 平方米，首期占地500 多平方米。目前，馆藏展品 500 多件，大都来自非洲传统民间社会，展示了非洲不同部族或族群在不同时期的文化艺术成就和生活习俗。通过这个独特的非洲博物馆，人们不仅可以欣赏到原始非洲风格迥异的艺术品和文物，还能在神秘和古老的氛围中得到心灵的启迪，感受纯真质朴的人性本原。

  非洲研究院本身就是一个充满非洲文化和中国气息融汇特征的地方。无论是博物馆还是研究院办公区，一眼望去，都是马上能抓住初来乍到者眼球的非洲艺术元素与中国乡村田园风格的装饰。大型人脸面具装饰在博物馆大门两侧，粗犷火热的异域情调扑面而来。精致的木雕门上非洲居民和野生动物融为一体，仿佛在向外界诉说着非洲大陆人与自然和谐一体的美好景象。办公大厅简单却不失意趣的装潢装饰让人对博物馆内部展品马上充满了好奇和向往。

  进入博物馆内部，首先映入眼帘的是四个造型独特的"大家伙"，它们均来自非洲本土，其中分别居于两侧的是来自喀麦隆的"象牙号"，距今约 80 年历史。中间左侧为约鲁巴族的面具。约鲁巴人是非洲较大的民

---

① 李思汾，浙江师范大学非洲研究院 2010 级硕士研究生。

族之一。他们大都定居在尼日利亚西南部广大地区，并且深入多哥和加纳境内。他们创作的木雕多以象征手法表现对象，而人和动物形象相配合又是这种艺术的主要特点。雕像的特征是：嘴唇丰满前凸，眼睛大睁、瞳孔圆大，眉毛和睫毛清楚可辨。此外是一个妇女的雕像，头上顶着许多小人，寓意多子多孙。

　　整个非洲博物馆内部构造基本呈中文的"非"字形，寓意着中国人对非洲艺术与文明的理解。馆藏物品按特点和用途依次可分为四大展区：乐器区，生活用品区，精神崇拜区，服饰展示区，东部一角还设有中非关系与非洲研究院科研成果展区。各个展区分别陈列了各具特色的非洲艺术品，包括石雕、木雕、面具等。其中，精神崇拜区又可再划分为武力崇拜区、生育崇拜区、超自然力崇拜区和权力崇拜区。伴随着律动的非洲音乐，徜徉其中的参观者不仅能获得感官上的享受，更能对非洲的历史和文化产生直观的体验。

一　乐器区

　　音乐和舞蹈是非洲人的灵魂。无论出生、成年、结婚、生育还是死亡，非洲人都要举行各种各样的仪式，这些仪式都需要音乐和舞蹈。有了音乐和舞蹈，自然离不开乐器。非洲的传统乐器大多由木头、皮革和葫芦制成，除了表演功能之外，它们本身就是一件艺术品。它们被雕刻成各种形状，并被装饰以各式的图案，还经常点缀有珠子、羽毛、颜料等以增强装饰效果。

　　非洲博物馆乐器区一共陈列展品 42 件，分别来自苏丹、南非、乌干达、坦桑尼亚、布基纳法索、刚果等非洲国家，其中以来自苏丹和刚果的展品最多。这些乐器包括各种弦琴和兽皮鼓、打击乐器等，其中以各种传统非洲鼓和信息罐最具特色。这些展品大多距今有一百年的历史，主要由木头和兽皮制成。

　　鼓是非洲乐器中最为重要的部分。在制作时，制作者先将木料从中心掏空，作为鼓身。然后将兽皮抻开，绷紧于鼓身之上，作为鼓面。这里的非洲鼓包括蟒皮鼓和其他类型的兽皮鼓。

　　信息罐是一种独特的乐器，用于在古老族群遭遇危险时通报敌情。罐

内的小锤敲击信息罐不同的部位就可以发出不同的声音，从而传递不同的
信息。信息罐还可以作为酋长发布消息的工具，它是消息链的第一个乐
器，随后由鼓声将消息传播开来，以召集族人。

二　生活用品区

生活用品最能从细微处展示一个民族和地区的文化特征以及人们的生
活状态。非洲大陆幅员辽阔，物产丰富，非洲大部分日常生活用品都是在
自然物品基础上进行简单加工而成。无论是乌木制成的烟斗，还是实木做
成的凳子，这里的气息处处彰显着非洲人与自然环境之间的密切关系。

非洲博物馆生活用品区一共陈列展品约 43 件，分别来自喀麦隆、南
非、中非、刚果、尼日尔、加蓬、东非等非洲国家，其中以来自喀麦隆和
刚果的展品最多。它们大都距今 100—200 年，包括首饰盒、板凳、烟斗、
储物罐、农具、棋盘等，主要由木头和铁制成。其中一个巨大的烟斗，造
型精美，上面覆盖着栩栩如生的人物雕像，标志着使用者的权力和地位。

三　精神崇拜区

非洲大陆具有深厚的宗教文化积淀，它深深根植于非洲社会文化的环
境与土壤中，具有丰富的表现形式和复杂的社会功能。精神崇拜就是非洲
宗教的表现形式之一，它又可以分为武力崇拜、生育崇拜、超自然力崇
拜、权力崇拜等等。在这些传统的宗教活动中使用了各种各样的雕刻和道
具，时至今日，它们中的许多已经丧失了其本来的社会功能，成为了装饰
品和艺术品。但在非洲大陆上，即使在今天，很多部落还依然保持着他们
世世代代的传统信仰和严肃的仪式。

1. 精神崇拜系列：这一系列的展品是精神崇拜区域的总括，主要是
指成果展区北面的左侧部分。包括图腾柱、民族立像、各式面具等，一共
包括 19 件展品。分别来自刚果、苏丹、布基纳法索等非洲国家，拥有约
100—300 年不等的历史。2. 武力崇拜系列：这一系列的展品主要由各式
各样的盾牌组成，一共有 10 件。大多数盾牌都是木制的，有的盾牌的表

面还覆有兽皮，或是绘有图案，它们距今约有 100 年的历史。如今，盾牌只有在特定仪式或舞蹈中才可以见到。此盾牌表面覆有河马皮，河马被杀死后立刻被剥下表皮覆盖在盾牌的表面，然后被风干。由于河马皮的韧度极强，所以盾牌的防御性极好。距今约 150 年。3. 生育崇拜系列：这一系列的展品共有 25 件，大部分来自刚果和苏丹，制作原料主要为木头，距今约有 100 年的历史。展品的造型多为女性裸体立像，寓意对生命起源的崇拜。4. 超自然力崇拜系列：此系列展品约 20 件，大多由石头或木材雕刻而成，距今约 100—200 年的历史。这个名为"心魔"的展品，制作原料为铁和木头，来自扎伊尔，高 56 厘米，宽 26 厘米。整个雕塑由 9 个人头构成，代表了各种不同的占据内心的终极邪恶力量。5. 权力崇拜系列：这个系列的展品约 11 件，主要来自刚果，距今约有 100 多年的历史。权杖常用来表示部落首领自身权力及地位，也可作为神器和祭祀用品。不同材质和不同装饰的权杖常常代表了不同的权力等级。

四　服饰展示区

非洲服饰是世界服饰文化百花园中一道绚丽的风景，非洲人对美的感悟与生俱来，他们把对美的感悟、对自然的崇拜和对生活的热情化为服饰。各民族间不同的经济水平、社会习俗、文化传统和宗教信仰使其服饰在形式上异彩纷呈，极富非洲原始部落的风情。颜色鲜艳、图案粗犷、线条奔放的布料则是他们多彩服饰的直接出处。此处目前展示的主要是布料的部分，随着博物馆的扩展和充实，越来越多的非洲特色服饰将会在这个展区大放异彩。

欣赏完靓丽多彩的非洲布料，博物馆的主要展品基本上已经展示完毕。仔细回味整个过程，参观者无异于享受了一场视觉和心灵的盛宴。这里融会了非洲大陆几千年的文明，更展现了中国人民对非洲文明的支持和热爱。它成为一扇窗口，清楚地告诉所有走进这里的人们彼时的历史时期、社会环境、技术与文化发展情况。这块古老而神秘的大陆也许已经不再遥远，浮华都市里疲惫的人也许能够在这里找到精神生命的本原。当然，对于真正热爱非洲的朋友来说，这里还仅仅是一扇窗，一扇展现非洲独特风情，指引他们、激励他们走近非洲的小窗。探索发现的道路永远是漫长而艰辛的，而人们更需要的，是带着一颗感恩的心，走向非洲，尊重非洲。只有这样，在地球的某一个角落，人类最原始却也是最璀璨的文明才能在物欲横流的世界里永存。

五　研究成果展区

近年来，非洲大陆不论从政治、经济还是文化方面都已经成为中国最好的合作伙伴之一，越来越多的学者开始将关注的眼光投向非洲，浙江师范大学非洲研究院便是这批拓荒者中的一员。通过自身不懈的努力和探索，研究院已经有一批优秀的研究成果问世，它们为中国社会广泛认识非洲打开了一扇新的窗户。本展区集中展示了浙江师范大学近年来在非洲研究方面取得的学术成果，包括最新出版的《浙江师范大学非洲研究文库》各系列的 30 多种专著，内容涉及非洲政治、经济、教育、艺术、交通、旅游、历史及中非关系各领域，这些著作与博物馆一侧墙面上色彩醒目的中非关系史图文交相辉映，显示出非洲博物馆同时承载着推进中非学术交流和知识普及的时代任务。